Dagobert Kohlmeyer

Magnus Carlsen

... kam, zog und siegte

Joachim Beyer Verlag

ISBN 978-3-95920-218-3

2. Auflage 2024
Unveränderter Nachdruck der Auflage von 2014,
vormals ISBN 978-3-940417-57-2

Ein Imprint des Schachverlag Ullrich, Zur Wallfahrtskirche 5, 97483 Eltmann

Titelbilder: Dagobert Kohlmeyer, Archiv

Fotos: Dagobert Kohlmeyer (33), Anastasia Karlowitsch (6), FIDE (5), Archiv (5), Ray Morris-Hill (4), Schachagentur Berlin (4), Wikipedia (3), Arvind Aaron (2), Reuters (1)

Herausgeber: Robert Ullrich

Inhalt

Vorwort

Zur Geschichte unseres Denksports gehört, dass es in gewissen Abständen besonders erfolgreiche Jahrgänge gibt. Sie sind ein Geschenk für die Schachwelt. So wurden Anatoli Karpow, Jan Timman, Ulf Andersson, Rafael Waganjan, Zoltan Ribli und Gyula Sax alle 1951 geboren. Karpow war lange Zeit Weltmeister und dominierte eine Epoche, Timman war 1993 Vize-Champion der FIDE. Ihre anderen Großmeister-Kollegen wurden sämtlich WM-Kandidaten.

Auch Magnus Carlsens Schachjahrgang 1990 brachte herausragende Talente hervor. Dazu gehören neben ihm Sergej Karjakin, Jan Nepomniachtschi, Juri Kusubow, Maxime Vachier-Lagrave und Nguyen Truong Son. Carlsen ist jetzt Weltmeister, Karjakin war mit 12 Jahren jüngster Großmeister aller Zeiten. Der Moskauer hat als aktueller WM-Kandidat das erklärte Ziel, wie sein Altersgenosse aus Skandinavien die Krone zu erobern.

Doch nicht jeder hochbegabte Spieler bzw. jedes Wunderkind kann auch Champion werden. Dafür sind neben einem überragenden Talent und einem fantastischen Gedächtnis noch viele andere Fähigkeiten und Voraussetzungen nötig: tiefes Schachverständnis, feines und sicheres Gespür für Strategie und Taktik, große Arbeitsfähigkeit, absolute Bereitschaft zum Kampf, eiserner Wille, stabile Nerven sowie im entscheidenden Moment auch das Quäntchen Glück des Tüchtigen. Aus all diesen Gründen gibt es seit dem ersten offiziellen Titelträger Wilhelm Steinitz im Jahre 1886 nur 16 Weltmeister im klassischen Sinne.

Dem jüngsten dieser Schachkönige, Magnus Carlsen, ist das vorliegende Buch gewidmet. Der Ausnahmekönner betrat zu Beginn unseres Jahrtausends im Alter von zehn Jahren die internationale Bühne. Dieser Norweger war wie seine berühmten Vorgänger ein Geschenk Caissas. Schnell machte Magnus Furore, die Schachwelt staunte über seine Fortschritte und immer größeren Erfolge. Der Junge war sehr begabt, das konnte man schnell erkennen. Dass ihn sein Weg jedoch bis ganz nach oben auf den Schachthron führen würde, ahnte damals kaum jemand.

Magnus Carlsen wurde am 30. November 1990 in Tønsberg geboren. Die Stadt gilt als älteste Norwegens, was durch Funde aus der Wikingerzeit belegt ist. Mit fünf Jahren lernte Magnus die Schachzüge von seinem Vater, doch in diesem zarten Alter machten ihm Fußball und

Skifahren noch mehr Spaß. Was schon sehr früh auffiel, war das fotografische Gedächtnis des Jungen. Mit zwei Jahren setzte er bereits schwierige Puzzles zusammen, mit fünf kannte er alle Länder der Erde und ihre Hauptstädte, Bevölkerungszahlen sowie Flaggen auswendig. Was der Knirps sich einmal einprägte, blieb in seinem Kopf.

Als Magnus acht Jahre war, siegte die Leidenschaft für König, Dame, Turm, Läufer und Springer. Von nun an beschäftigte er sich ernsthafter mit Schach. Er nahm an Wettbewerben für Kinder teil und spielte Partien aus Büchern im Gedächtnis nach. Die Fähigkeit, sich an bestimmte Spiele und Stellungen zu erinnern, ist äußerst nützlich im Schachsport. Mit acht Jahren und sieben Monaten holte Carlsen bei der norwegischen Meisterschaft in Gausdal in der jüngsten Altersklasse 6,5 Punkte aus elf Partien. Das war der Startschuss für eine erstaunliche Karriere.

Im Jahre 2000 spielte Magnus wieder in Gausdal, wo es zu einer schicksalhaften Begegnung kam. Dort traf er den norwegischen Großmeister Simen Agdestein, der ihn alsbald unter seine Fittiche nah. Agdestein kannte Henrik Carlsen, den Vater von Magnus, der ein starker Schachamateur war. Der Großmeister beobachtete den Jungen beim Spielen und bemerkte dessen enormes Potential. Wenig später holte Agdestein den gescheiten Knaben nach Oslo ans Sportelite-Gymnasium NTG, wo er als Schachlehrer arbeitete. Dort wurde mit dem ernsthaften Training begonnen. Das Selbststudium betrieb Magnus nebenher mit immer größerer Intensität weiter, schon bald schlug er Gegner von Meisterstärke.

Agdesteins Bedeutung für Carlsens Karriere kann nicht hoch genug eingeschätzt werden. Der Großmeister war früher auch Fußball-Nationalspieler seines Landes, ehe ihn eine Verletzung zwang, diese Karriere aufzugeben. Dass Magnus selbst gut Fußball spielen kann, hat wohl mit Agdestein zu tun. Die intensive schachliche Zusammenarbeit der beiden dauerte bis 2004. In dieser Zeit wurden die entscheidenden Grundlagen für Carlsens Weg auf den Schacholymp gelegt.

Simen Agdestein schrieb ein bemerkenswertes Buch über die prägenden Jahre für seinen Zögling, das den Titel „Wunderjunge“ trägt. Der Insiderbericht erschien in mehreren Sprachen. Neben seiner Begeisterung über das „spielerisch-leichte Vorwärtsdrängen“ von Magnus betont Agdestein darin immer wieder, wie wichtig es war, dass der Junge in einem intakten und rücksichtsvollen Umfeld aufwuchs. Carlsens Eltern Henrik und Sigrun sowie die Schwestern Ellen, Ingrid und Signa steckten viel zurück und unterstützten den aufstrebenden Schachhelden, wo sie nur konnten. So fuhr die Familie mit Magnus durch die Welt zu allen möglichen Turnieren und hat ihn auch beim WM-Match in Indien begleitet.

Der Autor dieses Buchs hat Magnus Carlsen mehr als ein Dutzend Mal getroffen: bei Schacholympiaden, Turnieren in Wijk aan Zee, Dortmund, Mainz, Sofia sowie bei Bundesligakämpfen. Er erlebte den kometenhaften Aufstieg eines jungen Schachspielers, der am Brett gnadenlos und im normalen Leben durchaus freundlich sein kann. Lassen wir nun 50 ausgewählte Partien von Carlsens Meisterschaft sprechen. Sie sind in chronologischer Reihenfolge angeordnet: vom ersten veröffentlichten Spiel des Norwegers bis zu all seinen WM-Begegnungen mit Anand sowie dem ersten Turnier nach dem Titelgewinn. In Chennai spielte Magnus Carlsen für die Geschichtsbücher. Etliche Partien hat er selbst erklärt, interessante Kommentare speziell für unser Buch steuerte Großmeister Artur Jussupow bei.

Mit jedem Schachweltmeister beginnt eine neue Zeitrechnung. Anands Regentschaft ist zu Ende, wir leben jetzt in der Carlsen-Ära. Wie lange sie andauert, hängt in großem Maße vom Norweger selbst ab. Eines aber ist sicher: Die genialen Partien von Magnus Carlsen werden Millionen Schachfreunde auf der Welt für immer begeistern.

Dagobert Kohlmeyer
März 2014

Die Frühwerke

Auch wenn Magnus Carlsen noch sehr jung ist, hat er bislang schon etwa 2 000 Wettkampfpartien gespielt. Der Autor wählte für dieses Buch 50 markante Spiele aus. Sie sind verständlich kommentiert und zeigen wie in einem Brennspiegel die wichtigsten Etappen der stürmischen Karriere des Norwegers. In jeder einzelnen Partie wird das meisterhafte Können dieses Schachgenies deutlich.

Eikeland – Carlsen
Sizilianisch B55
Oslo 2000

Bekanntestes Frühwerk von Magnus ist seine erste in der Presse veröffentlichte Partie. Bei dem Sieg half der zehn Jahre ältere Gegner Erik Eikeland etwas mit. Das Spiel darf wegen der Chronistenpflicht nicht fehlen.

1.e4 c5 2.Sf3 d6 3.d4 cxd4 4.Sxd4 Sf6 5.f3 Sc6 6.c4?!

Weiß entscheidet sich für den Doppelschritt des Bauern, ehe er seinen Damenspringer ins Spiel bringt. Der Zug ist hier aber fehl am Platz.

6...e5 7.Sc2

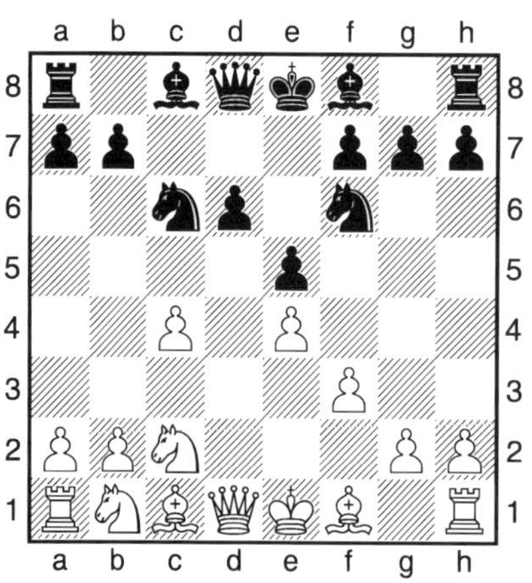

7...Sxe4!?

Magnus liebte es schon zu jener Zeit, Figuren für aufregendes Spiel zu opfern. (S. Agdestein)

8.fxe4 Dh4+ 9.Kd2 Dxe4 10.Df3

Den Vorzug verdiente eindeutig 10.Sc3, wonach Schwarz Probleme hat. Der nachlässige Textzug erlaubt Carlsen jedoch, in der Folge gefährliche Initiative zu entwickeln.

10...Dh4 11.Le2 Le6 12.Sba3?

Wieder kommt Weiß dem Kontrahenten entgegen. Nach 12.g3 Dh6+ 12.Kd1 Dg6 14.Sc3 Tc8 15.Se3 müsste Magnus immer noch beweisen, dass er Kompensation für das Opfer besitzt.

12...0-0-0 13.g3 De7 14.b4?

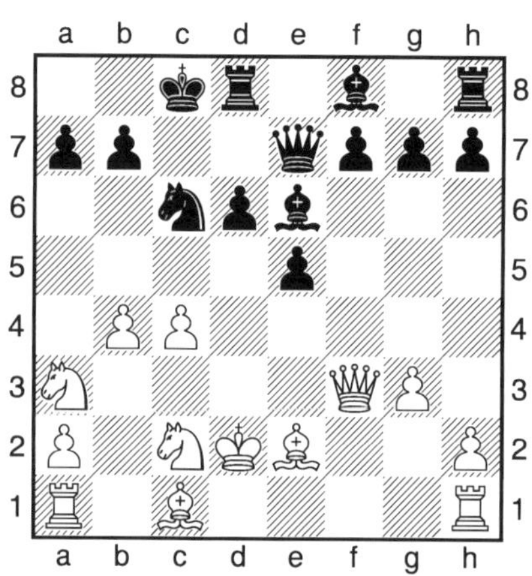

Zu gewagt. Richtig ist 14.Se3 d5 15.cxd5 Db4+ 16.Kd1 e4, wonach sich wilde Verwicklungen mit beiderseitigen Chancen ergeben. Jetzt kann Magnus seinen Angriff starten.

14...d5! 15.c5 e4

Noch konsequenter war das sofortige 15...d4.

16.Df1?

Ein verhängnisvoller Zug. Die weiße Dame sollte besser nach e3 gehen.

16...d4 17.Lc4 d3 18.Se3 Sd4

Schwarz konnte auch auf b4 schlagen. Er attackiert den Gegner aber lieber im Zentrum, weil er das Mattbild schon vor Augen hat.

19.Lxe6+ Dxe6 20.Sac4 Sf3+

Effektvoller ist 20...Sc2!

21.Kd1 Le7 22.Sd2?

Der entscheidende Fehler. Nach 22.Lb2 würde der scharfe Kampf noch weiter gehen.

22...Lf6

Alle schwarzen Steine sind nun im Spiel.

23.Tb1 Dxa2 24.Sec4? Dc2 matt.

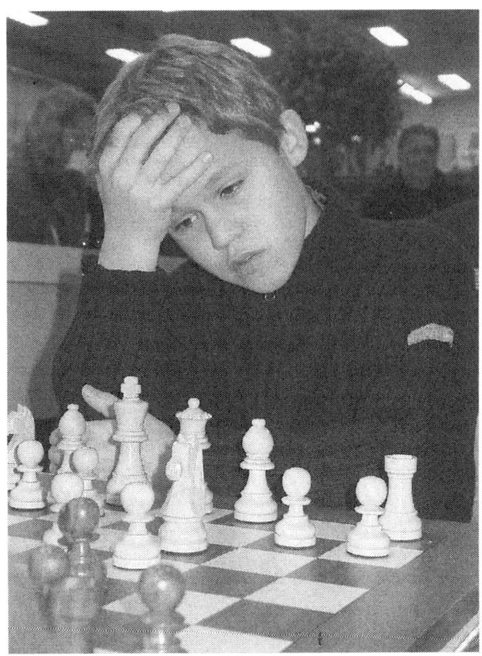

Das erste Foto des Autors von Magnus Carlsen

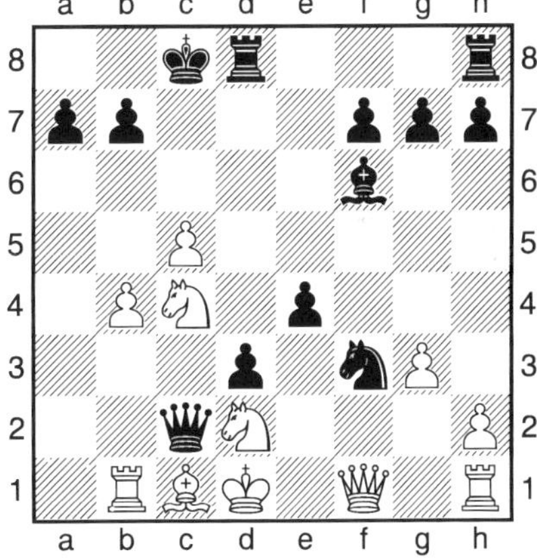

Wir sahen Spielfreude pur. Nach dieser Partie wurde die Schachszene in Norwegen auf Magnus Carlsen aufmerksam. Anfangs trainierte er in Oslo mit dem Internationalen Meister Torbjörn Ringdal Hansen, später mit Großmeister Simen Agdestein.

Carlsen – Kusubow

Damenbauernspiel D00

Heraklion 2002

Zur Weltmeisterschaft U12 auf der Insel Kreta besiegte Magnus mit Juri Kusubow ein anderes Schach-Wunderkind. Der Ukrainer wurde wie der Norweger 1990 geboren. Die Miniatur zeigt den Knaben aus dem Norden als Taktikfuchs, der seinen Stellungsvorteil gekonnt in ein materielles Plus umzuwandeln versteht.

1.d4 Sf6 2.Lg5 d5 3.Lxf6 gxf6

Häufiger wird 3...exf6 gespielt.

4.Sc3

Nachdem der Springer f6 beseitigt ist, kann Magnus auf das traditionelle c2-c4 verzichten. Mit dem Textzug kontrolliert er sofort das Zentrum.

4...e6

Besser geschieht hier 4...f5 oder 4...Lf5, um die weißen Pläne zu stören.

5.Sf3 c5

Noch immer war es nicht zu spät, den energischen Vorstoß e2-e4 mit f6-f5 zu verhindern.

6.e4! cxd4 7.Sxd4 dxe4 8.Lb5+ Ld7 9.Dh5 Db6 10.0-0-0 Dc5?

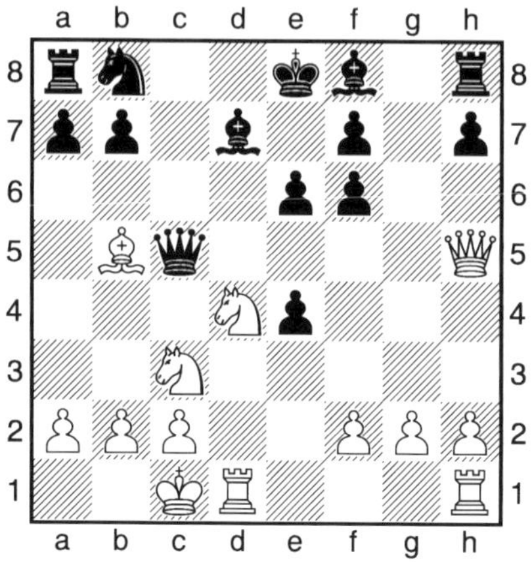

Schwarz musste unbedingt auf b5 tauschen. Sein Fehler erlaubt Carlsen, eine „Damen-Kombination“ anzubringen.

11.Sxe4! Dxh5 12.Sxf6+ Ke7 13.Sxh5 Sc6 14.Lxc6 Lxc6 15.The1

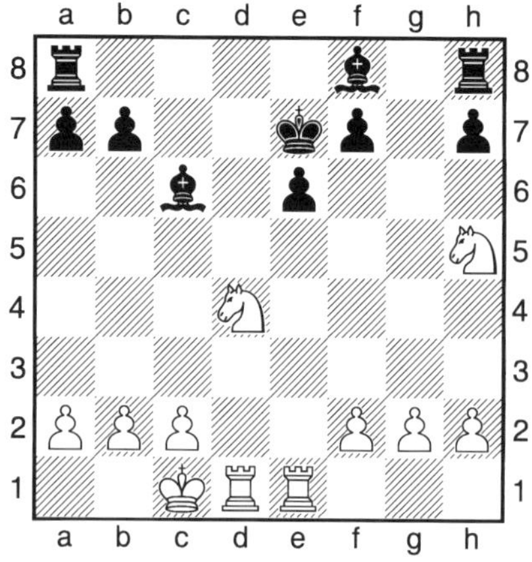

1-0. Juri hat nicht zu früh aufgegeben. Er könnte zwar noch 15...Ke8 versuchen, aber es wäre trostlos und änderte nichts am Ergebnis. Den Minusbauern be-

kommt Kusubow nicht zurück, er würde dessen „Gewinn" mit dem Leben bezahlen: 15...Lxg2 16.Sf5+ Ke8 17.Sf6 matt. Auch nach 15...Lh6+ 16.f4 Kf8 17.Sxc6 bxc6 18.Td7 ist jeder Widerstand vergeblich.

Die Partie zeigt sehr gut, dass Carlsen schon zeitig einen ganz pragmatischen Stil pflegte, wo sich Strategie und Taktik prächtig ergänzen. In diesem WM-Turnier gewann er die Silbermedaille und erzielte mit 9 aus 11 die gleiche Punktzahl wie der wertungsbessere Sieger Jan Nepomniachtschi aus Russland.

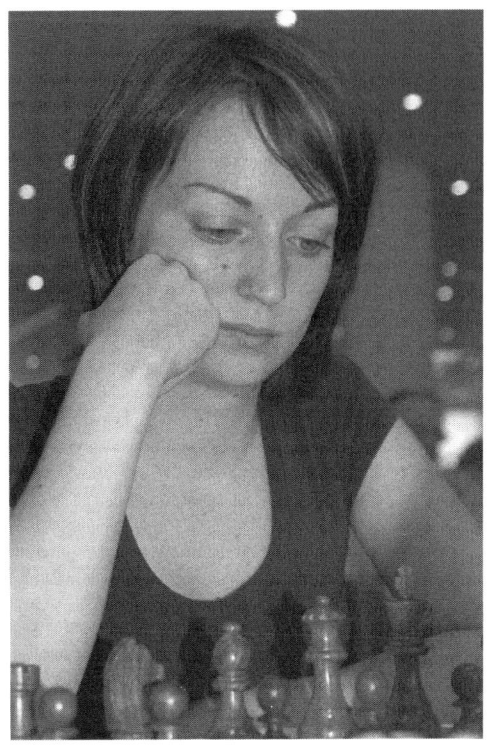

Elisabeth Pähtz

Carlsen – E. Pähtz

Sizilianisch B32

Gausdal 2003

Gegnerin von Magnus in diesem Treffen war Deutschlands stärkste Schachfrau Elisabeth Pähtz. Vor der zweifachen Juniorenweltmeisterin zeigte der Junge keinerlei Respekt. In einer gleich aussehenden Stellung suchte er beharrlich nach Gewinnmöglichkeiten.

1.e4 c5 2.Sf3 Sc6 3.d4 cxd4 4.Sxd4 e5 5.Sb5 d6 6.S1c3 a6 7.Sa3 b5 8.Sd5 Sf6 9.Sxf6

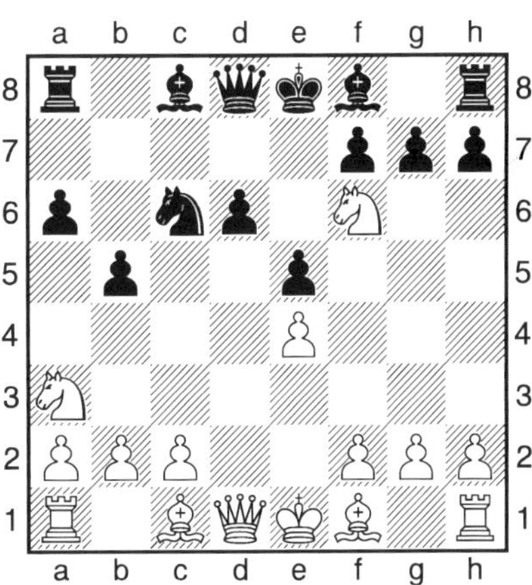

Die Löwenthal-Variante. Mit 9.Lg5 würde das Spiel ins Sweschnikow-System übergehen, aber Magnus strebt nach eigenen Verwicklungen.

9...Dxf6 10.c4 b4 11.Sc2 Dg6 12.Dd5 Lb7 13.Sxb4 Sd8

In der Partie Anand-Schirow (Linares 2002) geschah 13...Tc8, doch der Partiezug gilt seither als genauer.

14.Dd1 Dxe4+ 15.Le3 Le7 16.Sd5 Lh4 17.Dd3 Dxd3 18.Lxd3 Se6 19.0-0 Tc8 20.b4 e4 21.Le2 Lf6

Keine gute Entscheidung, aber Elisabeth hat offensichtlich Probleme, vernünftige Felder für ihre Figuren zu finden. Vielleicht will sie auch den lästigen weißen Springer loswerden.

22.Sxf6+ gxf6 23.Tac1 f5 24.f4 exf3 25.Lxf3 Le4

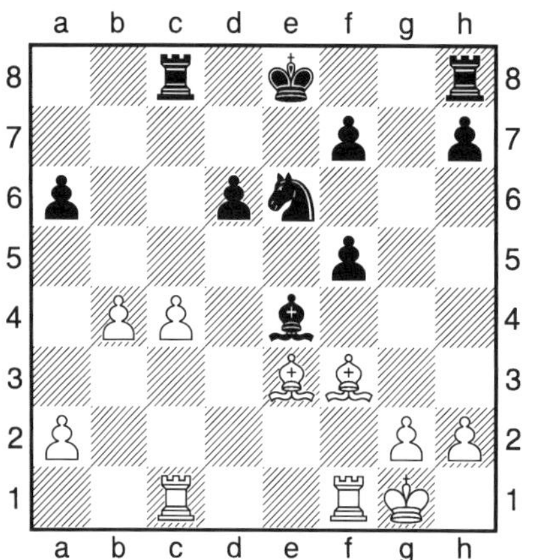

26.Lxe4

Warum erlaubt Carlsen seiner Gegnerin, ihre Bauernstruktur in Ordnung zu bringen? Wichtig für ihn ist es, Platz für die eigenen Figuren zu schaffen. Außerdem sind die weißen Bauern am Damenflügel zum Vormarsch bereit.

26...fxe4 27.Tf5 Tf8 28.a4 Ke7 29.b5 axb5 30.axb5 Sg7 31.Td5 Se6 32.Tf5 Sg7

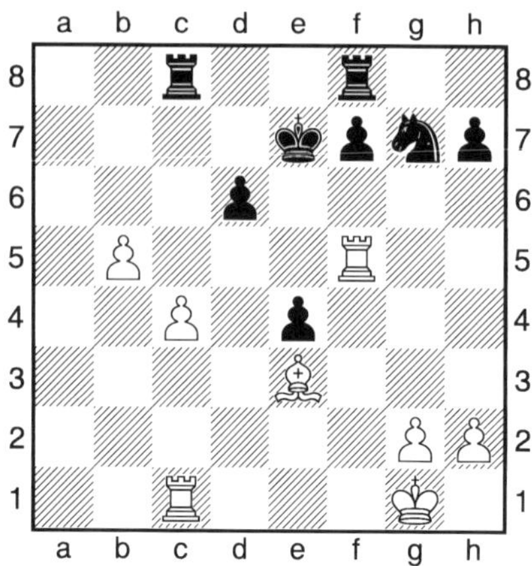

33.Tf2!

Magnus könnte jetzt durch Zugwiederholung den Punkt teilen. Aber er sieht, dass sein Läufer viel stärker ist als der schwarze Springer. Deshalb wird weiter gespielt.

32...Se6 34.b6 f5 35.g3 Kd7 36.Tb2 Tb8 37.b7!

Dieser Freibauer ist der große Trumpf von Weiß. Er gewährleistet den Sieg.

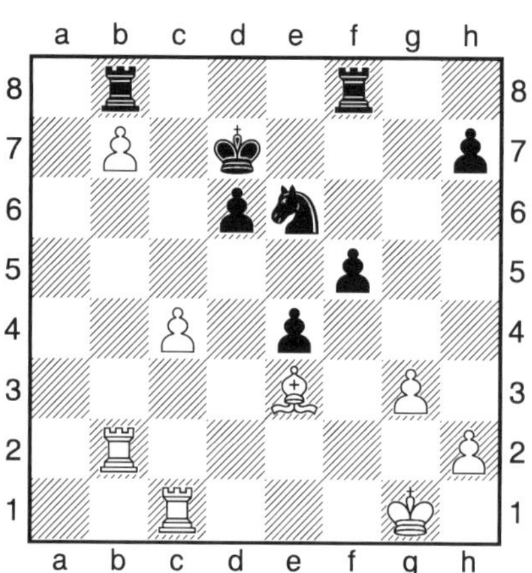

37...Sd8?

Der ausschlaggebende Fehler. Richtig war 37...Kc6 bzw. 37...Kc7. Carlsen hat jetzt keine Mühe, seinen Vorteil sicher zu verwerten.

38.Tcb1 Sc6 39.Lf4 Tfe8 40.c5 Se5 41.Tc2 dxc5 42.Txc5 Sd3 43.Lxb8 Sxc5 44.Lf4

Der Läufer ist und bleibt ein Riese.

44...Sa6 45.b8D Sxb8 46.Txb8 Txb8 47.Lxb8 Ke6 48.Kf2 Kf6 49.h4 1-0

Ein feiner Sieg der Technik. Ansonsten liefen die Gausdal Classic nicht besonders gut für Magnus, es war ja auch sein erstes Großmeisterturnier. In dem Wettbewerb gab es Doppelrunden, und zwei Partien am Tag gegen so starke Kontrahenten erwiesen sich einfach als zu viel für den kleinen Jungen. Bedeutend besser klappte es dann im Sommer beim Traditionsturnier der Zeitung „Politiken" in der dänischen Hauptstadt.

Carlsen – Ward

Damenindisch E13

Kopenhagen 2003

Nächstes prominentes Opfer des Schachtalents war drei Monate später der Engländer Chris Ward. Er hatte knapp 150 ELO-Punkte mehr, als Magnus beim 25. Politiken Cup auf ihn traf. In dieser Partie erbeutete der 12-Jährige seinen ersten Großmeisterskalp. So ein Erfolg ist immer etwas Besonderes im Leben eines aufstrebenden Spielers, auch wenn es sich um ein Wunderkind handelt.

1.d4 Sf6 2.c4 e6 3.Sc3 Lb4 4.Sf3 b6 5.Lg5 h6 6.Lh4 g5 7.Lg3 Se4 8.Dc2 Lb7 9.e3 Lxc3+ 10.bxc3 Sxg3

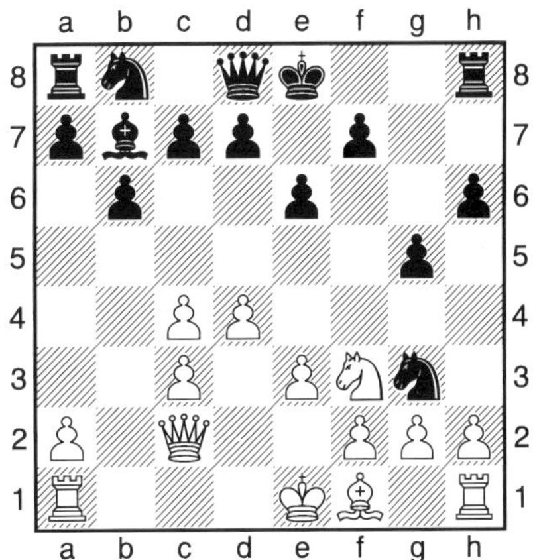

Eine bekannte Variante, deren Geschichte noch nicht zu Ende geschrieben ist. Schwarz plant einen Ausflug mit der Dame zum Königsflügel. Hier hat er keinen Erfolg damit.

11.fxg3 g4 12.Sh4 Dg5 13.Dd2 Sc6 14.Ld3 Se7 15.0-0 f5 16.a4

Der Vorstoß ist durchaus nützlich. Ein Nebeneffekt besteht darin, dass Schwarz jetzt auf die lange Rochade verzichtet.

16...0-0 17.a5 d5 18.De2 Kg7 19.Tae1! dxc4?!

Dieser Zug erweist sich als ungenau. Er zeigt, dass Ward die Gefahren nicht spürt, die ihn erwarten.

20.Lxc4

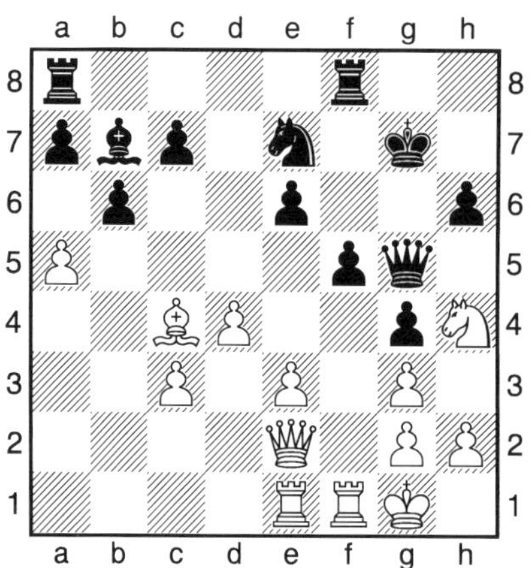

20...Sd5?

Es kommt noch schlimmer. Wegen der offenen Stellung des schwarzen Königs ist das ein schwerwiegender Fehler. Richtig war 20...Tf6 oder 20...Ld5. Jetzt kann Magnus im Zentrum durchbrechen. Das hat er mit 19.Tae1! vorbereitet.

21.e4! Sxc3

Oder 21...fxe4 22.Dxe4, und der schwarze König steht noch entblößter.

22.Dc2! Lxe4

Nach 22...Sxe4 23.Lxe6 hängen die Bauern auf c7 und f5.

23.Dxc3 Tae8 24.axb6 axb6 25.Lb5

Es gelingt dem Nachziehenden nicht, eine solide Festung zu errichten.

25...Te7 26.Lc6 Lxc6 27.Dxc6 Tf6 28.Dc3 Tff7

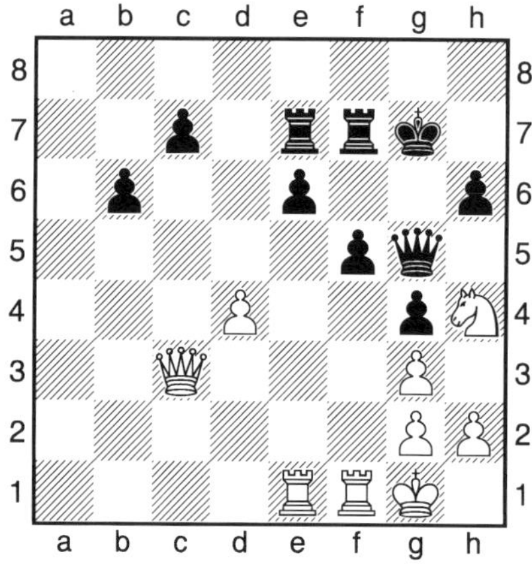

29.d5+!

Der Zug öffnet nicht nur die Stellung, er befreit auch den weißen Springer von seiner Statistenrolle.

29...Df6 30.De3 exd5 31.Sxf5+ Dxf5 32.Txf5 Txe3 33.Txf7+ Kxf7 34.Txe3

Der kleine Carlsen hat keine Bedenken, dass Turm und König von ihm mit den schwarzen Freibauern fertig werden.

34...d4 35.Te4 c5 36.Kf2 Kf6 37.Ke2 b5 38.Kd3 h5 39.Te8

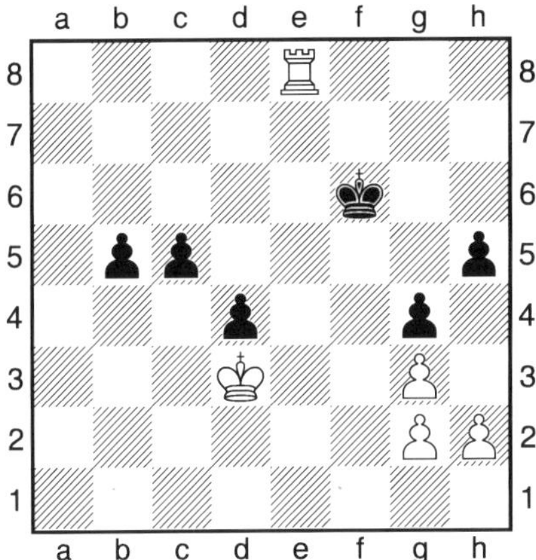

1-0. Magnus erzielte in dem Jubiläumsturnier 8,0 Punkte aus elf Partien, nur einen Zähler weniger als der Sieger Krishnan Sasikiran aus Indien, gegen den er remisierte. Zweiter im Gesamtklassement wurde mit 8,5 Punkten Artur Jussupow. Er konnte den Norweger als Einziger in diesem Open schlagen. Heute ist Artur froh, dass es ihm einmal im Leben gelang. Er bewundert wie viele Experten und Fans die interessante Spielweise sowie das tiefe Schachverständnis Carlsens. Das kommt auch in Jussupows Partiekommentaren in diesem Buch und in seiner profunden Einschätzung des WM-Matchs von Chennai zum Ausdruck.

Hammer – Carlsen

Pirc-Verteidigung B07

Chalkidiki 2003

Im selben Jahr bei der Jugendweltmeisterschaft U14 in Griechenland glänzte Magnus gegen seinen Landsmann Jon Ludvig Hammer mit einem überraschenden Damenopfer. Einige Zeit später spielten die beiden Freunde schon im norwegischen Nationalteam. Hammer war dann auch Carlsens wichtigster Helfer im WM-Kampf von Chennai.

1.Sf3 d6 2.d4 Sf6 3.Sbd2

Häufigste Fortsetzung in dieser Stellung ist 3.c4, was zu lebhafteren Abspielen führt. Weiß entschließt sich jedoch, die Partie in ruhigeres Fahrwasser zu lenken.

3...g6 4.e4

Übergang zur Pirc-Verteidigung. Alternativen dazu sind 4.c3 oder 4.e3.

4...Lg7 5.Ld3 0-0 6.0-0 Sc6 7.c3 e5 8.h3

Um den Läuferausfall nach g4 zu verhindern. Mehr Chancen hat Weiß nach 8.dxe5 Sxe5 9.Sxe5 dxe5 10.Sc4 Sd7 11.b4.

8...Sh5

Der natürlichste Zug mit der Idee Sf4 und Königsangriff. Bei dieser Gelegenheit kann Schwarz f7-f5 durchsetzen.

9.dxe5

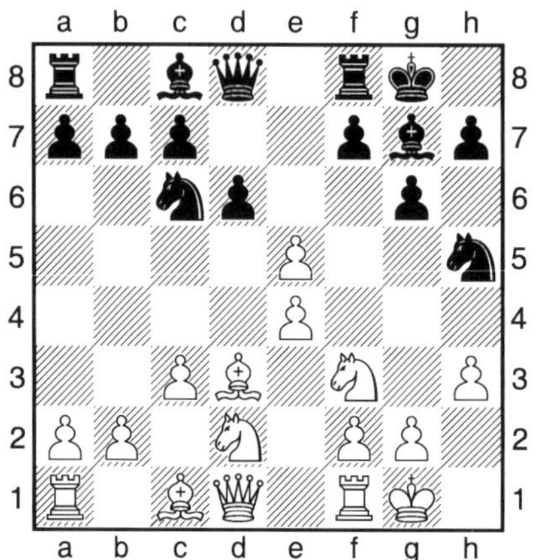

9...Sf4!

Der Springer hat die geplante aktive Position im feindlichen Lager eingenommen.

10.Lb5 Sxe5 11.Sxe5 Dg5!

11...dxe5 ergibt eine normale Stellung. Mit dem Partiezug verstärkt Carlsen seinen Angriff.

12.Sg4 Dxb5 13.Sb3 Se2+ 14.Kh1 Lxg4 15.hxg4 Tae8

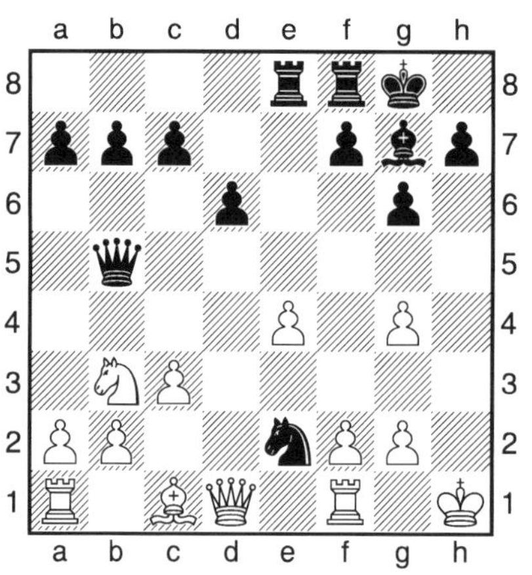

16.Le3??

In diesem kritischen Moment ist der Läuferausfall bereits der entscheidende Fehler. Notwendig war 16.a4, z.B. 16...Dc4 17.Le3 Txe4 18.Te1 Txe3 19.fxe3 Sg3+ 20.Kg1 Se4 21.Sd4 c5 22.De2 Dd5 23.Sf3, und Weiß bleibt noch am Ball. Jetzt folgt dagegen eine hübsche Kombination.

16...Txe4 17.Te1

Egal, was Hammer spielt, er ist schon verloren, z.B. 17.g3 Sxg3+ 18.fxg3 Txe3-+. Seine letzte Antwort ermöglicht einen kräftigen Schlussakkord.

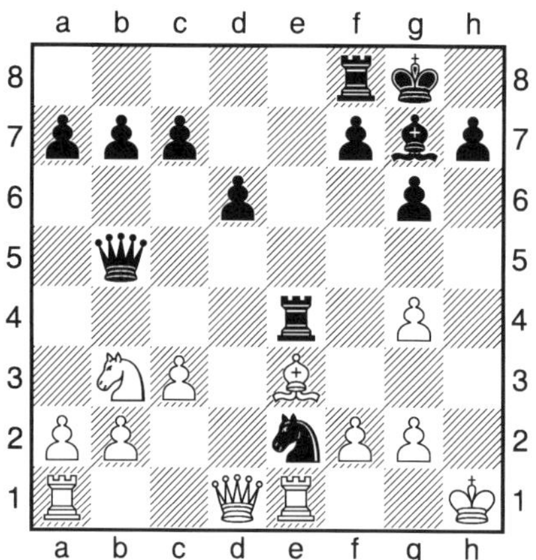

17...Dh5+!

Ein echter Knaller! 0-1. (18.gxh5 Th4 matt.)

Mozart des Schachs

Das Jahr 2004 sollte ein sehr wichtiges für Magnus Carlsen werden und ihn weltweit bekannt machen. Es begann im holländischen Schachmekka Wijk aan Zee, wo die internationale Elite der Denksportler immer im kalten Januar anreist. Neben den beiden Hauptturnieren wurde in jenem Jahr erstmals auch eine C-Gruppe gebildet. In ihr bekamen talentierte Spieler, niederländische Meisteranwärter und einige Großmeister die Möglichkeit, ihre Klingen zu kreuzen. Magnus wurde ebenfalls eingeladen. Als jüngster Teilnehmer gewann er überraschend mit 10,5 Punkten aus 13 Partien und erfüllte dank dieses stolzen Ergebnisses seine erste Großmeisternorm.

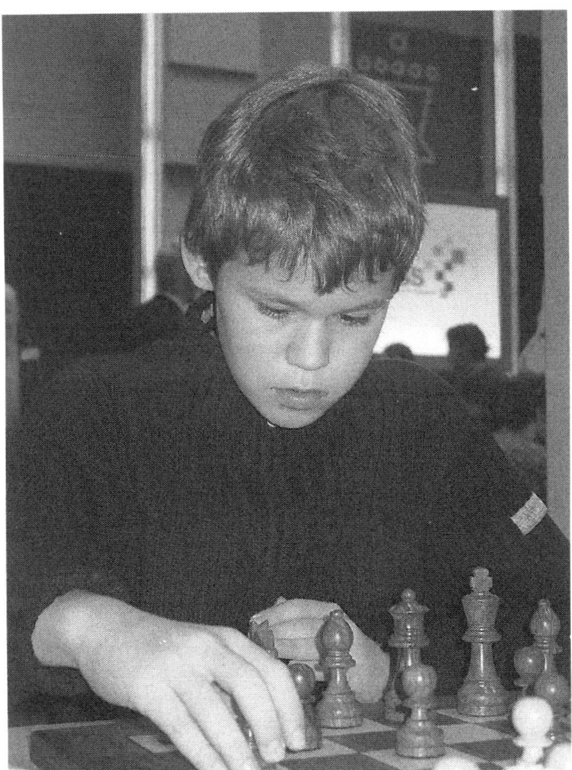

Magnus 2004 in Wijk

Am Tag, als dieses Foto aufgenommen wurde, besiegte Magnus mit Schwarz nach starker Verteidigungsleistung den georgischen Großmeister Merab Guganaschwili. Abends feierte die Familie des Norwegers dann in einem italienischen Restaurant, und der Junge erhielt, wie versprochen, zur Belohnung zwei Eisbecher.

Carlsen – Ernst

Caro-Kann B19

Wijk aan Zee 2004

Seine beste Partie im Turnier spielte der kleine Schachheld in der vorletzten Runde gegen den Holländer Sipke Ernst, einen Mitkonkurrenten um den Gesamtsieg. Magnus dachte an diesem Tag nicht im Traum daran, das schon erreichte Großmeister-Resultat mit einem Remis abzusichern. Er zeigte vielmehr sein großes taktisches Können. Das Finale ist besonders schön.

1.e4 c6 2.d4 d5 3.Sc3 dxe4 4.Sxe4 Lf5 5.Sg3 Lg6 6.h4 h6 7.Sf3 Sd7 8.h5 Lh7 9.Ld3 Lxd3 10.Dxd3 e6 11.Lf4 Sgf6

Die Alternative lautete 11...Da5+, aber in jüngerer Zeit ist dieser Zug in Ungnade gefallen.

12.0-0-0 Le7 13.Se4 Da5

Die Fortsetzung 13...Sxe4 14.Dxe4 Sf6 15.Dd3 wäre bequemer für Weiß.

14.Kb1 0-0

Der Nachziehende beschließt, das Bauernopfer abzulehnen und seinen König zu sichern. Nach 14...Sxh5 15.Ld6 Shf6 16.Lxe7 Sxe4 17.Dxe4 Kxe7 18.Dh4+ Sf6 19.Se5 hätte Weiß für den Bauern gewisse Kompensation.

15.Sxf6+ Sxf6 16.Se5 Tad8

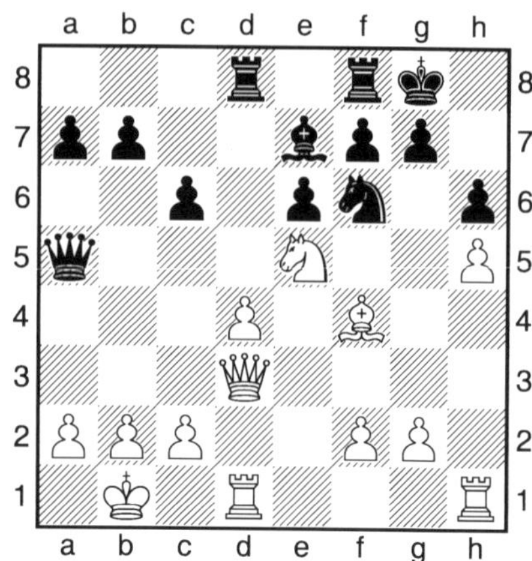

17.De2

Dies wird gelegentlich gespielt. Der beliebteste Zug ist hier 17.Dg3 Kh8 18.c4 (Andere Möglichkeiten sind 18.Td3!? oder 18.Db3!?) 18...Sd7 19.Td3 Lf6 20.Thd1 Sxe5 21.Lxe5 Lxe5 22.Dxe5 Db4 23.Dc5 Da4 24.b3 Da6 25.g4 b5 mit scharfem Spiel (Karjakin-Van Delft, Wien 2003).

17...c5?!

Sieht logisch aus, denn Schwarz muss normalerweise im Zentrum angreifen. Aber ausgerechnet in diesem Moment ist der Vorstoß einfach schwach und wird energisch widerlegt. Hier war erst 17...Db6! richtig, z.B. 18.c3 und jetzt 18...c5! 19.Le3 Sd5 mit angenehmem Spiel.

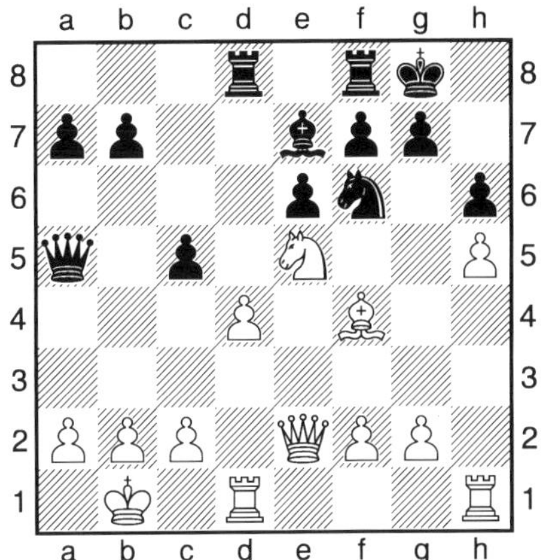

18.Sg6!

Eine typische Handlung in dieser Art von Stellung. Der junge Magnus kennt solche Motive.

18...fxg6?

Das ist eine charakteristische Reaktion von Spielern, die behaupten, eine Figur ist eine Figur! Aber diese Entscheidung war falsch. Es sollte 18...Tfe8! geschehen, z.B. 19.Sxe7+ Txe7 20.dxc5 Ted7 21.Txd7 Sxd7, und die schwarze Position war noch spielbar. Nun bläst Carlsen zu einer starken Attacke.

19.Dxe6+ Kh8 20.hxg6!

Hervorragende Beurteilung der Situation: Der schwarze Läufer ist unwichtig, der Überfall entscheidet.

20...Sg8

Das verliert schnell, aber es gibt nichts Vernünftiges: 20...Tfe8 21. Lxh6! gxh6 22.Df7+- oder 20... Tde8 21.Txh6+! gxh6 22.Lxh6+-.

21.Lxh6! gxh6

Wenn 21...Sxh6, so 22.Txh6+! gxh6 23.Dxe7 und Matt.

22.Txh6+!

Der Königsangriff läuft auf vollen Touren.

22...Sxh6 23.Dxe7 Sf7

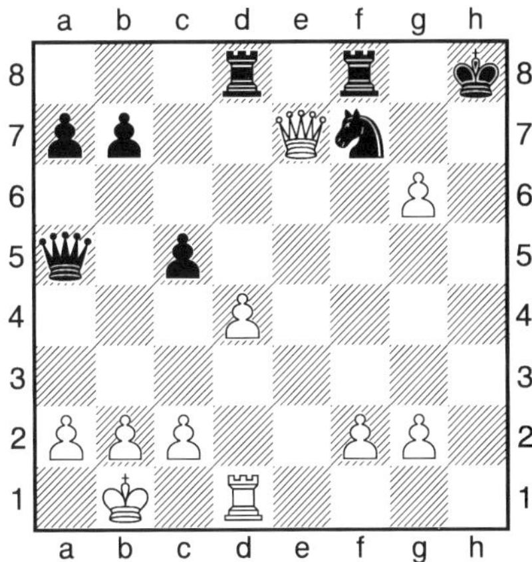

24.gxf7!

In der Begegnung Almagro Llanas-Gustafsson (Madrid 2003) gab sich Weiß hier mit Remis zufrieden: 24.Df6+ Kg8 25.Th1 Sh6 26.De7 Sf7 27.Df6 (Zum Gewinn führte 27.Th3! Sg5 28.Th7+-.) 27...Sh6 28.De7 Sf7 ½–½. Carlsen kannte die Partie nicht, er fand am Brett eine schöne taktische Lösung. Sie entscheidet den Kampf sehr schnell.

24...Kg7

Oder 24...Db6 25.De5+ Kh7 26.Th1+ Dh6 27.Txh6+ Kxh6 28.Df6+ Kh7 29.c3, und jetzt garantiert zum Beispiel der Marsch des g-Bauern einen raschen Sieg.

25.Td3

Im Eifer des Gefechts übersieht Magnus den sofortigen Gewinn 25.De5+! Kxf7 26.Td3.

25...Td6

Mit 25...Db6 könnte Schwarz das Spiel noch etwas verlängern: 26.Tg3+ Dg6 27.Txg6+ Kxg6 28.d5 Th8 29.c4 Tdf8 30.De6+ Kg7 31.d6 Txf7 32.De5+ Kh7 33.d7 Tff8 34.g4+-.

26.Tg3+ Tg6 27.De5+ Kxf7

Wenn 27...Kh7, so 28.Dh5+ Th6 29.Df5+ Kh8 30.De5+ nebst Matt.

28.Df5+ Tf6

Auf 28...Ke7 entscheidet 29.Te3+.

29.Dd7 matt.

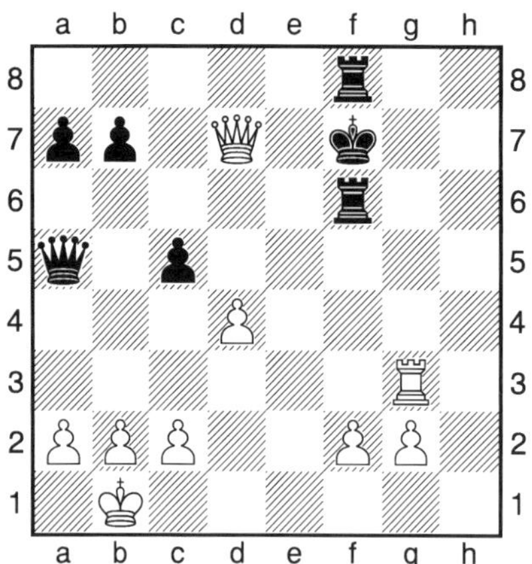

Das Epauletten-Matt kommt in Turnieren von Rang sehr selten vor. Eine tolle Partie mit vielen taktischen Elementen. Dieses schöne Spiel brachte Magnus nicht nur den alleinigen Turniersieg, sondern machte ihn auf der ganzen Welt berühmt. Große Aufmerksamkeit erregte der Wunderknabe auch bei seinem nächsten Auftritt.

Carlsen – Dolmatow

Holländisch A04

Moskau 2004

Erster Start in der russischen Hauptstadt, und der 13-jährige Magnus erobert die Herzen der Schachfans im Sturm. Gegen den früheren WM-Kandidaten Sergej Dolmatow spielt er die effektvollste Partie des ganzen Aeroflot Opens.

1.Sf3 f5 2.d3

Weiß verzichtet auf d2-d4, wodurch sich eine Mischung aus Holländisch und Reti-Eröffnung ergibt.

2...d6 3.e4 e5 4.Sc3 Sc6 5.exf5 Lxf5 6.d4 Sxd4

Nach 6...Sb4 7.Lb5+ c6 8.La4 e4 10.Sg5 d5 10.f3 exf3 11.0-0! gewann Krasenkow schön gegen Kindermann (Panormo 2001).

7.Sxd4 exd4 8.Dxd4 Sf6

Vorsichtiger war 8...c6.

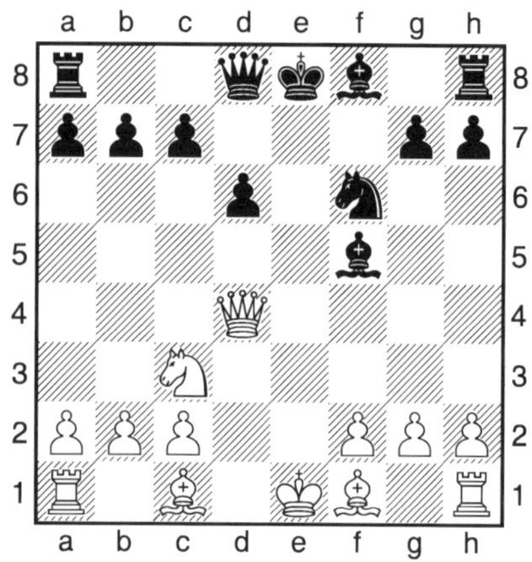

9.Lc4!

Oder 9.Ld3 Lxd3 10.Dxd3 c6 11.0-0 Le7, und Schwarz gleicht das Spiel aus. Carlsen handelt deshalb energischer.

9...c6 10.Lg5 b5

Schon keine Zeit mehr ist jetzt für die Fortsetzung 10...d5 11. 0-0-0! Le7 12.The1 0-0 13.De5, und Weiß behält die Oberhand. Auch nach 10...De7+ 11.Kd2! c5 12.Df4 De5 13.The1 0-0-0 14.Dh4! Dd4+ 15.Dxd4 cxd4 16.Lxf6 gxf6 17.Sd5 oder 10...Lxc2 11.0-0 d5 12.Tfe1+ Kf7 13.Te5 Db6 14.Dd2 dxc4 15.Dxc2 kann sich Schwarz schwerlich halten. Aufmerksamkeit verdiente jedoch 10...h6!?

11.Lb3 Le7?

Auch hier war 11...h6 unbedingt nötig.

12.0-0-0 Dd7

Nach 12...d5 13.The1 Kf7 14.De5 Dd7 15.Sxd5! fiele das schwarze Zentrum wie ein Kartenhaus zusammen.

13.The1 Kd8

Auf 13...0-0-0 entscheidet 14.g4! Lxg4 15.Txe7 Dxe7 16.Dxg4+.

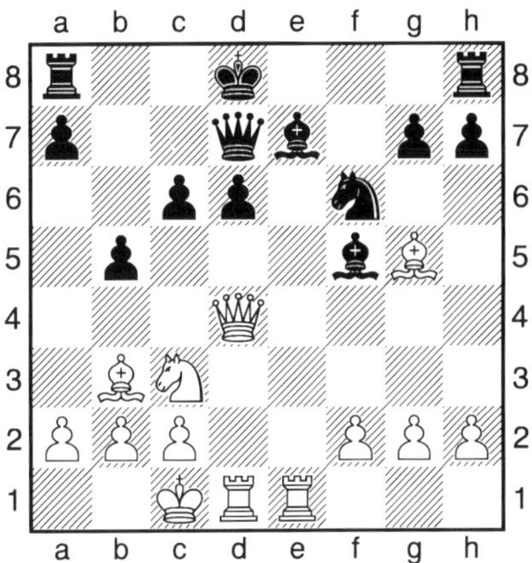

14.Txe7!

Weiß beendet die Partie ganz im Stile der alten Meister. Anderssen und Morphy lassen grüßen!

14...Dxe7 15.Df4! Ld7 16.Se4 d5

Oder 16...Tf8 17.Sxd6.

17.Sxf6 h6 18.Lh4 g5 19.Dd4

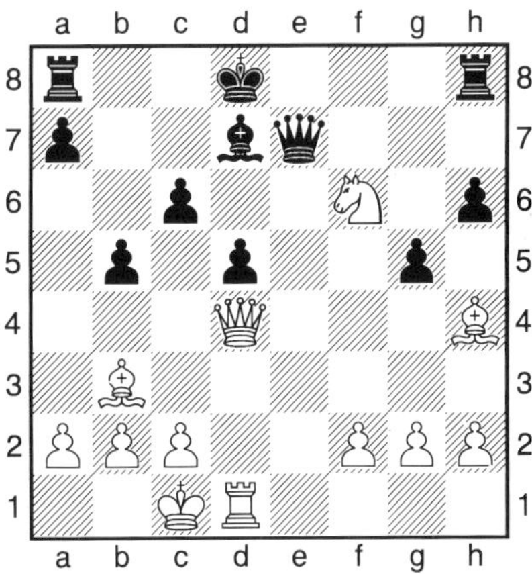

Es gibt keine Rettung mehr für Schwarz: 19...gxh4 20.Sxd5+- oder 19....Tf8 20.Sxd7 Dxd7 21.Lg3+-. 1-0

Der erfahrene Dolmatow schaffte gegen den Wunderjungen nicht einmal 20 Züge. Nachdem Wassili Smyslow die Miniatur gesehen hatte, rief er: „Das ist der junge Tal!" Carlsen erwiderte leise: „Ich kenne seine Partien noch gar nicht..."

Bis dahin hatte Magnus nur sporadisch Schachbücher gelesen, aber er verschlang alles an Literatur über das Spiel, was er in die Hände bekam. Stundenlang konnte Carlsen Partiesammlungen studieren und in seinem phänomenalen Gedächtnis abspeichern. Unbewusst beherzigte er damit einen Rat Botwinniks, den dieser gern seinen Schülern gab: „Schach kann nicht gelehrt werden, es muss gelernt werden!"

Und das selbständige Lernen von Magnus zahlte sich aus. Von Turnier zu Turnier steigerte er sich jetzt, auch wenn es mal Rückschläge gab, weil die Gegner immer stärker wurden.

Seine 5,5 Punkte aus neun Partien im Aeroflot Open bedeuteten die zweite Großmeisternorm innerhalb kürzester Zeit. Es war ein wichtiger Schritt beim Aufstieg des Norwegers in die Elite des Denksports. Nicht nur die Zeitungen in seiner Heimat machten eine märchenhafte Geschichte daraus, auch die internationale Tagespresse zeigte sich begeistert. So nannte die „Washington Post" Carlsen im Frühjahr 2004 „Mozart des Schachs". Auch wegen der folgenden Episode.

Bei einem Schnellturnier in Reykjavik im März schlug der Jungstar beinahe Garri Kasparow. Nur mit Mühe konnte sich dieser ins Remis retten. „Ich habe wie ein Kind gespielt", ärgerte sich Magnus, nachdem ihm der Schachzar in der zweiten Partie keine Chance gelassen hatte. „David brachte Goliath nicht zu Fall, aber kam ihm mit der Steinschleuder verdammt nahe", lobte der frühere englische Vize-Weltmeister Nigel Short den kleinen Schachhelden.

Die letzte noch fehlende Großmeisternorm erfüllte der ehrgeizige Junge dann im April 2004 beim Dubai Open. Wieder feierte Magnus das großartige Ergebnis (+4=5-0) danach auf altersgerechte Weise mit Eiscreme. Zwischen dem ersten und dem dritten Bravourstück lagen nur drei Monate. Magnus Carlsen war damit der jüngste Großmeister, der alle Normen für den Doktorhut des Schachs außerhalb seines Heimatlandes erreichte - eine bewundernswerte Leistung.

Für die Knockout-WM in Tripolis erhielt er von FIDE-Präsident Kirsan Iljumschinow einen Freiplatz und flog mit Simen Agdestein als Betreuer im Juni 2004 nach Libyen. Unglücklicherweise erhielt Magnus in Runde 1 den Armenier Levon Aronjan zugelost. Aber er lieferte seinem bärenstarken Gegner einen beherzten Kampf. Nach zwei Remispartien im Normalschach verlor Carlsen erst im Tiebreak mit verkürzter Bedenkzeit knapp 0,5:1,5. Damit war das Schach-Abenteuer in Nordafrika vorbei und Magnus um eine wichtige Erfahrung reicher.

Carlsen – Ibrajew

Nimzoindisch E38

Calvia 2004

Zur Schacholympiade auf Mallorca gab der junge Großmeister seinen Einstand beim Turnier der Nationen. Noch nicht 14-jährig, spielte er bereits am ersten Brett von Norwegen und wurde fünfmal eingesetzt. Seine Auftaktpartie am 25. Oktober 2004 endete mit einem Paukenschlag.

1.d4 Sf6 2.c4 e6 3.Sc3 Lb4 4.Dc2 c5 5.dxc5 Lxc5 6.Sf3 Db6 7.e3 Dc7 8.b3!?

In früheren Partien wurden wiederholt andere Fortsetzungen geprüft: 8.Ld3, 8.Le2, 8.a3, 8.Ld2 und 8.g4.

8...b6

Nach 8...a6 verdient 9.g4!? ernsthafte Aufmerksamkeit. In der Stammpartie Barejew-Sakajew (Moskau 2001) gewann Weiß im 26. Zug.

9.Lb2 Lb7

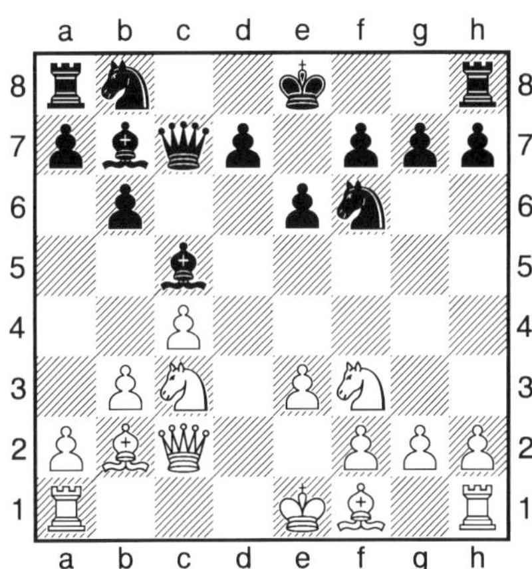

10.Sb5!?N

Interessanterweise wird der Zug in dieser Stellung das erste Mal gespielt. Gute Fortsetzungen für Weiß sind hier 10.Le2!? oder 10.Td1.

10...Dd8

Kaum besser ist 10...Dc8 11.0-0-0 a6!? (11...0-0 12.Sg5 *(12.Ld3?! a6)* 12...h6 13.Lxf6 hxg5 14.Le5! (14.Lxg5 a6 15.Sc3 b5) 12.Sd6+ Lxd6 13.Txd6 Dc7.

11.0-0-0 0-0

Die Spieler haben ihre Könige auf verschiedenen Brettseiten versteckt. Dieser Fakt ist ein „Vorbote“ lebhafter Ereignisse in der Partie. Möglich war auch 11...a6 12.Sd6+ (12.Lxf6 gxf6 13.Sd6+ Lxd6 14.Txd6 Dc7) 12...Lxd6 13.Txd6 Se4 14.Td1 0-0 15.Ld3 f5.

12.Sg5 Te8!

Nur so. Schwarz hat keine vernünftige Alternative zu diesem Zug, zum Beispiel 12...g6? 13.Dc3 Le7 14.Sd6 Dc7 (14...Lc6? 15.Sde4 Lxe4 16.Sxe4 Kg7 17.g4! h6 18.f4+-) 15.Sge4± oder 12...h6?? 13.Lxf6 Dxf6 14.Dh7 matt.

13.h4

Es war schwer, sich hier für den Vorschlag von Fritz zu entscheiden: 13.Lxf6!? Dxf6 14.Dxh7+ (Nicht aber 14.Sc7? Dxg5 15.Sxe8 De5!, und wenn Weiß 16.Db2 spielt, folgt 16...La3! 17.Dxa3 Dc3+ 18.Kb1 Le4+ 19.Ld3 Lxd3+ 20.Txd3 Dxd3+ 21.Kc1 Sc6.) 14...Kf8, da es unmöglich ist, die Situation nach 15.Sc7 Sa6!? klar zu bewerten.

13...e5!?

Schwarz beugt seinerseits der Drohung 14.Lxf6 vor. Zu günstigen Verwicklungen für Weiß führt 13...h6?! 14.Lxf6!, und auf 14...Dxf6 geschieht 15.Sc7 hxg5 (15...Da1+? 16.Kd2 Lb4+ 17.Ke2+-) 16.Sxe8 Da1+ 17.Kd2 De5 18.Dc3 Sc6 19.Dxe5 Sxe5 20.Sc7 Tc8 21.Sb5 d5! ±.

14.Sd6 Lxd6 15.Txd6

Weiß kreiert damit eine schreckliche Drohung: 16.Txf6! Dxf6 17.Dxh7+ Kf8 18.La3+ und 19.Dh8 matt. Jetzt ist sie aber noch nicht real, denn Schwarz hat 18...d6 und der König das Fluchtfeld e7.

15...h6 16.Df5!?

Eine gut versteckte Provokation.

16...Sc6??

Dieser schmerzliche Fehler führt sofort zum Verlust. Auch 16... hxg5? verliert die Partie: 17.hxg5 Se4 (17...Le4 18.Dh3 Sh7 19.Ld3 Lxd3 20.Txd3+-) 18.Dh7+ Kf8 19.La3 Sc5 20.Df5! Kg8 21.Th7! Le4 (oder 21...Se6 22.Dh3 f5 23.g6 und Matt in zwei Zügen.) 22.Tdh6!! f6 (22...Lxf5? 23.Th8#) 23.gxf6 Dxf6 (23...Lxf5 24.Txg7+ Kf8 25.Th8#) 24.Th8+ Kf7 25.Txf6+ gxf6 26.Dh5+ Lg6 27.Th7+. Gab es noch eine Rettung? Nur nach 16...De7! 17.Td2 g6 18.Dh3 hxg5 19.hxg5 Sh5 20.Th2 (mit der Idee g4).

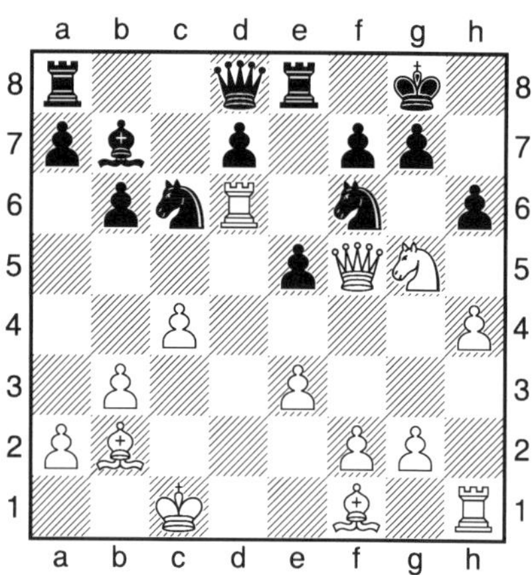

17.Txf6!!

1-0. Auf 17...Dxf6 folgt 18.Dh7+ Kf8 19.Se4!+-. Wahrscheinlich hat Nurlan Ibrajew diese Abwicklung übersehen. Auch andere Züge helfen Schwarz jetzt nicht mehr: 17...hxg5 18.hxg5 gxf6 19.gxf6; 17...gxf6? 18.Dh7+ Kf8 19.Dxf7 matt. Was für eine spektakuläre Olympia-Premiere!

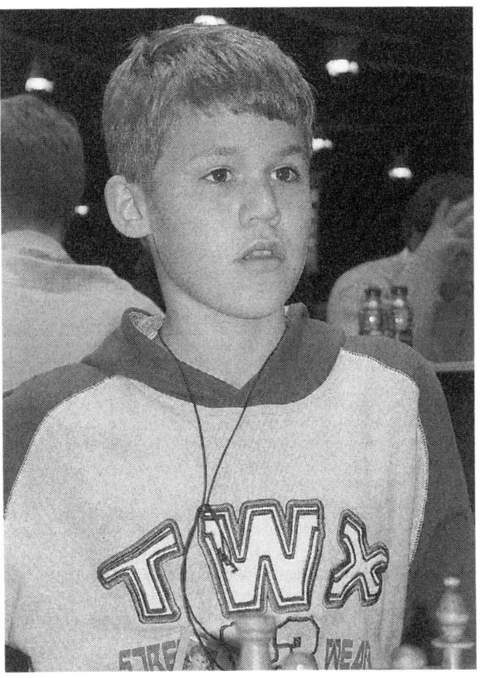

Nationalspieler Magnus Carlsen

In Calvia holte der Jungstar 3,0 Punkte aus fünf Partien. Magnus verlor nur einmal, und zwar im Match Norwegen-USA, als er im Turmendspiel noch nicht genügend Bescheid wusste. Sein erfahrener Gegner hieß Alexander Onischuk. Diese Bildungslücke sollte Carlsen bald darauf schließen.

Onischuk – Carlsen

Calvia 2004

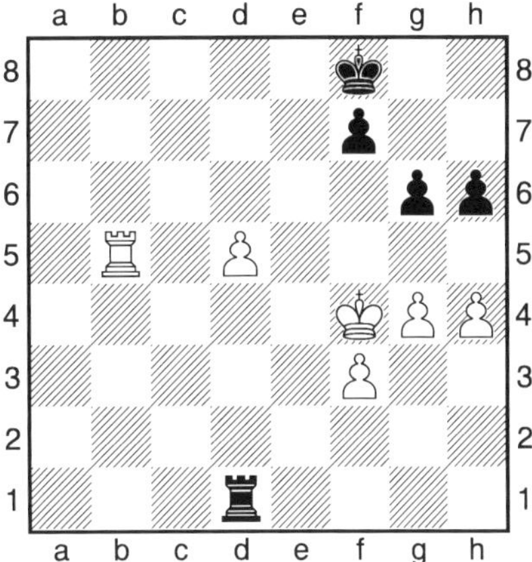

Schwarz hat einen Minusbauern und steht schlechter, ganz klar. Aber er könnte die Partie bei richtigem Spiel remis halten.

46...f6?

Dieser Zug verliert. Notwendig war 46...Ke7 47.g5 hxg5+ 48.hxg5 f6!, wonach die reduzierte Zahl der Bauern das Verteidigen erleichtert.

47.h5 Kf7 48.Tb7+ Kg8 49.Ke4 gxh5 50.gxh5

Jetzt gewinnt Weiß leicht.

50...Kf8 51.Th7 Te1+ 52.Kf5 Kg8 53.Td7 Tf1 54.f4 Kf8 55.d6 Ke8 56.Th7 Td1 57.Ke6 1-0

Drei Monate später in Wijk aan Zee war Magnus längst Publikumsliebling. Sein C-Gruppen-Sieg im erfolgreichen Jahr davor hatte ihm die Tür ins B-Turnier geöffnet, wo auch der gleichaltrige Sergej Karjakin mitspielte. Eine feine Leistung lieferte Carlsen dort gegen den früheren WM-Kandidaten Predrag Nikolic ab. In nur 22 Zügen spielte er seinen erfahrenen Gegner an die Wand. Die Partie wird launig von einem Berliner Schachoriginal glossiert.

Carlsen – Nikolic
Französisch C08
Wijk aan Zee 2005
Kommentar:
Werner Reichenbach

Zum Zeitpunkt dieser Begegnung war der Führer der weißen Steine auf Grund seines Alters noch ein Schachküken. Spielerisch besaß er jedoch schon erstaunlich viel Muskelmasse. Sein Widersacher zählte immerhin zur erweiterten Weltspitze. Dem Leser wird bald klar, wer hier David und wer Goliath verkörperte.

1.e4 e6 2.d4 d5 3.Sd2 c5

Die Französisch-Koryphäen Uhlmann und Kortschnoi wählten an dieser Stelle fast durchgängig den Textzug, der Schwarz im Ausgleichssinn ein gutes Spiel verspricht. Anders jedoch der deutsche Großmeister Georg Meier. Er beweist des Öfteren nachhaltig, dass der Schlagwechsel 3...dxe4 - Rubinstein-Variante - nicht ad acta gelegt werden sollte.

4.exd5

Die andere Hauptfortsetzung ist 4.Sgf3 cxd4 5.exd5 Dxd5 6.Lc4 Dd6 7.0-0 Sc6 8.Sb3 Sf6 9.Sbxd4 Sxd4 10.Sxd4 a6 11.Te1 Le7 12.c3 0-0 13.Df3 e5 14.Sf5 Lxf5 15.Dxf5.

4...exd5

Falls 4. ...cxd4?!, so 5.Lb5+ Ld7 6.dxe6 fxe6 (6...Lxb5 7.exf7+ Kxf7 8.Dh5+ g6 9.Dxb5+-) 7.Lc4 Sf6 8.Sgf3 Sc6 9.0-0 mit weißem Vorteil.

5.Sgf3 c4

Der Zug legt etwas zu früh das Zentrum von Schwarz fest. Warum nicht einfach die sofortige Entwicklung der Streitkräfte vorantreiben? Doch, um der Wahrheit die Ehre zu geben, darf auch der c-Bauernvorstoß nicht gänzlich abgelehnt werden. Zumindest vermeidet er die aktive Belagerung des Isolanis auf d5 durch den Gegner.

6.b3 cxb3 7.axb3 Lb4

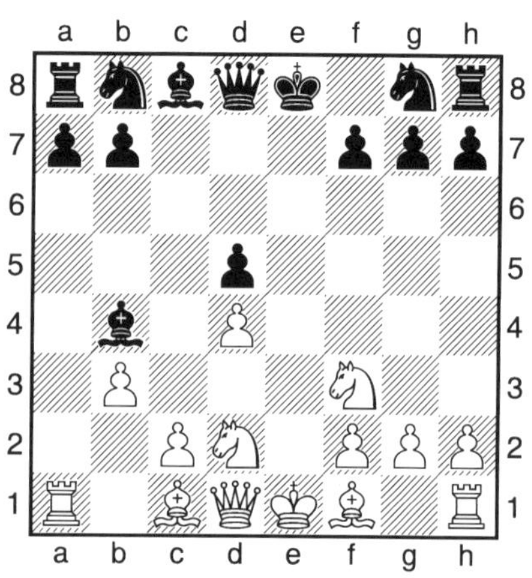

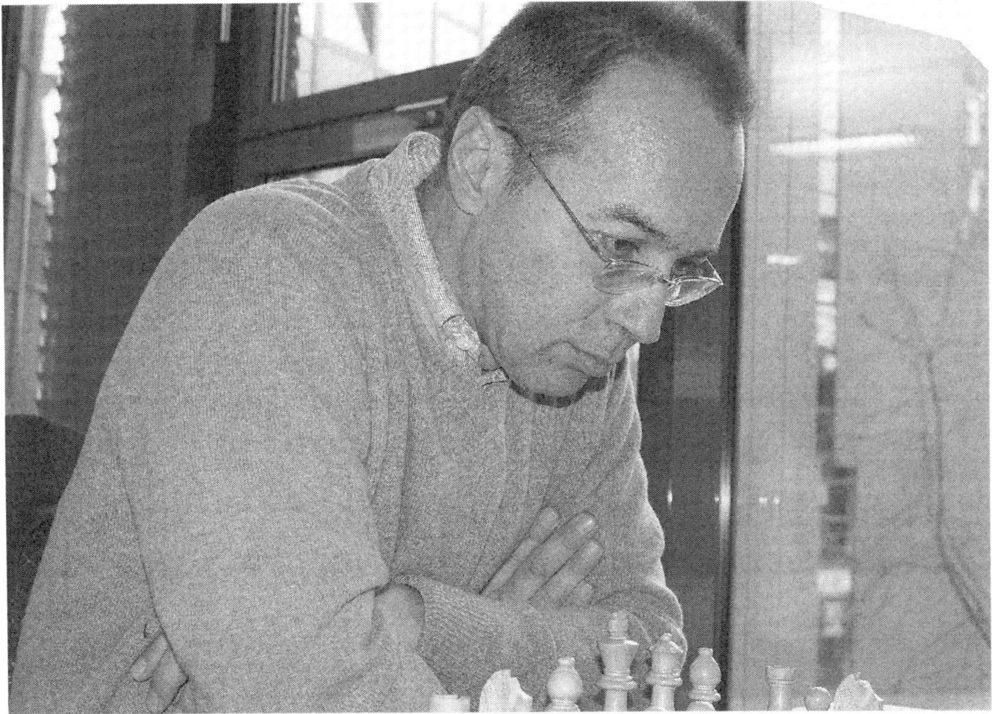

Predrag Nikolic

8.Se5!?

Carlsen umgeht das bekannte Abspiel 8.Lb5+ Ld7 9.De2+ De7 (9...Se7 10.0-0 *(10.Se5)* 10...0-0 11.La3 Lxa3 12.Txa3 Lxb5 13.Dxb5 Dc7 14.Te1 Dxc2 15.Dxb7 Sbc6 16.Taa1 Tab8 17.Dc7 Tfc8 18.Df4 h6 19.h3 Sg6 20.Dg4=) 10.Se5 Sf6 11.0-0 0-0 12.Ld3 Sc6 (12...Lc3? 13.La3±) 13.Lb2 Tfe8 14.Sdf3.

8...Se7 9.Ld3

Die verrückte Variante 9.c3?! Lxc3 10.Df3 Lxd2+ 11.Lxd2 0-0 12.Ld3 Sbc6 13.Ta4 Sg6 14.Sxc6 bxc6 15.0-0 Ld7 16.Ta6 Dh4 17.Le3 Tfb8 18.Tb1 Tb6 19.Ta5 Lg4 20.Dg3 Dxg3 21.hxg3 Se7 22.Tb2 f6 kann Weiß einfach nicht gefallen.

9...Sbc6 10.0-0!?

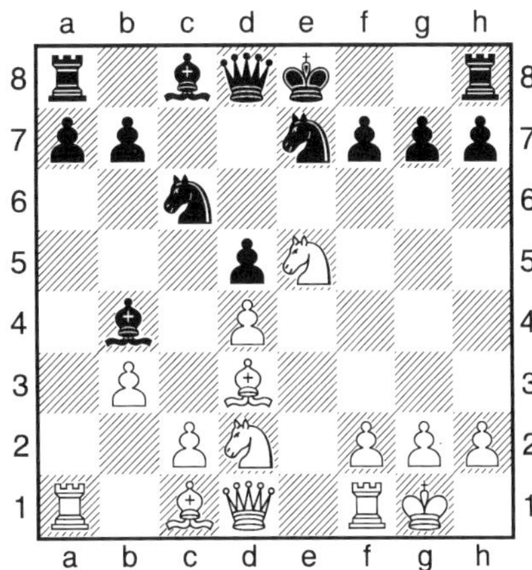

Für den 14-jährigen Knirps ein erstaunlicher Gegenangriff. Magnus bemüht sich nicht mit 10.Lb2 um die Sicherung seines Bauernimperiums am Damenflügel. Stattdessen eröffnet er dem Gegner die Chance, seinen Materialbesitz zu maximieren.

10...Lc3 11.Ta4 Lxd4

Oder 11...Sxe5 12.dxe5 Ld7 (wenn 12...Lxe5, so 13.Dh5 Lf6 14.Te1).

12.Sxc6 Sxc6 13.La3!

Weiß verhindert die schwarze Rochade. Die Alternative war 13.Te1+ Le6 14.Sf3 Lf6 15.h4 0-0 16.Sg5 Lxg5 17.hxg5 d4 18.Lb5 Dd5 19.Lxc6 Dxc6 20.Txd4 Lf5 21.c4.

13...Le6 14.Sf3 Lb6?!

Der bosnische Großmeister beginnt zu wackeln. Diese Ungenauigkeit hat ernste Konsequenzen. Gibt es jetzt noch einen Rettungsanker? Ja, siehe die nachstehende Zugfolge: 14...Lf6 15.Te1 Le7 16.Lxe7 Dxe7 17.Th4 0-0-0 (17...h6 18.Dd2 a6 (18...0-0? 19.Txh6 gxh6 20.Dxh6 f6 21.Sg5 Dg7 22.Dxg7+ Kxg7 23.Sxe6++-) 19.h3

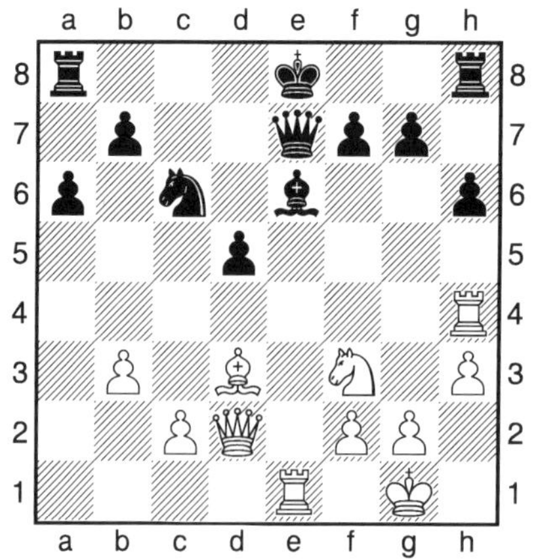

Analyse-Diagramm

... und Schwarz sollte sich über Wasser halten können.

15.Da1!

Derartige Damenmanöver haben oftmals - wie auch hier - etwas Mystisch-Unwiderstehliches und sind geeignet, den Kontrahenten verzweifeln zu lassen.

15...Dc7

Nach 15...f6? 16.Te1 Kf7 17.Tf4+- lässt schon der Bestatter bitten.

16.b4!

16.Dxg7!? manifestiert ebenfalls einen satten Vorteil: 16...0-0-0 17.Df6 h5 18.Te1 Tde8 19.Lb2 Lc5 20.Se5 a6 21.Te2 Ld6 22.Sxc6 Dxc6 23.h3 Thg8 24.Df3 Ld7 25.Txe8+ Txe8 26.Ta1 Lc7 27.Dxh5 Dd6 28.g3 Tg8 29.Lg7!?±.

16...f6?

Der entscheidende Fehler. Jetzt helfen nur noch eine Tasse Beruhigungstee oder ein Gebet. Notwendig war 16...0-0 17.b5 Se7 18.Te1 Tfe8 (18...Sg6 19.Lb2) 19.Lb2±.

17.Te1 Kf7?

Notwendig war 17...Se5!? 18.Sxe5 fxe5 19.b5 0-0-0, um die e-Linie zu schließen und den König aus der Schusslinie zu nehmen. .

18.b5 Sa5

Rien ne va plus, das Ende naht mit Schrecken. Die Fortsetzung 18...Sd8 19.Db2 Tc8 20.Db4 Lc5 21.Dh4 Lxa3 22.Txa3 Dc5 23.Ta4

Tc7 24.Tea1!? rettet Schwarz auch nicht mehr.

19.Dd1!+-

Carlsens Damen-Choreographie beeindruckt. Nach 15.Dd1-a1!? tanzt die weiße Königin anmutig zurück. Jetzt kann sie den feindlichen König auf den weißen Feldern angreifen.

19...Tae8

19...Dd7 20.Lb4 Sc4 21.Lxc4 dxc4 22.Dxd7+ Lxd7 23.Te7++-; 19...Tad8 20.De2 Dc8 (20...The8 21.Sg5+!+-) 21.Tf4 h6 22.Sh4+-.

20.Sg5+!

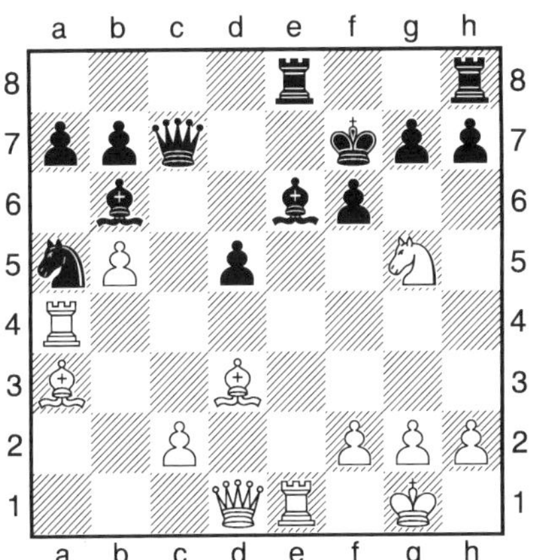

Wie muss dem armen Mann hier zumute sein. Diese Schock-Therapie hält man nur schwer aus. Aber ehrlich, die kleine Schlusskombination hätte vermutlich auch meine Omi gesehen.

20...fxg5

Nehmen ist Pflicht. Wenn 20...Kg8, so 21.Sxe6+-.

21.Df3+ Kg8 22.Txe6 1-0

Nicht jede Partie gelang dem jungen Norweger so gut, und sein 7. Platz am Ende zeigte, dass er noch viel lernen musste. Sieger wurde Sergej Karjakin vom goldenen Jahrgang 1990, der damals in seiner Entwicklung schon etwas weiter war.

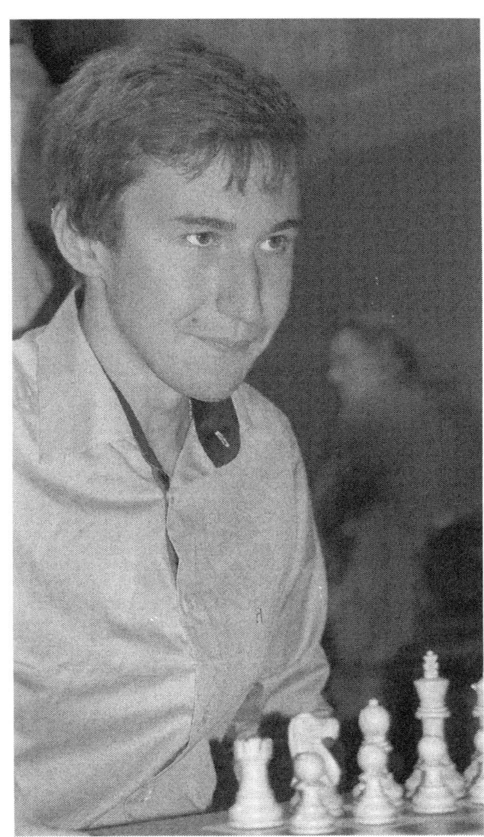

Sergej Karjakin

Als Wunderjunge in Berlin

Inzwischen waren auch Späher der 1. Schach-Bundesliga auf den kleinen Carlsen aufmerksam geworden. Die Schachfreunde Neukölln aus Berlin konnten ihn für zwei Einsätze in der Saison 2004/05 gewinnen. Und so gab der 14-Jährige am 12. März 2005 sein Debüt in der höchsten deutschen Spielklasse. Magnus hatte damals schon eine ELO-Zahl von 2581. Ich erinnere mich noch genau an diesen Samstag, zumal er mit ein paar netten Erlebnissen verbunden ist. Gespielt wurde im Willy-Brandt-Haus in Berlin-Kreuzberg, und beim Anmarsch auf der Straße sah ich aus der Ferne, wie vor dem Gebäude ein kleiner Junge etliche Male über die Absperrkette am Bordstein sprang. Schnell hüpfte er hin und her und wollte gar nicht damit aufhören.

Ich kam näher, und es gab keinen Zweifel: Das war niemand anderes als Magnus, der von seiner Mutter Sigrun begleitet wurde. Der Bewegungsdrang des Jungen war so groß, dass er vor der langen Schachpartie unbedingt noch ein paar „Übungen" dieser Art machen wollte.

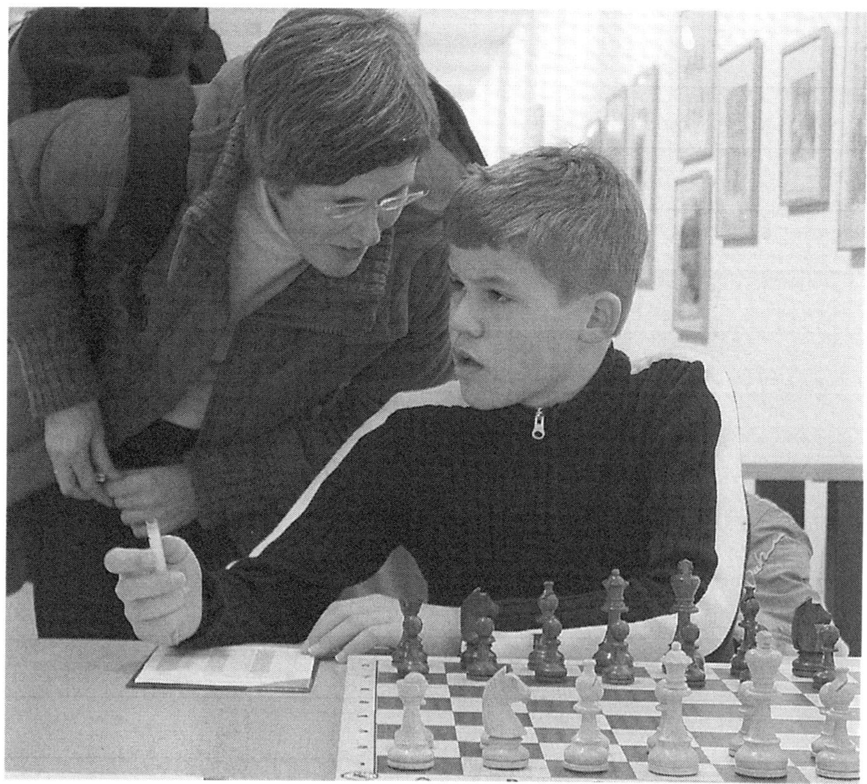

Magnus und seine Mutter Sigrun

Nachdem wir uns begrüßt hatten, wurde meine Bitte, ob ich Magnus bei seinen Bocksprüngen fotografieren dürfe, höflich abgelehnt, und wir gingen ins Haus.

Im Spielsaal gab es einen Büchertisch mit Schachliteratur. Dort lag die druckfrische Übersetzung von Simen Agdesteins Bestseller „Wunderjunge“, die ich sogleich kaufte und mir noch vor dem Partiebeginn von Magnus signieren ließ. „Man weiß ja nie, was aus dem Knaben noch wird, vielleicht bekommt sein Autogramm irgendwann einmal größeren Wert“, dachte ich. Meine Annahme hat sich in der Folgezeit sehr schnell bestätigt.

Carlsens Gegner an diesem Nachmittag war der baumlange Peter Heine Nielsen, der damals für Wattenscheid spielte. Die beiden gaben wegen ihrer unterschiedlichen Körpergröße ein lustiges Bild ab. Mit 2663 ELO überragte der dänische Großmeister den Knirps auch in dieser Hinsicht um einiges, von seiner größeren Erfahrung ganz zu schweigen. Es wurde ein packender Kampf mit einem sehenswerten Schluss, auch wenn Magnus kurz vor dem Ende leider fehlgriff. Die Anmerkungen stammen vom Bundesliga-Veteranen Artur Jussupow.

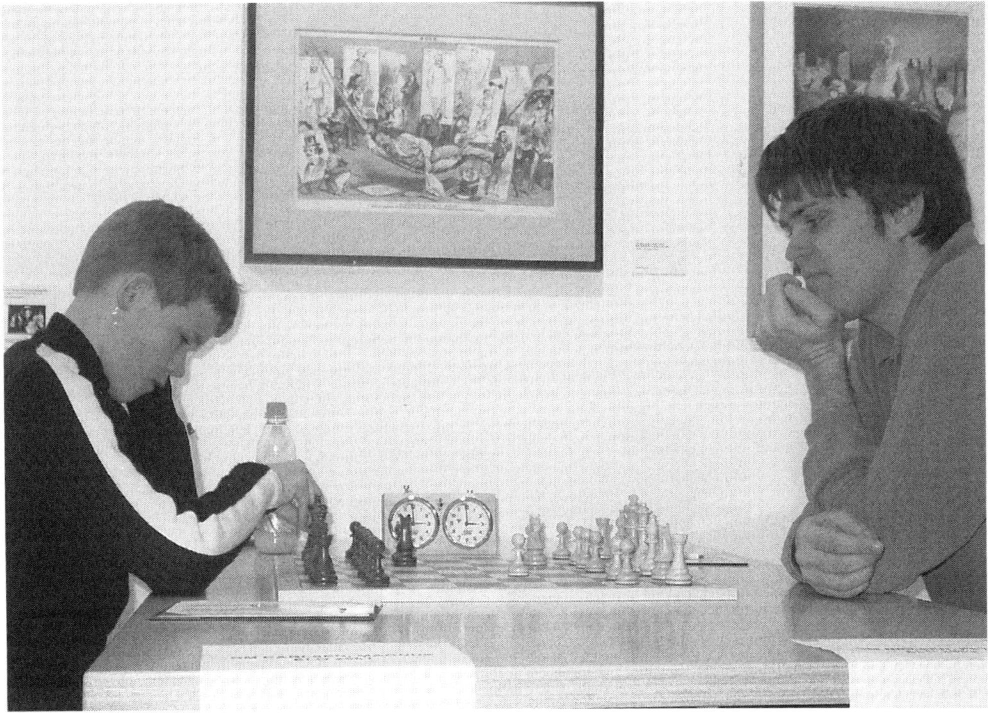

David gegen Goliath

Nielsen – Carlsen

Grünfeld-Indisch D76

Bundesliga Berlin 2005

Kommentar:
Artur Jussupow

1.Sf3 Sf6 2.c4 g6 3.g3 Lg7 4.Lg2 0-0 5.0-0 d5 6.cxd5 Sxd5 7.Sc3 Sc6 8.d4 Sb6 9.e3 Te8 10.d5 Sa5 11.Sd4 Ld7

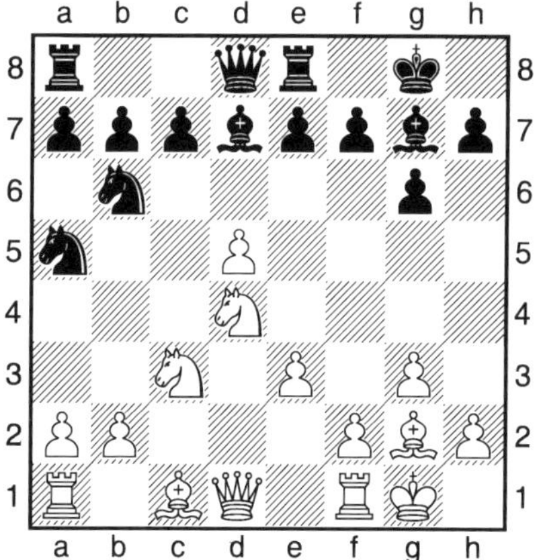

Carlsen wählt eine solide und sichere Variante, die noch von Kasparow abgesegnet worden war.

12.e4 c6 13.Te1 cxd5

13...Tc8!? ist eine gute Alternative. Schwarz kann dann später noch zwischen ...cxd5 und ...c5 wählen.

14.exd5 Tc8 15.Lf4 Sbc4!?

Magnus bereitet ein prinzipielles Springeropfer vor. 15...Sac4 16.b3 Sd6 wäre eine positionelle Option.

16.b3 Sb2!

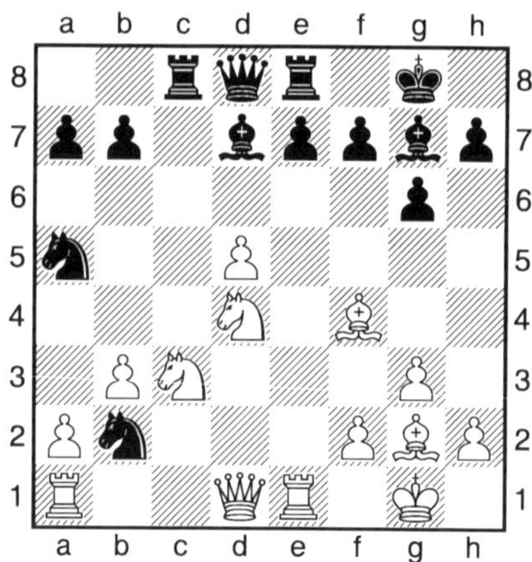

Sieht riskant aus, aber Weiß kann das Opfer in der Folge nicht widerlegen.

17.Dd2 Sac4 18.bxc4 Sxc4 19.Dd3 Sb2 20.De3 Sc4 21.De4!

Die einzige brauchbare Idee, um den Kampf zu fortsetzen. Nielsen provoziert damit den Zug f5.

21...f5 22.Dd3 Sb2 23.Dd2 Sc4 24.Dd1 Sb2 25.Db3! Lxd4 26.d6+

Die Schwächung der schwarzen Königsstellung gibt Weiß einige Hoffnungen.

26...e6 27.Sd5 La4! 28.Dxb7 Sd3 29.Se7+

Bis zum diesen Zeitpunkt waren beide Spieler auf der Höhe des Geschehens. Erst hier unterläuft Magnus ein schwerwiegender Fehler.

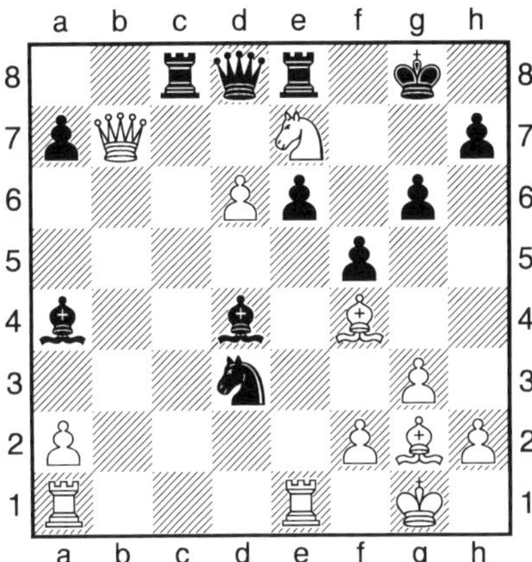

29...Kh8?

Der König bringt sich selbst in Gefahr. Nun kann jedes Schach auf der langen Diagonale tödlich sein. Notwendig war 29...Txe7! So könnte danach eine perfekte Partie weiter laufen: 30.dxe7 De8 31.Ld5! (Hier folgt nach 31.Le3 einfach 31...Sxe1.) 31...Lxf2+ 32.Kg2 Sxe1+ 33.Txe1 exd5 34.Dxd5+ Df7 35.Dd8+ De8 und Remis.

30.Le3! Tc4

Weiß steht auf Gewinn. Der Textzug hilft Schwarz nicht mehr, und auch die Varianten 30...Sxe1?? 31.Lxd4+ oder 30...Lxa1 31.Txa1 Tb8 32.Da6 Lb5 33.Da3 Dd7 34.Dxd3! Lxd3 35.Ld4+ zeigen deutlich den Unterschied zum rettenden 29...Txe7!

31.Da6! Sxe1

31...Se5 32.Dxc4! Sxc4 33.Lxd4+ e5 34.Txe5+- wäre keineswegs angenehmer.

32.Dxc4 Lxa1 33.Ld4+

Das tödliche Schach.

33...e5 34.De6!

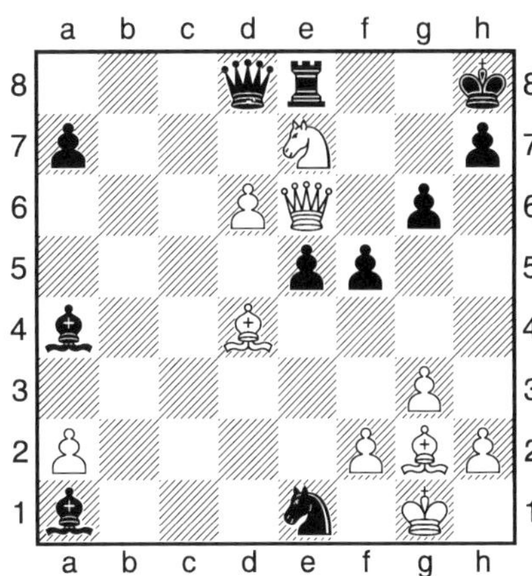

1-0. Wir sahen das elegante Finale einer spannenden Partie. Magnus hätte ein Remis verdient, aber zahlte noch Lehrgeld. In der Folgezeit konnte Nielsen ihn auf diese Weise nie wieder besiegen.

Am nächsten Vormittag hatte Carlsen keine Mühe, im Kampf zwischen Neukölln und Solingen gegen Predrag Nikolic zu remisieren. Dieser besaß wegen seiner noch schmerzenden Niederlage in Wijk aan Zee (siehe vorige Partie) wohl zu viel Respekt vor dem Jungen. Damit war das kurze Gastspiel des Norwegers für den Berliner Verein zu Ende, es bleibt bis heute als schöne Erinnerung im Gedächtnis der hauptstädtischen Schachszene. Einige Jahre startete Magnus dann für den deutschen Serienmeister Baden-Baden, doch wegen seines vollen Terminkalenders blieb die Zahl seiner Bundesliga-Einsätze auch dort überschaubar.

Wertvolle Lehrstunde

Wie wir sehen konnten, war Magnus Carlsen zu dieser Zeit bei allem Talent noch kein fertiger Schachspieler, was wegen seiner Jugend niemanden verwunderte. Wichtig war, dass er in die richtigen Hände kam und weiter an sich arbeitete. Simen Agdestein hatte viel mit ihm trainiert, jetzt suchte er nach geeigneten Helfern, die eine noch höhere Qualität besaßen. Ein Mentor auf skandinavischem Boden wurde mit Peter Heine Nielsen gefunden. Der Sekundant Anands kannte Magnus von gemeinsamen Turnieren in Nordeuropa und meinte, es sei notwendig, das Eröffnungsrepertoire des Jungen zu modernisieren und zu erweitern. Dabei ging es besonders um Partieanfänge, die Carlsen mehr liegen als zum Beispiel Königsindisch und in denen er lange den Druck auf seine Gegner aufrecht erhalten konnte.

Bei seinem nächsten Aufenthalt in der russischen Hauptstadt wurde Magnus überraschend von Garri Kasparow zu einem Probetraining eingeladen. Mit dabei waren auch dessen früherer Coach Alexander Nikitin und Juri Rasuwajew. Der Moskauer Großmeister berichtete mir später voller Begeisterung über das Treffen in Kasparows Wohnung: „Als Erster stellte ich Magnus Aufgaben. Wir analysierten verschiedene Stellungen, und aus seinen Lösungsvorschlägen zog ich meine Schlüsse. Danach beschäftigte sich Nikitin mit Carlsen. Zuletzt kam Kasparow selbst hinzu und absolvierte mit ihm eine Trainingseinheit. Wir sahen seine großen schachlichen Möglichkeiten. Erstaunlicherweise kamen wir alle drei unabhängig voneinander zu der Einschätzung, dass Magnus ein unglaubliches Positionsverständnis und ein sehr gutes Gespür für die richtige Stellung der Figuren hat. In dieser Hinsicht besitzt er ein Talent wie Petrosjan. Das überraschte uns sehr."

Kasparow hatte den jungen Norweger auch in sein Arbeitszimmer mitgenommen, wo sie unter sich waren. Dort zeigte er Magnus, wie man effektiv mit dem Computer arbeitet und Schachprogramme am besten für sein Training nutzt. Das war laut Rasuwajew eine unbezahlbare Lehrstunde für den Jungen. „Es zeigte sich auch, dass er in der Variantenberechnung noch Reserven hat. Da war er längst nicht so gut. Ganz stark wirkte Magnus schon in strategischer Hinsicht und im Endspiel. In diesem Partieabschnitt zeigte er für sein Alter eine erstaunliche Reife. Sein Gefühl für die Figuren kann man beinahe mit dem von Capablanca oder Karpow vergleichen. Der Junge hat eine große Perspektive."

Auf meine Frage, ob Carlsen das Zeug zum Champion hat, erwiderte Rasuwajew damals vorsichtig: „Wer weiß das schon? Ob man Schachweltmeister wird, bestimmt das Schicksal. Über das Talent von Carlsen kann man etwas sagen. Wie sein weiteres Leben verläuft, das ist eine andere Sache. Kasparow meinte auf den Einwurf, dass Magnus in der Variantenberechnung noch besser werden müsse: „Wichtiger ist sein gutes Gespür für die Stellung. Das bestimmt die Zukunft eines Schachspielers.“ Prophetische Worte, auch was Carlsens Weg zum Schacholymp betrifft. Keiner wusste zu diesem Zeitpunkt, dass die Entwicklung des jungen Helden so rasant, wenn auch mit einigen Brüchen, weitergehen würde.

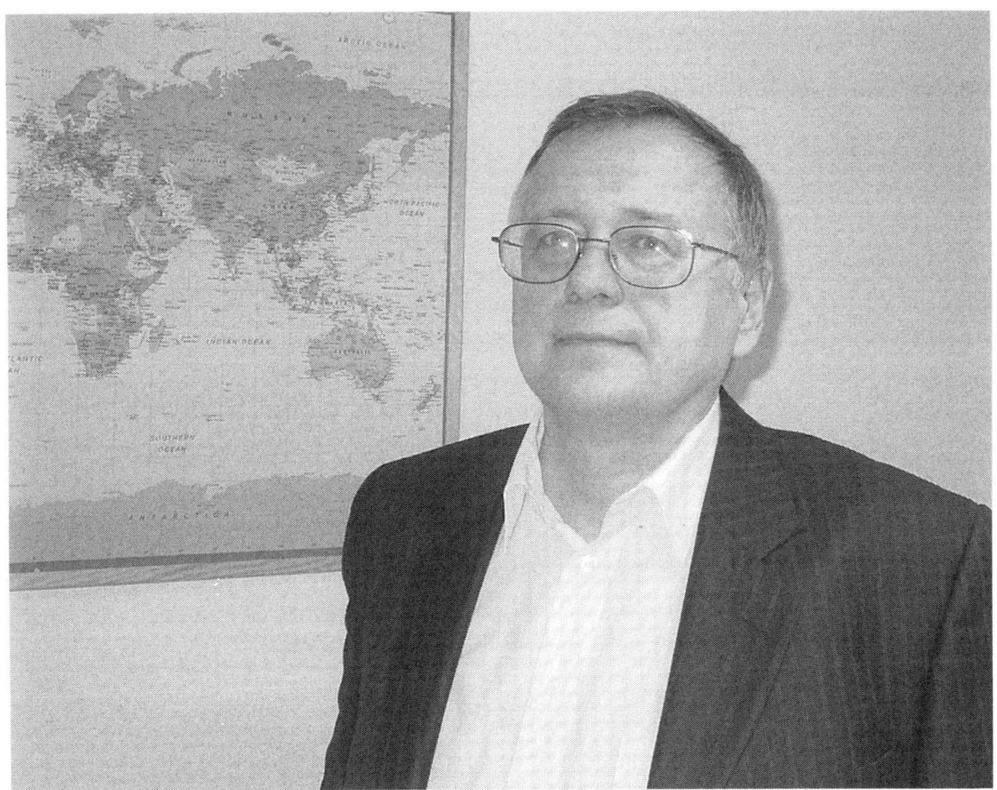

Juri Rasuwajew (1945-2012)

Eine neue große Herausforderung war der Start beim Weltcup Ende 2005 im sibirischen Chanty-Mansisk. In dem Knockout-Turnier spielten 128 Teilnehmer um zehn Tickets für das nächste WM-Kandidatenturnier. Magnus schlug sich als Jüngster bravourös, er schaffte es bis in Runde 4. Auf dem Weg dorthin schaltete er unter anderen Zurab Asmaiparaschwili (Georgien) sowie Iwan Tscheparinow (Bulgarien) aus. Erst gegen den Russen Jewgeni Barejew war Schluss. Sieger des Wettbewerbs wurde Levon Aronjan, aber als Zehnter qualifizierte sich Carlsen gerade noch für das Kandidatenturnier - zwei Wochen nach seinem 15. Geburtstag!

Dieser erneute Nachweis seiner schachlichen Meisterschaft bescherte Magnus jetzt viele Einladungen auch zu anderen hochkarätigen Turnieren. Einen Monat später ging es für ihn in den Niederlanden schon wieder weiter. Carlsens Spielverständnis war größer geworden, er verstand es inzwischen immer besser, auch minimalste Chancen in einer Stellung aufzuspüren.

Carlsen – Beljawski

Spanisch C78

Wijk aan Zee 2006

In der B-Gruppe teilte Magnus den Sieg, was ihm einen Start im A-Turnier des folgenden Jahres einbrachte. Mit 15 Jahren war er bei den Großen des Schachs angekommen. Sehenswert ist, wie Carlsen in diesem Spiel den früheren Weltklassespieler Alexander Beljawski alt aussehen lässt.

1.e4 e5 2.Sf3 Sc6 3.Lb5 a6 4.La4 Sf6 5.0-0 b5 6.Lb3 Lb7 7.d3 Lc5 8.Sc3

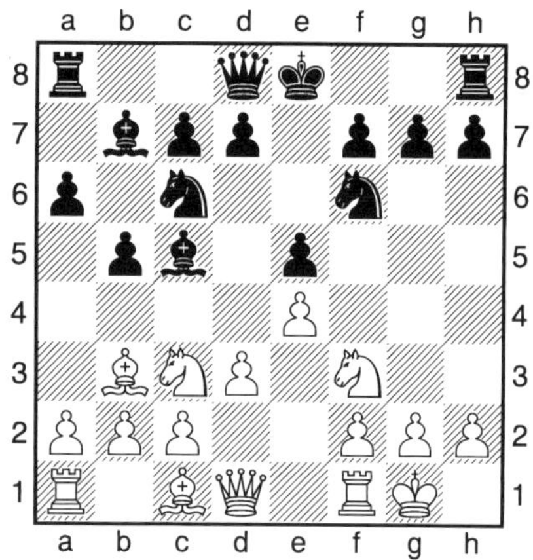

Das Abspiel 8.a4 d6 9.Sc3 bedeutet nur Zugumstellung.

8...d6 9.a4 Sa5

Dieser Zug ist bereits ungewöhnlich. Nach der Hauptfortsetzung 9...b4 spielt Weiß 10.Sd5, was am beliebtesten ist, oder er setzt wie in der Partie mit 10.Se2 fort.

10.La2 b4

Dubios wäre hier 10...c6?! In der Partie Sawon-Bronstein (Odessa 1974) nutzte Weiß danach brillant die unglückliche Stellung des schwarzen Randspringers: 11.Ld2 0-0 12.Se2 bxa4? 13.De1! Lb6 14.b4! axb3 15.Lb1! Sc4 16.dxc4 b2 17.Ta2 Sxe4 18.Txb2 und gewann.

11.Se2 Lc8

Ein typisches Manöver, um den Punkt f5 zu überdecken. Der Läufer soll dann nach e6 gehen. In der vorliegenden Stellung ist der Zug aber verfrüht. Gebräuchlich war bis dahin 11...Tb8 mit der Folge 12.c3 b3 12.Sg3.

12.c3 bxc3 13.bxc3 Lb6 14.Sg3

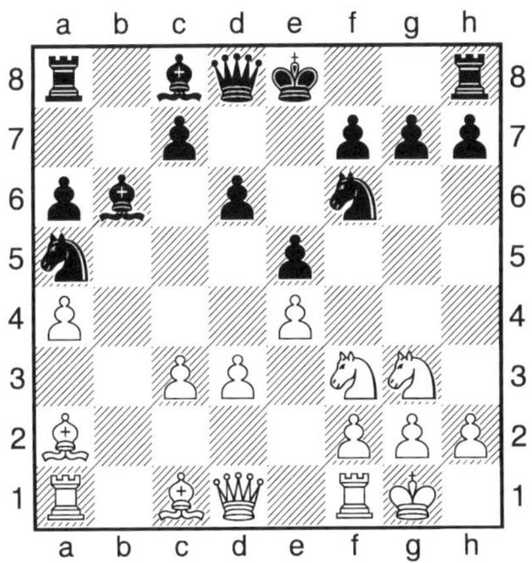

Beachtung verdient 14.d4 mit Tempogewinn.

14...Le6?!

Schwarz lässt seinen König noch im Zentrum. Notwendig war hier 14...0-0 (De Firmian-Lugo, San Diego 2004).

15.d4!±

Weiß ist viel besser entwickelt und daher eher bereit, die Stellung zu öffnen.

15...Lxa2?!

Die nächste unglückliche Entscheidung. Der Läufer sollte lieber auf e6 bleiben, um das Feld f5 weiter zu kontrollieren. Richtig war auch jetzt noch die Rochade.

16.Txa2 0-0 17.Lg5!

Eine sehr unangenehme Fesselung. Weiß hat praktisch zwei Angriffsfiguren mehr auf dem Brett.

17...exd4?

Dieser unvorsichtige Zug führt direkt zur Katastrophe. Beljawski hat seine Folgen total unterschätzt. Notwendig war 17...h6, aber nach 18.Lh4! ist die schwarze Stellung bereits überall gefährdet, z.B. 18... exd4 (18...Sc6 ist nicht besser. 19.Sh5! g5 20.Sxg5! Sxh5 21.Dxh5 hxg5 22.Lxg5 f6 23.Lh6±, und erneut besitzt Weiß riesigen Vorteil dank der verwundbaren Stellung des schwarzen Königs. 19.Sh5 (19.cxd4!? Te8 *(19...g5 20.Sxg5 hxg5 21.Lxg5+-; 19...c5 20.Sh5 g5 21.Sxg5 Sxh5 22.Dxh5 hxg5 23.Lxg5 f6 24.Dg6+ Kh8 25.Ta3!+-)* 20.Dc1 *(20.Sh5!? Txe4 21.Lxf6 gxf6 22.Sd2 Txd4 23.Df3 f5 24.Sg3,)* 20...Sb3 21.De3 Sxd4 22.Sxd4 Lxd4 23.Dxd4 g5 24.f3! gxh4 25.Sf5+-, und trotz Materialgleichheit steht Weiß ganz überlegen.) 19...g5 20.Sxg5 Sxh5

21.Dxh5 hxg5 22.Lxg5 f6 *(22... Dd7?? 23.Lf6)* 23.Lh6 De8 24.Dg4+ Kf7 25.Lxf8 Kxf8 26.cxd4±. Carlsens Vorteil ist klar, weil der König von Schwarz keinen Zufluchtsort besitzt.

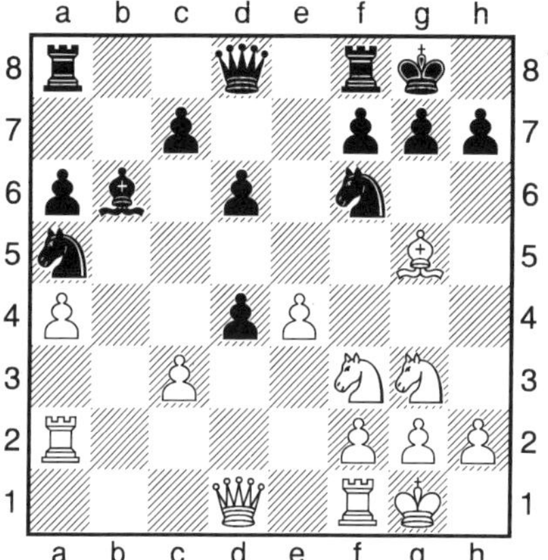

18.Sh5!

Dieser starke und einleuchtende Zug entscheidet die Partie. Beljawskis Stellung ist bereits nicht mehr zu verteidigen.

18...dxc3 19.Sh4!

Magnus versteht es vortrefflich, seinen berühmten Gegner zu attackieren. Der Springer gelangt nach f5 mit verheerenden Konsequenzen für Schwarz.

19...Kh8 20.Sf5

1-0. Carlsen demonstrierte eindrucksvoll die Stärke seiner Kavallerie. Schwarz kann weder den Springer auf f6, noch den Bauern auf g7 verteidigen. 20...Sc6 21.Sfxg7 Ld4 22.Sf5 Tg8 23.Lh4! Le5 (23...Tg4 24.Lxf6+ Lxf6 25.Dxg4+-) 24.f4+-, und der Nachziehende verliert noch mehr Material. Selten ist ein erfahrener Großmeister wie Alexander Beljawski so schnell überspielt worden.

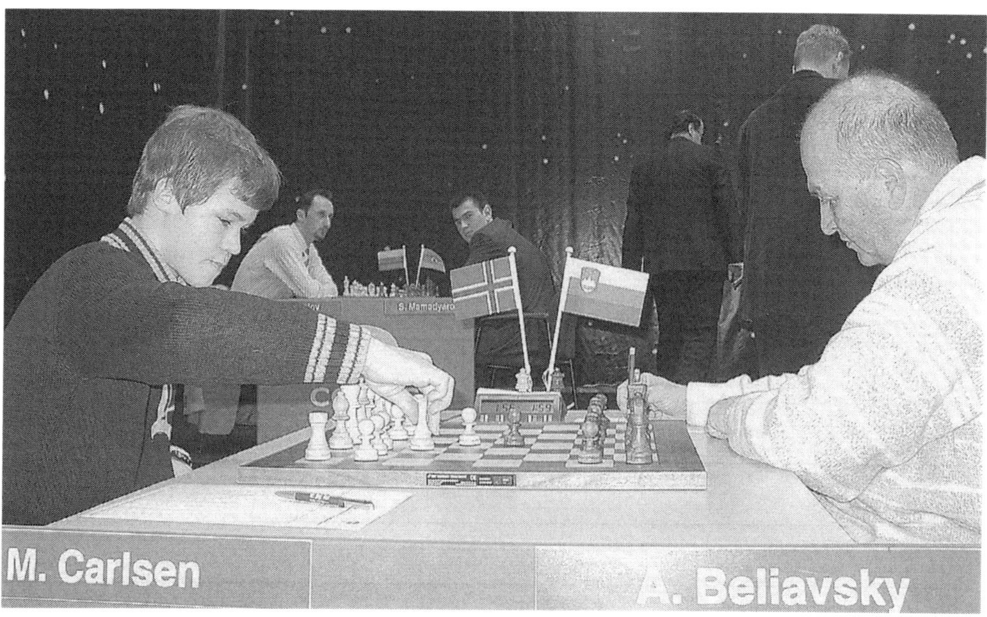

Magnus schlägt einen Großen

Nach fünf Runden hatte Magnus 4,0 Punkte gesammelt. So viele besaß auch Arkadij Naiditsch, der mit 3 aus 3 glänzend ins Turnier gestartet war. Am sechsten Spieltag trafen beide Spitzenreiter aufeinander, was ich aufmerksam beobachtete. Carlsen führte die schwarzen Steine und konnte den deutschen Großmeister ebenfalls bezwingen. Aber nur mit viel Glück, weil Naiditsch am Ende der Partie in klarer Gewinnstellung einen einfachen Trick des pfiffigen Norwegers übersah.

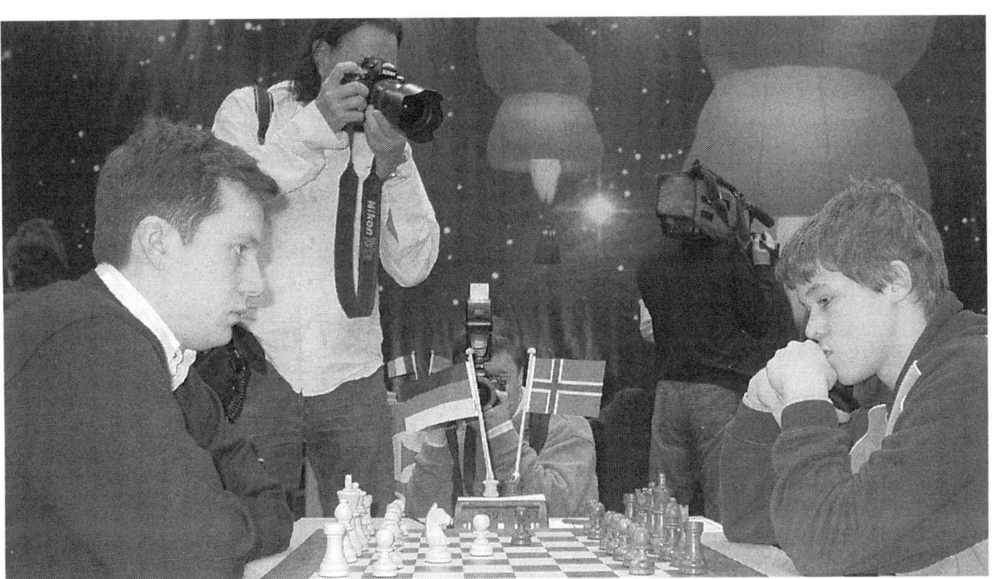

Er überlistet Arkadij Naiditsch

Naiditsch – Carlsen

Wijk aan Zee 2006

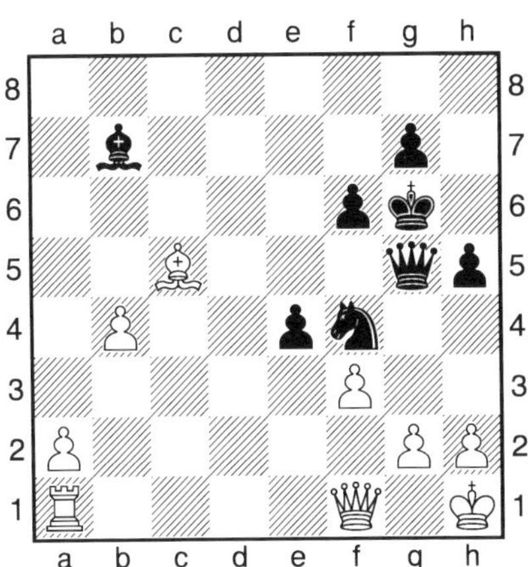

Mit einer Qualität mehr und zwei Freibauern am Damenflügel muss Weiß einfach den vollen Punkt machen. Aber er unterschätzt die schwarzen Möglichkeiten und zieht **32.Le3??** Magnus bedankt sich mit **32...exf3 33.gxf3 Dg4!** 0-1. Nach 32.a4 mit der Idee Ta3 wäre Arkadij nichts passiert.

Carlsen – Vescovi
Sizilianisch B46
Wijk aan Zee 2006

In seiner nächsten Weißpartie erteilte Magnus dem brasilianischen Großmeister Giovanni Vescovi eine Lektion in Sachen Strategie. Erläuterungen dazu gibt der ehemalige WM-Kandidat Zoltan Ribli.

1.e4 c5 2.Sf3 e6 3.d4 cxd4 4.Sxd4 Sc6 5.Sc3 a6

Die Hauptidee des Zuges 5...a6 ist, dass Schwarz im Fall von 6.Le3 ruhig 6...Sf6 ziehen kann, und nach 7.Dd2?! Lb4 8.f3 d5 9.a3 Da5 hat er eine bequeme Stellung.

6.Sxc6 bxc6 7.Ld3 d5 8.0-0 Sf6 9.Te1 Le7 10.e5 Sd7

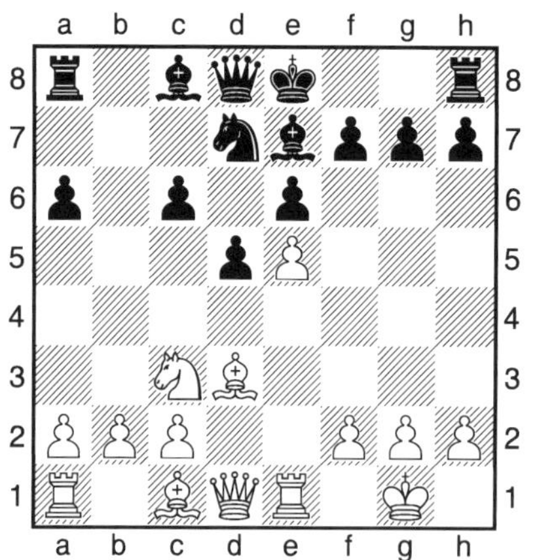

11.Dg4

In der Partie Najer-Lautier (Weltcup 2005) geschah 11.Sa4 Sb6 12.Sxb6 Dxb6 13.c4 0-0 14.Dc2 g6 15.Le3 Db8 16.g3 Lb7 17.h4 dxc4 18.Le4 c5 mit späterem Remis.

11...g6 12.Sa4

Unklar ist das Spiel nach 12.Lh6 Tb8 13.Dh3 Tb4 14.Lg7 Tg8!? 15.Dxh7 Txg7 16.Dxg7 Lf8 17.Dg8 Dg5! (J. Polgar-Anand, Sofia 2005). Die ruhigere Fortsetzung 12.b3 c5 13.Sa4 c4 14.Lf1 Lb7 15.Ld2 Lc6 16.Sb2 Db8 17.Dg3 0-0 18.Tab1 cxb3 19.axb3 Sc5 20.f3 (½-½) wählte Adams wenige Wochen später in Dortmund gegen Swidler.

12...Da5

Gespielt wurde auch 12...c5 13.c4 0-0 14.Lh6 Te8 15.Tad1 Tb8 16.b3 d4 17.f4 Dc7 18.h4 (Sax-Franzoni, Thessaloniki 1984).

13.Lh6 Db4

Oder 13...Tb8 14.b3 Tb4 15.De2 (Benjamin-Piasetski, Thessaloniki 1988).

14.Dxb4 Lxb4 15.c3 Lf8

Eine Verbesserung. Mit dem Partiezug beabsichtigt der Nachziehende den Tausch der schwarzfeldrigen Läufer. Nichts bringt 15...La5 16.b4 Lc7 17.f4 a5 18.b5 Sb6 19.Sxb6 Lxb6+ 20.Kf1 cxb5 21.Lxb5+ 1-0 (40), Bacrot-Rublewski (Weltcup 2005).

16.Lxf8

16.Lg5 Le7 (16...Lg7 17.f4) 17.Lxe7 Kxe7 18.c4.

16...Txf8 17.c4

Deshalb ging der Springer schon im 12. Zug nach a4.

17...Ke7 18.cxd5 cxd5 19.Tac1

Weiß kontrolliert die c-Linie, und der Läufer c8 steht passiv.

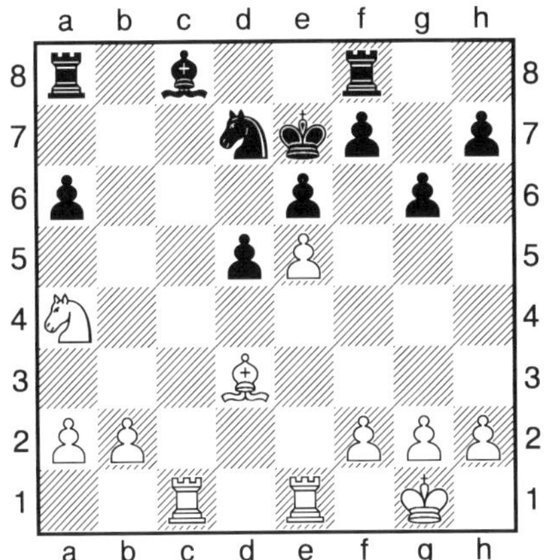

19...Ta7?!

Notwendig war 19...a5!? 20.Tc6 (20.Tc7 Kd8 21.Tc6 Sxe5 22.Txe5 Ld7 23.Td6 Kc7) 20...Sxe5 21.Txe5 Ld7 22.Tc7 Kd6 23.Txd7+ Kxd7.

20.b4!

Dieses Motiv erinnert stark an die 7. Matchpartie zwischen Fischer und Petrosjan (Buenos Aires 1971). Sie ist auch im Buch des Autors „Bobby Fischer - Genie zwischen Ruhm und Wahn“ (Joachim Beyer Verlag 2013), von Artur Jussupow kommentiert, zu finden. Weiß mobilisiert seine Reserven am Damenflügel und kontrolliert das Feld c5.

20...Lb7

Nicht jedoch 20...a5? 21.b5.

21.f4

Oder 21.Tc7 Tc8.

21...Tc8 22.Txc8 Lxc8 23.Tc1 Kd8 24.Kf2 Sb8

Auf 24...Tc7 folgt 25.Txc7 Kxc7 26.Ke3.

25.Sc5

Gut ist auch 25.Ke3.

25...Tc7 26.Tc2 Sd7 27.Sb3 Txc2+ 28.Lxc2

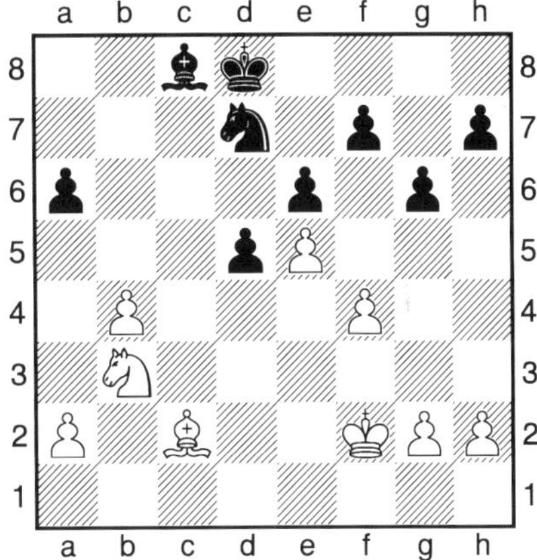

Carlsen verfügt in diesem Endspiel über deutlichen Positionsvorteil. Alle schwarzen Bauern stehen auf weißen Feldern, darüber hinaus kontrolliert Weiß die wichtigsten schwarzen Felder. Und er besitzt die Bauernmehrheit am Damenflügel.

28...Sb8 29.Sd4 Ld7 30.g4

Die weiße positionelle Drohung besteht in 1.g5, h4-h5 usw.

30...h6

Nach 30...Sc6 31.Sxc6+ Lxc6 32.g5 d4 (32...Lb5 33.Ke3+-) 33.Ke2 steht der Anziehende auf Gewinn.

31.Ke3

In Frage kam schon 31.h4, doch Magnus verwertet sein Stellungsplus auch so ruhig und sicher.

31...Kc7 32.a4 Kb6 33.a5+ Kb7 34.Ld3 La4 35.Le2 Sd7 36.h4 Sb8 37.f5

Weiß ist klar auf der Siegerstraße.

37...gxf5

Oder 37...Sc6 38.fxg6 fxg6 39.Sxe6+-.

38.gxf5 Ld7 39.Lh5

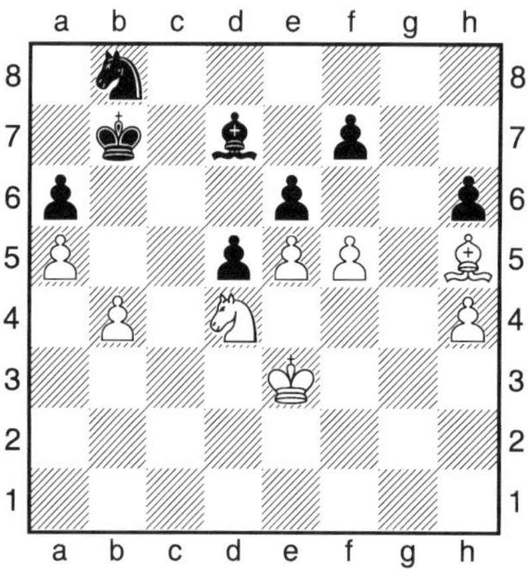

1-0. Der Autor war wiederum Augenzeuge der Partie. Wie viele andere Beobachter erstaunte es mich, dass Magnus auch diesen Gegner scheinbar ganz leicht überspielt hat.

Morosewitsch – Carlsen

Sizilianisch B30

Biel 2006

Kommentar: Magnus Carlsen

Das Schachmekka der Schweiz bietet jungen Talenten von je her die Chance, auf sich aufmerksam zu machen. Magnus spielt dort sehr gern. In diesem Turnier fügte er dem Sieger aus Russland zwei Niederlagen bei. Die folgenden Anmerkungen des Norwegers, auch zu den eigenen Zügen, sind sehr objektiv.

1.e4 c5 2.Sf3 Sc6 3.Lb5 Sf6 4.Lxc6 dxc6 5.d3 Sd7

Weder dieser, noch mein dritter Zug sind die geläufigsten, aber ich habe sie mir ein wenig angeschaut und muss sagen, dass mir Schwarz danach allgemein gefällt.

6.Lf4!?

Dies sieht aus wie eine Neuerung, aber es ist auch eine sehr logische. Sie verhindert e5 und passt, so schätze ich, sehr gut zu Moros Stil.

6...g6

Nicht aber 6...e5? 7.Sxe5 Df6 8.Sxd7 Dxb2? (8...Lxd7 9.Dc1±) 9.Le5!+-.

7.Dc1 Lg7?!

Ich beschloss, zur Abwechslung auch einmal etwas ungewöhnlich zu spielen, doch dies wird mir ein paar Probleme bereiten. Mehr im

Geist der Stellung war 7...h6 mit guten Chancen, einen Aufbau zu erreichen wie in der Variante 3...g6 4.Lxc6 dxc6 mit einer normalen Partie.

8.Lh6 Da5+! 9.c3 Se5

Die Pointe meines Spiels. Allerdings hatte ich die entstehende Situation falsch eingeschätzt.

10.Sxe5 Lxe5 11.Sd2

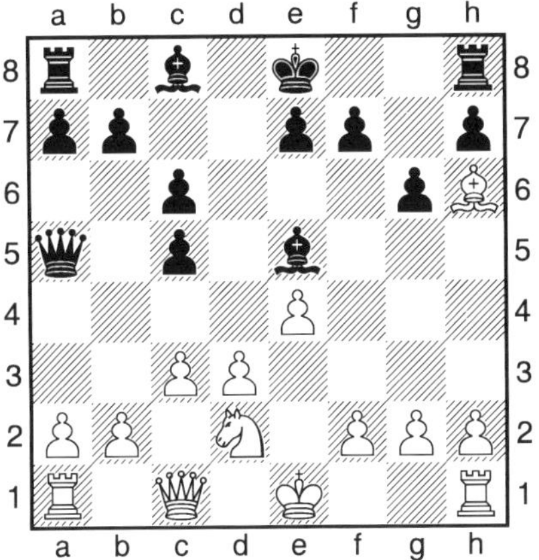

11...Da6

Etwas seltsam, und am Ende wird sich die Dame hier unwohl fühlen. Aber ich wollte 11...Le6 12.Sb3 Db5 (12...Db6 13.Le3 Lxb3 14.axb3) 13.c4 Db6 14.Le3 vermeiden. Vermutlich grundlos, denn 14...Td8 gibt mir gewisses Spiel für einen Bauern, obwohl wahrscheinlich nicht genug.

12.Dc2 Le6 13.f4

13.Sf3 Lc7 14.Sg5 0-0-0 (14...Ld7 15.Db3±) 15.Sxe6 fxe6 ist wegen des Drucks auf d3 in Ordnung für Schwarz.

13...Lc7 14.0-0 f6

Ich hatte das Gefühl, meinem Läufer nach dem möglichen f4-f5 einen Platz auf f7 verschaffen zu müssen.

15.c4! 0-0-0 16.a4!

Hier begriff ich endlich, was mein Gegner im Schilde führte. Aber ich meinte noch immer, dass die bevorstehenden Komplikationen für mich okay sein sollten.

16...Td7

Sieht tatsächlich wie die beste Chance aus, denn 16...La5 17.Sb3 Lb4 18.a5 ist ziemlich freudlos, da die Dame völlig außer Spiel bleibt.

17.a5 Thd8 18.Ta3

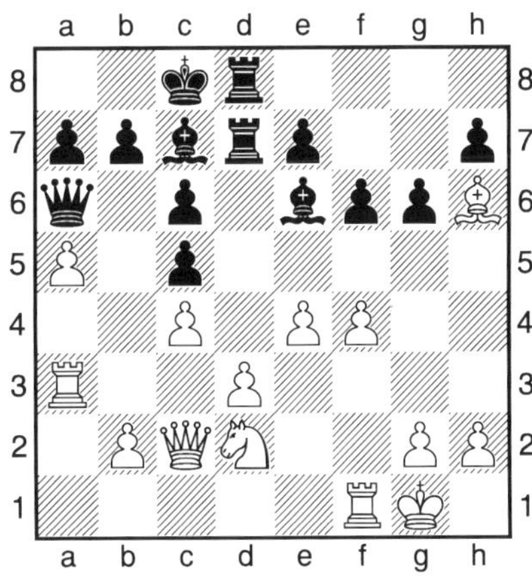

18...Lxa5!?

Schrecklich riskant, nicht einmal Engines wollen dies spielen! Aber ich berechnete die Varianten, und mir schien, dass Schwarz am Ende ordentlich stehen würde.

19.f5

Ein guter Zug. Es ist nützlich, den Lh6 mitspielen zu lassen.

19...Lf7 20.fxg6

20.Sb3 Txd3 21.Sxc5 (21.Txa5 ergibt nichts: 21...Dxc4 22.Dxc4 Lxc4 23.Sxc5 Td1 24.Txd1 Txd1+ 25.Kf2 b6 26.Ta4 Lb5 27.Txa7 bxc5 28.Txe7 gxf5 29.exf5 Tf1+ 30.Kg3 Txf5 31.Txh7 Th5!=) 21...Lb6

a) 21...Dxc4 22.Dxc4 Lxc4 23.Sxd3 Lb6+ 24.Sf2 Lxf1 25.Kxf1±;

b) 21...Db6 22.Txa5 *(22.Txd3 Txd3 23.Dxd3 Dxc5+)* 22...T3d4 23.Db3 *(23.Tfa1 Txc4 24.Df2 Dxa5!)*; 22.Txa6 Lxc5+ 23.Kh1 bxa6 mit Spiel ähnlich der Partie, wenngleich Weiß nach 24.b3! wahrscheinlich eine leicht bessere Version hat, und er hätte sich vielleicht dafür entscheiden sollen.

20...hxg6 21.e5 Le6

21...Db6 22.Tfa1 Lb4 23.Txa7 wäre nicht toll für Schwarz. Stattdessen ist die Idee 21...Le6 glasklar: den Läufer nach f5 stellen und Aktivität um jeden Preis!

22.exf6 exf6 23.Sb3

23.Txf6 Lf5.

23...Txd3 24.Sxc5 Lb6

Oder 24...Db6 25.Txa5 Dxa5 26.Sxe6+-; 24...Dxc4 25.Dxc4 Lxc4 26.Sxd3 Lb6+ 27.Sf2 Lxf1 28.Kxf1+-.

25.Txa6

Ich war eigentlich mehr besorgt wegen 25.Txd3 Lxc5+ 26.Kh1 Ld4!? als über die Partiefortsetzung, doch schließlich fand ich dieses Abspiel. Selbst wenn ich bei der Sache nicht allzu sicher war, schien es mir doch, dass ich überleben würde.

Nach 26...Txd3 27.Dxd3 Lxc4 28.Dh3+ f5 29.Te1 ist das Spiel unklar. Allerdings fühlte sich mein König hier nicht sehr wohl. 27.Txd4 (27.b3 Lf5) 27...Txd4 28.Dxg6 Dxc4 29.Dxf6 Td8.

25...Lxc5+ 26.Kh1 bxa6

Während der Partie war ich wegen meiner aktiven Figuren völlig überzeugt, hier ordentlich zu stehen. Doch Weiß hat wahrscheinlich eine forcierte Fortsetzung, die zu besserem Spiel für ihn führt, wenngleich Schwarz Gegenchancen hat.

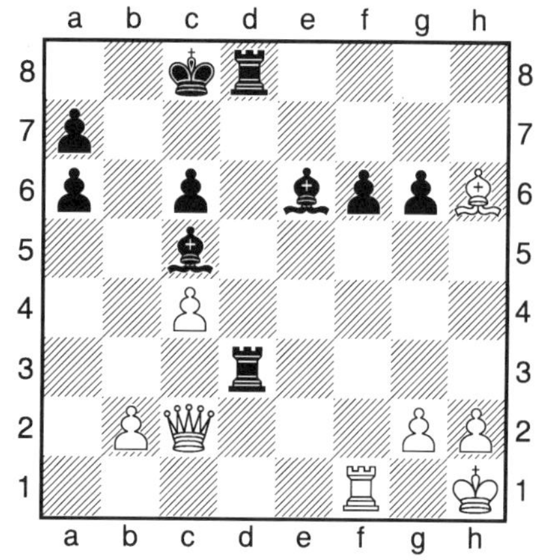

27.Lg7??

Dieser zu sorglose Zug stellt die bisher großartige Partie von Weiß ein und findet eine erstaunliche Widerlegung. Richtig war 27.b4! Lb6 (27...Lxb4 28.Da4) 28.De2. Diesen Damenzug hatte ich nicht gesehen. Er erweist sich als recht stark und ist der einzige, der noch Probleme stellen kann, zum Beispiel 28...Lf7 (nichts taugt 28...Lf5 29.g4! oder 28...Lxc4? 29.Dg4+) 29.De4 Kb7 30.b5 axb5 31.cxb5 Ld5 32.De7+ Ka8 33.bxc6 Lxc6 34.Dxf6 T3d6 mit schwarzem Gegenspiel.

27...Lg4!

Überraschend gibt es hiernach keine Verteidigung gegen Td1.

28.b4

Jetzt ist es schon zu spät dafür. Noch schlechter ergeht es Weiß nach 28.h3 Td1 29.Txd1 Txd1+ 30.Kh2 Ld6+ 31.g3 Lf3! oder 28.Da4 Td1!? 29.Dxc6+ Kb8 30.Dxf6 Txf1+ 31.Dxf1 Td1. .

28...Le3!

28...Lxb4 29.Da4 Td1 30.Dxc6+ Kb8 31.Tg1 ist verblüffenderweise nicht so klar.

28...Td1 29.Txd1 Txd1+ 30.Dxd1 Lxd1 31.bxc5 f5 ist wahrscheinlich auch gewonnen, aber komplizierter.

29.h3 Td1 30.Txd1 Txd1+ 31.Kh2 Lf4+ 32.g3 Td2+

Ich hatte irgendwie übersehen, dass ich nicht 32...Lf3?? spielen konnte wegen 33.gxf4, und der weiße König erhält das Feld g3!

Aber die Partiefortsetzung gewinnt auch.

33.Dxd2 Lxd2 34.hxg4

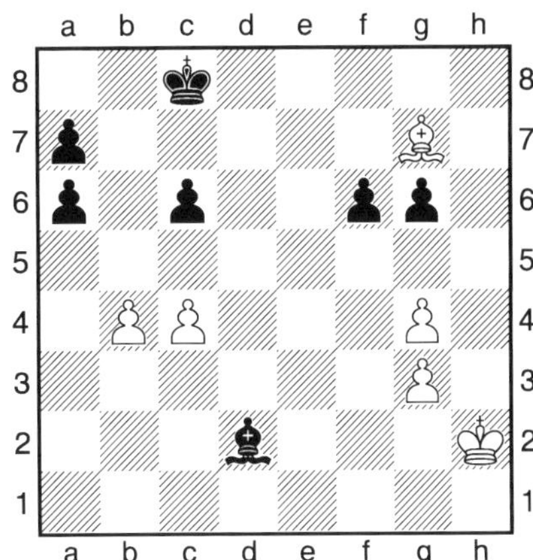

34...Lxb4?!

Hier spielte ich zu hastig. Sofort danach sah ich, dass Schwarz viel leichter gewinnen konnte: 34...c5 35.bxc5 Lg5 36.Lf8 a5 37.c6 Lc1, und Weiß muss den Läufer für den a-Bauern geben.

35.Lxf6 a5 36.Kg2 Kd7 37.Kf3 Ld6

Schneller zum Ziel führt 37...a4 38.Ke2 a3 39.Kd3 Ke6 40.La1 Le7 41.Kc2 Lf6.

38.Ke4 Lxg3 39.Kd3 Ke6 40.Ld4 a6 41.Kc2 a4 42.Kb1 Le5 43.Lf2 Kd6 44.Ka2 Lc3 45.Ka3 Ke5 46.Kxa4 Kf4 47.Lb6 Kxg4 48.La5 Lxa5 49.Kxa5 Kf4 50.Kb6

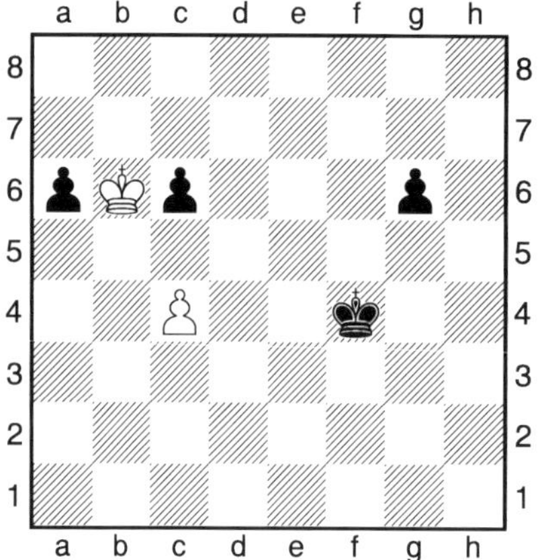

51...a5

0-1. Morosewitsch war hinterher nicht zu trösten.

Ein Jahr später hatte Carlsens Spielstärke so weit zugenommen, dass er in Biel um den Sieg mitstreiten konnte. Bis dahin gab es aber noch viele andere Prüfungen, von denen das Kandidatenturnier in Elista im Juni 2007 sowie das anschließende Chess-Meeting in Dortmund die härtesten waren.

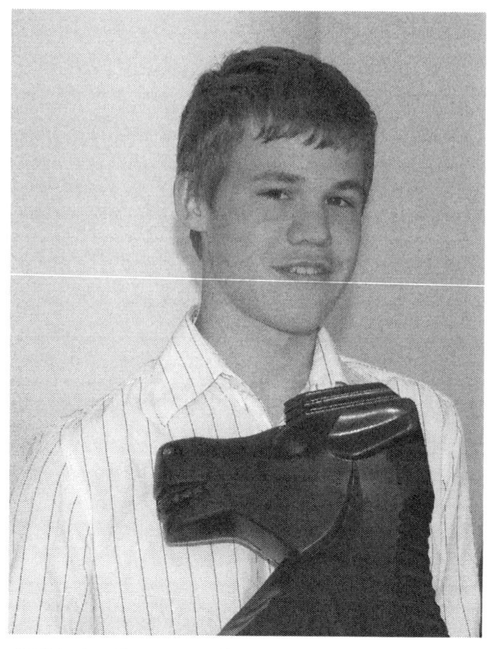

2007 in Dortmund

Die Organisatoren im Revier sowie die deutschen Schachfans freuten sich, den Norweger live zu erleben. Beim Eröffnungsbankett hatte der Autor Gelegenheit zu einem Gespräch mit Carlsen.

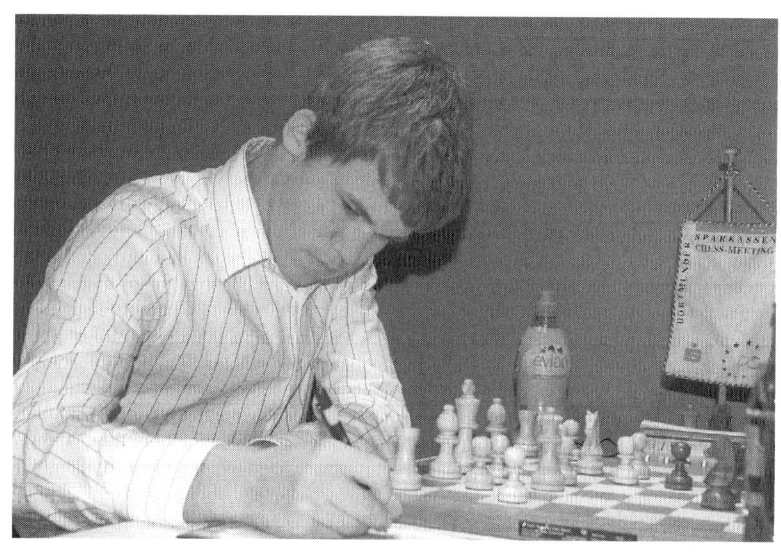

Magnus, wie kommentierst du dein Abschneiden im Kandidatenturnier von Elista?

Ich war zufrieden mit meinem Spiel und dass ich die zweite Runde erreicht habe. Die meisten meiner Partien hatten ein hohes Niveau. Levon Aronjan ist ein starker Gegner. Zweimal konnte ich einen Rückstand gegen ihn aufholen. Dass ich ihm erst im Tiebreak unterlegen bin, hat mich nicht umgeworfen. Ich bin nicht enttäuscht, die Fahrkarte zum WM-Turnier nach Mexiko nicht gelöst zu haben.

Viel Vorbereitungszeit für Dortmund hattest du ja nicht.

Okay, es waren nur ein paar Tage. Aber als Schachprofi muss man damit leben können. Peter Leko und Boris Gelfand ging es ja auch so. Sie haben ebenfalls in Elista gespielt und sind hier wie ich am Start.

Was ist dein Ziel als Neuling beim stärksten Turnier in Deutschland?

Gutes Schach zu spielen. Ich weiß nicht, ob ich gegen diese harte Konkurrenz - hier spielten die Stärksten der Welt - viel ausrichten kann, aber ich will mein Bestes geben. Ich freue mich über die Möglichkeit, in Dortmund zu starten und möchte zeigen, dass ich die Einladung zum Chess-Meeting verdient habe.

Als Schachprofi bist du sehr viel unterwegs. Wann warst du denn zum letzten Mal in der Schule?

Wenn ich zu Hause bin, gehe ich schon hin. Im Frühjahr waren es einige Wochen.

Hast du schachliche Vorbilder?

Kein bestimmtes. Ich finde, dass man von vielen großen Spielern der Geschichte und der Gegenwart etwas lernen kann.

Mit 16 Jahren warst du jüngster WM-Kandidat. Wie sollte deiner Meinung nach der Schachweltmeister ermittelt werden?

Ich finde einen Wettbewerb im K.-o.-System oder ein Turnier mit acht Teilnehmern am besten. Die historische Variante mit einem WM-Match gefällt mir nicht so gut, aber ich akzeptiere sie.

Das war die Ansicht des Teenagers Magnus Carlsen. Wie wir wissen, hat sich seine Meinung über ein geeignetes WM-Reglement in der Folgezeit geändert. Das Dortmunder Turnier mit acht Großmeistern verlief indessen nicht wunschgemäß für ihn. Er spielte sechsmal remis und verlor gegen Wladimir Kramnik, der zum achten Mal in seinem Wohnzimmer, dem Schauspielhaus, gewann. Am Ende belegte Magnus mit 3,0 aus 7 den sechsten Rang. Eine viel bessere Figur machte der Norweger an-

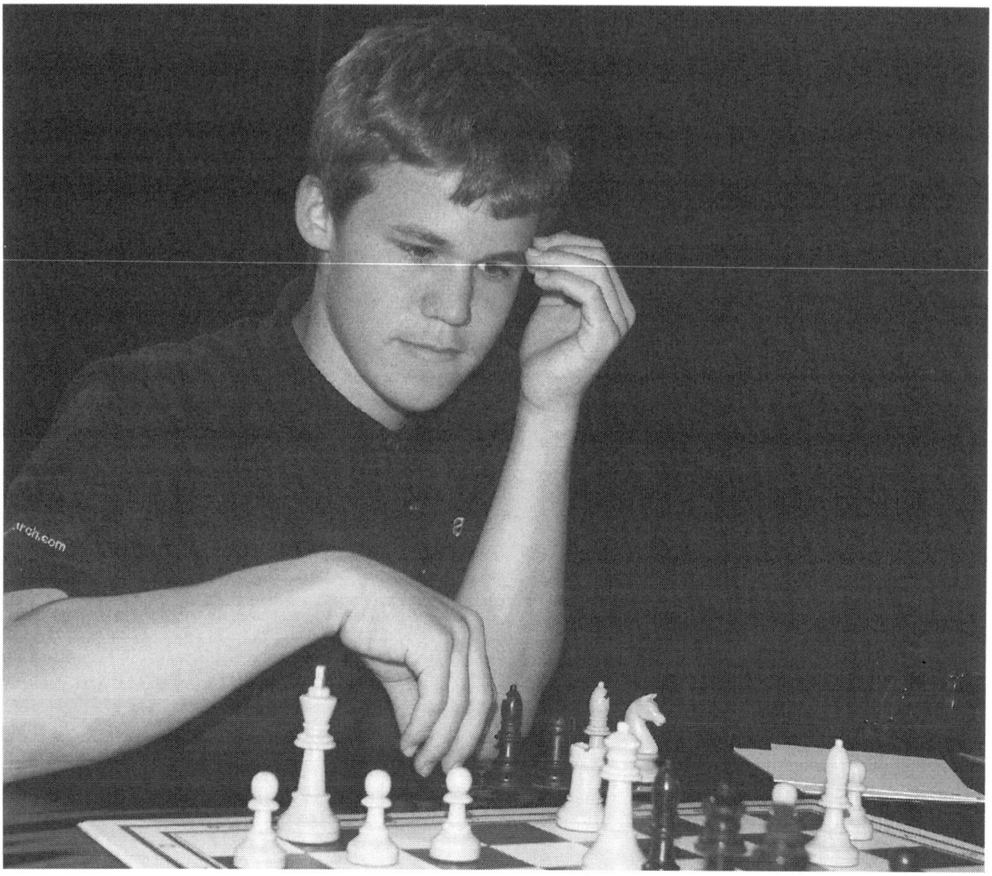

Analyse im Pressezentrum

schließend in Biel, wo er den Sieg holte. Die Entscheidung darüber fiel aber erst am letzten Turniertag.

Carlsen – Radjabow

Pirc-Verteidigung B07

Biel 2007

In der Schlussrunde musste Magnus unbedingt gewinnen, um seinen Gegner Teimur Radjabow im Gesamtklassement zu überflügeln. Doch der Großmeister aus Aserbaidschan ist wie Carlsen dafür bekannt, dass er auch mit Schwarz immer auf Sieg spielt. Ein spannender Kampf war zu erwarten.

1.e4 d6 2.d4 Sf6 3.Sc3 e5

Radjabow hat nichts dagegen, wenn die Partie nach 4.Sf3 Sbd7 in die Philidor-Verteidigung übergeht. Doch Carlsen vermeidet jede Theorie und spielt seine eigene Eröffnung.

4.Sge2 Sbd7 5.g3 c6 6.Lg2 b5 7.a3 Le7 8.0-0 0-0 9.h3 a5 10.g4 La6

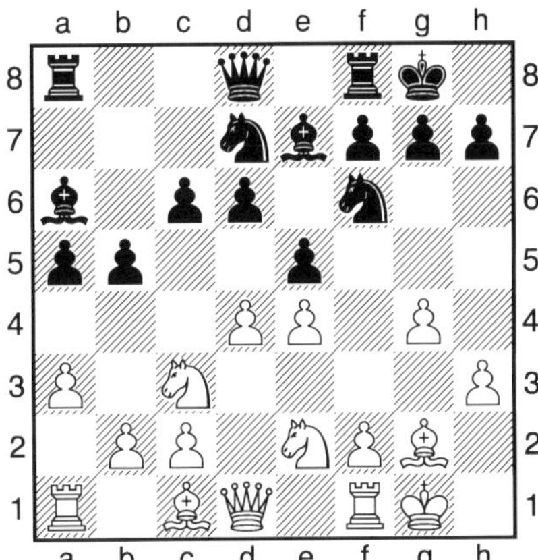

11.Sg3

Ein Zug, der Schwarz entgegenkommt, denn Carlsen lässt damit die Öffnung der Stellung im Zentrum zu. Nach 11...exd4 12.Dxd4 b4 13.Sce2 bxa3 14.Txa3 (14.bxa3? Sxg4!) d5 stünde Radjabows Streitmacht sehr aktiv. Er nutzt diese Möglichkeit jedoch nicht.

11...b4?! 12.Sce2 bxa3

Besser war sofort 12...d5 13.exd5 Sxd5.

13.Txa3 d5

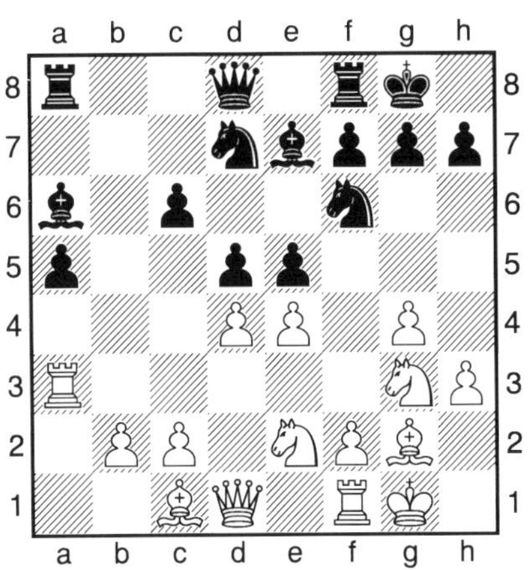

14.Te3!

Dieser Schwenk ist sehr schlau. Er wurde von den Kommentatoren mit Recht gelobt, weil er Carlsens großes Strategieverständnis zeigt. Die Türme sollen auf der e-Linie verdoppelt werden.

14...dxe4

Schwarz muss dem Gegner das Zentrum kampflos überlassen. Er hat das Feld d5 für seinen Springer freigemacht, weil er von dort aus den weißen Turm vertreiben will. Das stört Carlsen nicht, er zieht ihn dann einfach weg.

15.Te1! Dc7 16.Sf5 Ld8?

Dadurch wird die ohnehin schlechte Koordination der schwarzen Figuren endgültig unterbrochen. Mehr Widerstand leistet 16...Tfe8.

17.g5 Sd5 18.Txe4 f6 19.Seg3 g6

Schwarz findet bereits keine guten Züge mehr.

20.Sh6+ Kg7 21.dxe5 fxg5?

Notwendig war es, den weißen e-Bauern zu schlagen. Jetzt greift dieser entscheidend ein.

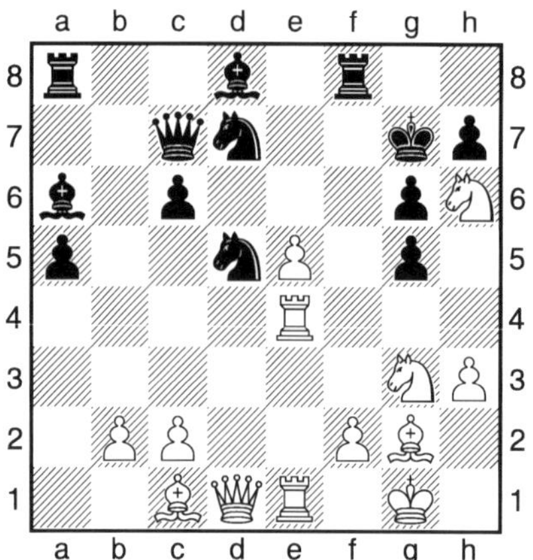

22.e6!

Mit dem Vorstoß werden die Wege zum feindlichen König noch mehr geöffnet. Das Finale der Partie rückt näher.

22...Kxh6 23.e7! Db6

Nicht jedoch 23...Sxe7? 24.Txe7 Lxe7 25.Txe7 Tad8 26.Dd4 Tf6 27.Dh4 matt.

24.exf8D+ Sxf8 25.c4 Sf4 26.Dd6 Kg7 27.Lxf4 gxf4 28.Te7+

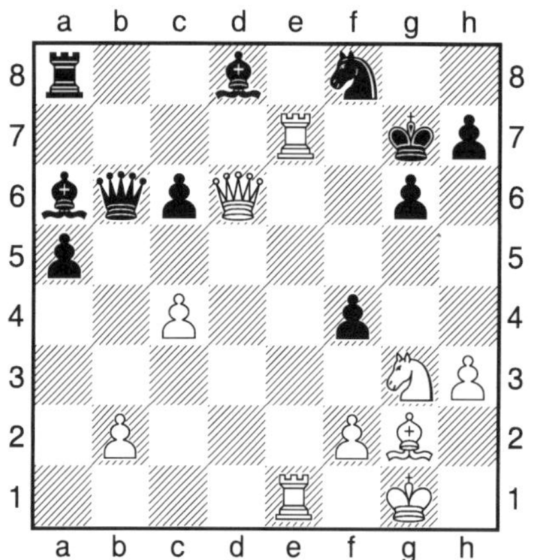

1-0. Es lag nicht an Carlsen, dass die Partie so kurz war. Die Verteidigungsleistung seines Gegners in diesem Spiel war einfach nicht gut genug.

Nach dem Erfolg in Biel hatte Magnus keinen Grund, sich auf seinen Lorbeeren auszuruhen. Eine größere Herausforderung wartete bald in der russischen Hauptstadt auf ihn. Im Tal-Memorial teilte der Norweger hinter Kramnik und Schirow den dritten Rang. Jetzt konnte man schon sagen, dass er sich in der Weltspitze etabliert hatte.

Jakowenko – Carlsen

Nimzoindisch A45

Moskau 2007

Kommentar:
Jerzy Konikowski

In diesem Kategorie-20-Wettbewerb spielte Magnus sieben Mal remis, was bei ihm in einem 9-Runden-Turnier selten passiert. Die einzige Gewinnpartie gelang ihm mit Schwarz. Sie besticht wieder durch die großartige Verbindung von strategischen und taktischen Manövern.

1.d4 Sf6 2.c4 e6 3.Sc3 Lb4 4.Sf3

Häufiger wählt Weiß hier 4.e3 oder 4.Dc2. Der Textzug hat jedoch auch seine Anhänger.

4...c5 5.g3

Den Plan mit dem Fianchetto des weißen Läufers führte der ukrainische Großmeister Oleg Romanischin in die Praxis ein.

5...cxd4 6.Sxd4 0-0 7.Lg2 d5 8.cxd5 Sxd5 9.Db3 Da5

Magnus verstärkt damit den Druck gegen den Springer c3. Nicht gut ist 9...Db6 wegen 10.Lxd5 exd5 11.Le3 Lh3 12.g4! Lxg4 13.Tg1 mit starkem Angriff. Aber spielbar wäre 9...Sc6.

10.Ld2 Sc6 11.Sxc6 bxc6 12.0-0 Lxc3 13.bxc3

Nichts zu befürchten hat Schwarz nach 13.Lxc3 Sxc3 14.bxc3 La6 mit Gegenspiel.

13...La6 14.Tfd1

Mit der Absicht 15.c4!

14...Dc5 15.e4 Lc4 16.Da4 Sb6 17.Db4 Dh5 18.Lf4

Eine sehr komplizierte Position, in der Weiß etwas besser steht. Aber Carlsen lässt sich davon überhaupt nicht beirren, er spielt sein Schach.

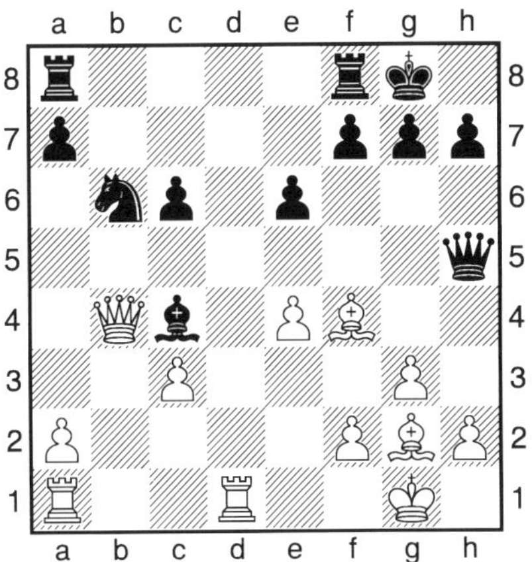

18...c5!?

18...Le2 zog Anand gegen Kasparow in Wijk aan Zee 2000. Schwarz wählt eine Fortsetzung, die heute am meisten in den Turniersälen zu sehen ist.

19.Db2

Tscheparinow versuchte einen Monat später gegen Carlsen in Chanty-Mansisk mit 19.Da5, die Variante zu verstärken, und nach 19...e5 20.Le3 Le2 21.Te1 Sc4 22.Da6 Sxe3 23.Txe2 Sxg2 24.Kxg2 Tad8 25.Tae1 Td7 26.Db5 Tfd8 27.Dxc5 f6 28.Dc4+ Df7 29.Dxf7+ Kxf7 30.Tb1 Tc8 31.Tc2 Tc4 bekam Schwarz für den Bauern ein aktives Spiel. Die Partie ging schließlich remis aus.

19...Tad8

Magnus ist ein Spieler, der immer verschiedene Ideen ausprobiert. Gegen Bacrot zog er in Biel 2008 19...Tfd8. Weiter folgte 20.Txd8+ Txd8 21.f3 f5 22.exf5 Dxf5 23.Te1 Dd5 24.Da3 Dc6 25.Dxa7 Ta8 26.De7 Sd5 27.Dd6 Dxd6 28.Lxd6 Sxc3 29.Lxc5 Txa2 mit gleichem Endspiel und baldigem Remis. Nach der Partie kommentierte Carlsen: „Dies scheint eine Neuerung zu sein. Tatsächlich hatte ich den Zug zu Hause vorbereitet. Es ist wahrscheinlich die natürlichste Fortsetzung, daher vermutete ich, dass Jakowenko sie auf dem Zettel hatte."

20.Te1

Die d-Linie freiwillig aufzugeben, ist unlogisch. Richtig spielte Weiß in Feller-A. Sokolow (Pau 2008), wo 20.Td2! e5 21.Le3 folgte, und der Anziehende hatte alles im Griff. Das Duell endete wenig später mit einer Punkteteilung.

20...Td7

Schwarz möchte natürlich die d-Linie völlig beherrschen.

21.h3 h6

Ein Fluchtweg ist immer nützlich. Schwarz hat später noch Zeit, seinen Turm von f8 nach d8 zu schieben.

22.a4 La6!

Der Läufer bereitet das Feld c4 für seinen Springer vor, der von hier aus rasch zum Einsatz am Königsflügel kommen kann.

23.Da2 Tfd8

Die d-Linie ist völlig in den Händen von Carlsen, der damit seinen Vorteil behält.

24.a5 Sc4 25.Lf1

Auf 25.e5 wollte der junge Großmeister energisch mit 25...g5! reagieren, z.B. 26.g4 Dg6 27.Le4 Dg7 28.Lg3 Sd2 mit schwarzer Initiative.

25...e5 26.g4

Zum Verlust führt 26.Lc1 wegen der starken Erwiderung 26...Td1, und nach 27.g4 folgt 27...Txe1! 28.gxh5 Tdd1-+.

26...Dg6 27.Lxc4

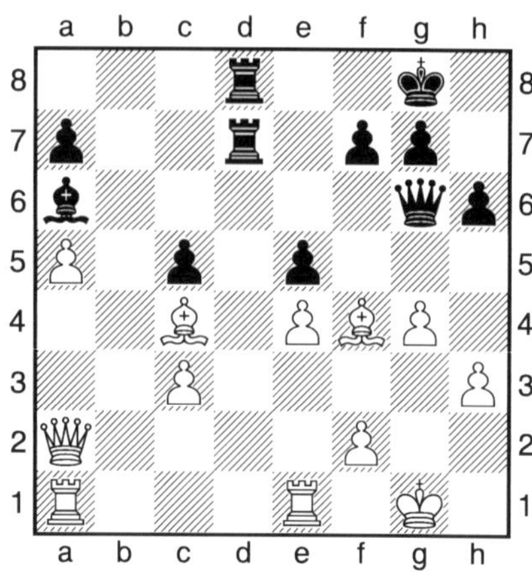

27...exf4!

Hier brauchte Schwarz den Läufer auf c4 nicht einmal zu beseitigen, weil ihm eine Angriffsidee im Kopf erschien.

28.Ld5 f3!

Die Pointe der Kombination. Schon droht verheerend h6-h5.

29.c4?

Bis zu diesem Moment hat sich Jakowenko ganz gut verteidigt, aber nach dem Fehler dringt der schwarze Angriff durch. Michaltschischin empfahl hier 29.Te3! Le2 (29...Df6 30.c4 h5 31.e5 Dh4 32.Txf3 hxg4 33.Tg3 gxh3 34.Kh2=) 30.Txe2 fxe2 31.Dxe2 mit Ersatz für die Qualität (starker Läufer d5).

29...h5 30.Kh2 Df6!

Carlsen spielt auf Mattangriff. Nach 30...hxg4 31.Tg1 Df6 32.Tad1 gxh3 33.Db3 könnte Weiß noch Widerstand leisten.

31.Tg1?

Dieser Leichtsinn bringt Jakowenko bereits in eine prekäre Lage. Laut Schipow sollte er 31.Tad1! ziehen, z.B. 31...Df4+ 32.Kh1 hxg4 33.Tg1 Dh6 34.Tg3, und Weiß lebt noch.

31...hxg4 32.Tab1?

Wieder ein schwacher Zug und der entscheidende Fehler. Notwendig war 32.Tad1! Auf 32.Txg4 wollte Magnus hingegen 32...Lxc4! spielen, und nach 33.Lxc4 Td2 34.Da4 Txf2+ 35.Kg1 Tfd2 wäre die Lage von Weiß hoffnungslos.

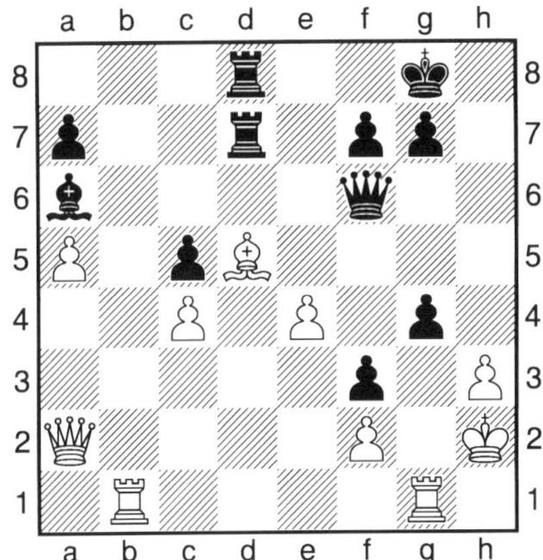

32...Lxc4!

Eine Überraschung! Das hatte Jakowenko offensichtlich nicht erwartet

33.Dxc4

Nach 33.Lxc4 Td2 34.Lxf7+ Kf8! wäre auch alles klar.

33...Df4+ 34.Tg3 Txd5!

Ein konsequenter und kämpferischer Zug.

35.Dxd5

Es gibt keinen Ausweg. Das Schlagen 35.hxg4 verliert nach 35...Td1 36.Txd1 Txd1 37.Dxc5 Dh6+ 38.Dh5 Dc1-+.

35...Txd5 36.exd5 c4

Am einfachsten. Weiß hat eine derart schlechte Koordination, dass es schwer ist, den c-Bauern aufzuhalten. (Carlsen) Der Anziehende spielt praktisch nur mit einem Turm, und der schwarze Freibauer kann ruhig zum Umwandlungsfeld marschieren.

37.Td1 c3 38.d6 c2 39.Td3 Dc4 40.Te3 Dc6 41.Td3 Dc5!

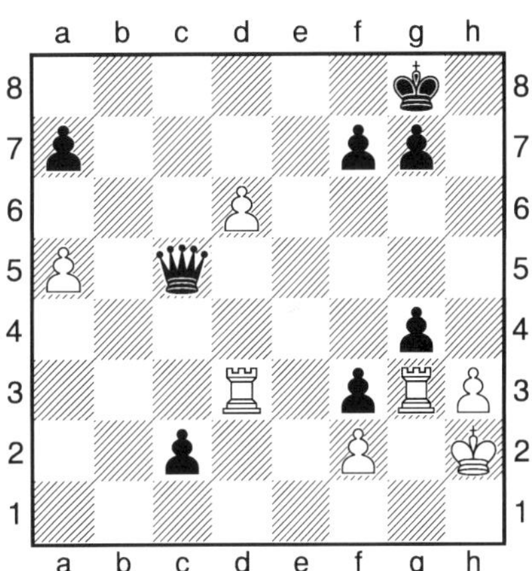

0-1. Carlsens feine Manöver im Endspiel beeindruckten. Während seine Dame die Szenerie beherrschte, blieben die weißen Türme nur Statisten.

In der anschließenden Blitz-WM, die Wassili Iwantschuk gewann, wurde Magnus Neunter. Wenige

Tage später ging es zum Weltcup nach Sibirien, wo wieder große Aufgaben warteten. Ein ziemlich hartes Programm für einen Teenager.

Carlsen – Adams

Nimzoindisch E36

Chanty-Mansisk 2007

Kommentar:
Artur Jussupow

Diese fantastische Begegnung ist schon öfter kommentiert worden. Sie darf einfach in keiner Sammlung von Carlsens Partien fehlen, da sie einige Besonderheiten seines Spiels wunderbar illustriert. In meinen Anmerkungen konzentriere ich mich auf die Schlüsselmomente des sehr lehrreichen Duells.

1.d4 Sf6 2.c4 e6 3.Sc3 Lb4 4.Dc2 d5 5.a3 Lxc3+ 6.Dxc3 dxc4

Hier gibt es viele Möglichkeiten. Adams wählt eine Variante, die mit einem interessanten Bauernopfer verbunden ist.

7.Dxc4 b6 8.Lf4 La6

Aufmerksamkeit verdiente 8...Sd5!?

9.Dxc7 Dxc7 10.Lxc7 0-0

Schwarz strebt eine rasche Entwicklung an. Die Alternative wäre 10...Sc6!?

11.Sf3 Tc8 12.Lf4 Sbd7

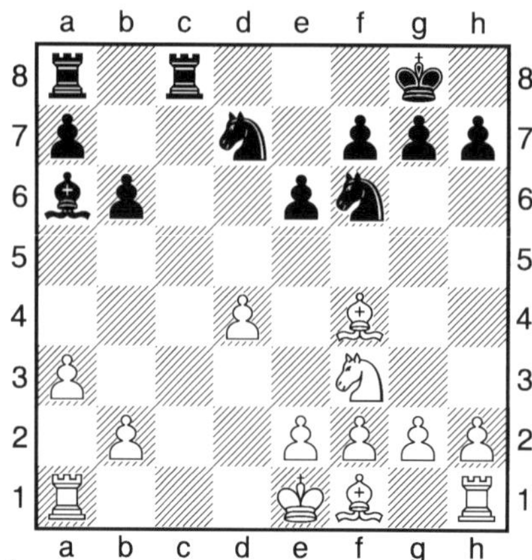

Kann Weiß die schwarze Initiative auf der c-Linie neutralisieren? Carlsen findet eine beeindruckende Umgruppierung und entschärft das gegnerische Spiel.

13.Sd2!?

Eine gute Fortsetzung ist auch 13.Tb1!? Tc2 (13...Lc4 14.Sd2) 14.Kd1 Tac8 15.Se1 T2c6 16.e3.

13...Tc2

Nicht besser wäre 13...Sd5 14.Lg3 Tc2 15.Tb1 Tac8 16.Kd1 f5 17.e3 Lxf1 18.Txf1 (Rogozenko).

14.Tb1 Tac8

Es droht Matt!

15.Sb3! Lc4 16.Sa1!

Magnus spielt frei und ohne Vorurteile. Wenn ein Springer in der Ecke gut steht, dann bringt er ihn eben in der Ecke, egal was die ganze Welt darüber denkt!

16...La2 17.Sxc2 Lxb1 18.Sa1!

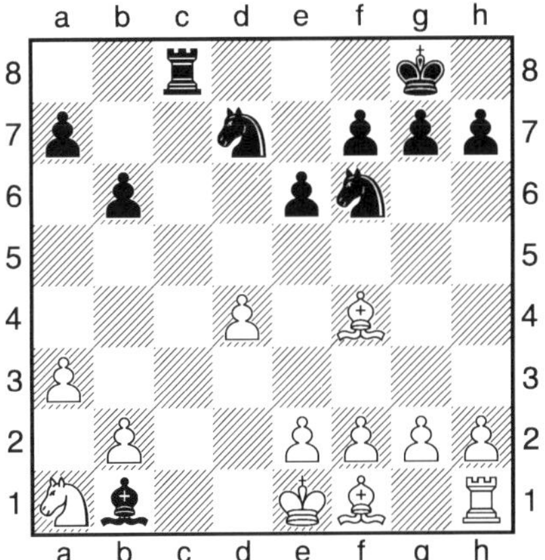

Wieder sitzt der Springer dort. Seine Überführung nach a1 nivelliert das Spiel von Schwarz auf der c-Linie, da der Turm nun kein Feld zum Eindringen hat.

18...Sd5 19.Ld2 e5 20.e3!?

Der Bauer d4 schränkt die Handlungen des Springers d7 ein. Es ist sehr verständlich, dass Carlsen nun seine Figuren ins Spiel bringen will. Möglich wäre auch 20.dxe5 Sxe5 21.f3 ...Sc4 22.e4!

20...exd4 21.exd4 Sb8

Beachtung verdiente 21...Sf8!?

22.f3

Weiß räumt seinem König einen sicheren Platz auf f2 frei.

22...Sc6 23.Lc4

Michaltschischin und Stetsko verweisen hier auf 23.Kf2 Lf5, aber Carlsen hat seine Figurenentwicklung schon lange genug verzögert.

23...Td8

23...Scb4!? war vielleicht die bessere Chance.

24.Kf2 Lf5 25.Sb3 Le6 26.Tc1 f6

Auch Schwarz will seinen König näher ans Zentrum heranbringen.

27.a4!?

Da der Bauer d4 sicher blockiert ist, sucht Magnus neue Angriffsmarken.

27...a5

Verhindert a5 mit Öffnung der a-Linie.

28.Lc3 Lf7 29.Sd2 Sde7

Die technische Aufgabe von Weiß ist alles andere als trivial, da Schwarz eine sichere Blockade errichtet hat. Mit wenig Zeit auf der Uhr findet Carlsen einen originellen Plan.

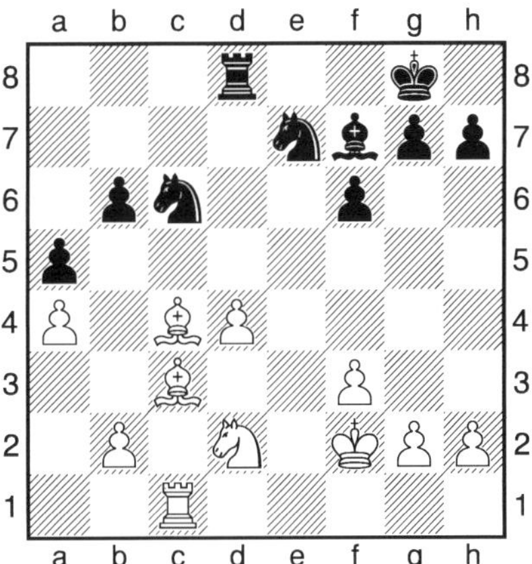

30.Lf1!?

Magnus opfert seinen d- Bauern, um das Spiel zu öffnen. Dabei wird sein Läuferpaar besonders nützlich. Die Fortsetzung 30.Td1 Lxc4 31.Sxc4 Sd5 sowie der Abtausch der weißfeldrigen Läufer erwiese sich dagegen als vorteilhaft für

Schwarz, der immer noch das Feld d5 sicher unter Kontrolle hält.

30...Sxd4 31.Te1 Sdc6 32.Sc4

Zeigt die negative Seite des Zuges a5 - der Bauer b6 ist geschwächt.

32...Sd5 33.Tb1!

Carlsen beginnt eine wirksame Umgruppierung. Es ist eine besondere Stärke von ihm, sehr gute Positionen für seine Figuren zu finden.

33...Kf8

Schlecht wäre 33...Sxc3 34.bxc3±, und der Bauer b6 fäll. Deswegen stellte Weiß seinen Turm auf eine geschlossene Linie!

34.Le1

Nun ist der wichtige schwarzfeldrige Läufer gerettet.

34...Ke7 35.Kg1!

Wieder spielt der junge Großmeister ohne Schablone. Hier ist es wichtiger, den Läufer zu aktivieren, als den König im Zentrum zu halten. Solche Rückzüge sind enorm schwierig zu entdecken und zu spielen!

35...Sb8 36.Lf2

Die Umgruppierung ist beendet, Weiß erhält einen klaren Vorteil, da der Bauer b6 nun unter Beschuss steht.

36...Sd7 37.Te1+ Kf8 38.Td1 Ke7 39.Te1+

Wiederholung der Züge ist ein probates Mittel, die Zeitkontrolle zu schaffen.

39...Kf8 40.Sd6

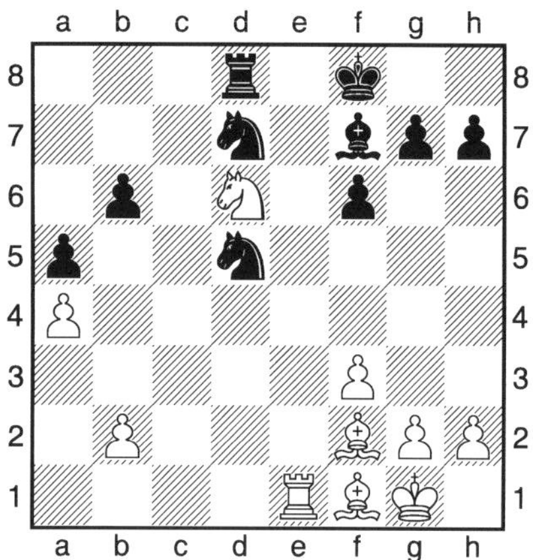

40...Se5?

Wie Michaltschischin und Stetsko richtig bemerkten, ist es ein Fehler, den weißfeldrigen Läufer zu tauschen, denn zwei Springer sind dem Kampf gegen das Läuferpaar in einer offene Stellung nicht gewachsen. Notwendig war daher 40...Lg8.

41.Sxf7 Kxf7 42.Td1 Ke7 43.f4

Das klassische Spiel: Weiß versucht die gegnerischen Springer mit den Bauern einzuengen und aus dem Zentrum zu verjagen

43...Sg4

Schlecht wäre 43...Sxf4? 44.Txd8 Kxd8 45.Lxb6++-.

44.Te1+ Kf8

44...Kd6 ist aktiver.

45.Ld4 Td6

Oder 45...Sxf4 46.Lxb6±.

46.h3 Sh6?!

Nun wird Schwarz abgedrängt. Die beste praktische Chance war noch 46...Sxf4!? in der Hoffnung auf 47.Td1? Nach 47.Te4 (47.Td1? / \Lc5 47...Ke7! Se6) 47...Se6 48.Txe6 Txe6 49.hxg4 Te4 50.Lxb6 Txa4 51.Lb5 steht Weiß klar besser.

47.Td1! Sf5

Auf 47...Sxf4? folgt 48.Lc5+-.

48.Lf2 Ke7

Falls 48...Sxf4, dann 49.Txd6 Sxd6 50.Lxb6±; 48...h5!?

49.g4 Sh6

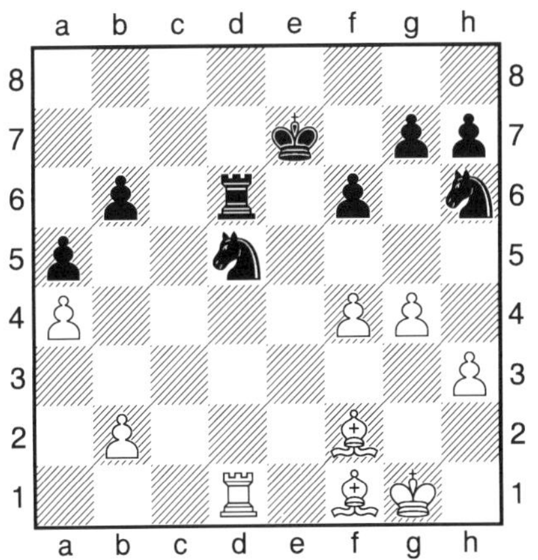

50.f5

Schwarz bleibt eingeengt und ohne jede Gegenchance. Carlsen verwertet jetzt sicher seinen Vorteil.

50...Sf7 51.Lg2 Sf4 52.Txd6 Sxd6 53.Lxb6 Sc4 54.Lc5+ Kd7 55.Lf1 Sxb2 56.Lb5+ Kd8 57.Lb6+ Ke7 58.Kh2 Sd5 59.Lxa5 Kd6 60.Ld2 Kc5 61.Kg3 Sc7 62.Le3+ Kb4 63.Ld2+ Kc5 64.Lc1 Sc4

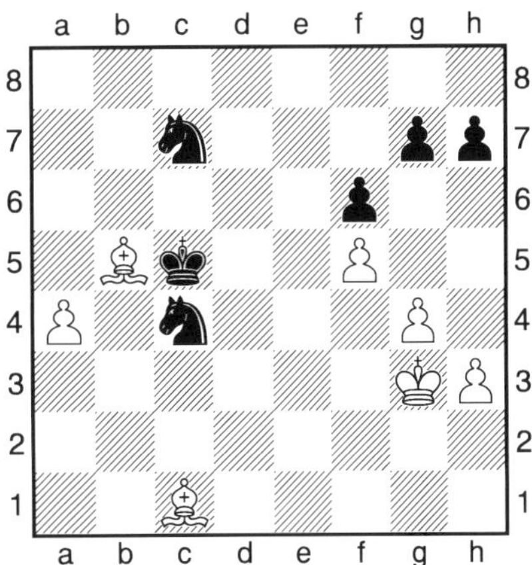

65.Lxc4!

Im richtigen Moment wird ein Läufer abgetauscht.

65...Kxc4 66.Ld2 Sa6 67.a5 Kb5 68.Kf3 Sc5 69.Lc3 h6 70.Ke3 Kc4 71.Ld4 Sa6 72.Ke4 Sb4 73.h4 Kb5 74.Lc3 Sa6 75.Kd5 Sc5 76.Ld4 Sd3 77.Ke6

1-0. Ein Meisterwerk des positionellen Manövrierens!

Die Partie wurde im Achtelfinale des Weltcups gespielt, wo Magnus den Engländer Michael Adams 1,5:0,5 besiegte. Im Viertelfinale schlug er den Bulgaren Iwan Tscheparinow mit dem gleichem Ergebnis. Erst im Halbfinale wurde Carlsen von Gata Kamsky (USA) gestoppt.

Kramnik – Carlsen

Englisch A30

Wijk aan Zee 2008

Zu Beginn des Jahres erzielte Magnus beim Festival in den Niederlanden 8,0 Punkte aus 13 Partien und teilte mit Levon Aronjan den Sieg. Besonders beeindruckend war seine Vorstellung gegen Exweltmeister Wladimir Kramnik. In der Partie werden das große Stellungsgefühl und die subtile Endspieltechnik des Norwegers besonders deutlich. Wann ist Kramnik mit Weiß jemals so überspielt worden?

1.Sf3 Sf6 2.c4 e6 3.Sc3 c5 4.g3 b6 5.Lg2 Lb7 6.0-0 Le7 7.d4 cxd4 8.Dxd4 d6 9.Td1 a6

Diese Bauernstruktur ist als „Igel-Formation" bekannt. Es entstehen hier sehr zweischneidige Positionen, wo Schwarz gute Gegenchancen bekommt. Früher hätte man eine solche Stellung als deutlich günstiger für Weiß eingeschätzt, aber jetzt wissen wir, dass auch Schwarz ein gutes Spiel hat. Sein Hauptziel ist, b7-b5 oder d6-d5 durchzusetzen, um mehr Raum für seine Figuren zu gewinnen.

10.Sg5

Mit der Idee, den Springer auf e4 zu postieren, von wo aus er wichtige Zentrumspunkte unter Kontrolle nimmt.

10...Lxg2 11.Kxg2 Sc6

Nicht möglich ist die Entwicklung des Springers nach d7 wegen 12.Sge4, und Schwarz verliert seinen Bauern d6.

12.Df4 0-0

Eine populäre und in der Praxis verbreitete Idee ist das sofortige 12...Ta7!? nebst Ta7-d7 mit der Vorbereitung von d6-d5.

13.Sce4 Se8 14.b3 Ta7 15.Lb2

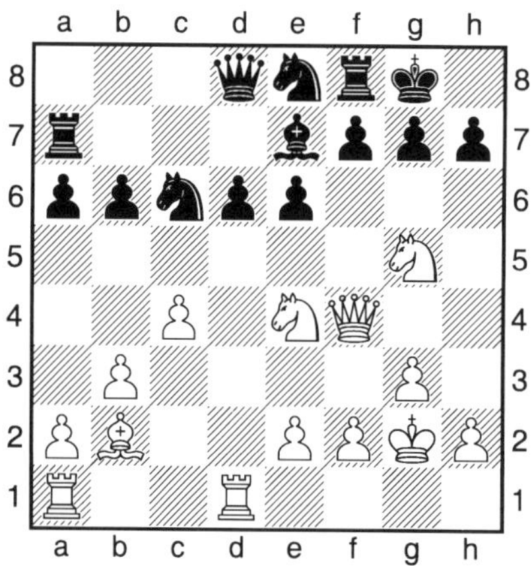

15...Td7

Carlsen strebt konsequent d6-d5 an. Aber in dieser Stellung ist auch eine andere wichtige positionelle Handlung möglich. Es geht um den Vorstoß 15...b5!? am Damenflügel. In der Partie Wojtkiewicz-Ftacnik (Budapest 1993) geschah danach 16.Sf3 Da8 17.Tac1 h6 18.Sed2 Td7 19.Kg1 Db7 20.De4 bxc4 21.Dxc4 Tc7 22.Dd3 d5 mit etwa gleichen Chancen.

16.Tac1 Sc7

Damit verstärkt Schwarz den Druck auf die Punkte b5 und d5.

17.Sf3

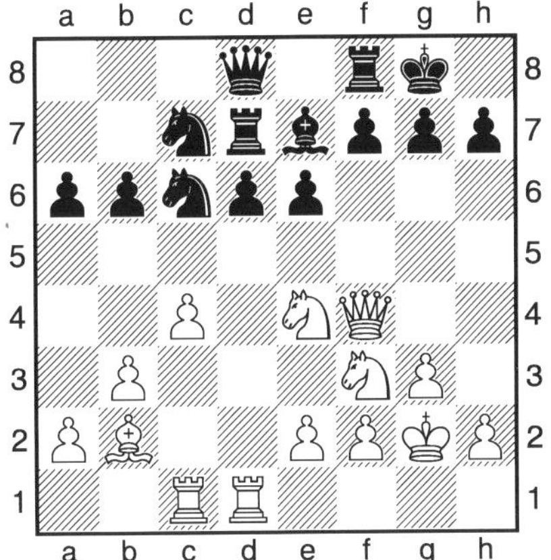

17...f5!?

Magnus führt in dieser Stellung eine neue Idee ein. Er verzichtet auf die Standardzüge b6-b5 sowie d6-d5 und spielt überraschend für Kramnik mit den Bauern am Königsflügel. Das zeugt von der Flexibilität des Norwegers, der in seinen Partien viele interessante und originelle Gedanken nutzt.

18.Sc3 g5 19.Dd2

Nach 19.De3 plante Carlsen, ähnlich wie hier zu spielen: 19...g4 20.Sd2 (Wenn 20.Sd4?, so 20...Lg5 21.Sxc6 Lxe3 22.Sxd8 Lxc1, und Schwarz hat materiellen Vorteil.) 20...Lg5 21.Dxb6 Da8 mit voller Kompensation für den Bauern. Zum Beispiel folgt nach 22.f3 entweder sofort 22...Se5 oder 22...Tb8 23.Df2 Se5 und schwarzer Initiative.

19...g4 20.Se1

Zurück. Auf 20.Sd4 geschieht auch 20...Lg5 21.e3 Se5 Dd8-a8.

20...Lg5!

Erzwingt die Schwächung des Feldes f3.

21.e3 Tff7 22.Kg1 Se8

Schwarz will nun seine Figuren in Richtung Königsflügel umgruppieren.

23.Se2 Sf6 24.Sf4 De8

Während der Partie dachte Magnus erst über 24...Se4 nach, aber verzichtete schließlich darauf, weil er das Damenopfer nach 25.Sxe6 befürchtete. Doch dies wäre überhaupt nicht möglich gewesen: 25...De8 26.Sxg5 Sxd2 27.Sxf7 Se4 28.Sh6+ Kf8 29.Sxf5 Df7, und Schwarz gewinnt. Wir sehen, dass auch starke Großmeister beim Spiel unrealistische Bilder im Kopf haben können.

25.Dc3 Tg7 26.b4 Se4 27.Db3 Tge7 28.Da4?!

Diese „aktive" Fortsetzung erweist sich als falsch, denn die Dame entfernt sich vom Zentrum. Nach der Partie wurde 28.f3!? analysiert. Short schlug hier 28.h4!? vor, und nach dem eventuellen 28...gxh3 29.Sxh3 steht Weiß gut.

28...Se5

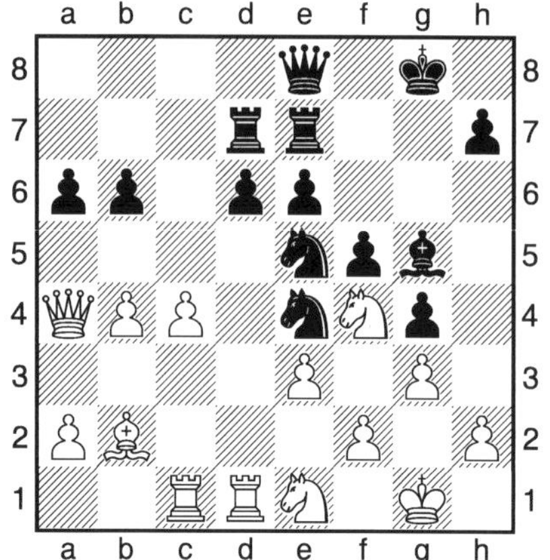

29.Dxa6?

Weiß trifft die falsche Wahl, aber das ist die Konsequenz des vorigen Zuges. Schlecht war jetzt auch 29.c5? wegen 29...Sc4! mit schwarzem Vorteil. Wladimir hätte hier 29.Db3 ziehen müssen und eine annehmbare Stellung. Nun folgt ein Übergang ins Endspiel mit besseren Aussichten für Schwarz.

29...Ta7 30.Db5

Leider erzwungen. Kramnik hat wohl zu spät bemerkt, dass die Variante 30.Dxb6 nicht geht, weil seine Dame nach 30...Teb7 31.Dd4 Lf6 keine guten Züge mehr hat, und die Drohung 32...Sf3+ nicht zu parieren ist.

30...Dxb5 31.cxb5 Txa2 32.Tc8+ Kf7 33.Sfd3 Lf6 34.Sxe5+

Oder 34.Lxe5 dxe5 35.Tc6 Sg5 mit schwarzem Gewinn.

34...dxe5

Möglicherweise war 34...Lxe5 35.Lxe5 dxe5 besser, doch in Zeitnot wollte ich 36.Sd3 nicht zulassen. Aber zu unrecht. Nach 36...Kf6 37.Tf8+ Kg7 38.Td8 (38.Tb8 Td7–+) 38...Sc3 39.Tf1 (39.Sxe5 Sxd1 40.Txd1–+) 39...Td2! gewinnt Schwarz. (Carlsen)

35.Tc2

Wenn 35.Sd3, so 35...Sxf2! mit Gewinn für Schwarz.

35...Tea7 36.Kg2

36.Kf1 war genauer.

36...Sg5

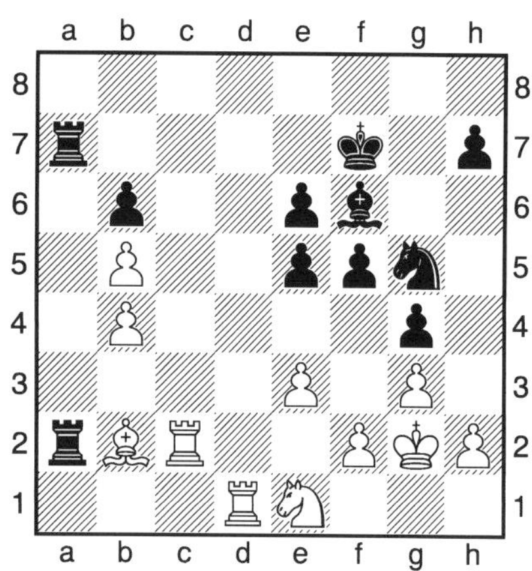

37.Td6?

Scheinbar aktiv, aber falsch. Besser ist 37.Tdd2. (Carlsen)

37...e4 38.Lxf6 Kxf6 39.Kf1

39.Txb6 Ta1 40.Te2 Sf3-+.

39...Ta1 40.Ke2

Nach 40.Tcd2 wollte Magnus 40...Tb1! 41.Td1 Txb4 42.Txb6 Tb2 spielen, mit der entscheidenden Drohung Sg5-h3!

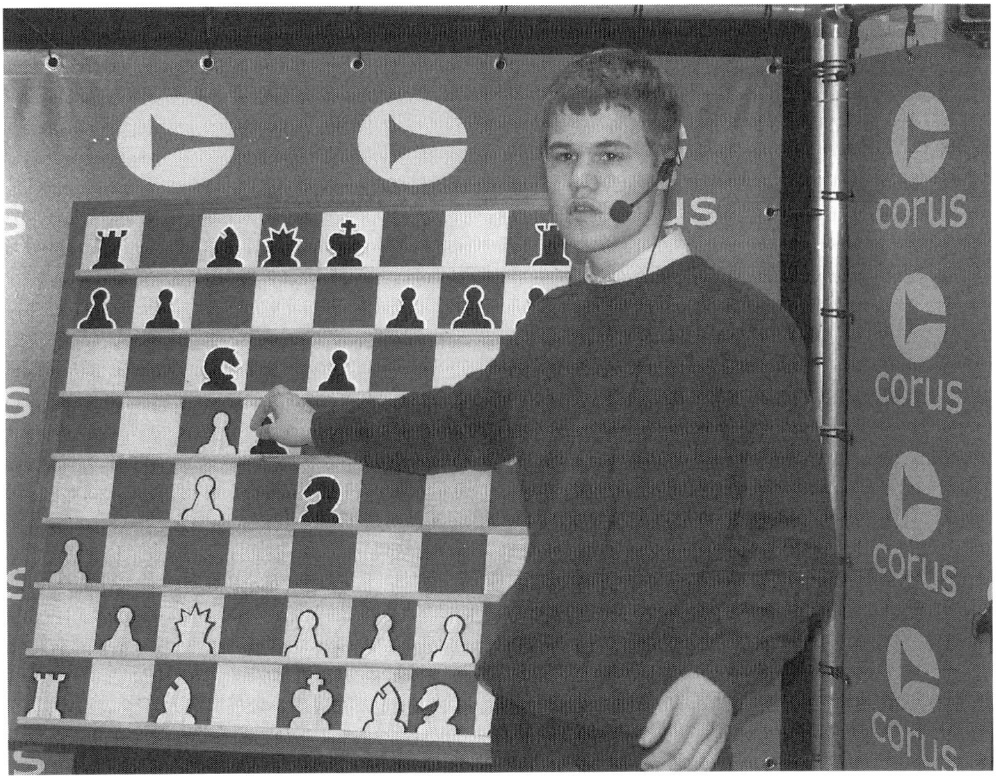

Carlsen kommentiert

40...Tb1 41.Td1

Oder 41.Txb6 Td7!, und Schwarz gewinnt.

41...Txb4 42.Sg2 Txb5

Hier konnte Kramnik die Partie eigentlich aufgeben. Wollte er die Endspieltechnik seines Gegners prüfen?

43.Sf4 Tc5 44.Tb2 b5 45.Kf1 Tac7 46.Tbb1

Auf 46.Kg2 folgt 46...Tc1! 47.Txc1 Txc1 48.Txb5 Sf3 49.Se2 Te1 50.Tb2 Kg5, und der Marsch des Bauern h7-h5-h4 beendet rasch den Kampf.

46...Tb7 47.Tb4 Tc4 48.Tb2 b4 49.Tdb1 Sf3 50.Kg2

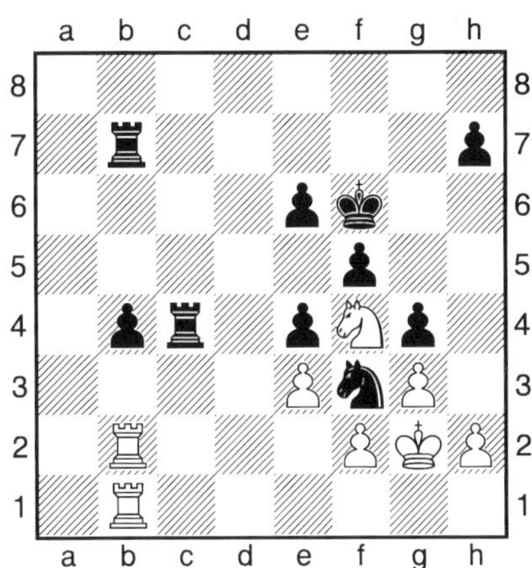

50...Td7!

Der letzte starke Zug. Schwarz forciert den Abtausch eines Turmpaares, und der Rest braucht nicht mehr kommentiert zu werden. (Carlsen)

51.h3 e5 52.Se2 Td2 53.hxg4 fxg4 54.Txd2 Sxd2 55.Tb2 Sf3 56.Kf1 b3 57.Kg2 Tc2

0-1. „Ich war sehr glücklich, so mit Schwarz gegen Kramnik gewonnen zu haben", freute sich Magnus nach der Partie.

Im Sommer startete Carlsen wieder in Biel, wo er diesmal Dritter hinter dem Kubaner Leinier Dominguez und dem Russen Jewgeni Alexejew wurde. Danach führte ihn der Weg zu den Chess Classic nach Mainz, einem beliebten Schnellschachturnier. Der Wettbewerb wurde ein Jahrzehnt lang vom indischen Figurenzauberer Viswanathan Anand dominiert. Bisher hatte Magnus den Weltmeister bis auf Blitzpartien noch nie bezwungen; auch in der Rheingoldhalle schaffte er es nicht. In der Vorrunde setzte Carlsen sich zwar gegenüber Alexander Morosewitsch und Judit Polgar durch, doch im Finale unterlag er dem Schnellschach-Spezialisten Anand klar mit 1:3. Der Wettkampf stand sinnigerweise unter dem Motto „Duell der Weltmeister". Fünf Jahre später sollte es tatsächlich zum WM-Match zwischen beiden Ausnahmespielern kommen.

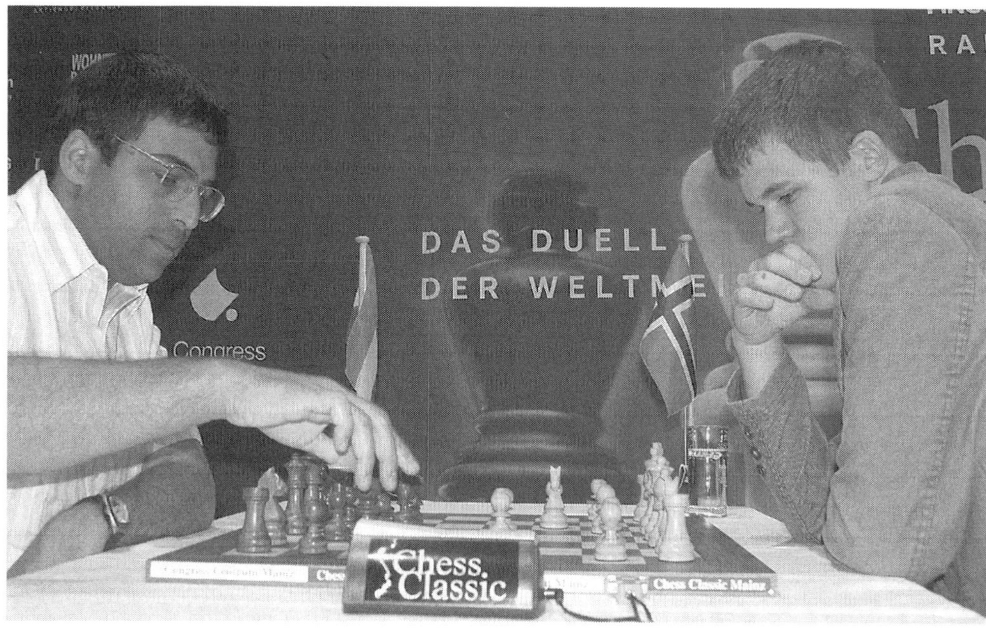

Mainz 2008

Carlsen – Aronjan

Damengambit D47

Bilbao 2008

Beim doppelrundigen Grand-Slam-Finale in der baskischen Hauptstadt verbuchte Carlsen zwei Erfolge gegen den starken Levon Aronjan. Besonders fein herausgespielt war sein Sieg mit den weißen Steinen.

1.d4 d5 2.c4 c6 3.Sf3 Sf6 4.Sc3 e6 5.e3 Sbd7 6.Ld3 dxc4 7.Lxc4 b5 8.Ld3 Lb7

Eine der populärsten Behandlungsweisen des Systems. Der Läufer steht auf der Diagonale sehr gut. Um ihn zu aktivieren, wird der Gegenschlag c6-c5 im Zentrum vorbereitet.

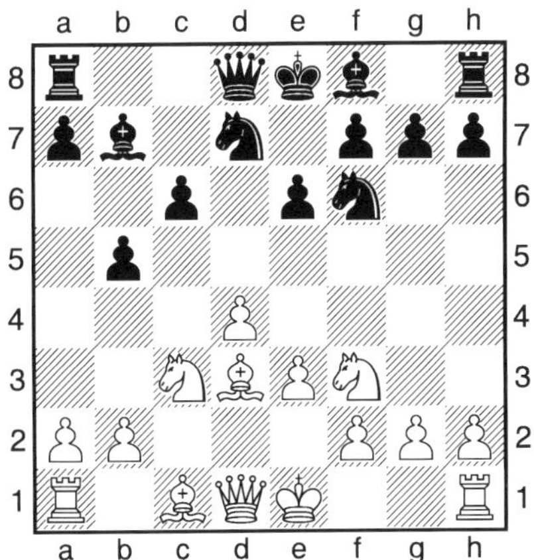

9.a3

Ein natürlicher Zug. Weiß verhindert die Vertreibung seines Damenspringers mittels b5-b4 und droht selbst, durch b2-b4 den Läufer b7 vom Spiel auszuschließen. Trotzdem werden in der Praxis die Fortsetzungen 9.0-0 und 9.e4 öfter gespielt.

9...b4 10.Se4

10.axb4 Lxb4 11.0-0 c5 12.Sa2 a5 13.Sxb4 axb4 14.Txa8 Dxa8 15.dxc5 0-0 verspricht Weiß keinen Vorteil.

10...Sxe4 11.Lxe4 bxa3

Schwarz verfolgt seinen mit 9...b4 begonnenen Plan. Im Duell Gelfand-Anand (Biel 1993) zog der künftige Weltmeister falsch 11...Dc7?, und nach 12.axb4! Lxb4+ 13.Ld2 Lxd2+ 14.Sxd2 c5 15.Dc2 Db6 16.dxc5 Dxc5 17.Da4 Tb8 18.0-0 0-0 19.Dxd7 Tfd8 20.Lxh7+ Kxh7? (20...Kf8!) 21.Dxf7 Txd2 22.Ta4 Dg5 23.g3 e5 24.Th4+ Dxh4 25.gxh4 gewann Weiß bald die Partie.

12.0-0

Das Beste in dieser Stellung. Die wichtigste Figur wird in Sicherheit gebracht, und dafür ist Weiß bereit, einen Bauern zu opfern. Nach 12.bxa3 Ld6 13.0-0 0-0 14.Lb2 Tb8 15.Dc2 c5 16.Lxb7 Txb7 17.dxc5 Lxc5 18.Tfd1 De7 wäre die Situation völlig ausgeglichen.

12...Sf6

Der Nachziehende muss schnell seinen König sichern, sonst wird es gefährlich. Nicht zu empfehlen ist deshalb 12...axb2 13.Lxb2 Le7 14.Dc2 h6 15.Lxc6 Tc8 16.d5 exd5

17.Lxd7+ Dxd7 18.Db3 d4 19.Txa7 Ld5 20.Db6 mit weißem Übergewicht (Najer-Potkin, Ubeda 2001).

13.Ld3 axb2 14.Lxb2 a5?

Ein Verstoß gegen das wichtige Eröffnungsprinzip, dass ein in der Mitte gebliebener König immer in Gefahr geraten kann. Aronjan sollte dies bedenken und erst 14...Le7 spielen, um rasch zu rochieren, zum Beispiel: 15.Db1 Tb8 16.Txa7 Db6 17.Da2 0-0 18.Tb1 Ta8 19.Txa8 Txa8 20.Dc4 La6 21.Dc2 Lxd3 22.Dxd3 Db5 23.Se5 Tb8 24.Dxb5 Txb5 25.Sc4 c5 mit Remis (Iwantschuk-Kramnik, New York 1994).

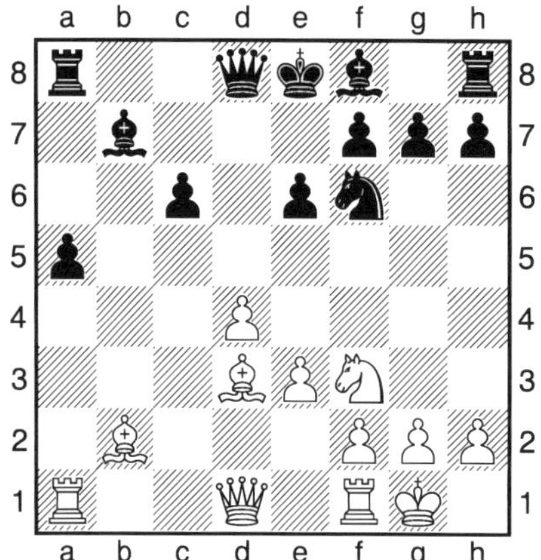

15.d5!

Eine brillante Idee, deren eigentliche Pointe erst später offenbar wird. Ebenfalls stark ist 15.e4!?, z.B. 15...Lb4 16.Dc2 Sd7 17.Tfd1 Tc8 18.Db1 0-0 19.d5 cxd5 20.exd5 Sf6? (20...Lxd5!) 21.dxe6 De7 22.Sg5 h6 23.Lh7+ Kh8 24.Lxf6 Dxf6 25.Sxf7+ Txf7 26.exf7 Dxf7 27.Le4+- (Moisejenko-Illescas Cordoba, Cala Mayor 2008).

15...Sxd5

Andere Fortsetzungen sind nicht besser: 15...cxd5 16.Lb5+ Sd7 17.Se5 Lc8 18.Tc1 (18.Dh5!? g6 19.Df3+-) 18...Ld6 19.Txc8+-; 15...Dxd5 16.Dc2 Dc5 17.De2 Le7 18.Ld4 Dd5 19.Tfd1 mit starker Initiative oder 15...exd5 16.Sd4 Lb4 17.Sf5 g6 18.Sh6, und Schwarz hat große Probleme.

16.Se5 Sf6 17.Da4 Lb4 18.Sxc6 Lxc6

Erzwungen, denn nach 18...Dd7 entscheidet 19.Lb5! La6 20.Lxa6 Txa6 21.Sxb4 mit Materialgewinn.

19.Dxc6+ Ke7

Jetzt sehen wir die Folgen des Zuges 15.d5! Der schwarze König bleibt im Zentrum und wird durch die weiße Armee angegriffen.

20.Tfd1 Tc8 21.Df3 Db6 22.Ld4 Db8 23.La6 Tcd8 24.Lb7 h5

24...e5!? wäre viel besser, und nach 25.Lb6 Td6 bestehen gute Rettungschancen.

25.h3 h4

Auch hier käme 25...e5!? in Frage.

26.Tab1 e5

Zu spät.

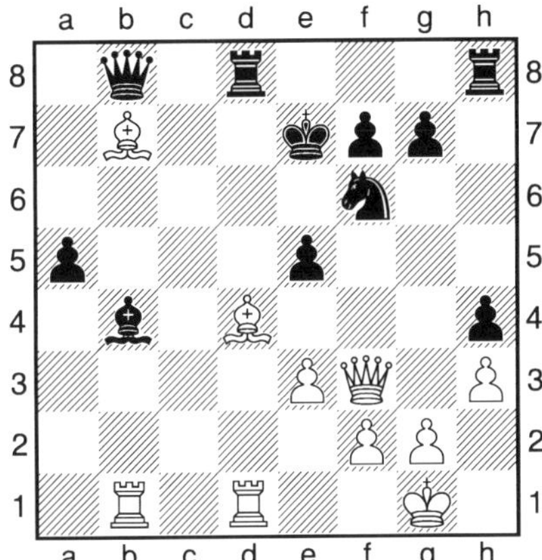

27.Txb4!

Eine feine Entscheidung als Krönung des stark geführten Angriffs.

27...axb4?

Das verliert endgültig. Die letzte Rettungschance war 27...exd4!?

28.Lc5+ Ke6

Oder 28...Ke8 29.Lc6+ Td7 (29...Sd7 30.Df5 Dc7 31.Dg5+-) 30.Txd7! Sxd7 31.Df5 Dc7 32.Dg5 f6 33.Dxg7+-.

29.Ta1! Td6

Auf 29...Td2 reicht 30.Ta6+ Kd7 31.Lxb4! e4 32.Df5+ Kd8 (32...Ke8 33.Te6+!+-) 33.Da5+ Ke8 34.Db5+ Td7 35.Lc6+- zum Gewinn.

30.Lxd6 Kxd6

30...Dxd6 31.Ta6+-

31.Dc6+ Ke7 32.Ta8 Dd6 33.Dxd6+ Kxd6 34.Txh8 b3 35.La6 Sd7 36.Txh4 Sc5

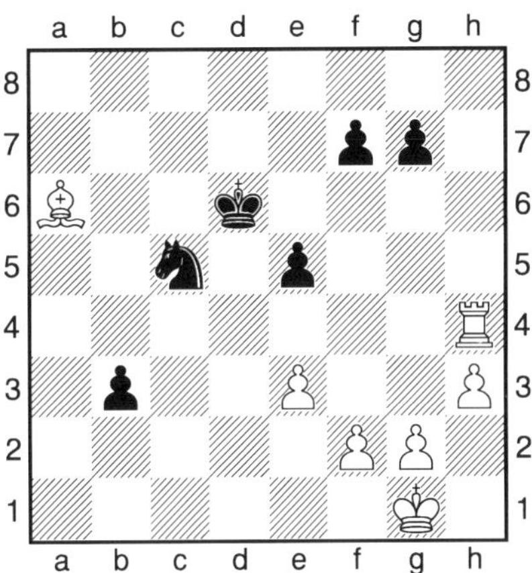

1-0 (37.Lc4+- bzw. 37.Le2+-.)

Im November 2008 fand in Dresden die Schacholympiade statt. Carlsens Brett im langen Spielsaal war immer dicht umlagert. Als echter Vorkämpfer Norwegens spielte Magnus bei seinem dritten Start im Turnier der Nationen alle elf Runden durch und erzielte 7,5 Punkte.

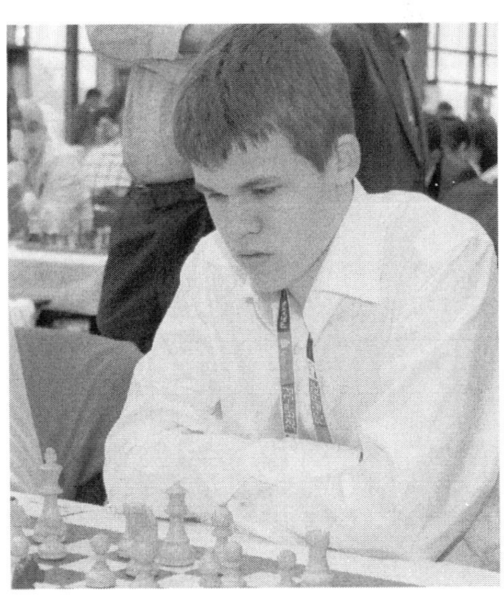

Carlsen – Anand

Slawisch D45

Linares 2009

In der spanischen Schachhochburg konnte der Norweger den amtierenden Weltmeister nach hartem Kampf zum ersten Mal in einer Partie mit normaler Bedenkzeit schlagen. Er ließ ihn auch in der Gesamtwertung hinter sich. Großmeister Mihail Krasenkow hat das Spiel analysiert.

1.d4 d5 2.c4 c6 3.Sc3 Sf6 4.e3 e6 5.Sf3 Sbd7 6.Dc2

In der gegenwärtigen Turnierpraxis ist diese Fortsetzung beliebt, denn Weiß vermeidet damit die komplizierten Varianten nach 6.Ld3.

6...Ld6 7.g4!?

Das scharfe Sakajew-Gambit mit vielen taktischen Elementen hat auch einen Platz in Magnus' Eröffnungsrepertoire gefunden. Der junge Wikinger mag Abenteuer am Brett, dieses Gambit ist gerade richtig für seinen aktiven und aggressiven Stil.

7...Sxg4 8.Tg1 Df6 9.Txg4 Dxf3 10.Txg7 Sf6 11.h3

In einer früheren Partie gegen Gretarsson (Kreta 2003) spielte Carlsen 11.Lg2 und gewann danach so: 11...Dh5 12.e4 dxe4 13.Lg5? (13.h3!? war stärker) 13...Lf8! 14.Lxf6 Lxg7 15.Lxg7 Tg8 16.Sxe4 Da5+ 17.Kf1 Txg7 18.Dc1 Dd8 19.Df4 Kf8 20.De5 Tg6 21.Dh8+ Ke7 22.Dxh7 Dg8 (22...Dxd4!?) 23.Dh4+ f6 24.Lf3 e5 (24...Tg1+? 25.Ke2 Txa1 26.Sxf6! Df7 27.Sg4+ Ke8 28.Se5 Df5 29.Lh5+ Kf8 30.Lg6+-) 25.b3? (25.Sxf6!?) 25...exd4 26.Sg3 Lg4 27.Te1+ Kf7 28.Le4 Tg7 29.h3 Ld7? (29...Le6 war notwendig) 30.Dh5+ Kf8 31.Dc5+ Kf7 32.Lg6+! und Matt.

11...Df5

Einige Theoretiker sind der Meinung, dass hier entweder 11...Kf8!? oder 11...h6!? am besten sind. Diese Fortsetzungen sollten weiter untersucht werden, denn der Textzug hat seine praktische Prüfung in dieser Partie nicht bestanden.

12.Dxf5 exf5 13.cxd5 cxd5

Genauer ist wohl 13...Sxd5!? Auf jeden Fall muss dieses Abspiel weiter erforscht werden.

14.Sb5 Lb4+ 15.Ld2 Lxd2+ 16.Kxd2 Ke7 17.Ld3 Le6?!

Das bringt Schwarz nur Probleme. Logisch sieht die Erwiderung 17...Ld7! aus, um den Läufer zu behalten, der für die Verteidigung der schwachen Bauern nützlich wäre. Nach dem Partiezug tauscht Carlsen ihn sofort ab.

18.Sc7! Tag8 19.Sxe6 Kxe6 20.Txg8

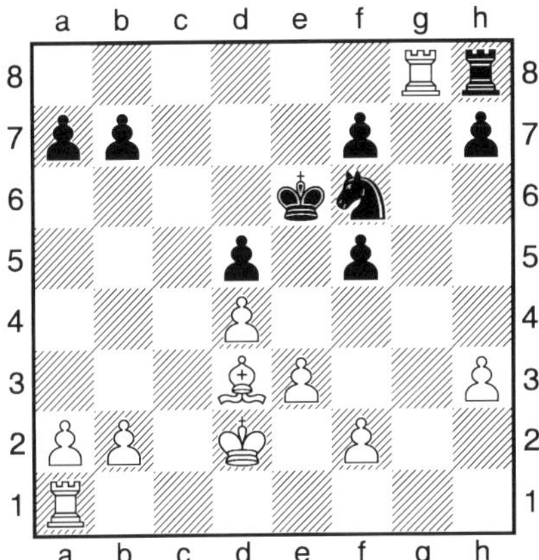

20...Sxg8?!

Laut Krasenkow war 20...Txg8!? besser, z.B. 21.Tc1 Tg2 22.Ke2 Th2 23.Kf3 (Oder 23.Tc7 Txh3 24.Txb7 Th2 mit Gegenspiel.) 23...Txh3+ 24.Kg2 Th5 25.Tc7 Tg5+ 26.Kf3 Sg4, und der Freibauer auf der h-Linie gibt Schwarz gute Gegenchancen.

21.Ke2 Se7 22.Kf3!?

Logischer erscheint 22.Tc1, um den Turm sofort ins Spiel zu bringen, z.B. 22...Tc8 23.Txc8 Sxc8 24.Kf3 mit weißem Vorteil. Magnus wollte jedoch seinen Turm behalten, wonach die Realisierung des positionellen Vorteils in der Tat leichter wird.

22...Tc8 23.a4 Tc7 24.a5 h6 25.h4 Kf6 26.h5 Sc8

Auf 26...Kg5 folgt 27.Tg1+, und nun geht 27...Kxh5?? nicht wegen 28.Kf4 mit weißem Gewinn.

27.Kf4 Sd6 28.Tg1 Tc8 29.f3 Ke6 30.Tg7 Th8

Ein seltener Anblick in der Karriere von Anand: Er wurde durch den Teenager aus Norwegen völlig in die Defensive gedrängt. Es ist interessant zu beobachten, wie Carlsen im weiteren Verlauf alle positionellen Vorteile seiner Stellung nutzt.

31.Lc2 Tc8 32.Lb3 Th8 33.Tg1 Tc8 34.Tg7 Th8 35.Tg2 Tc8 36.Tg1

Mit dem letzten Manöver wollte Weiß etwas Zeit gewinnen.

36...Se8

Es ist nicht einfach, eine schlechtere Position zu verteidigen. Krasenkow hat hier folgende Varianten untersucht: 36...Tb8 37.Tc1 Tc8 38.Tc5! Txc5 39.dxc5 Sc4 40.e4 fxe4 41.Lxc4 dxc4 42.Kxe4+-; 36...Sc4 37.Lxc4 dxc4 (37...Txc4 38.Tg7+-) 38.Ta1 mit dem Plan Ta1-a4-b4 und Gewinn; 36...b6 37.axb6 axb6 38.Ta1, und Schwarz steht ein schwieriges Endspiel hervor.

37.e4 fxe4 38.fxe4 Sf6

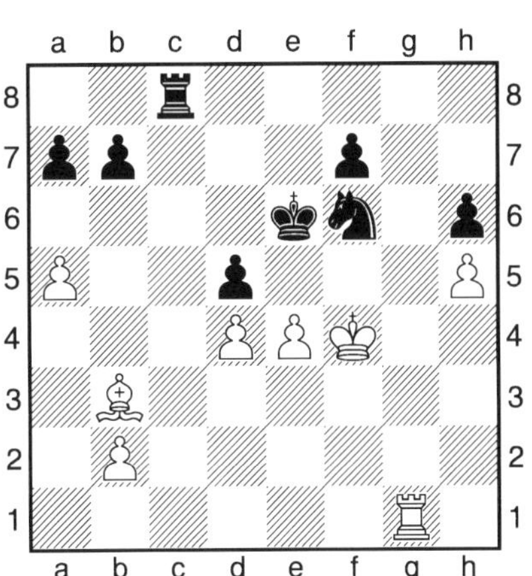

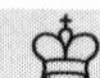

39.e5!

Ein sehenswerter Vorstoß. Magnus ist bereit, einen Bauern zu opfern, um die Aktivität seiner Figuren zu maximieren.

39...Se4

Nach 39...Sxh5+ gewinnt Weiß: 40.Ke3 Ke7 41.Lxd5 (41.Ld1? Tc1!) 41...Kf8 42.Lxb7 Tc2 43.Tf1 mit der Drohung Lb7-d5. Keine Rettung für Schwarz gibt es nach 39...Tg8 40.Txg8 Sxg8 41.Ld1 Se7 42.Lg4+ f5 43.Lh3 b6 (43...Sc6 44.Lxf5+ Ke7 45.Lc8 Sxa5 46.Kf5+-) 44.a6 b5 45.Lf1! b4 (45...Sc6 46.Lxb5 Sxd4 47.Ld3+-) 46.Ld3 Sc6 47.Lxf5+ Ke7 48.Ke3 mit weißem Vorteil.

40.Ke3 b6 41.axb6 axb6 42.Kd3

Carlsen entscheidet sich für diesen Zug. Krasenkow schlägt hier 42.Ld1!? mit einer lehrreichen Folge vor, z.B. 42...Tc4 (42...Ta8 43.Lc2 Sg5 44.Tf1+-) 43.Lg4+! f5 (43...Ke7 44.Lf3 Tb4 45.Lxe4 dxe4 46.Tg2+-) 44.exf6+ Kxf6 45.Lf3 Kf5 46.Lxe4+ dxe4 47.Tf1+ Ke6 48.Kxe4 Tc2 49.d5+ Ke7 50.b4 und besserem Turmendspiel für Weiß.

42...Sf2+ 43.Ke2 Se4 44.Ke3 f6?!

44...Sg5!? hätte dem Gegner mehr technische Probleme bereitet: 45.Ta1 f6! 46.exf6 Se4 47.f7! Tf8 48.Ta6 Txf7 49.Txb6+ Sd6 mit guten Ausgleichschancen.

45.Tg6 Tc1 46.Txh6?

Noch präziser war 46.exf6! Te1+ 47.Kd3 Sxf6 48.Lxd5+ Kf5 (48...Kxd5 49.Txf6 b5 50.Tb6+-) 49.Lf3 Tb1 50.Kc3 Te1 51.Kc4+-.

46...Th1 47.Lc2 Th3+?

Ein Irrtum. Nach dem richtigen 47...Te1+! besäße Schwarz reale Rettungsaussichten, z.B. 48.Kd3 (48.Kf4 Tf1+ 49.Kg4 Tg1+=) 48...Th1, und es nicht zu sehen, wie Weiß seine Position verstärken kann.

48.Kf4 Th4+ 49.Kf3 Sd2+

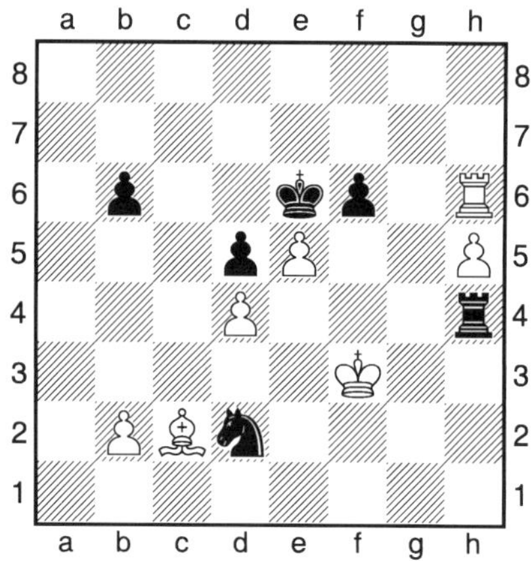

50.Ke2?

Das erschwert Weiß die Verwirklichung des Vorteils, räumte Carlsen nach der Partie ein. Er zeigte die bessere Variante 50.Kg3! Txd4 51.Txf6+ Kxe5 52.Tf5+ Ke6 53.h6 Tc4 (53...Se4+ 54.Lxe4 dxe4 55.h7 Td8 56.Th5 Th8 57.Kf4+-) 54.h7 Txc2 55.Te5+! Kxe5 56.h8D+ Kd6 57.Df8+ Kc7 58.Df7+ Kb8 59.Dxd5 Sf1+ 60.Kh4 mit Gewinn.

50...Th2+ 51.Kd1 Sc4 52.Txf6+ Ke7 53.Lg6 Td2+ 54.Kc1 Txd4 55.b3!

Nicht aber 55.h6? Th4 56.Lf5 Th1+ 57.Kc2 Se3+ 58.Kd3 Sxf5 59.Txf5 Txh6=.

55...Sxe5 56.Txb6 Th4

56...Sxg6 57.hxg6+-.

57.Lf5

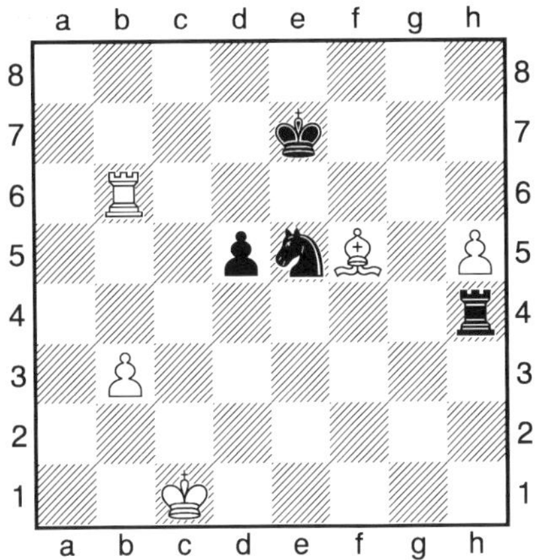

57...Sf3?

Auch in schlechten Stellungen schlummern häufig noch Verteidigungsressourcen, wie diese Analyse beweist: 57...Th1+! 58.Kc2 (58.Kd2 Sc4+! 59.bxc4 Txh5=, (Sagrebelny) 58...Sf3 59.Lg4 (59.Tb7+ Kd6 60.Lg6 Sd4+ 61.Kd3 Sxb3! 62.Txb3 Th3+ 63.Kc2 Txb3 64.Kxb3 Ke7=) 59...Th2+ 60.Kc3 Sg5, und das Endspiel ist für Weiß praktisch nicht zu gewinnen.

58.h6 Sd4 59.h7!

Diese feine Möglichkeit hat Anand übersehen.

59...Sxf5 60.Tb8 Sd4

60...Txh7? 61.Tb7+ mit Turmgewinn.

61.Kb2! Kd6 62.h8D Txh8 63.Txh8 Kc5

Es folgt die technische Realisierung des Materialvorteils.

64.Th5 Sc6 65.Th4 Sb4 66.Ka3 d4

Oder 66...Sc2+ 67.Ka4 d4 68.Th5+ Kb6 69.b4 d3 70.Td5 Se1 71.Td4+-.

67.Th5+ Sd5 68.Kb2 Kc6 69.Ka3 Kc5 70.Th4 Sb4 71.Th8 Sc6 72.Th5+ Kd6 73.b4 d3

Wenn 73...Se5, so 74.Kb3 Kd5 75.b5+-.

74.Th3 Se5 75.Kb3 d2 76.Kc2 Sc6 77.Th4 1-0

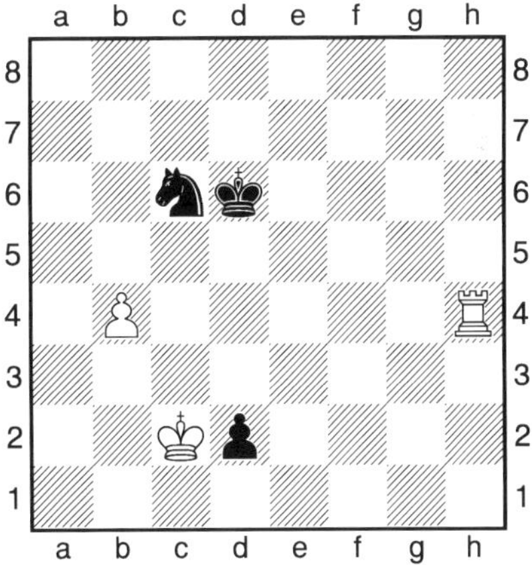

Carlsen – Grischuk

Linares 2009

In der Rückrundenpartie gegen den Turniersieger Alexander Grischuk beeindruckte Magnus mit einem spektakulären Finale.

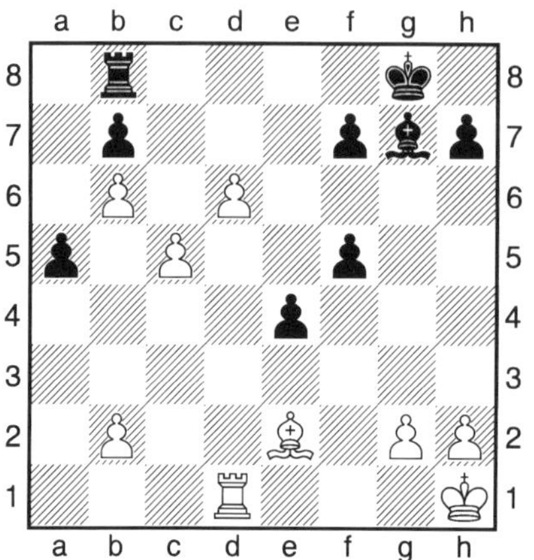

33.La6!!

Einer der schönsten Züge der modernen Schachgeschichte. Carlsen opfert den Läufer auf einem leeren Feld und ermöglicht seinen Freibauern am Damenflügel damit den ungebremsten Vormarsch. Egal, was Schwarz tut, ein tapferes Mitglied der weißen Infanterie kommt am Ende immer durch. Grischuk war zudem in höchster Zeitnot und die Partie auch schnell zu Ende.

33. ... Lf6 34.Lxb7 Txb7 35.c6 Txb6 36.Tc1 Lxb2 37.d7 1-0

Dieses virtuose Spiel erntete mit Recht viel Lob und erhielt den Schönheitspreis des Turniers.

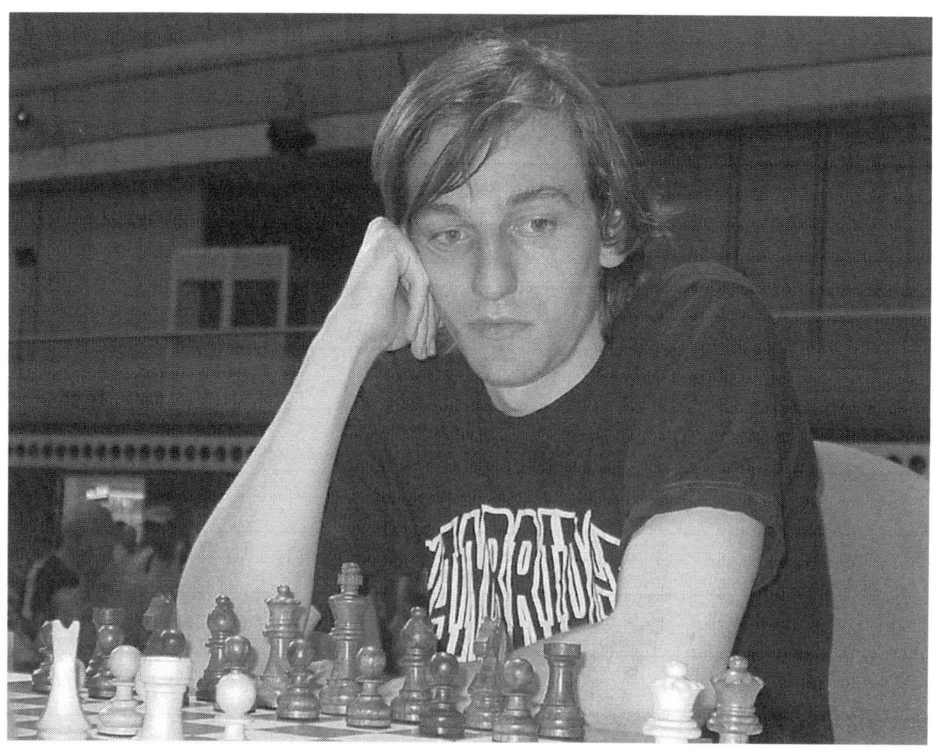

Alexander Grischuk

Schach und Fußball

Die bulgarische Hauptstadt war fünfmal in Folge Schauplatz eines Superturniers, das zur Grand-Prix-Serie gehörte, bis der Hauptsponsor Mobitel ausstieg. Dreimal triumphierte Weselin Topalow, einmal Wassili Iwantschuk, und in der letzten Auflage sah es ganz so aus, als werde Magnus Carlsen bei seiner Premiere in Sofia den Sieg davontragen. Zum Schluss kam aber doch etwas dazwischen. Am Rande des Wettbewerbs passierten ebenfalls interessante Dinge.

Wer im Glashaus sitzt, soll nicht mit Steinen werfen. Dieser Spruch galt auch im Mai 2009 in der bulgarischen Hauptstadt, wo sechs Schachstars wie schon im Jahr davor ihre Figuren in einem Glaspavillon bewegten. Sie saßen diesmal aber nicht in einem riesigen Saal, sondern gut erkennbar für Zuschauer und Passanten auf einer Freifläche vor dem Nationaltheater. Noch nie erlebte Sofia die Weltelite beim Spiel der Könige so öffentlich. Trauben von Menschen und viele TV-Kameras verfolgten hautnah das Geschehen. Nebenan im Stadtpark brüteten wie immer die Schachamateure. An Marmortischen und auf Bänken zockten sie um zwei Lewa (einen Euro) pro Partie. Mehr Geld besaßen die Junkies nicht. Je nachdem, wie es ausging, wurde gelacht oder geflucht. Schnell tickten die kleinen Uhren, ein Blitz-Spiel dauert schließlich nur zehn Minuten. Der 72-jährige Iwan Petrow sagte: „So bessere ich wenigstens meine Rente etwas auf“.

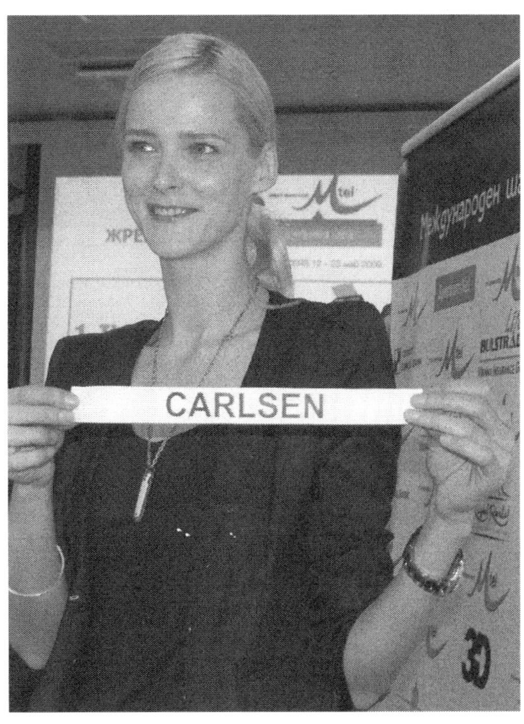

Carmen Kass als Losfee

Mehr Glamour wurde beim Grand-Slam-Turnier der Großmeister verbreitet, denn fünf Tage lang weilte Carmen Kass als Ehrengast am Ort des Geschehens. Das frühere Topmodel war etliche Jahre Präsidentin

des Schachverbandes von Estland. Mit viel Charme warb die Dior-Ikone für das edle Spiel. „Schach fördert die Intelligenz und macht sexy, deshalb sollten es noch mehr Frauen spielen", meinte Carmen. Und es sei wichtig, dass möglichst viele Schulkinder zu den Figuren greifen. Zu Beginn loste die Schöne die Startnummern der Spieler aus und bescherte dem Favoriten Weselin Topalow mit Magnus Carlsen gleich den härtesten Gegner.

Carlsen – Topalow

Slawisch D43

Sofia 2009

Der Norweger bezwang den bulgarischen Vorkämpfer zum Turnierauftakt in dessen Wohnzimmer auf eindrucksvolle Weise. Das Schachpublikum war begeistert. Der Sieger hat die kritischen Stellen der Partie selbst kommentiert.

1.d4 d5 2.c4 c6 3.Sf3 Sf6 4.Sc3 e6 5.Lg5 h6 6.Lxf6 Dxf6 7.e3 Sd7 8.Ld3 dxc4 9.Lxc4 g6 10.0-0 Lg7 11.e4 0-0

Spielbar ist auch 11...e5 12.d5 Sb6 13.Lb3 Lg4 14.Tc1 0-0 15.h3 Lxf3 16.Dxf3 Dxf3 17.gxf3 Tfd8 18.Tfd1 Lf6 19.dxc6 bxc6 20.Txd8+ Txd8 21.Sd1 Td6 mit Ausgleich, obwohl Weiß die Partie am Ende gewann (Carlsen-Karjakin, Nizza 2009). Der Textzug führt meist zu kompliziertem Spiel. Deshalb ist es nicht überraschend, dass Topalow ihn wählte.

12.e5 De7 13.De2 b5 14.Ld3 Lb7

14...b4 15.Sa4 c5 war eine interessante, aber riskante Alternative. Folgen könnte darauf wahrscheinlich 16.Tac1 (16.Le4 Tb8 17.Sxc5 Sxc5 18.dxc5 Dxc5 19.Tfc1 Da5 ist absolut in Ordnung für Schwarz), und nach 16...cxd4 17.De4 Tb8 (17...Sb6 18.Sxb6 Lb7 19.Sxa8 Lxe4 20.Lxe4 muss besser für Weiß sein, denn der Springer kann über c7 entkommen) 18.Tc7 besitzt der Anziehende die Initiative. (Carlsen)

15.Le4

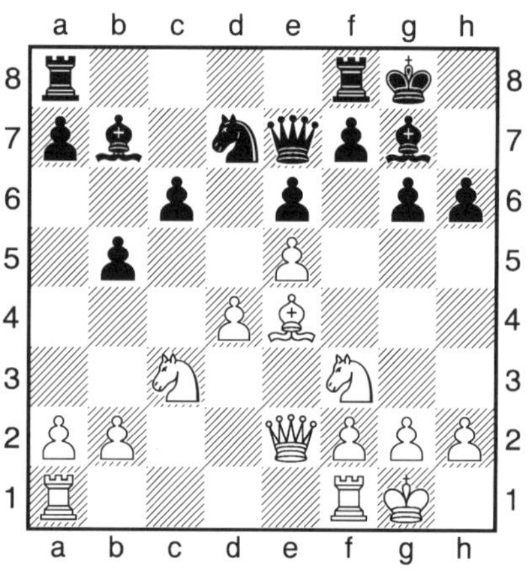

15...Tfd8?!

Magnus Carlsen: „Ich glaube nicht, dass er den Turm so früh hätte festlegen sollen, da dieser bald auf c8 gebraucht werden könnte. Das sofortige 15...Tab8 war besser."

16.Tac1

Auf 16.Sxb5 folgt 16...Sxe5!=.

16...Tab8 17.Tfd1 a6 18.h4

Nach der Partie plädierte Magnus für den interessanten Plan 18.Sb1!? mit der Idee Sd2-b3.

18...La8 19.Tc2

Zu langsam. Konsequenter war 19.h5! g5 20.Sh2 mit dem Ziel, den Springer auf das ausgezeichnete Feld g4 zu stellen.

19...Tdc8 20.Tdc1 Df8!

Ein guter prophylaktischer Zug, den Topalow sofort ausführt. Die Idee wird deutlich in dem Abspiel 20...c5 21.Lxa8 Txa8 22.Se4, wonach die Fesselung auf der c-Linie Schwarz Probleme bereitet. (Carlsen)

21.a4 c5?

Die falsche Entscheidung. Schwarz sollte mit 21...b4! aktiver vorgehen, und nach 22.Sb1 c5 23.Lxa8 Txa8 24.dxc5 Txc5 25.Sbd2 Txc2 26.Txc2 Tc8 hat er wegen der weißen Schwächen auf e5 und a4 sogar leichte Initiative.

22.axb5 cxd4 23.Sxd4

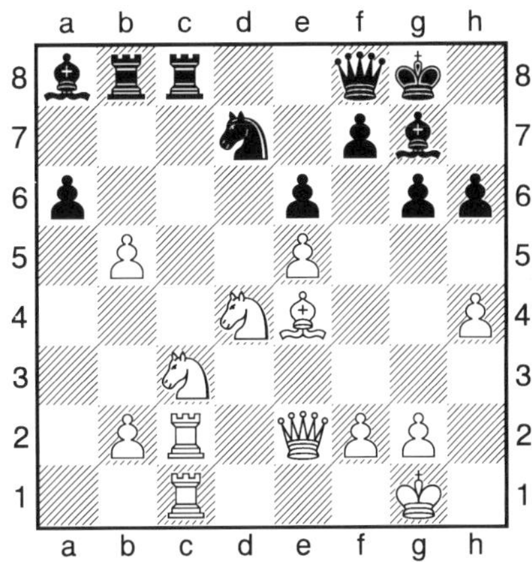

23...Lxe4?

Der Bulgare beschließt, erst den feindlichen Läufer zu tauschen. Carlsen bezeichnete das als Riesenfehler. Topalow sollte am besten 23...axb5! spielen, z.B. 24.Lxa8 Txa8 mit guten Gegenchancen: 25.f4 Dd8! und der Absicht Sxe5 sowie g6-g5.

24.Sxe4 Txc2 25.Txc2 axb5

25...Lxe5? verliert Material: 26.Sc6 (26.Td2!? ist auch gut) 26...Txb5 27.Td2 De8 28.f4 (28.Sxe5!?) 28...Lxf4 29.Txd7+-.

26.Sc6 Tb6 27.f4

Schwarz ist in Zugzwang geraten.

27...Da8 28.Se7+ Kh7 29.h5 Ta6 30.hxg6+ fxg6 31.Tc7! Ta1+ 32.Kf2?

Nun gibt es wieder etwas Aufregung. „Ich dachte, das sehr natürliche 32.Kh2 bringt Schwarz nach 32...Sxe5 (oder 32...Dd8 33.Dd3 Dxe7 34.Sf6+!+-) unnötiges Gegenspiel ein, aber dies scheitert an dem einfachen 33.Sf6+ Lxf6 34.Sd5+ Lg7 35.Dxe5 Df8 36.Txg7+ Dxg7 37.Sf6+, wonach er mattgesetzt wird oder die Dame verliert.“ (Carlsen)

32...Dd8

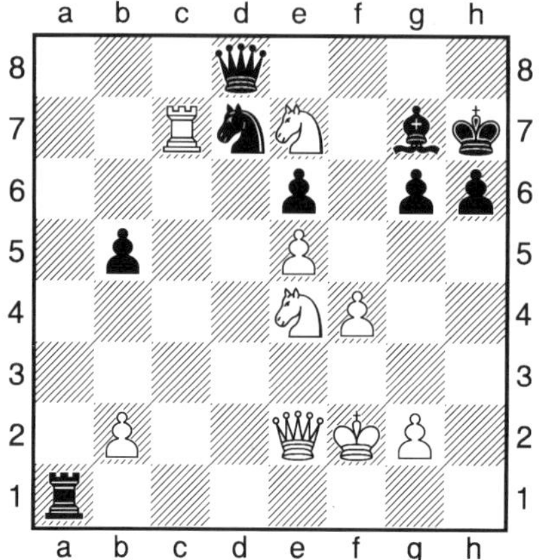

33.Dd3!

Ein feiner Trick.

33...Dxe7

Der Turm ist tabu wegen 34.Sg5+ hxg5 (34...Kh8 35.Sf7+ Kh7 36.Dxg6 matt) 35.Dxg6+ Kh8 36.Dh5+ nebst Matt.

34.Txd7

34.Sf6+ gewinnt ebenfalls leicht.

34...Dh4+ 35.Kf3 Dh5+

Auf 35...Kh8 folgt 36.Txg7! Kxg7 37.Sf6 Ta7 38.Dd8+-.

36.Kg3

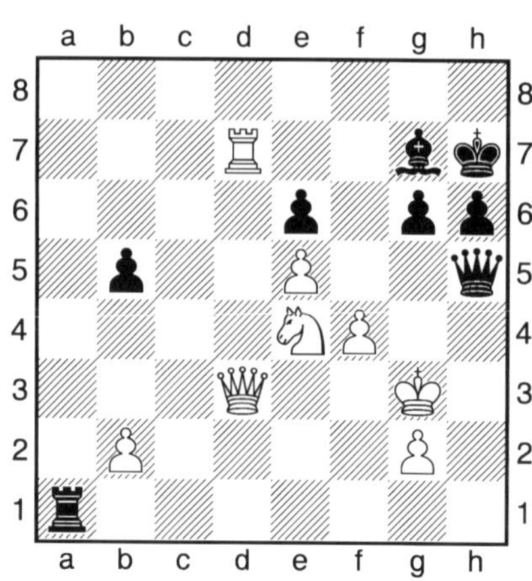

1-0. Schwarz hat keine Schachs mehr und sein König keinen Schutz. Ein toller Einstieg des Norwegers in das Turnier.

Die Zuschauer, unter ihnen Frau Kass, applaudierten Magnus Carlsen, der den Schachjournalisten anschließend seine Züge erläuterte. Moderiert wurde die Pressekonferenz von der bulgarischen Exweltmeisterin Antoaneta Stefanowa. Die attraktive Sofioterin kommentierte während des Turniers auch manche Partie am Demonstrationsbrett.

Das Supermodel Carmen Kass war nach der Partie freundlicherweise zu einem privaten Fotoshooting mit dem Autor im Park bereit.

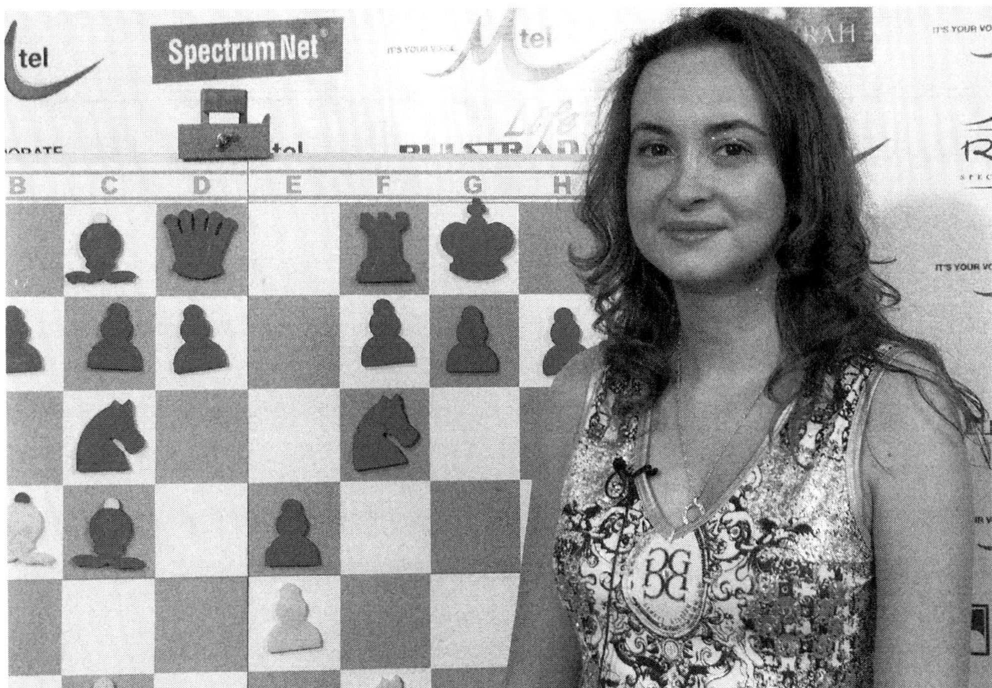

Antoaneta Stefanowa

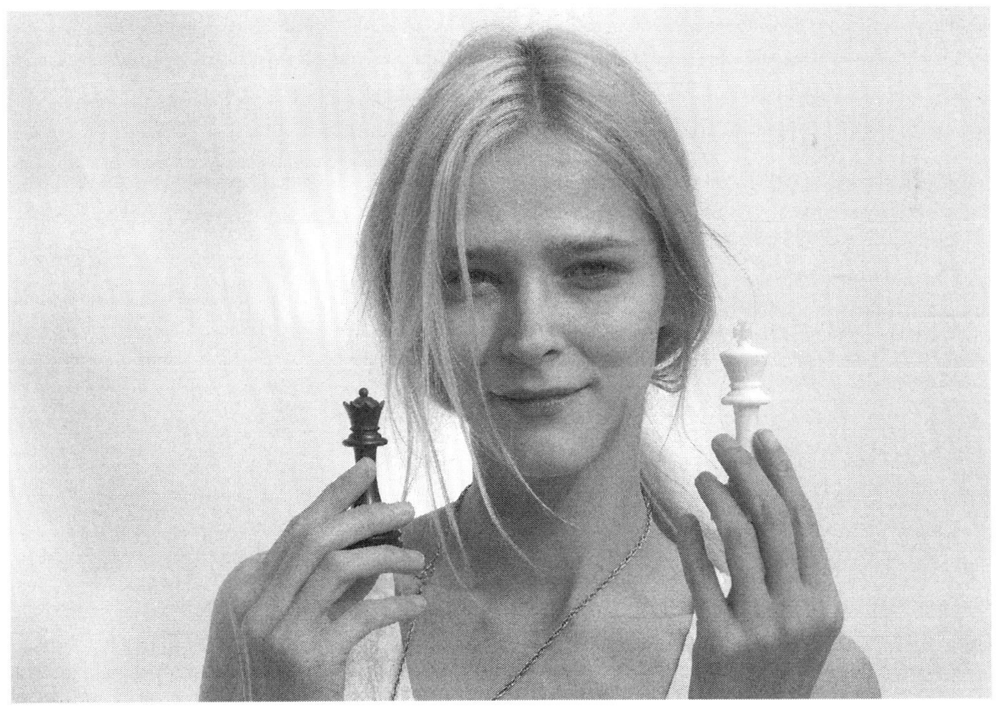

Carmen Kass

In Sofia verfolgte ein Junge jeden Tag mit großen Augen die Partien der Schachhelden. Kiprian Berbatow, Cousin des Fußballstars von Manchester United, war zwölf Jahre alt und selbst schon FIDE-Meister. Der Sohn eines Priesters aus Blagojewgrad begann mit vier Jahren Schach zu spielen und wurde mehrmals bulgarischer Kindermeister. Als sein großes Vorbild nannte er natürlich Wesko Topalow. Am fünften Spieltag der Großen gewann Kiprian überlegen das Junior-Turnier von M'tel. Zur Finalpartie durfte er vor der Runde der Großen im „Aquarium" an Topalows Schachtisch sitzen.

Am spielfreien Tag wurde traditionell Fußball gespielt. Gegen ein Altherren-Team von Lewski Sofia boten die Großmeister ein starkes Match. Am besten mit dem Ball umgehen konnten Magnus Carlsen, der Kubaner Leinier Dominguez sowie der kleine Berbatow. Etwas ungelenk lief nur Alexej Schirow über den Platz. Wahre Heldentaten im Tor vollbrachte Wassili Iwantschuk. Mutig parierte der Ukrainer im notwendig gewordenen Elfmeterschießen zwei Strafstöße, so dass die Schach-Mannschaft am Ende überraschend mit 8:7 gewann. Eine schöne Abwechslung für alle Figurenkünstler.

Zur Halbzeit lag das Trio Carlsen, Topalow und Schirow mit je 3,0

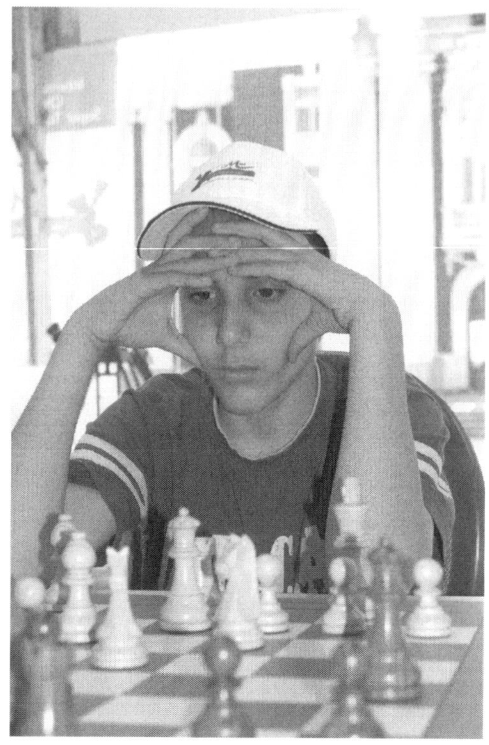

Kiprian Berbatow

Punkten aus fünf Partien gemeinsam an der Spitze. Magnus gewann im weiteren Verlauf noch gegen Dominguez sowie den Chinesen Wang Yue und führte vor der Schlussrunde mit 6,0 Punkten vor Schirow und Topalow (je 5,5,). Am letzten Spieltag wurde Carlsen aber von Alexej Schirow besiegt und überholt, so dass er das Turnier als Zweiter beendete. In dem Sizilianer konnte der Norweger die weißen Angriffe nur bis zum 30. Zug abwehren. Schirow bewies mit seinem Erfolg im M'tel Masters, dass er noch immer jeden Großmeister schlagen und auch solche Superturniere gewinnen kann.

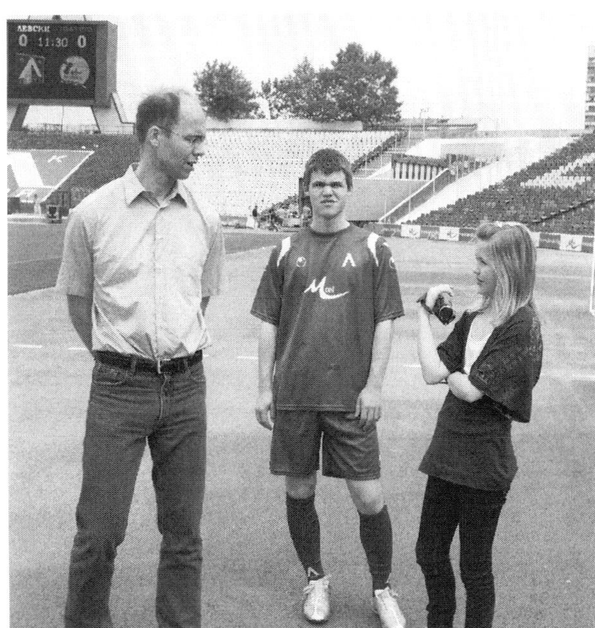

Mit Vater Henrik und Schwester Signa

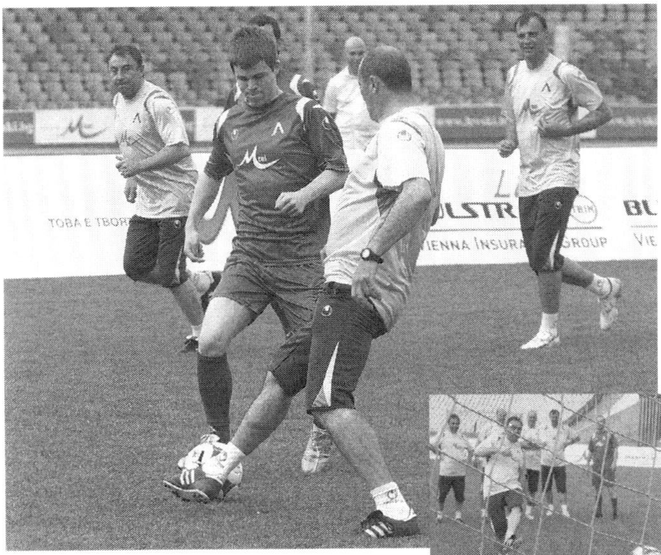

Carlsen stark am Ball

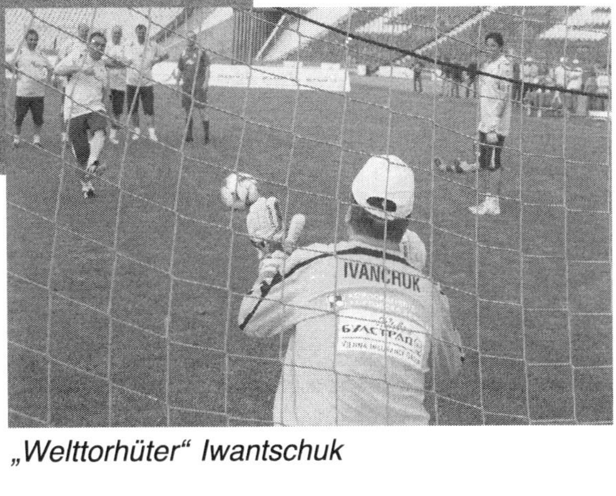

„Welttorhüter“ Iwantschuk

Guter Auftritt im Revier

Einige Wochen später startete Magnus zum zweiten Mal in Dortmund. Sechs Supergroßmeister spielten diesmal doppelrundig im Schauspielhaus, und hinter dem Seriensieger Wladimir Kramnik, der zum neunten Mal triumphierte, teilte der Norweger mit Peter Leko den 2.-3. Rang. Erst kurz vor dem Turnier hatte der 18-Jährige erfolgreich die Schule beendet. Beim Frühstück im Spielerhotel erzählte Magnus' Vater Henrik, dass es sich um ein Sportgymnasium handelte und der dortige Abschluss des Jungen mit dem Abitur vergleichbar ist. Magnus, der sich vor allem für Geografie und Geschichte interessiere, habe im Moment aber nicht die Absicht, ein Studium zu beginnen. „Dafür spielt er zu gern Schach. Als Vollprofi konzentriert er sich in nächster Zeit nur auf seinen Beruf", fügte Carlsen Senior hinzu. Nr. 3 der Schach-Weltrangliste war Magnus schon. Vor ihm lagen nur noch Topalow und Weltmeister Anand. Weil Carlsen inzwischen jeden schlagen konnte, sahen viele in ihm schon den künftigen Champion.

Der Norweger machte auch in Dortmund sofort ernst. Zum Auftakt landete er den einzigen Sieg und besiegte mit Weiß Dmitri Jakowenko. In dem Spanier schien die Stellung lange Zeit ausgeglichen zu sein, bis Carlsen mit einem schönen Bauernzug den Königsflügel seines Gegners aufriss. „Das war der Killer", erklärte Großmeister Klaus Bischoff, der mit Sebastian Siebrecht die Partien der Geistesriesen für die Zuschauer kommentierte. Beide lobten das ideenreiche Spiel von Magnus, der scheinbar aus dem Nichts heraus eine nach Remis aussehende Position in eine Gewinnstellung verwandelte. „Er hat wie ein Zauberer gespielt", sagte ein Kiebitz voller Begeisterung.

Zu Beginn der Rückrunde des Sparkassen Chess-Meetings lag Magnus noch immer an der Spitze, dann festigte der 18-Jährige seine Führung durch einen Sieg über Arkadij Naiditsch. Der deutsche Großmeister wehrte sich fünf Stunden lang mit allen Kräften, konnte aber seine schwarze Stellung gegen den Endspielvirtuosen am Schluss nicht mehr halten. Im 60. Zug gab Naiditsch den hoffnungslosen Kampf auf. Bis zum siebenten Spieltag führte Carlsen, danach eroberte Wladimir Kramnik die Tabellenspitze, weil er ihn als Weißer schlug. In dem packenden Spitzenduell attackierte der Russe erfolgreich am Königsflügel und setzte den Norweger permanent unter Druck. Nach einem schönen Bauernvorstoß und einem falschen Damenzug Carlsens war Kramnik auf der Siegerstraße und sicherte sich in wenigen Zügen den vollen Punkt. „Da

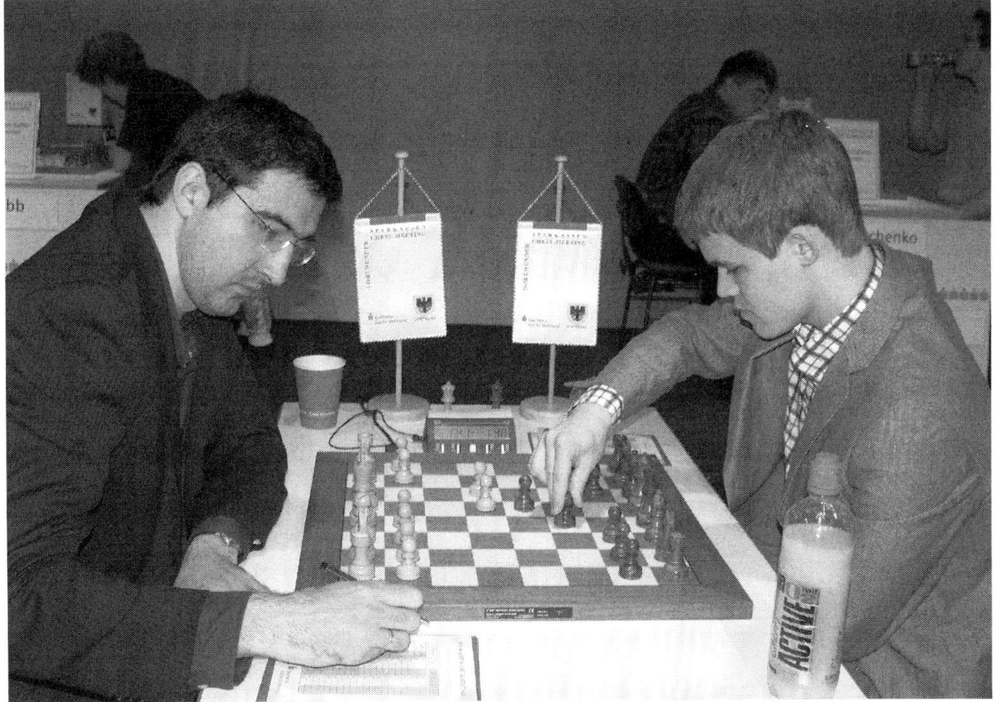

Kramnik-Carlsen

war viel Taktik drin. Ich denke, Magnus hat sich einige Male verrechnet“, fasste der Gewinner die Ereignisse zusammen.

In der neunten Runde endeten alle Duelle friedlich, es gab keine Änderungen im Gesamtklassement. Mit einem halben Punkt Vorsprung konnte Kramnik deshalb die zehnte und letzte Partie ganz entspannt angehen. Er nahm sich einen Kaffee und ging zu seinem Schachtisch. Beim Hinsetzen machte ihn Schiedsrichter Andrzej Filipowicz darauf aufmerksam, dass es die falsche Seite mit den schwarzen Figuren war. Auf seinen Aufschlag wollte der 1.93-m-Hüne natürlich nicht verzichten und wechselte deshalb lächelnd zur anderen Tischhälfte. Es wurde eine groß-

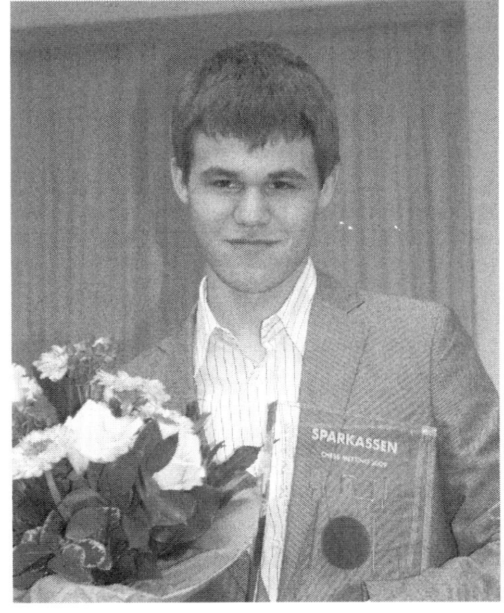

Dritter in Dortmund

artige Partie, in der Kramnik wieder auf Sieg spielte. Im 24. Zug opferte er plötzlich einen Turm für einen Springer, wonach die schwarze Königsfestung weit geöffnet war. Nach knapp vier Stunden gab der Russe mit der Dame in der Brettmitte ein tödliches Schach und war am Ziel seiner Wünsche. Klarer Turniersieg mit einem Punkt Vorsprung. Auch Carlsen konnte mit dem 3. Platz zufrieden sein, seine Vorstellung in Dortmund war bedeutend souveräner als zwei Jahre zuvor.

Ein Quantensprung

Das folgende Ereignis markiert eine Zäsur in Magnus Carlsens Karriere, so dass es wieder eine ausführlichere Betrachtung verdient. Im Herbst 2009 gewann der Norweger das Grand-Slam-Turnier im chinesischen Nanking überlegen mit 2,5 Punkten Vorsprung! Am Ende verbuchte er stolze 8,0 Zähler aus zehn Partien auf seinem Konto. Magnus verwies den damaligen Weltranglisten-Ersten Weselin Topalow, der 5,5 Punkte erreichte, mehr als deutlich auf den zweiten Rang. Die übrigen Gegner landeten im Minusbereich und wurden geradezu deklassiert. Zwischen Carlsens phänomenalem Ergebnis und den Resultaten seiner fünf Konkurrenten lagen Welten. Man konnte der New York Times nur Recht geben, wenn sie schrieb, dass der 18-jährige Wunderknabe zum Schrecken für seine Gegner geworden ist. Und es schien, als habe Carlsen seine Möglichkeiten auch damit noch immer nicht restlos ausgeschöpft.

Auf jeden Fall ging sein Aufstieg auf den Schacholymp unaufhaltsam voran. In der November-Weltrangliste knackte Magnus die Schallmauer von 2800 ELO, was vor ihm nur Kasparow, Kramnik, Topalow und Anand geschafft hatten. Alle diese Spieler sind Weltmeister geworden, Carlsen befand sich also in illustrer Gesellschaft. Die Fachwelt war schon seit längerem überzeugt davon, dass der junge Mann der künftige Champion sein wird, allen voran Garri Kasparow, mit dem Carlsen seit Anfang 2009 gemeinsam trainierte.

Direkte Einflüsse der gemeinsamen Arbeit mit dem Schachzaren waren in Nanking sogleich sichtbar. Zum Turnierbeginn überraschte Magnus den Ungarn Peter Leko mit Schottisch, was Kasparow früher gern und oft gespielt hat. Carlsens lakonischer Kommentar: „Warum sollen Eröffnungen, die für ihn gut waren, nicht auch gut für mich sein?“ Jedenfalls fegte der Norweger Leko vom Brett, um in Runde 2 auch

Weselin Topalows Königsinder zu zerlegen. Der Bulgare hatte im Spielverlauf einen Bauern geopfert, aber dann seine Königsstellung zu sehr entblößt, was Magnus zu einem unwiderstehlichen Angriff nutzen konnte.

Carlsen – Topalow

Königsindisch E90

Nanking 2009

Diese Partie ist beispielhaft für das Druckspiel des Norwegers. Aus einer passiven Stellung heraus gelingt es ihm nicht nur, sich zu befreien; er übernimmt auch die Initiative und zwingt seinen Gegner zu Fehlern.

1.d4 Sf6 2.c4 g6 3.Sc3 Lg7 4.e4 d6 5.Sf3 0-0 6.h3 Sa6 7.Le3

Als prinzipieller Zug an dieser Stelle gilt 5.Lg5. Aber was heißt das schon bei Magnus Carlsen.

7...e5 8.d5 c6 9.g4 Sc5 10.Sd2 a5 11.a3 Sfd7

Hier war jetzt bereits 11...a4 möglich, da es für Weiß kaum günstig ist, den Bauern zu schlagen. Der Preis dafür wäre der Abtausch seines schwarzfeldrigen Läufers und eine Schwächung der schwarzen Felder im eigenen Lager.

12.Tg1

Eine überraschende Entscheidung, Carlsen lässt a5-a4 zu. Im Fall von 12.b4 axb4 13.axb4 Txa1 14.Dxa1 Sa6 15.Da3 c5 16.bxc5 Saxc5 wäre es keine leichte Aufgabe, die Verteidigung von Schwarz am Damenflügel zu überwinden.

12...a4

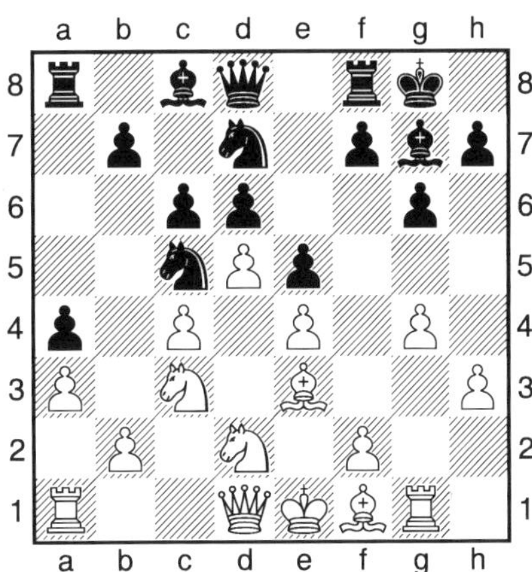

Der weiße Damenflügel ist nun gelähmt, aber Magnus hat einen Plan: lange Rochade nebst Bauernangriff auf der Königsseite. Es ist sehenswert, wie sich der Norweger in der Folge freispielt.

13.Dc2 Sb6 14.0-0-0 Ld7 15.Kb1 cxd5?

Was wie eine kleine Ungenauigkeit aussieht, stellt sich als schwerer positioneller Fehler heraus. Beachtung verdiente 15...Tc8.

16.cxd5

Besser als 16.exd5 f5.

16...Tc8 17.Lb5!

Darum geht es. Carlsen tauscht die Läufer und schwächt die hellen Felder von Schwarz sowie den Bauern a4.

17...Lxb5 18.Sxb5 Dd7 19.Sc3 Lf6

Oder 19...Tc7 20.h4 Tfc8 21.h5, und Topalow kann keinen weiteren Fortschritt machen.

20.g5 Ld8

Der Läufer zielt nach a5, aber wohin kann der Springer b6 ziehen?

21.h4 Sa8

Die Variante 21...Sb3 22.Sxb3 axb3 23.Dxb3 Sc4 24.Sb5 Sxe3 25.fxe3 gibt Schwarz kaum reale Kompensation für den fehlenden Bauern.

22.Lxc5 Txc5 23.Dxa4±

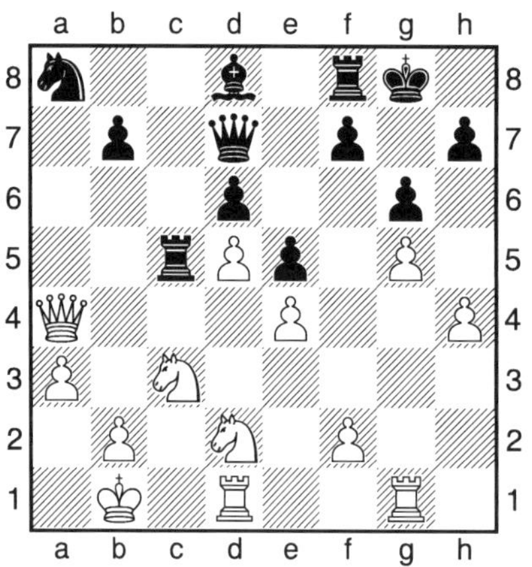

Weiß hat einen Bauern gewonnen, und seine Figuren stehen aktiver. Der nun folgende Partieteil ist Sache der Technik.

23...Dc8 24.Tc1 Sb6 25.Dd1 Dh3 26.Df3 Dd7

26...Dxh4?? scheitert an 27.Tg4 und 28.Th1+-. 26...Dxf3 27.Sxf3 f5 war relativ besser.

27.Dd3 Kg7 28.Tc2 f6

Der letzte Versuch, ein Gegenspiel zu starten.

29.gxf6+ Txf6

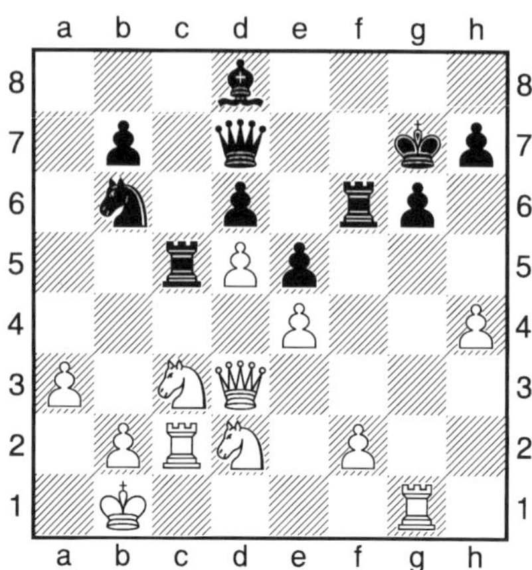

30.h5!

Magnus hat die Folgen des Zuges genau berechnet.

30...Txf2 31.hxg6 h6

Falls 31...hxg6, dann geschieht 32.Txg6+ Kxg6 33.Dg3+ Lg5 34.Dxf2+-.

32.Sd1!

Es ist wichtig, dass Weiß seinen passiven Turm c2 gegen die aktivste schwarze Figur, den Turm auf f2, tauscht. 32.Sf3! mit derselben Idee war gleich gut.

32...Txc2

Oder 32...Tf8 33.Se3+-. Auf 32...Tf6 folgt 33.Txc5 dxc5 34.Se3 Txg6 35.Sf5+ Kh7 36.Txg6 Kxg6 37.Sf3+-.

33.Sxf2!

Nicht so schlau wäre 33.Dxc2 wegen 33...Th2 34.Se3 Lg5.

33...Tc8 34.Sg4 Lg5 35.Sf3 Sc4 36.Sxg5 hxg5 37.Se3

Sofort gewinnt 37.Dh3!, worauf viele Kommentatoren hinwiesen: 37...Th8 38.Dxh8+ Kxh8 39.Th1+.

37...Sxe3 38.Dxe3 Da4 39.Dxg5 Dxe4+ 40.Ka1 Te8

Nicht 40...Tc7 41.Dd8+-.

41.Tc1!

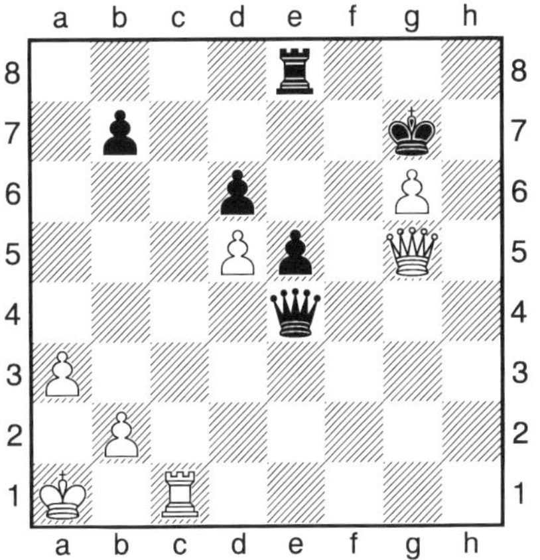

1-0. Wenn 41...Df4, so 42.Tc7+ Kg8 43.Dh5+-. Wir sahen Schach auf höchstem Niveau.

Nach einem Remis gegen den Chinesen Wang Yue gab Carlsen am vierten Spieltag mit Schwarz auch dem Russen Dmitri Jakowenko das Nachsehen. In Runde 5 folgte ein Weiß-Sieg gegen den Aseri Teimur Radjabow, wonach der Spitzenreiter schon 4,5 Punkte hatte. Das übrige Feld lag weit zurück. Wer sollte den Himmelsstürmer im zweiten Durchgang noch aufhalten? Wie sich zeigte, war keiner der anderen Großmeister dazu in der Lage. Am ehesten hätte man es noch dem Exweltmeister Topalow zugetraut. Die Begegnung der beiden am siebenten Spieltag wurde zum Höhepunkt der Rückrunde. In dem Sweschnikow-Sizilianer wehrte Carlsen alle Attacken des Bulgaren ab, und nach 43 Zügen wurde das Remis vereinbart. Auch die anderen Partien dieses Tages endeten unentschieden, so dass sich im Gesamtklassement nichts an Carlsens 2-Punkte-Führung änderte.

Wer nun gedacht hatte, der Norweger würde mit drei Remispartien den Gesamtsieg absichern, wurde angenehm von ihm enttäuscht. In der achten Runde lieferte Magnus ein kämpferisches und taktisches Meisterstück, als er in scheinbar ausgeglichener Stellung den chinesischen Teilnehmer eindrucksvoll bezwang.

Carlsen – Wang Yue

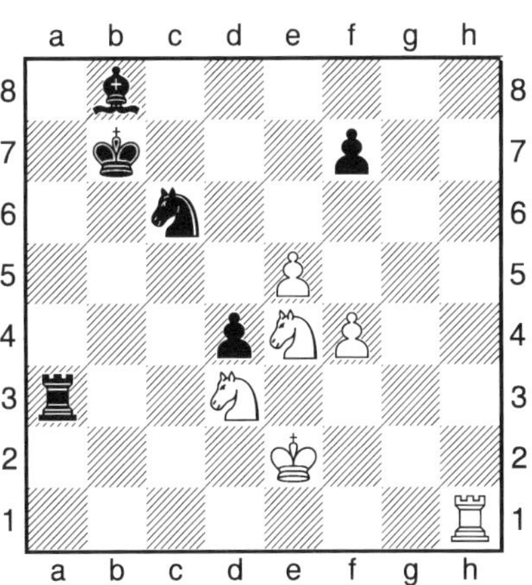

Weiß hat gerade **55.Th1** gezogen, und der Chinese opfert jetzt eine Figur. Fast scheint es, dass er damit den Remishafen erreicht, wenn da nicht Carlsens tückisches Springerpaar wäre.

55...Lxe5 56.fxe5 Sxe5 57.Sd6+ Ka6!

Bisher ist noch alles okay bei Schwarz.

58.Sb4+ Kb6 59.Tc1 Te3+?

Ein Fehlgriff. Notwendig war 59... Ta5 60.Tb1 Kc7=.

60.Kd1!

Jetzt zieht sich das weiße Netz zu.

60...Tb3 61.Sd5+ Ka7 62.Ta1+ Kb8 63.Kc2

Dem schwarzen Turm bleibt kein Feld auf der b-Linie, so dass Wang Yues König nicht mehr herauskommt. Carlsens kleine Streitmacht agiert einfach wunderbar zusammen.

63...Th3 64.Tb1+ Ka7 65.Tb7+ Ka6 66.Tb6+ Ka5 67.Tb5+ Ka4

Nicht jedoch 67...Ka6? 68.Sc7+ Ka7 69.Tb7 matt.

68.Sb6+ Ka3 69.Txe5

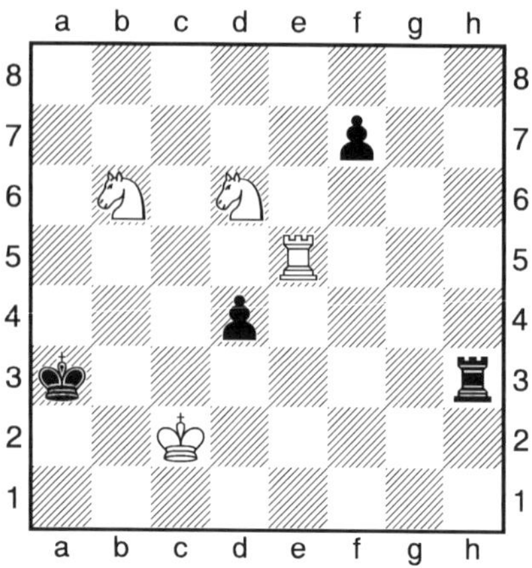

1-0. Nach 69...Tc3+ 70.Kd2 hat Schwarz keine Verteidigung mehr.

Dieses Beispiel zeigt den Unterschied zwischen Carlsen und seinen Kollegen. Nach einem Remis in der Vorschlussrunde gegen Radjabow stand Magnus schon vorzeitig als Sieger fest. Doch damit nicht genug. Auch am letzten Spieltag gewann er noch einmal gegen Jakowenko, womit er nicht nur sehr viel für seine ELO-Zahl tat, sondern auch eines der besten Turnierergebnisse aller Zeiten erzielte. Der Norweger degradierte seine Kontrahenten in Nanking, alles gestandene Großmeister der Weltelite, zu Statisten.

2. Pearl Spring Nanking 2009 Kat. XXI (2764)

					1		2		3		4		5		6			
1.	Carlsen	g	NOR	2772	*	*	1	½	½	1	1	½	1	½	1	1	8	3002
2.	Topalow	g	BUL	2813	0	½	*	*	½	½	½	½	½	1	½	1	5½	2789
3.	Wang Yue	g	CHN	2736	½	0	½	½	*	*	½	½	½	½	½	½	4½	2733
4.	Radjabow	g	AZE	2757	0	½	½	½	½	½	*	*	½	½	½	0	4	2693
5.	Leko	g	HUN	2762	0	½	½	0	½	½	½	½	*	*	½	½	4	2692
6.	Jakowenko	g	RUS	2742	0	0	½	0	½	½	½	1	½	½	*	*	4	2696

Carlsens Traumergebnis animierte die Schach-Statistiker, seine Performance von Nanking mit den besten Turnierleistungen der vorhergehenden Jahre zu vergleichen (ELO-Inflation eingerechnet). Der junge Schachheld lag klar vorn.

Beste Turnier-Performance seit Januar 2005

	Spieler	Ergebnis		Gegner.	Perf.	Event
1	**Carlsen**	**8/10**	**(80%)**	**2733**	**2850**	**Nanking 2009**
2	Iwantschuk	8/10	(80%)	2715	2835	Sofia 2008
3	Topalow	10/14	(71%)	2726	2830	WM San Luis 2005
4	Topalow	8/12	(67%)	2741	2804	Linares 2005
5	Kasparow	8/12	(67%)	2733	2797	Linares 2005
6	Anand	9/13	(69%)	2706	2794	Corus 2006
7	Topalow	9/13	(69%)	2705	2794	Corus 2006
8	Anand	9/14	(64%)	2728	2791	WM Mexiko 2007
9	Kramnik	6.5/9	(72%)	2717	2788	Moskau 2007
10	Topalow	7/10	(70%)	2717	2786	Nanking 2008

Kasparow als Pate

Große Erfolge im Sport haben immer ihre Ursachen. Dass Carlsen ein Riesentalent ist und das Zeug zum Weltmeister hat, war schon länger klar. Aber solche Leistungssprünge wie in China sind mit Hochbegabung allein nicht erklärbar. Da muss noch etwas hinzukommen. Seit dem Spätsommer 2009 war die Schachszene im Fall von Magnus Carlsen schlauer. Das sorgsam gehütetes Geheimnis wurde im September publik: Seit dem Jahreswechsel trainierte die Schachlegende Garri Kasparow das junge Genie. Ihr Ziel war es, den Norweger zur Nummer 1 zu machen. Zugleich sollte Carlsen als Marke im Schach etabliert werden. Der 18-Jährige hatte Kasparow unter strenger Geheimhaltung als persönlichen Coach verpflichtet. „Man findet keinen größeren Namen und auch keinen kompetenteren Trainer", erklärte Carlsens früherer Mentor Simen Agdestein. Was das Trainingsprogramm kostet, wollte Magnus nicht verraten, aber er bestätigte, dass es teuer ist. Der Jungstar bescheinigte Kasparow extreme Arbeitsfähigkeit und Perfektionismus. „Ich hoffe, jetzt auch mehr dieser Eigenschaften zu entwickeln, um die Nummer 1 zu werden."

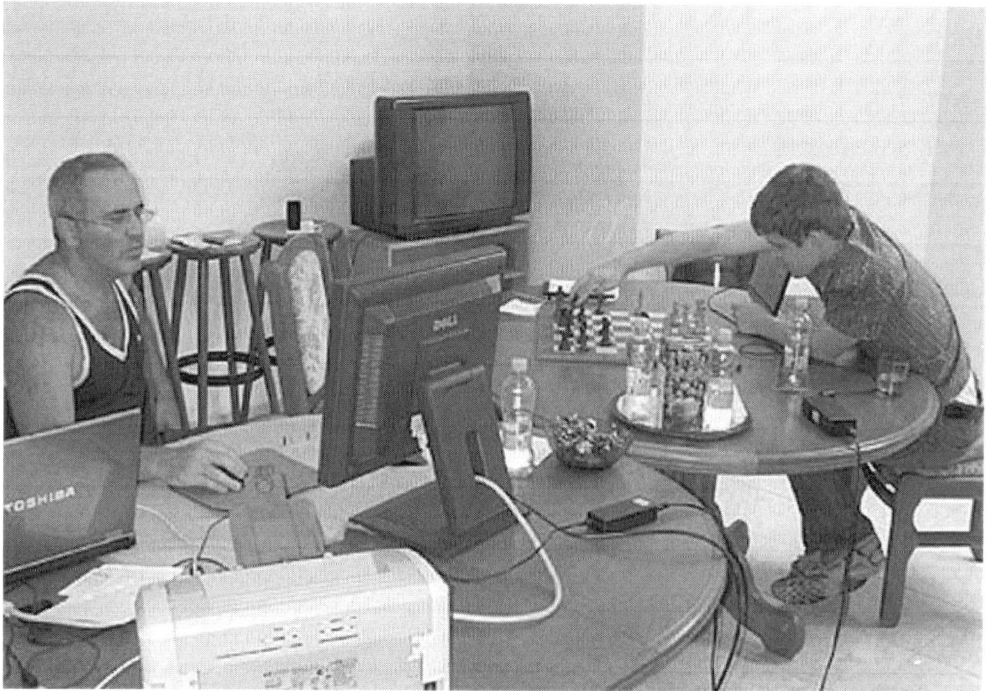

Training mit Kasparow

Die Norweger bemühten sich um neue, solvente Sponsoren für ihren Nationalhelden. Sie waren sicher, dass Kasparow und sein genialer Schüler die Attraktion sowie das Dream-Team der heutigen Schachwelt sind. Mitte September 2009 kam der Russe nach Norwegen zu einer Trainingssitzung mit Carlsen. Dieser war früher schon zweimal beim Schachzaren in Moskau und im Sommer auch 14 Tage in Kasparows kroatischem Ferienhaus.

„Viele Siege sind Magnus dank seines Talents und Kampfgeists relativ leicht zugefallen", erklärte Garri Kasparow. Der entscheidende Faktor aber sei unablässige, harte Arbeit. Sie werde ihm einen Platz in der Geschichte garantieren. Kasparow glaubte, dass Carlsen trotz seiner Jugend schon sehr bald der Schach-Champion sein wird. „In den Monaten unserer Arbeit habe ich bei ihm viele Eigenschaften der großen Weltmeister gesehen."

Der 13. Weltmeister Kasparow verdiente in seiner Schachkarriere geschätzte 30 Millionen US-Dollar (23 Millionen Euro). Nach seinem Rückzug aus der Turnierarena hat er Bücher geschrieben und sich politisch engagiert. „Er trainiert Carlsen, weil er glaubt, dieser besitzt als Spieler das meiste Talent", meinte der Norweger Espen Agdestein, Bruder von Großmeister Agdestein. Er hatte 2003 den ersten Mäzen für Magnus gefunden. „Meine Aufgabe ist es jetzt, Carlsen für den Markt sehr attraktiv zu machen und die richtigen Sponsoren auszuwählen, die eine Marke aufbauen können."

Nicht nur Carlsen profitierte schachlich von der Zusammenarbeit mit Kasparow, sondern dieser auch von ihm. Mit Magnus hatte er einen Sparringspartner der Extraklasse vor seinem erfolgreichen Nostalgie-Match gegen Karpow in Valencia. Dann aber war Kasparow wieder der Betreuer. Er machte Carlsen für die nächsten Turniere fit und riet ihm, auch mal einen Wettkampf auszulassen. Das geschah im Oktober 2009, als Magnus auf Kasparows Empfehlung schweren Herzens seine Teilnahme an der Team-EM in Novi Sad absagte. Ganz Norwegen war geschockt.

Im Fernsehen erklärte Carlsens Vater den Verzicht. Das Turnier in China habe seinen Sohn sehr viel Kraft gekostet, und das Beste für ihn sei jetzt, sich vor dem Tal- Memorial in Moskau etwas Ruhe zu gönnen. Dieses Traditionsturnier begann am 5. November. Carlsen traf dort auf Anand, Kramnik und Aronjan, also die komplette Weltelite. Würde er sich erneut in die Siegerliste eintragen?

Carlsen – Ponomarjow
Sizilianisch B80
Moskau 2009

Beim Tal-Memorial einige Wochen später bezwang Magnus den ukrainischen Exweltmeister mit originellen Angriffsmanövern. Am Ende teilte er hinter dem Gewinner Kramnik mit Iwantschuk den 2. bis 3. Platz.

1.e4 c5 2.Sf3 d6 3.d4 cxd4 4.Sxd4 Sf6 5.Sc3 a6 6.Le3 e6 7.f3

Dieser Aufbau verrät die Pläne von Weiß: Dd1-d2, lange Rochade und Angriff.

7...b5 8.Dd2 Sbd7 9.g4 h6 10.0-0-0 Se5

Ein exzellentes Zentrumsfeld für den Springer, aber die Theorie empfiehlt zunächst 10...Lb7, um die Entwicklung des Damenflügels zu beenden.

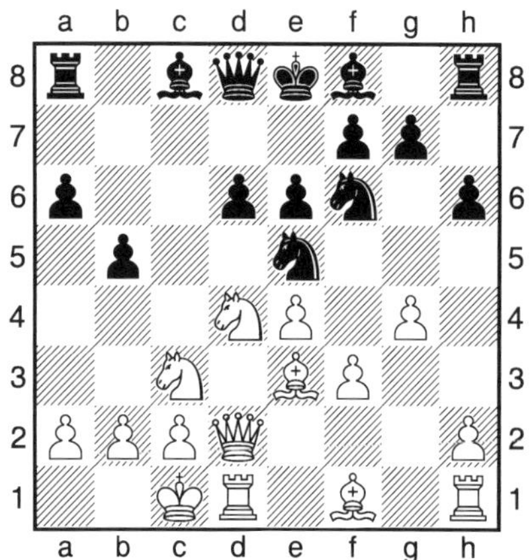

11.De1

Der Zug ist neu, doch ein typisches Manöver der Dame. Sie wird bei der ersten Gelegenheit zum Königsflügel gebracht. Andere Pläne sind 11.a3 Lb7 12.h4 Tc8 13.Tg1 oder 11.g5 hxg5 12.Lxg5 mit jeweils scharfem Spiel.

11...Dc7 12.h4

Weiß möchte natürlich an diesem Brettabschnitt aktiv werden.

12...b4 13.Sce2 Sc4

13...d5!? ist vielleicht stärker.

14.Sf4

Viele Schachspieler würden den Läufer behalten wollen und deshalb 14.Lf2 spielen, aber Carlsen hat seine eigenen Ideen.

14...Sxe3 15.Dxe3 Db6

Großmeister Ftacnik schlägt hier 15...Ld7!? 16.Le2 e5 17.Sd5 Sxd5 18.exd5 Le7 19.Sf5 Lxf5 20.gxf5 Lf6= vor.

16.Lc4! Dc5?

Ein Tempoverlust, wenn der König noch nicht rochiert hat, kann gefährlich werden. Den richtigen Weg für Schwarz zeigte Ftacnik: 16...Sd7! 17.De2 (Nach 17.Sfxe6 fxe6 18.Lxe6 Lb7 19.Db3 0-0-0 entsteht eine unklare Situation.) 17...Se5 18.Lb3 Ld7 und Vorbereitung der langen Rochade mit spielbarer Stellung.

17.Db3! d5 18.exd5 Ld6

Vielleicht setzte Schwarz auf diesen Läuferzug seine Hoffnungen.

Aber Ponomarjow hat sich verrechnet, es folgt ein Hammer...

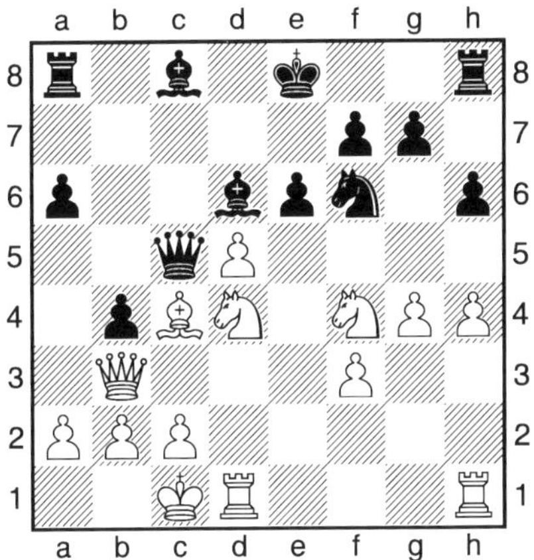

19.Sfxe6!

Intuitiv gespielt. Magnus ergreift unverzüglich drastische Maßnahmen, um den schwarzen Monarchen zu attackieren. Dieser gerät nun unter das Feuer der weißen Figuren.

19...fxe6 20.dxe6 Le7

Nach 20...Kf8 21.Sf5 Le7 22.Sxe7 Dxe7 23.g5 Sh5 24.De3 wäre die schwarze Lage hoffnungslos.

21.Dd3

21.Sf5 ist auch stark.

21...0-0 22.Lb3?

Zu passiv. Carlsen musste hier energischer vorgehen: 22.g5! Sh5 (22...hxg5 23.hxg5 Dxg5+ 24.Kb1 Sh5 25.Sc6+-) 23.gxh6 Sf4 24.De4 Dxc4 25.hxg7 Td8 26.Dxf4 Lxe6 27.Dh6 Dxa2 28.Dh8+ Kf7 29.Dh7 Kf6 (29...Da1+ 30.Kd2 Txd4+ 31. Ke3+-) 30.g8S+ Txg8 31.The1+-, und Schwarz kann aufgeben.

22...Td8?

Ein Bock, der zum raschen Verlust führt. Der Nachziehende sollte unbedingt den Läufer ins Spiel bringen und hätte nach 22...Lb7! gute Gegenchancen, z.B. 23.g5 (23.Sf5 Tad8 24.De2 Kh7=) 23...Sh5 24.gxh6 Sf4 25.De3 gxh6 26.Thg1+ Kh8 27.Tg4 Dc7 mit Ausgleich.

23.g5! Sh7

Andere Züge verlieren: 23...hxg5 24.Dg6 g4 25.Sf5 Txd1+ 26.Txd1 Lf8 27.e7+ Kh8 28.exf8D+ Dxf8 29.Td8+-; 23...Kh8 24.gxf6 Lxf6 25.Df5 Db6 26.Ld5+-.

24.gxh6 Dh5

Es gibt keine gute Verteidigung mehr: 24...Dxd4 25.Dxd4 Txd4 26.Txd4 gxh6 27.Tg1+ Kf8 28.Tf4+ Sf6 29.Tg6+-; 24...gxh6 25.Thg1+ Kh8 26.Dg6 De5 27.Sf5 Txd1+ 28.Kxd1 Lb7 29.Sxe7+-.

25.De4! Dxh6+ 26.Kb1 Ta7

Oder 26...Txd4 27.Txd4 Tb8 28.De5 Ta8 29.Dd5 Tb8 30.Dd8+! Sf8 (30...Lxd8 31.Txd8+ Sf8 32.e7++-) 31.Dxe7 und Gewinn. (Ftacnik)

27.Sf5 Txd1+ 28.Txd1 Df6

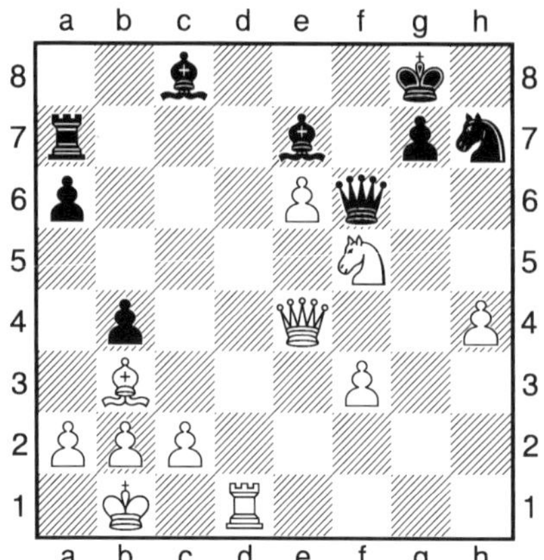

29.Td7!

Eine „kleine Kombination" im Stile Capablancas. Der glänzende Einfall des Turms macht dieser interessanten Partie sofort ein Ende.

29...Lxd7 30.exd7+ Kf8

Auf 30...Kh8 gibt es das charmante Finale 31.Sxe7 Txd7 32.Da8+ Sf8 33.Dxf8+! Dxf8 34.Sg6+ Kh7 35.Sxf8+.

31.Dd5

1-0

Nach dem erfolgreichen Auftritt im Tal Memorial, der sein Selbstbewusstsein noch weiter stärkte, gewann Magnus auch die anschließende Blitzweltmeisterschaft in Moskau. An dem doppelrundigen Turnier nahmen 22 Großmeister teil. Der Norweger erzielte 31 Punkte und distanzierte den Zweiten Anand um drei Zähler sowie den Dritten Karjakin um sechs Punkte! Es war sein erster WM-Titel bei den Erwachsenen.

Anhänger und Kollegen schauten bewundernd auf die Entwicklung von Carlsen. Wladimir Kramnik nannte ihn den „Roger Federer des Schachs". Der beste Figurenkünstler aus dem Westen war zu diesem Zeitpunkt noch keine 19 Jahre alt. Die Zukunft gehörte allein ihm. Folgerichtig übernahm der Norweger im Januar 2010 erstmals die führende Position in der Schach-Weltrangliste.

Ein Rückblick im Zeitraffer macht deutlich, dass kaum eine Schachkarriere so rasant verlaufen ist: Mit 13 Jahren wurde Magnus Carlsen Großmeister, der drittjüngste aller Zeiten. Er gewann 2004 die C-Gruppe in Wijk aan Zee, zwei Jahre später das B-Turnier und war damit für die A-Gruppe gesetzt. Seither spielte Carlsen nur noch in bedeutenden Events, die Liste seiner Siege wurde immer länger. 2007 gewann er in Gausdal und Biel, 2008 mit Aronjan in Wijk aan Zee, danach in Foros auf der Krim. Er siegte beim Grand Prix in Baku und bezwang Peter Leko in einem Schnellschach-Match in Miskolc.

2009 dann die nächste Leistungsexplosion, weil Magnus mit Kasparow den besten Trainer verpflichtete. Die Schachwelt war begeistert, seine Gegner zuckten zusammen. Es folgten Triumphe in Leon, Nanking und London. Carlsen wurde in Moskau Blitzweltmeister, jüngster Weltranglisten-Erster und mit dem Schach Oscar ausgezeichnet.

Nisipeanu – Carlsen

Sizilianisch B76

Bazna 2010

Mit 7,5 Punkten aus zehn Partien triumphierte Magnus im Frühsommer beim Königsturnier in Rumänien und ließ Teimur Radjabow sowie Boris Gelfand um zwei Zähler hinter sich. Wir zeigen Carlsens feinen Schwarzsieg gegen den einheimischen Großmeister Liviu-Dieter Nisipeanu.

1.e4 c5 2.Sf3 d6 3.d4 cxd4 4.Sxd4 Sf6 5.Sc3 g6 6.Le3 Lg7 7.f3 Sc6 8.Dd2 0-0 9.0-0-0 d5

Eine der kritischsten Stellungen in der Drachen-Variante. Weiß ist bestrebt, nach den möglichen Vereinfachungen eine bessere Kontrolle über das Zentrum und aktives Spiel zu erhalten.

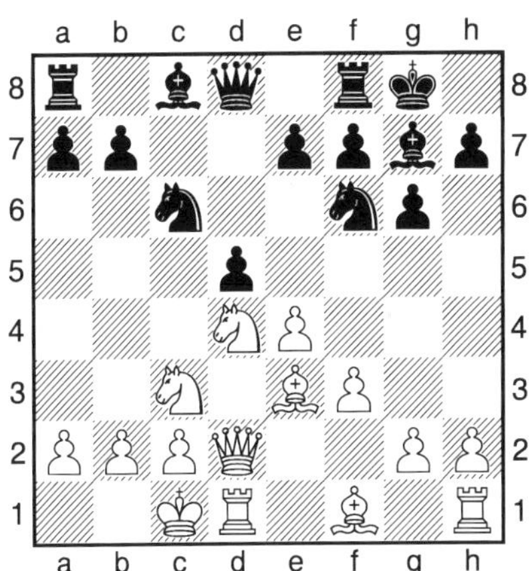

10.Kb1

Ein nützlicher Wartezug mit giftiger Pointe. Jetzt geht 10....dxe4? nicht wegen 11.Sxc6 Dxd2 12.Sxe7+. Carlsen durchschaut dies natürlich.

10...Tb8

Auch Schwarz hat etwas zu bieten. Er ist bereit zum Tausch auf c6, wonach die b-Linie geöffnet wird, und der Turm steht dann ideal. Die Hauptvariante 10...Sxd4 11.e5! Sf5 12.exf6 exf6 mit scharfem Spiel kam in der Partie Nisipeanu-Radjabow (Bazna 2009) aufs Brett. Nach wilden Verwicklungen endete sie im 41. Zug remis.

11.Sdb5

Weiß will mit dem Springer nach a7, um ihn später gegen den Lc8 abzutauschen. Nach diesem Spiel werden die Anziehenden wohl andere Züge wie 11.Le2 oder 11.h4 h5 12.Le2 suchen müssen, um Vorteil zu erreichen.

11...a6 12.Sa7

Der Springer sieht auf a7 einfach deplatziert aus, aber es ist alles noch Theorie. Möglicherweise wird sich das künftig ändern.

12...e6 13.g4

Die Alternative lautet 13.exd5, doch es scheint, dass die beiden Antworten 13...exd5 und 13...Sxd5 Schwarz ein vernünftiges Spiel einbringen.

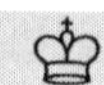

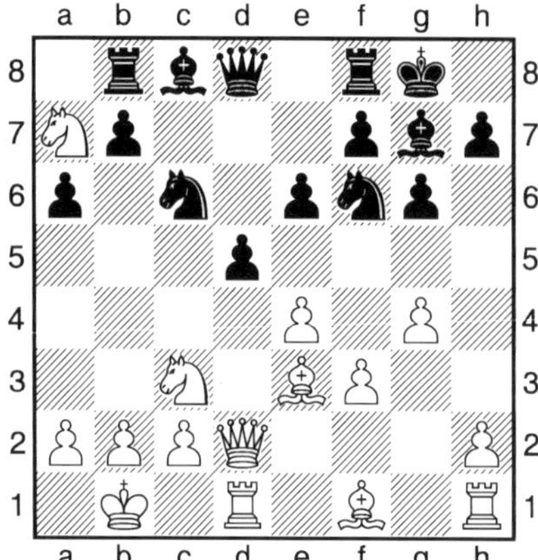

13...Te8!

Der zweite geheimnisvolle Turmzug in dieser Partie. Die gebräuchliche Fortsetzung ist 13...Dc7. Carlsens Manöver kommt unerwartet für den Rumänen, der jetzt lange überlegen muss. Es ist nicht leicht für ihn, einen guten Plan zu finden. Schwarz hat hingegen keine Probleme damit. Er will die Stellung öffnen und seine Figuren dafür ideal postieren.

14.g5 Sh5

Wieder ein neuer Zug und ein kritischer Augenblick. Schon 13...Te8 ist unerforscht. Zu riskant wäre jetzt 14...Sd7 wegen 15.exd5 exd5 16.Sxd5 Sde5 17.Lb6 Dd7 18.f4 Sf3 19.Df2 Sfd4 20.Lc4, und Schwarz kann bereits aufgeben (Balogh-Fier, Peking 2008).

15.Lf2?!

Diese logisch aussehende Fortsetzung hat einen ernsten Nachteil, sie löst nicht das Problem des Springers auf a7. Nisipeanu hätte jetzt sein Hauptsorgenkind tauschen müssen: 15.Sxc8 d4 (schwächer ist 15...Txc8 16.exd5 exd5 17.Sxd5) 16.Lf2 Txc8 17.Se2, und obwohl Schwarz alle Eröffnungsprobleme gelöst hat, besitzt Weiß eine normale Stellung.

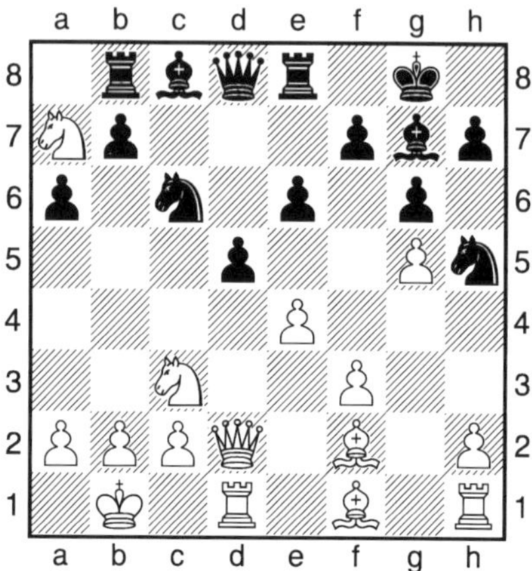

15...Ld7! 16.exd5 exd5

Der nächste heikle Augenblick.

17.Dxd5?

Dieser Fehler bedeutet praktisch schon die Entscheidung in der Partie. Unglücklicherweise denkt der Rumäne, dass Weiß besser steht und sieht nicht die Gefahren. Notwendig war 17.Sxd5 Le6 18.c4, und er ist noch nicht verloren: (nicht aber 18.Sxc6 bxc6 19.Sb6 Ld5!) 18...Lf5+ 19.Ka1 (Wieder ist die Alternative 19.Ld3 schlecht wegen des einfachen 19...Lxd3+ 20.Dxd3 Dxg5.) 19...Ta8 20.Sxc6 bxc6 21.Sc3, auch wenn Schwarz nach 21...Da5 das angenehmere Spiel hat.

17...Se5 18.Db3

Den Bauern g5 aufzugeben, ist fatal für Weiß. Mehr Widerstand leistete 18.h4 Le6 19.Dc5 Sd7 20.Db4.

18...Dxg5

Das Material ist gleich, aber Nisipeanu spielt wegen des eingesperrten Springers praktisch mit einer Figur weniger. Zudem ist seine Bauernstruktur am Königsflügel desolat. Das Spiel ist im Grunde gelaufen.

19.Se4 Df4 20.Le2 Le6 21.Da3 Sc4 22.Lxc4 Lxc4 23.Sd6 Lf8 24.Td4 De5

Stark war auch 24...Dg5 mit der Idee 25.Txc4 Dg2!

25.Txc4 Lxd6

Noch schneller zum Ziel führte 25...De2 26.Dc3 (oder 26.Dd3 Dxf2 27.Sxe8 Txe8 28.Td4 Sf4 29.Dd2 Se2) 26...Lxd6 27.Ld4 Lxh2.

26.Dd3 Lf8!

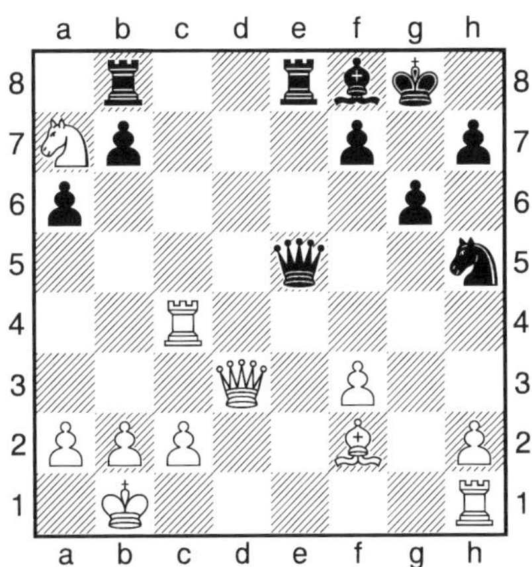

Zu allem Überfluss befindet sich Nisipeanu hier in großer Zeitnot.

27.a4 Tbd8 28.Db3 Dd5 29.Tc3 Dd2 30.Le3

Die letzte Chance, mehr Widerstand zu leisten, bot 30.Tc7.

30...De2 31.Lb6? Td1+

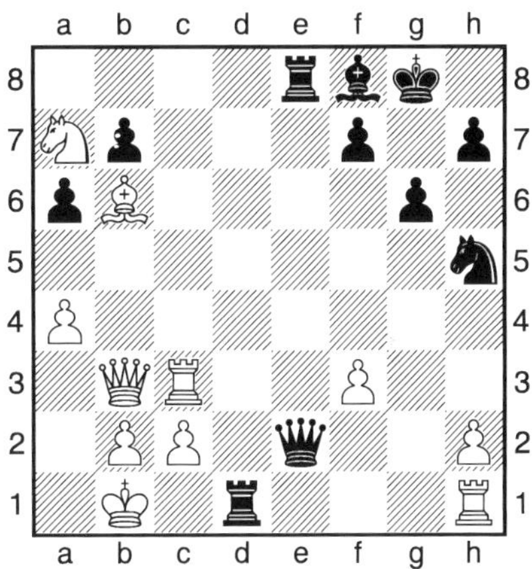

0-1. Weiß kapitulierte im Hinblick auf 32.Txd1 Dxd1+ 33.Ka2 Te1 34.Dc4 Da1+ 35.Kb3 Tb1.

Auch gegen Ruslan Ponomarjow gewann Magnus bei diesem Turnier mit Schwarz, wobei sich während der Partie Kurioses ereignete. Nach dem 42. Zug tropfte plötzlich Wasser auf das Brett, und die Spieler mussten an einen trockeneren Platz umziehen. Die Lage war zu diesem Zeitpunkt allerdings längst zugunsten von Carlsen geklärt. Dessen Vater Henrik scherzte am Abend, dass er zwar schon von „Feuer auf dem Brett“ (ein Buch Schirows) gehört habe, nicht aber von „Wasser auf dem Brett“.

Carlsen – Bacrot

Schottisch C45

Nanking 2010

In China verteidigte der Weltranglisten-Erste seinen Titel aus dem Jahr zuvor. Er erzielte diesmal 7,0 aus 10 und verwies Anand (6,0) auf den zweiten Platz. Gegen den Franzosen Etienne Bacrot hatte Magnus in der Hinrunde keine große Mühe.

1.e4 e5 2.Sf3 Sc6 3.d4 exd4 4.Sxd4 Lc5 5.Sb3

Ein ruhiger Aufbau nach Carlsens Geschmack. Sein Lehrmeister Kasparow spielte hier 5.Lxe3 oder 5.Sxc6.

5...Lb6 6.Sc3 Sf6 7.De2 0-0

Als solider gilt 7...d6.

8.Lg5 h6

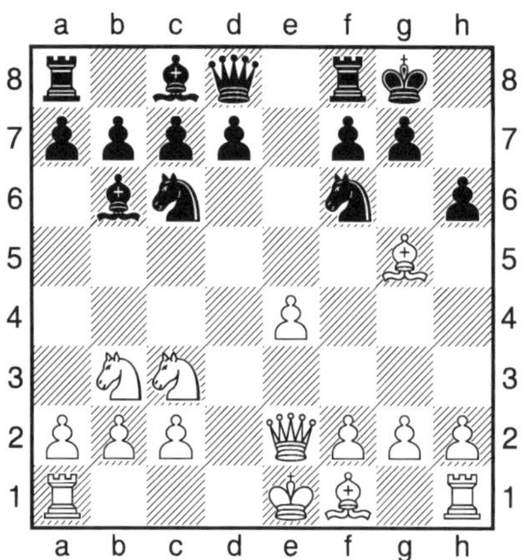

9.Lh4!

In der Partie Rublewski-Anand (Bastia 2004) geschah 9.h4 d6 10.f3 hxg5 11.hxg5 Sg4 12.fxg4 Dxg5 13.Df3 Lxg4 14.Dg3 Se5 15.Le2 f5 16.exf5 Dxf5 17.0-0-0 Lxe2 18.Sxe2 Df2 19.Dh2 Dxe2 20.Dh8+ Kf7 21.Tdf1+ Lf2 22.Dh7 Ke6 23.Kb1 Dg4 0-1

9...a5 10.a4 Sd4

Der Zug ist nicht forciert, aber attraktiv. (Rogozenko). Andere Fortsetzungen sind nicht leichter zu spielen, zum Beispiel: 10...Te8 11.0-0-0 d6 12.f3!? Le6 13.g4 Lxb3 (13...Se5 14.Sd4±) 14.cxb3 Sd4 15.Dg2!? Sxb3+ 16.Kb1 Sd4 17.Lc4 c6 18.g5 hxg5 19.Lxg5, und Schwarz steht unter heftigem Angriff.

11.Dd3 Sxb3 12.cxb3 Te8 13. 0-0-0

Ab jetzt braucht Bacrot sehr viel Zeit für jede Antwort. Die weiße Stellung verdient bereits den Vorrang.

13...d6 14.Dc2!

Carlsen möchte Lc4 spielen und liebäugelt gleichzeitig mit dem Vorstoß e5.

14...Ld7?!

Eine bessere Verteidigung ist 14...c6 15.Lc4 De7, weil die Felder b5 und d5 kontrolliert werden.

15.Lc4 Le6 16.The1 De7

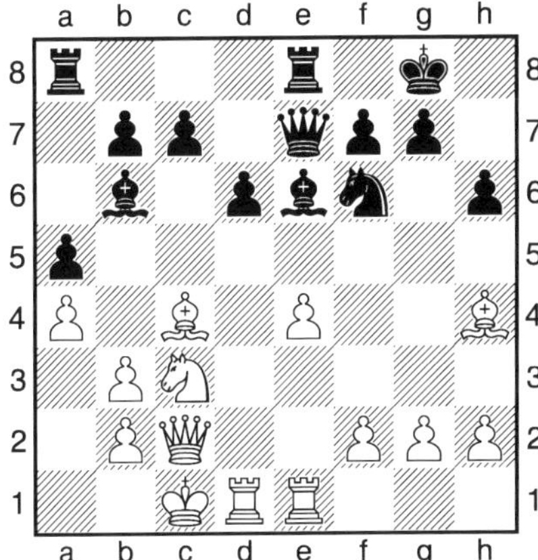

17.e5! dxe5 18.Txe5

Magnus plant Sd5. Etienne verteidigt sich ab jetzt sehr präzise, aber dennoch reicht es nicht, um die harte Stellung auf Dauer gegen einen Könner wie Carlsen zu halten.

18...Df8 19.Lxf6 gxf6 20.Te2± Dg7 21.Lxe6! Txe6 22.Txe6 fxe6 23.Td3 Kh8 24.Tg3 Dh7 25.Dd2 Lc5 26.Se4 Le7 27.Th3 Kg7?

Ein taktisches Versehen. Besser war 27...Td8 28.Txh6 Txd2 29.Txh7+ Kxh7 30.Kxd2, doch Weiß behält einen Bauern mehr und steht dann wohl auch auf Gewinn.

28.Dd7 Kf7

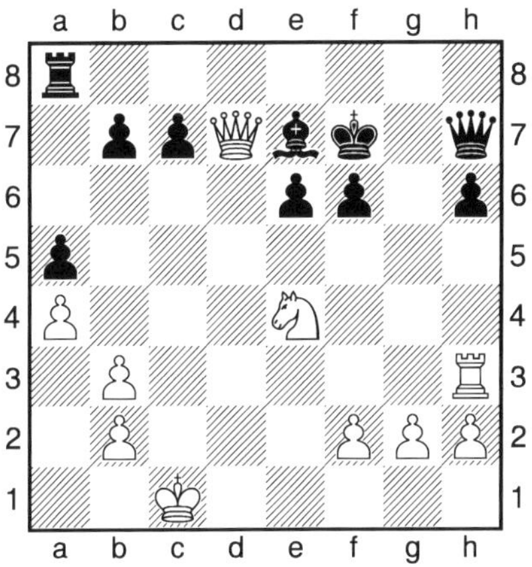

29.Sg5+!?

Genauso stark ist 29.Sxf6!? Kxf6 30.Tf3+, aber Magnus bringt den Punkt auf seine Weise nach Hause.

29...fxg5 30.Tf3+ Kg8 31.Dxe6+ Kh8 32.Tf7 Ld6

Oder 32...Dd3 33.Dxh6+ nebst Matt.

33.Txh7+ Kxh7 34.Df7+ Kh8 35.g3 Ta6 36.Kb1 Lb4 37.f4 gxf4 38.gxf4

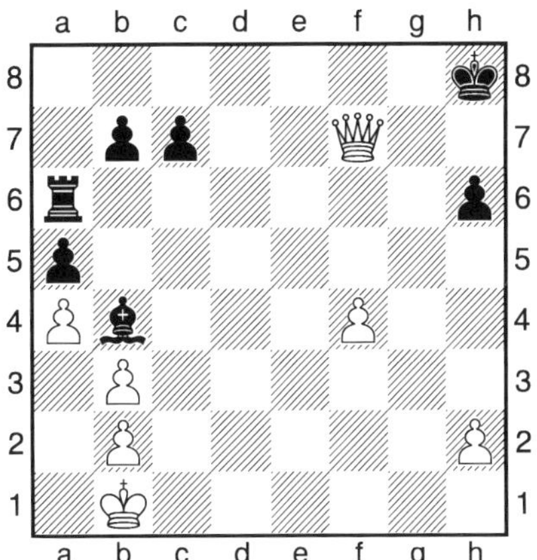

1-0

Im Jahre 2010 heimste der Norweger Siege in vier Superturnieren ein. Das Training mit Kasparow trug offensichtlich noch immer seine Früchte. Spielte man Carlsens Partien nach, entstand der Eindruck, dass kein Gegner den jungen Schachtitanen bremsen konnte. Er gewann nicht nur glanzvoll, sondern schaffte es immer öfter, schlechtere Stellungen zu retten oder gar zu drehen. Alle sprachen jetzt nur noch vom Kronprinzen. Wer sollte ihn bei seinem Sturmlauf aufhalten? Höchstens er selbst...

Im Herbst hatte Magnus dann ein Formtief. Beim Turnier in Bilbao sowie zur Schacholympiade in Chanty-Mansisk verlor der Norweger insgesamt fünf Partien. Damit nicht genug. Kurz darauf verkündete er auch seinen Rückzug aus der laufenden WM-Qualifikation, was ein noch größerer Schock für die Schachwelt war. Als Hauptgründe nannte Carlsen in einem offenen Brief an die FIDE den zu langen WM-Zyklus, die steten Änderungen des Reglements sowie Privilegien für den Titelträger. Mit dem Schreiben wartete Magnus jedoch bis nach der Olympiade. Er wollte die erfolgreiche Bewerbung der norwegischen Stadt Tromsø für das Turnier der Nationen 2014 nicht gefährden.

Kollegen und Anhänger des Hoffnungsträgers verstanden seinen Schritt nicht. Wie konnte er mit der Chance, jüngster klassischer Schachweltmeister zu werden, so leichtfertig umgehen? Hatte ihn Kasparow beeinflusst? Dieser erklärte aber, dass er mit Carlsens Entscheidung nichts zu tun habe und ihr auch nicht zustimme. Die Zusammenarbeit des Russen mit dem Norweger war zu jenem Zeitpunkt schon beendet. In dem Trainings-Jahr hatte sich Kasparow ein genaues Bild von Carlsens großen Fähigkeiten gemacht. Doch er beklagte auch, dass der junge Mann nicht hart genug arbeite. Alles scheine dem Norweger zuzufliegen. Das reiche aber nicht, in diesem Alter müsse man mehr tun und kämpfen. Carlsens Talent verpflichte ihn dazu.

Auch außerhalb des Schachs machte der neue Superstar inzwischen eine beachtliche Figur sowie eine Menge Geld, etwa als Gesicht für eine bekannte Jeansmarke. Aus dem Milchbart wurde ein kantiger junger Mann von 20 Jahren. Ende des Jahres hatte Carlsen seine Spielfreude wieder gefunden und gewann erneut die Turniere in Nanking und London. In Wijk aan Zee wurde er im Januar darauf Dritter. Das Kandidatenturnier 2011 im russischen Kasan fand nach seiner Absage ohne ihn als größtes Zugpferd statt. Der überraschende Finalsieger Boris Gelfand erwarb das Recht, ein

Jahr später Titelverteidiger Viswanathan Anand herauszufordern. Magnus Carlsen könnte also frühestens 2013 Schachweltmeister werden. Was ihm die Zukunft auch bringen mochte; wichtig war, dass er die Welt wie bisher mit großartigen Partien begeisterte.

Carlsen – Nakamura

Sizilianisch B92

Wijk aan Zee 2011

Mit Hikaru Nakamura hatte das Turnier einen nicht erwarteten Sieger. Aber der Held unseres Buchs fügte dem amerikanischen Großmeister eine schmerzliche Niederlage bei. Die Partie bekam einen Schönheitspreis und ging um die Welt.

1.e4 c5 2.Sf3 d6 3.d4 cxd4 4.Sxd4 Sf6 5.Sc3 a6 6.Le2

Magnus ist flexibel im Najdorf-System. Gegen Ponomarjow zog er 2009 in Moskau 6.Le3 (siehe Partie). Der Textzug hat mehr positionellen Charakter.

6...e5

Die populärste Erwiderung in dieser Stellung. Schwarz nimmt die Schwächung des Feldes d5 in Kauf, hofft aber auf eine schnelle Entwicklung seiner Kräfte. Er kann hier mit 6...e6 natürlich auch in andere Systeme übergehen.

7.Sb3 Le7 8.Le3 0-0

Ungenau. Richtig ist 8...Le6!, um im Fall von 9.g4 d5! spielen zu können.

9.g4!

Vorwärts! Jetzt geht das Manöver d6-d5 nicht mehr, weil der Läufer auf e6 fehlt.

9...Le6 10.g5 Sfd7 11.h4

Magnus will keine Zeit verlieren und greift an. Die Alternative ist 11.Dd2.

11...Sb6

Schwarz möchte in der Mitte aktiv werden und plant d6-d5. Aber Weiß hat alles unter Kontrolle, und diese Idee kommt nie zum Tragen.

12.Dd2 S8d7

Auf 12...a5 kann Weiß wie hier auch mit 13.f4! reagieren. Nach dem möglichen 13...a4 14.f5 Sc4 15.Lxc4 Lxc4 16.Sc1 Sc6 17.S1e2 steht er etwas besser.

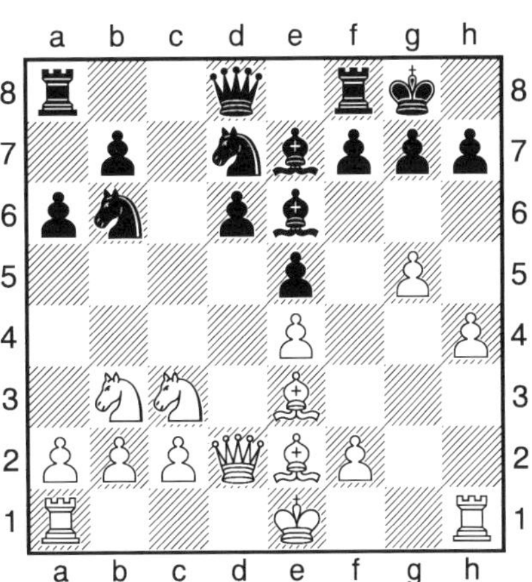

13.f4

Carlsen wird sofort am Königsflügel aktiv und verzichtet auf 13.0-0-0 Tc8 14.h5 mit scharfem Spiel.

13...exf4 14.Lxf4 Se5 15.0-0-0

Der König hat ein sicheres Versteck gefunden und Weiß damit seine Entwicklung beendet. Carlsen kommt gleich zur Sache.

15...Tc8 16.Kb1

Dieser prophylaktische Zug ist in der Sizilianischen Verteidigung sehr nützlich. Er wird beinahe automatisch gemacht.

16...Dc7 17.h5

Weiter zur Attacke.

17...Tfe8 18.Ka1

Wieder ein vorbeugender Schritt als Folge des tiefen Verstehens der Position.

18...Lf8 19.Sd4

Carlsens Springer soll die Aktionen auf der rechten Seite unterstützen.

19...Dc5

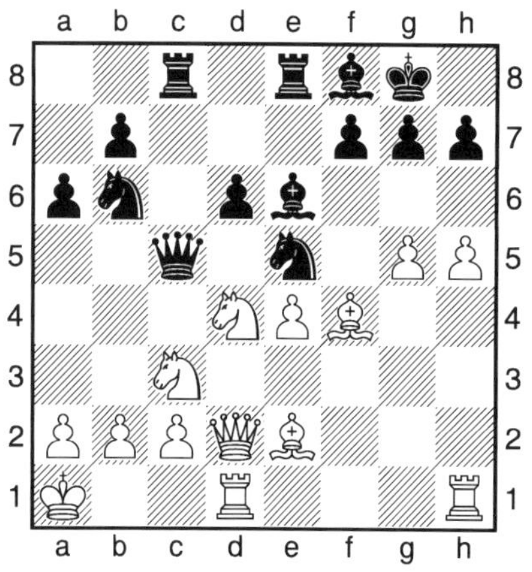

20.g6!

Für einen Königsangriff ist es um den Bauern nicht schade!

20...Sec4

Das Nehmen auf g6 gäbe dem Weißen zu starke Initiative: 20...fxg6 21.hxg6 Sxg6 22.Th5 Dc7 23.Tdh1 h6 24.Sxe6 Txe6 25.Lg4 Sxf4 26.Dxf4 Tf6 27.Tf5 Txf5 28.Dxf5 Te8 29.Tf1 De7 30.Dg6 mit der tödlichen Drohung Lg4-f5!

21.Lxc4 Sxc4 22.Dd3 fxg6

Sergej Schipow analysierte hier die Fortsetzung 22...b5: 23.gxh7+ Kh8 24.h6 g6 25.Sxe6 fxe6 (Auf 25...Txe6 folgt 26.Sd5 Se5 27.Df1 mit der Idee Lxe5 und Dxf7.) 26.e5! Sxe5 27.Lxe5+ Dxe5 28.Dxg6 Le7 29.Se4 d5 30.Tdg1! dxe4 31.Dg7+ Dxg7 32.hxg7 matt. Aber nach 22...h6! hätte Schwarz seiner Ansicht nach gute Verteidigungschancen.

23.hxg6 h6 24.Dg3 Db6

Achtung, es droht ein Matt auf b2.

25.Lc1 Da5 26.Tdf1

Eine gute Antwort nach 20 minütigem Überlegen. Die schwere Artillerie ist jetzt feuerbereit.

26...Se5

Wenn 26...De5, so 27.Df2 Tc7 28.Lxh6! gxh6 29.Sxe6 Dxe6 30.Sd5 Lg7 31.Sxc7 Lxb2+ 32.Kb1 De5 33.Df7+ Kh8 34.Dh7 matt.

27.Sd5!

Noch ein sehr starker Zug. Für den Überfall wird ein Bauer geopfert.

27...Lxd5 28.exd5 Dxd5

Oder 28...Da4 29.Lxh6 gxh6 30.g7 Lxg7 31.Tf4, und Weiß gewinnt.

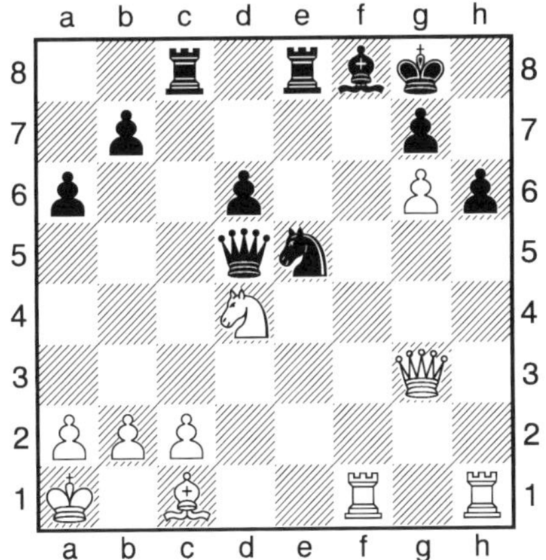

29.Lxh6!

Carlsen ist in seinem Element. Nun folgt ein hübsches Ende.

29...gxh6

Nach 29...Dxd4 30.Le3 Dg4 gibt es die klassische Matt-Kombination 31.Th8+! Kxh8 32.Dh2+ Kg8 33.Dh7#.

30.g7!

Ein Räumungsopfer als schöner Schlussakkord.

30...Le7

Schwarz lehnt ab. Wenn 30...Lxg7, so 31.Sf5 Tc7 32.Sxh6+ Kh7 (oder 32...Kh8 33.Sf7+ Kg8 34.Th8 matt) 33.Sg4+ Kg8 34.Sf6+ mit Damengewinn.

31.Txh6 Sf7 32.Dg6!

Fantastisch! Diese Partie ist eine „Mona Lisa" des Schachs!

32...Sxh6 33.Dxh6 Lf6 34.Dh8+

Das Finale furioso.

34...Kf7 35.g8D+ Txg8 36.Dxf6+ Ke8 37.Te1+

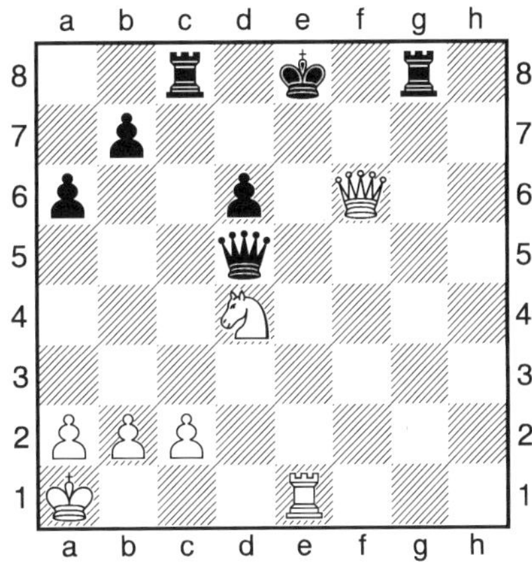

1-0. (37...Kd7 38.De7 matt.) Ein Meisterstück.

Carlsen – Iwantschuk

Nimzoindisch E21

Bilbao 2011

Kommentar:

Magnus Carlsen

Im Grand Slam Finale konnte der Norweger den bis dahin führenden Ukrainer bezwingen und ihm somit den Gesamtsieg noch streitig machen. Etwas Glück war schon dabei, aber das gehört immer dazu, wenn man erfolgreich sein will.

1.d4 Sf6 2.c4 e6 3.Sc3 Lb4 4.Sf3 b6 5.Dc2

Das war offenbar eine Überraschung für Iwantschuk, obwohl ich gegen Anand in Runde 6 auch so spielte. Es könnte etwas damit zu tun haben, dass ich in der Partie relativ wenig erreichte.

5...Lb7 6.a3 Lxc3+ 7.Dxc3

Alle drei Hauptzüge hier - 7...d6, 7...0-0 und 7...Se4 - wurden gegen mich in Bilbao versucht. Leider habe ich nicht die gleiche Vielseitigkeit gezeigt und nur zwei der drei möglichen Aufstellungen in dieser Position angewandt (kein e3, Le2 usw.).

7...Se4 8.Dc2 f5 9.g3 Sf6

Man könnte auch zuerst 9...0-0 10.Lg2 spielen, was sowieso nötig ist wegen Sg5 oder Sd2

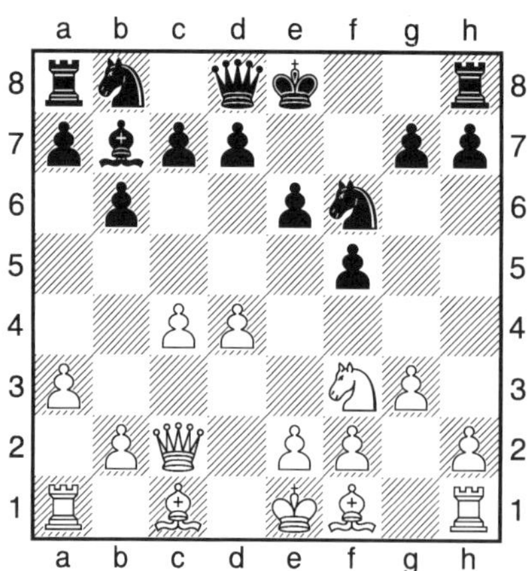

10.Lh3

In einem plötzlichen kreativen Moment entschied ich mich, diese zusätzliche Chance wahrzunehmen. Die Hauptidee des Zuges besteht darin, den Läufertausch zu vermeiden, wenn Schwarz ...Le4 spielt, um die weiße Dame zu vertreiben.

10...0-0 11.0-0 a5

Ein alles andere als offensichtlicher Zug, den Iwantschuk sofort machte. 11...De8 12.d5 wäre ähnlich wie in der Partie. Ganz interessant ist jedoch 11...Le4 12.Dc3 De8. Nun taugt 13.Sd2 nichts wegen ...Dh5, so dass ich im Begriff war, mit 13.Td1 Dh5 14.Lf1 weiter erfinderisch zu sein, wonach Weiß gute Aussichten auf Vorteil hat.

12.Td1 De8 13.d5 Sa6 14.Lf4

14.dxe6 dxe6 15.Lf4 sieht ein bisschen besser für Weiß aus, ich suchte aber nach etwas Interessanterem.

14...exd5?

Nach diesem Zug hat Schwarz ernste Sorgen. 14...d6 sah für mich viel logischer aus:15.dxe6 (15.Sg5 Sc5 16.b4 h6 17.bxc5 hxg5 18.Lxg5 Se4 ist nicht so klar.) 15...Le4 16.Dc3 Sc5 *(16...Dh5 17.Lf1 Sc5 18.Sd4* wäre nur eine Zugumstellung.*)* 17.Sd4 Dh5 *(Klar besser steht* Weiß nach *17...Sxe6 18.Sxe6 Dxe6 19.f3 Lb7 20.e4.)* 18.Lf1 Tfe8 19.f3 Lb7 20.b4 Sxe6 21.Sxe6 Txe6 22.c5 dxc5 23.bxc5 Df7, und Schwarz ist mehr oder weniger okay.

14...Dh5 15.Lg2 exd5 16.Sd4 g5 wurde von Online-Kommentatoren angegeben. Meine Entscheidung, hier nicht tiefer zu gehen, sollte nicht als Faulheit oder Arroganz ausgelegt werden.

15.Lxf5 dxc4

15...Se4 16.Lh3 sieht auch ganz cool für Weiß aus.

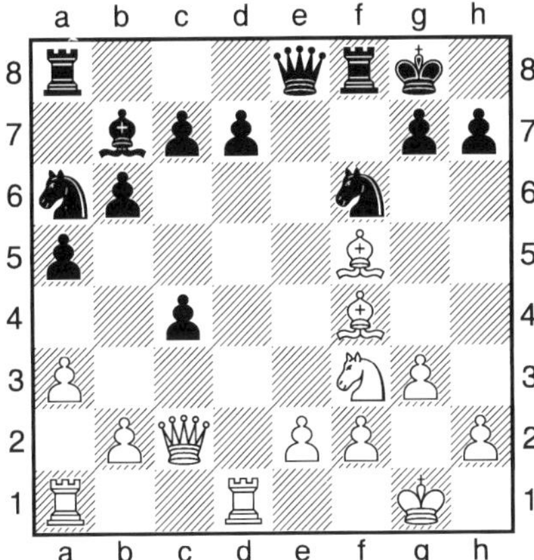

16.Sg5!

Das ist der springende Punkt. Nun sind alle Arten von Tricks möglich.

16...Dh5

Mehr oder weniger erzwungen. Schwarz kann es sich kaum erlauben, den h-Bauern aufzugeben: 16...h6 17.Lxd7 De7 (17...Dh5 18.g4 Dh4 19.Dxc4+ Kh8 20.Sf7+ Txf7 21.Dxf7+-) 18.Dxc4+ Kh8 19.De6! ist sehr direkt.

17.Txd7

Dieser Zug war so verlockend, dass ich kaum nach anderen schaute. Mit etwas kühlerem Kopf hätte ich vielleicht 17.Td4! Tae8 18.Ld2 geprüft, und auf 19.Th4 wäre es schwer, eine Antwort zu finden.

17...Kh8

Ich hatte schnell verstanden, dass dies die einzige Verteidigung war, dachte aber, es sollte hier einen relativ einfachen Weg zum weißen Sieg geben. Trivial verlieren würde 17...Sxd7 18.Lxh7+ Kh8 19.Lg6 Dg4 (19...Dh6 20.Sf7+ Txf7 21.Lxh6) 20.h3.

18.Te7?!

Objektiv betrachtet, ist das ein Fehler. Unglücklicherweise war ich nicht in der Lage, kaltblütig die Qualität zu geben und den forcierten Gewinn zu finden. Richtig ist 18.Tad1! Sxd7 19.Txd7 Sc5 Was sonst? 20.Txc7 Tad8 21.f3, und Weiß dominiert.

18...Sd5 19.Lg4?!

Ein weiterer Schritt in die falsche Richtung. 19.Te5 Sxf4 20.gxf4 hätte noch einen klaren Vorteil bewahrt.

19...Dg6 20.Sf7+ Kg8 21.Lf5

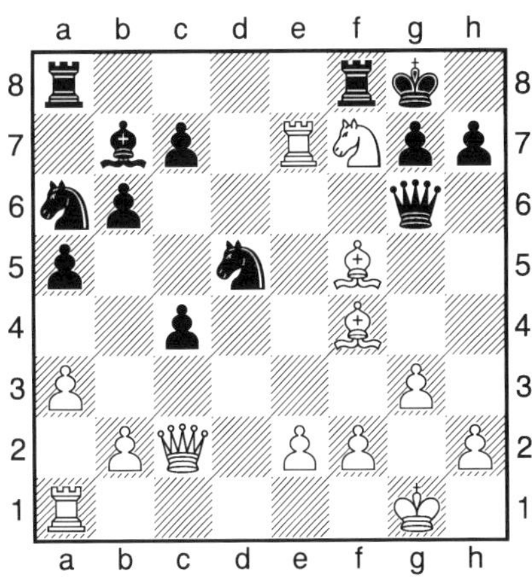

21...Dxf5!

Eine hässliche Überraschung.

22.Dxf5 Sxe7 23.Sh6+ gxh6 24.Dg4+ Sg6 25.Lxh6

Glücklicherweise kann Weiß hier immer noch um Vorteil kämpfen. Mit dem offenen schwarzen König hat er sicher das einfachere Spiel.

25...Tf7 26.Td1 Te8

26...c3 ist ein interessanter Versuch, aber wahrscheinlich nicht besser als die Textfortsetzung: 27.h4! (27.bxc3 Sc5 wäre gut für Schwarz) 27...c2 28.Td7 Sc5 29.Txf7 Kxf7 30.Dc4+ Ke7 31.Dxc2, und Weiß ist klar obenauf.

27.h4 Sc5 28.h5 Lc8 29.Dxc4 Se5 30.Dh4

Hier hatte Iwantschuk nur noch ganz wenig Zeit, was seinen Job nicht einfacher machte.

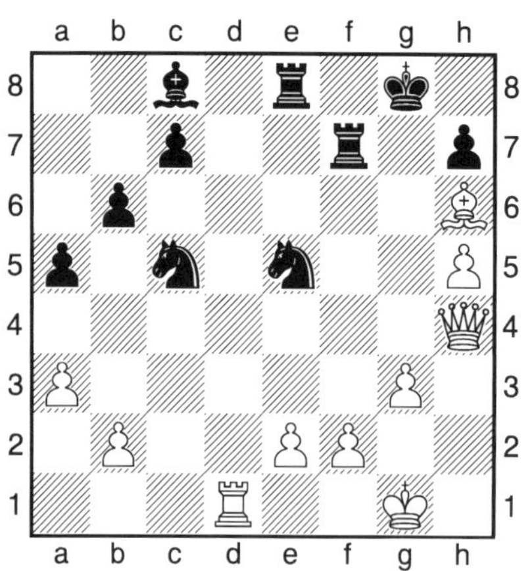

30...Sc6?

Danach kann sich Schwarz kaum noch verteidigen. Seine beste Chance war 30...Se6 31.f4 (31.Td5 Tf5! ist der Schlüsselzug) 31...Sd7 32.e4 Kh8, und es muss noch um alles gespielt werden.

31.Td5 Se6 32.Dc4

32.Da4 wäre sogar stärker, aber aus irgendeinem Grund habe ich das gar nicht geprüft. Mit dem Textzug war die Idee verbunden, das Feld e5 für meinen Turm zu erobern.

32...Scd8?

Länger hätte 32...Se7 die Stellung gehalten, aber nach 33.Te5 Sf5 34.Dg4+ Sfg7 35.De4 ist Schwarz ziemlich gebunden, und Weiß sollte schrittweise gewinnen.

33.Dg4+

Überraschend wird jetzt der Umstand, dass der c8-Läufer ungedeckt ist, zum entscheidenden Faktor.

33...Sg7 34.Dxc8

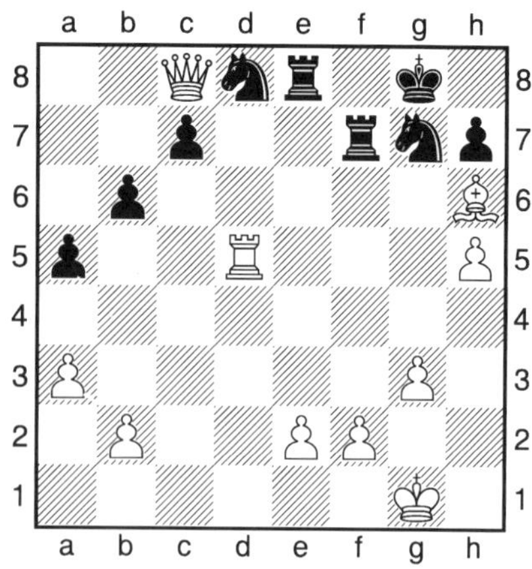

Iwantschuk war sichtlich geschockt, als ich seinen Läufer schlug, doch 33...Kh8 34.Ld2! wäre auch schlecht für ihn. 1-0

Carlsen – Gelfand

Slawische Verteidigung D12

Moskau 2011

Kommentar:
Magnus Carlsen

Beim Tal-Memorial trafen sich alle Spieler von Weltrang. Die stolze Kategorie 22 machte es zum stärksten Turnier des Jahres. Am Ende gewann Magnus nach Wertung vor dem punktgleichen Levon Aronjan. Der Norweger glossiert seine beste Leistung selbst.

1.d4 d5 2.c4 c6

Heute kein abgelehntes Damengambit.

3.Sf3 Sf6 4.e3 Lf5 5.Sc3 e6 6.Sh4 Lg6

Zugegeben ist diese Fortsetzung auch ziemlich solide.

7.Sxg6 hxg6 8.Ld3 Sbd7 9.0-0 Ld6 10.h3

Alles erscheint sehr logisch, wird aber selten gespielt. Wahrscheinlich deswegen, weil die meisten vernünftigen Menschen nicht in so einen heftigen Angriff geraten wollen, wie es in der Partie geschieht.

10...dxc4 11.Lxc4 Sb6 12.Lb3

Ich dachte hier eine Weile nach. Es war reine Zeitverschwendung, da mir recht früh klar war, dass ich meinen Läufer dorthin ziehen wollte und meine Meinung höchstwahrscheinlich nicht ändern würde.

12...e5 13.Dc2

Nun kann Schwarz nicht mehr am Königsflügel rochieren. Er ist mehr oder weniger gezwungen, zum Damenflügel zu rochieren und auf Angriff zu spielen. Oder er geht mit seinem König nach f8 und akzeptiert eine passive Stellung. Solider ist die Option 13.dxe5 Lxe5 14. Df3 0-0 15.Td1 De7 17. Ld2 mit einer typischen Stellung, in der Weiß über das Läuferpaar verfügt. Das wäre für einige Leute ausreichend, leichten Vorteil zu reklamieren.

13...De7

13...exd4 14.exd4 Lc7 15.Lg5! Kf8 (15...Dd6 16.f4 Dxd4+ 17.Tf2 sieht vielversprechend für Weiß aus.) 16.Dd3 Dd6 17.f4 Sbd5 18.Tae1, und der Anziehende muss besser stehen.

14.Ld2

Überhaupt kein beeindruckender Zug, aber es war nicht leicht, hier etwas Nützlicheres zu finden. 14.f4 exd4 15.exd4 0-0-0 16.f5 Lc7 17.fxg6 fxg6 18.Dxg6 Txd4 hat mir gar nicht gefallen. Nun müsste sich Weiß mit 19.Df7 Dxf7 (19...De5 20.De6+) 20.Lxf7 aus der Patsche helfen und auf Ausgleich hoffen.

14...0-0-0!

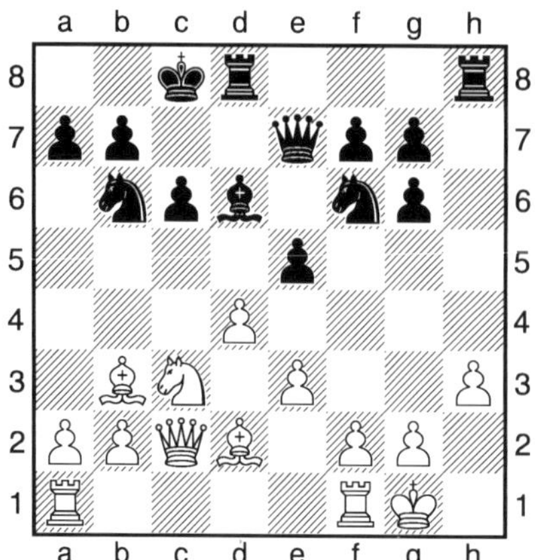

15.d5

Für mich schien das der einzig logische Weg zu sein. 15.Sb5 Lb8 16.a4 ist zu kompliziert.

15...e4

Klar der einzige brauchbare Zug. 15...c5 16.e4 wäre eine positionelle Kapitulation.

16.dxc6 De5

16...Txh3 17.gxh3 De5 18.f4 exf3 19.Txf3 Dh2+ 20.Kf1 führt nicht zum Matt.

17.f4 exf3 18.Txf3 Sg4

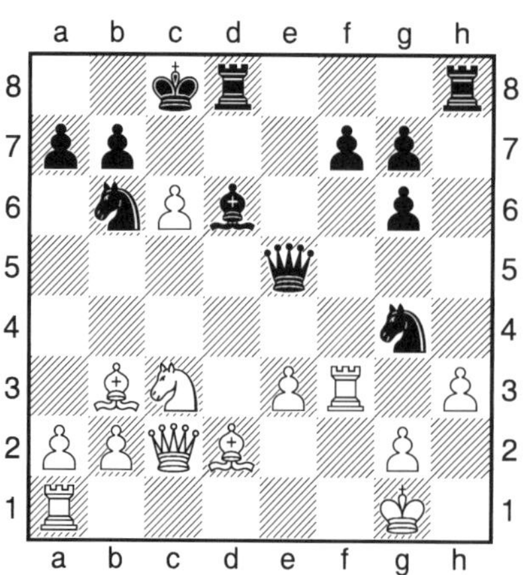

Diesen kleinen und eleganten Zug hatte ich übersehen, als ich 14.Ld2 spielte. 18...Dh2 19.Kf2 Lb4 prüfte ich anfangs. Eine amüsante Fortsetzung wäre 20.Lxf7 (20.Le1 The8 21.Txf6 gxf6 22.Lxf7 Te5 23.Lxg6 Lc5 ist unklar.) 20...Txd2+ 21.Dxd2 Lxc3+! (Berechnet hatte ich nur 21...Sxe4+ 22.Sxe4 Lxd2 23.cxb7+ Kb8 24.Sxd2 Dd6 25.Sc4 Sxc4 26.Lxc4, und Weiß kann ohne Risiko auf Sieg spielen.) 22.Dd3 Td8! 23.cxb7+ Kxb7 24.Dxd8 Sex4+ 25.Ke2 Dxg2+ 26.Kd3 Sc5+ 27.Dxc3 Sba4+ 28.Kb4 Dxb2+ 29.Lb3 Dc3+ 30. Ka3 Db2+ mit Remis durch Dauerschach.

19.cxb7+ Kb8 20.hxg4 Th1+ 21.Kf2 Txa1 22.Se2

Ich war ziemlich sicher, hier objektiv keinen Vorteil zu haben. Aber ich war fasziniert von der ungewöhnlichen Art der Stellung und daher ganz aufgeregt.

22...Lc5

Ganz klar, das ist der natürlichste Zug. 22...Td7 war ebenso möglich mit der Idee, das verlockende 23.Sd4 mit dem soliden 23...Dh2 zu beantworten.

23.Lc3

Ich dachte hier lange nach und versuchte zu berechnen, wie ich meine Figuren aufstellen sollte. Wahrhaftig, ich prüfte fast jeden Zug, beide Schlagmöglichkeiten auf f7, Sd4 und sogar Lc1, um den

Turm auf a1 einzuschließen. Die Fortsetzung 23.Txf7 Txd2 24.Txd2 Lye3+ 25.Dxe3 Tf1+ 26.Kxf1 Dxe3 sollte remis sein, der weiße König ist auch ungeschützt. Nach 23.Sd4 ist 23...Txd4 mehr oder weniger erzwungen (23...Lxd4 24.exd4 Dxd4+ 25.Le3 Db4 26.Txf7 De1+ 27.Kf3 Df1+ 28.De4! Te8+ 29.Kd4 Td1+ 30.Dxd1 Dxf7! 31.Lxf7 Td8+ 32.Kc5 Txd1 33.Kc6, und Weiß gewinnt) 24.exd4 Lxd4+ 25.Le3 Lxe3+ 26.Txe3 Df4+ 27.Tf3 Dd4+ 28.Te3. So weit sah ich, wollte mich aber nicht auf diese Weise mit einem Remis begnügen. Oder 23.Lxf7 De7, und auch hier konnte ich kein brauchbares Abspiel für Weiß finden.

23...De7

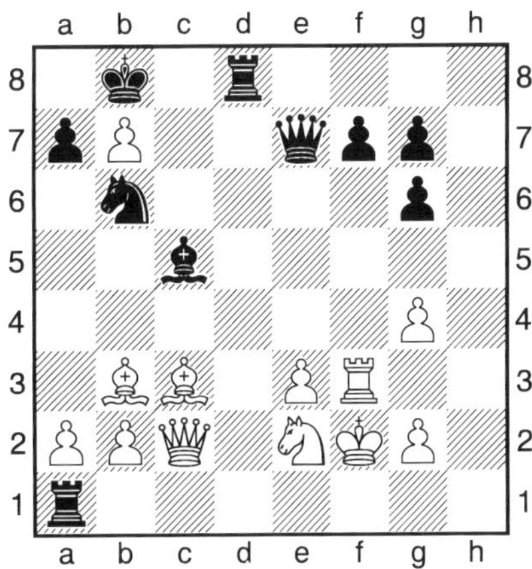

24.g5!

Die Idee des vorhergehenden Zuges.

24...Tdd1

Falls 24...Dxg5 25.De4, so ist Weiß perfekt zentralisiert. Hier prüfte ich 25...f5 26.Df4+ Dxf4 27.Sxf4 Dxb7 28.Se6 Tc8 29.Tg3, und obwohl Schwarz ein Qualität mehr hat, kann nur Weiß auf Sieg spielen. 24...Td7 war erneut interessant: 25.Lxf7 (Schlecht wäre 25.Lxg7 Dxg5 26.De4 f5, weil Df4 nicht geht, denn der Läufer hängt.) 25...Lxe3+ 26.Txe3 Dxf7+ 27.Tf3 De7 28.Dxg6 Sa4!, und laut Computer geht es Schwarz ganz gut.

25.Sg3

Der einzige Zug.

25...Ld6 26.De2

Wiederum das einzig Richtige. Aber hier überlegte ich einige Zeit, um sicher zu gehen, dass mich keine peinliche Überraschung erwartet. 26.Se4 wäre ein exzellenter Zug, gäbe es nicht 26...Tac1 27.De2 Tf1+, und Schwarz gewinnt.

26...Tg1?

Das ist zu optimistisch. Gelfand hätte sich zufrieden geben müssen mit 26...Lxg3+ 27.Txg3 Tf1+ 28.Dxf1 Txf1+ 29.Kxf1 Sd7! Nun sollte Schwarz mit einem Springerzug nach c5 oder e5 okay sein: 30.Lxg7 (30.Tf3 Se5 31.Ld5 Sxf3 32.Lxf3 Dxe3 33.Lg7 Dxg5 hält den Bauern b7, aber es ist wahrscheinlich eher ein Spiel auf Verlust als auf Sieg.) 30...Sc5 31.Lc2 Se4 32.Lxe4 Dxe4 33.a3 mit Ausgleich.

27.Dd3?

Sehr logisch, um 28.Se4 vorzubereiten, viel stärker war jedoch

27.Db5. Ich spielte es nicht, vor allem, weil ich nicht sah, was mein nächster Zug sein würde. Wenn man sich die Stellung noch einmal anschaut, dann ist es wohl schwerer, eine Antwort für Schwarz zu finden.

27...Lc7 28.Se4 Taf1+?!

Gelfand, der sich in leichter Zeitnot befand, wollte die Situation etwas klären, aber der Turmtausch hilft Schwarz nicht.

29.Ke2 Txf3 30.gxf3

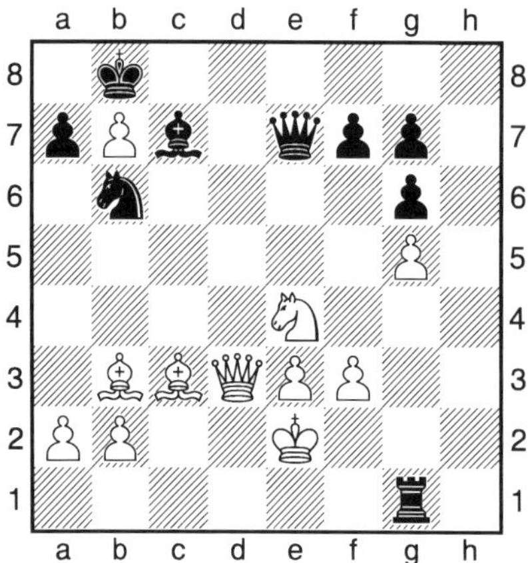

Mit zwei mächtigen Läufern und dem Springer e4 kontrolliert Weiß jetzt viele Felder.

30...f5

30...Le5 31.Lxf7! Lxc3 32.bxc3 bewahrt den weißen Vorteil, weil der Läufer offensichtlich nicht geschlagen werden darf. 30...Tg2+ 31.Kf1 (31.Kd1 Tg1+ 32.Kc2 Tg1+, und Weiß macht keine Fortschritte) 31...Th2 war eine sehr logische Option, da der weiße König auf der ersten Reihe eingesperrt ist: 32.f4 f5 (32...Df8 33.Sf2 Dh8 34.Lxf7 Dh4 35.Le1 ist eine für Weiß viel bequemere Version.) 33.gxf6 gxf6 34.Lxf6 (34.Sxf6 Th3 nebst ...Txe3 oder ...Lxf6) 34...Dh7 35.Sf2 Sd7 36.Ld4 Dh4, und Schwarz erhält Gegenspiel, das Weiß dennoch mit einigen genauen Zügen eindämmen kann: 37.De2 Dg3 38.Ld5 Sb6 39.Lc6 Sc4 40.b3 Sa5 41.Ld5 Sxb7 42.Df3 Dxf3 43.Lxf3, und Weiß sollte einige Gewinnchancen haben.

31.gxf6 gxf6 32.Lxf6 Dh7

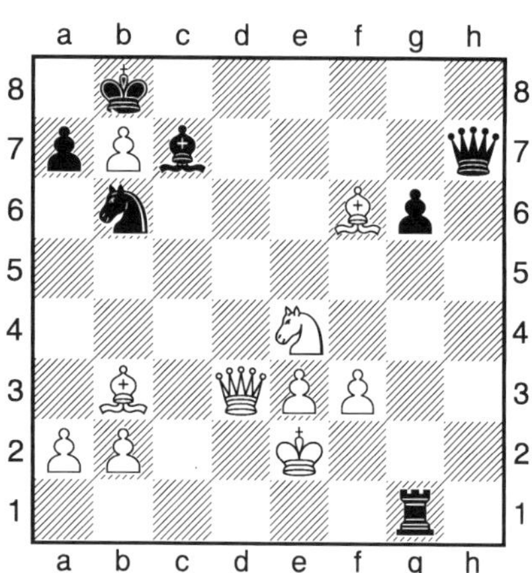

33.Db5!

Inzwischen hatte ich mich daran gewöhnt, mit einem ungeschützten König zu spielen. Die Entscheidung, Platz für ihn auf d3 zu schaffen, fiel mir somit leicht.

33...Tg2+?

Oder 33...Sd7 34.Ld4 Dh3 35.Kd2! Dg2+ 36.Kc3 Tc1+ 37.Kb4, und Weiß kann bequem flüchten.

33...a6 mit der Idee 34.Dxa6 Dh1 und Gegenspiel war wahrscheinlich die beste Chance von Schwarz: 34.De8+ Kxb7 35.Sc5+ Ka7 36.Dc6 Dh2+ 37.Kd3 Dd6+ 38.Dxd6 Lxd6, und der Nachziehende muss in einem schwierigen Endspiel weiter kämpfen.

34.Kd3 Dd7+

Sofort verliert 34...Sd7? 35.Le6!

35.Dxd7 Sxd7 36.Ld5

Überraschend wird der todgeweihte Bauer auf b7 nun zum entscheidenden Faktor.

36...Le5

Nach 36...Sxf6 37.Sxf6 a5 38.Sd7+ Ka7 39.e4 Txb2 40.e5 sollte Weiß ohne Probleme siegen.

37.f4

Oder 37.Lxe5+ Sxf5+ 38.Kd4! Sd739.Lc6 Tg1 40.Sf2, und Weiß gewinnt leicht.

37...Lc7?

Ein Fehler, der die Partie sofort verliert. 37...Lxf6 38.Sxf6 Sc5+ 39.Kd4 Tc2 hätte Schwarz erlaubt, noch weiter zu kämpfen. Bis dahin rechnete ich und dachte, dass 40.b4 einfach gewinnen würde. Aber ich hatte nicht erkannt, dass Schwarz auf b7 schlagen kann: 40.b4 Sxb7 41.Sd7+Kc7 42.Sf8, und Weiß behält großen Vorteil. Ob es jedoch zum Sieg ausreicht, ist nicht klar.

38.Lc6 1-0

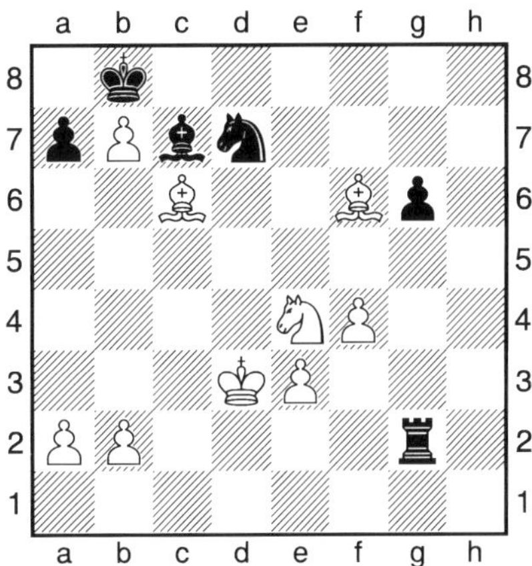

Boris gab auf, weil der weiße Springer unausweichlich a6 oder d7 erreicht. Das geschieht entweder über c5 oder f6. Sicher eine der interessantesten Partien, die ich in diesem Jahr gespielt habe.

Carlsen – Gashimow

Wijk aan Zee 2012

Kommentar:

Magnus Carlsen

In diesem Endspiel glänzte der Weltranglisten-Erste durch ideenreiche Züge. Sein Gegner Vugar Gashimow gehörte etliche Jahre zu den stärksten Großmeistern. Anfang 2014, nur zwei Jahre nach dieser Partie, starb der Aserbaidschaner an einem Gehirntumor. Die Schachszene war geschockt, denn mit 27 Jahren verließ Gashimow die Turnierarena viel zu früh.

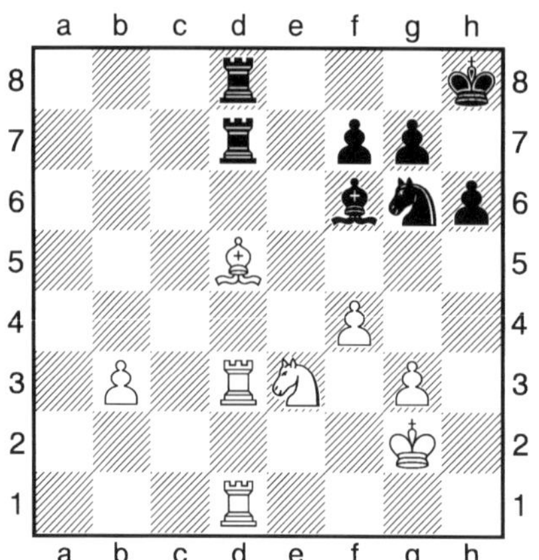

38.Sg4

Ich war froh, dieses Manöver zu finden. 38.b4 Se7 39.b5 Td6 führt zu nichts. Ich wollte den Läufer nicht ziehen, um den Turmtausch zu vermeiden.

38...Lb2?

Eine ernste Ungenauigkeit. 38...Lc3 war viel besser. Paradoxerweise ist der Läufer hier weniger gefährdet als auf b2, wie die Partie zeigt. 39.Sf2 f5, und Schwarz behält ausgezeichnete Remischancen, siehe die Fortsetzung 40.Le6 Txd3 41.Txd3 Txd3 42.Sxd3. Jetzt hängt der Läufer nicht, so dass Schwarz den Bauern mit ...Se7 sicher decken kann. Verlockend sieht 38...Se7 aus, führt jedoch zu einer für Schwarz unglücklichen Zugumstellung: 39.Sxf6 gxf6 40.Lc4 Txd3 41.Txd3 Txd3 42.Lxd3, und mit einem Freibauern sowie der stärkeren Leichtfigur sollte Weiß trotz der materiellen Gleichheit gewinnen.

39.Sf2 f6

Ein hässlicher Zug, aber wahrscheinlich kein schlechter. 39...Tb8 40.Lc4 gibt Schwarz eine unschöne Stellung.

40.Le4 Sf8

Absolut erzwungen. Nach 40...Txd3 41.Txd3 Txd3 42.Sxd3 hängen bei Schwarz zwei Figuren.

41.b4

Endlich ist die Zeit gekommen, den Bauern vorzustoßen.

41...Txd3 42.Sxd3 Lc3 43.Tc1 Ld4

43...Td4 44.Kf3 Lxb4 45.Sxb4 Txb4 46.Tc8 kostet Schwarz den Springer f8.

44.Sc5 Le3

Ich war glücklich, das zu sehen, weil ich mir sicher war, dass der Plan mit einem Turm auf der zweiten Reihe nicht funktioniert. 44...g6 hätte die Probleme von Schwarz auch nicht gelöst, wegen dem cleveren 45.Td1 f5 46.Sb7! (46.Lf3 Lf6 ist natürlich harmlos.) 46...Td7 47.Lc6 Tc7 48.b5 Lb6 49.Sd6, und vor allem auf Grund der passiven Stellung seiner Figuren hat Schwarz eine sehr schwierige Position.

45.Tc3 Td2+ 46.Kf3 Ld4 47.Tc4 g6

Er versucht, ein Mattnetz zu weben, aber Weiß hat eine einfache Antwort.

48.Sd3

Jetzt ist die Gefahr gebannt, und der Gegenangriff kann beginnen.

48...Lg1

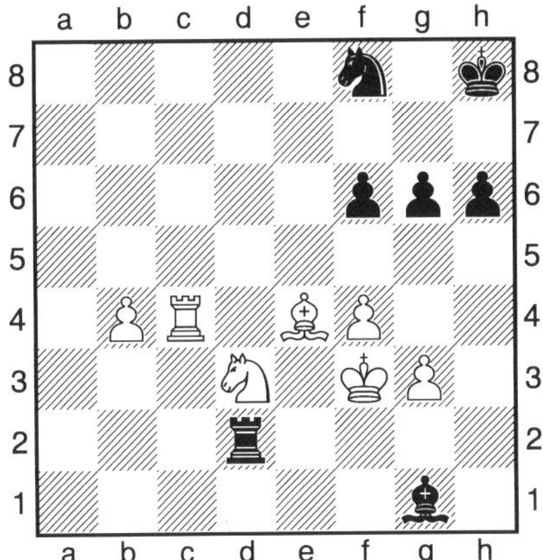

49.Tc8?

Ein Zug, der meine Aufgabe echt erschwert. Korrekt war 49.Tc1, mit der Idee, den Läufer nach d4 zu zwingen, ein Feld, das der Springer benötigt. 49...Ld4 50.f5. Ich spielte den Zug nicht wegen 50...gxf5 51.Lxf5 Se6, und der schwarze Springer wird aktiviert. Dabei übersah ich das einfache 52.Ke4 Te2+ 53.Kd5, und Weiß gewinnt eine Figur.

49...Kg7 50.Tc7+ Kg8 51.f5

Das war meine Idee, da Schwarz 51...gxf5 52.Lxf5 Se6 wegen dem Schach auf e6 nicht zulassen kann. Er hat jedoch einen anderen Trick, den ich nicht erkannte.

51...g5?

Nun ist der schwarze Springer komplett gelähmt. 51...h5!! hätte ihn voraussichtlich gerettet 52.fxg6 Se6 53.Td7 Sd4+ (53...Sg5+ 54.Kf4 ist simpel; der weiße König wird hier nicht Matt gesetzt.) 54.Kf4. Hier stoppte ich meine Berechnungen und dachte, dass Weiß leicht gewinnt. Schwarz setzt aber mit 54...Se2+ fort. Das entzog sich meinem Blickfeld. Nun hat Weiß nichts Besseres als 55.Kf5 Sxg3+ 56.Kf4 Sxe4 57.Kxe4 h4 58.Kf5 h3 59.Kxf6 Lb6, und auf wundersame Weise macht Schwarz Remis.

52.g4

Ein sehr wichtiger Zug. Nun bekommt der König nie mehr Probleme, und ich kann in aller Ruhe meinen Vorteil verwerten.

52...Lh2 53.Tb7 Tc2 54.Sc5 Tc3+ 55.Ke2 h5

Verzweiflung, aber was soll er sonst tun? Le5 nebst Se6 ist eine alles andere als wünschenswerte Drohung. 55...Ld6 riskiert eine hässliche Gabel: 56.Ld5+ Kh8 57.Se4

56.gxh5 g4 57.Se6 Tc8 58.b5

Meine erste Priorität bestand darin, den schwarzen Springer passiv zu halten.

58.Tg7+ Kh8 59.Txg4 Sd7 war nicht sehr verlockend.

58...Tb8

Der beste Versuch, aber das Endspiel ist für Weiß leicht gewonnen.

59.Txb8 Lxb8 60.Ld5

Sehr akkurat. Nun geht ...Sd7 natürlich nicht wegen Sc5+.

60...La7

Er muss b6 verhindern, aber jetzt kann ich einfach mit dem König nach g5 marschieren und den Bauern schlagen. 60...Sxe6 61.fxe6 Kf8 62.h6 f5 63.h7 Le5 64.b6, und Schwarz muss sich um zu viele Freibauern kümmern.

61.Kf1 Le3 62.Kg2 Kf7

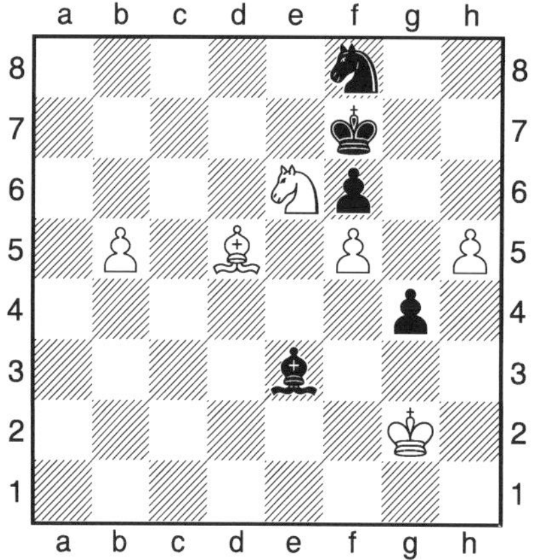

63.Sxf8+

Das Ende einer langen und interessanten Reise für diesen Springer. Endlich ist es Zeit, den Unglücksraben auf f8 abzutauschen. Die beiden Freibauern sind zu weit voneinander entfernt, so dass Schwarz nicht beide aufhalten kann.

63...Kxf8 64.Kg3 Ke7

64...Kg7 65.Kxg4 Kh6 66.Lf7 nebst Königsmarsch zum Damenflügel ist ganz elementar.

65.Kxg4 Kd6 66.Kf3

Da Schwarz einen meiner beiden Bauern auf die sechste Reihe lassen muss, ist der Kampf vorbei.

66...Ld2 67.b6

1-0. Meine beste Partie in Wijk aan Zee in jenem Jahr. Bis auf den Fehler im 49. Zug bin ich sehr stolz auf sie.

Vallejo Pons – Carlsen

Pirc-Verteidigung B07

Sao Paulo 2012

Kommentar:
Artur Jussupow

Diese Partie ist typisch für Magnus. Wie schafft er es nur, einen Supergroßmeister so leicht zu überspielen? Er hat diese Begegnung leider nicht selbst kommentiert. Vielleicht deshalb, weil es dort gar nichts Spektakuläres gibt. Aber hinter der unauffälligen Fassade steckt die hohe Präzision und perfekte Technik des Norwegers.

1.e4 d6 2.d4 Sf6 3.Sc3 e5 4.dxe5 dxe5 5.Dxd8+ Kxd8 6.Sf3

Vielleicht war Francisco Vallejo schon in der Eröffnung überrascht. Jedenfalls reagierte er nicht so prinzipiell. 6.Lg5 Le6 7.0-0-0+ Sbd7 8.f4 ist eine interessantere, aber auch riskantere Fortsetzung.

6...Ld6 7.Lg5

Andere Möglichkeiten sind 7.Le3 oder 7.Lc4.

7...Le6

Jetzt erreicht Schwarz seinen Traumaufbau.

8.0-0-0 Sbd7

Carlsens Figuren stehen sehr harmonisch, etwas später wird er den Läufer g5 mit h6 befragen. Die Stellung ist ausgeglichen, und auch der folgende Abtausch kann Schwarz nicht wirklich stören.

9.Sb5

Die bescheidende Züge 9.a3 oder 9.h3 waren nicht schlechter.

9...Ke7 10.Sxd6 cxd6

Als Kompensation für das Läuferpaar erhält Schwarz eine offene Linie. Der rückständige Bauer d6 ist hier kein Problem, weil der gut positionierte König alles im Griff hat.

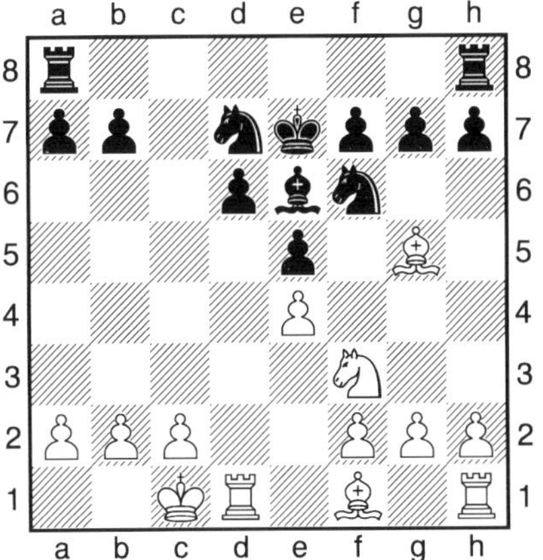

11.Lb5?!

Dieser Zug zeigt, dass Weiß nur an ein Unentschieden denkt. So eine Vereinfachungs-Strategie ist aber gefährlich, da kein Druck auf den Gegner ausgeübt wird. Besser war 11.Sd2!? Nun übernimmt Carlsen die Initiative.

11...Thd8

Ein gutes Manöver mit der Idee, auf d7 mit dem Turm zu nehmen. Gleichwertig ist auch 11...Sc5.

12.Sd2

Interessanter wäre 12.The1, damit der Läufer zurück nach f1 gehen kann.

12...h6

Weniger präzise ist 12...Tac8 13.f3 h6 14.Lh4 g5 wegen 15.Lf2.

13.Lh4 g5 14.Lg3 a6

14...Sc5 war eine Alternative, aber Carlsen spielt Stellungen mit ungleichfarbigen Läufern sehr gern.

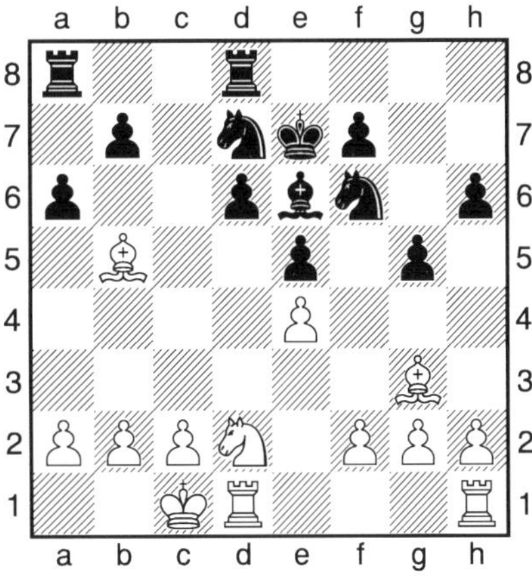

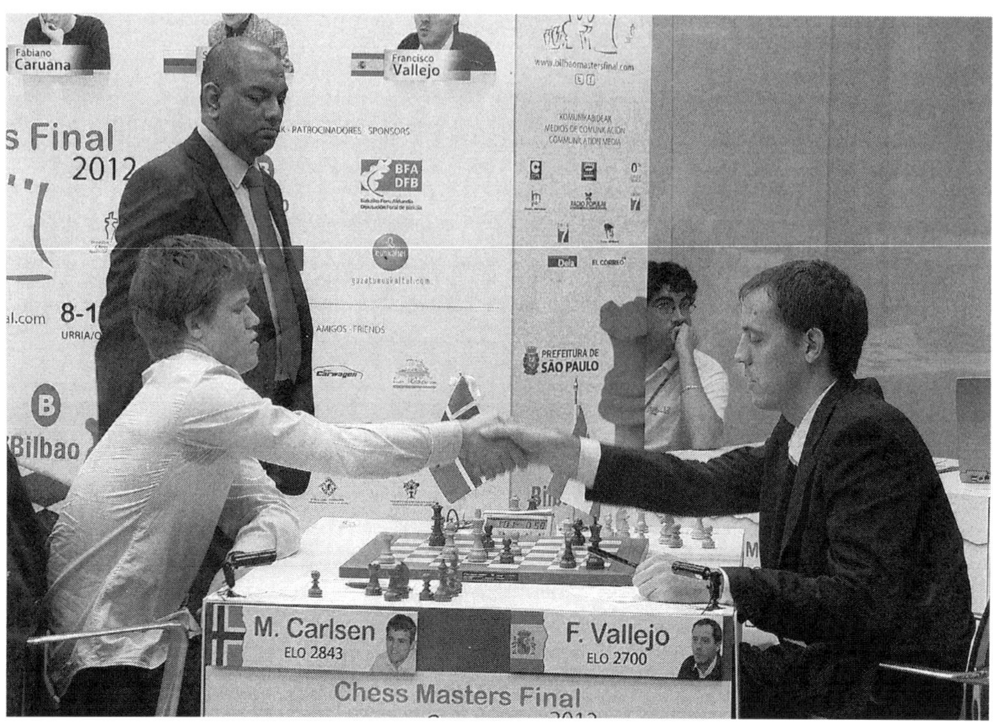

15.Lxd7?!

Meines Erachtens ist diese Idee falsch. Das Läuferpaar war der einzige Trumpf in weißer Hand. Aber Vallejo hat das alles schon so geplant, als er 11.Lb5 spielte. Besser geschah 15.Le2!?=.

15...Txd7 16.f3

Ein natürlicher Zug. Weiß deckt den Bauern e4 und bereitet die Überführung des Springers nach e3 vor. Vielleicht wäre 16.The1!? etwas genauer. Nach 16...Tc8 17.Kb1 Sh5 18.Sf1 f5 19.exf5 Lxf5 20.Se3 erhielte Vallejo eine bessere Stellung als in der Partie.

16...Tc8!

Magnus spielt sehr exakt. Sein Plan: Er will f5 durchsetzen und seinen Läufer auf der Diagonale b1-h7 postieren, um Druck gegen c2 zu schaffen. Zuerst muss er aber die eigene Position verbessern. Sein prophylaktischer Zug richtet sich gegen 17.Sf1, da er dann den Bauern a2 schlagen darf. Falls 16...Sh5 , so 17.Sf1! f5 18.exf5 Lxf5 19.Se3, und auf 19...Lg6? folgt 20.Sd5+ Ke6 21.Sb6.

17.Kb1

Oder 17.Sf1 Lxa2.

17...Sh5

Jetzt ist der richtige Moment gekommen. Eine Verzögerung bringt

nichts: 17...Tdc7 18.Tc1 Sh5 19.Sf1 f5 (19...Sf4 20.Se3) 20.exf5 Lxf5 21.Se3, und Schwarz kann 21...Lg6 wegen 22.Sd5+ wieder nicht spielen.

18.Sf1

Oder 18.Lf2 Sf4.

18...f5!

Nun aktiviert Carlsen seinen Läufer. 18...Sf4 taugt nicht mehr wegen 19.Se3.

19.exf5 Lxf5 20.Se3 Lg6

Dorthin wollte er ihn haben. Ein Vergleich mit dem untätigen weißen Läufer auf g3 sagt alles!

21.Td2

Hier geht 21.Sd5+ Ke6 22.Sb6 nicht wegen 22...Lxc2+ mit schwarzem Vorteil.

21...Ke6

Ein wichtiger Moment der Umgruppierung. Schwarz bereitet d5-d4 vor. Auch wenn seine Bauernstruktur derzeit schlechter aussieht als die weiße, so ist sein Fußvolk mobil und kämpft mit den Figuren zusammen.

22.b3

Aufmerksamkeit verdiente 22.Te1 Sxg3 23.hxg3 h5 24.Tde2!?, was sich gegen d5 richtet.

22...b5!

Es drohte 23.Sc4.

23.Kb2

Auch nicht besser wäre 23.Thd1, zum Beispiel 23...d5 24.Sxd5 Txc2 25.Txc2 Txd5 26.Txd5 Kxd5 27.Kc1 Lxc2 28.Kxc2 Sxg3 29.hxg3 Kd4-+.

23...d5

Schlechter ist 23...Sf4 wegen 24.Thd1 d5? 25.Lxf4.

24.Te1 Sxg3

Nicht 24...Sf4? wegen 25.Sg4.

25.hxg3 h5!

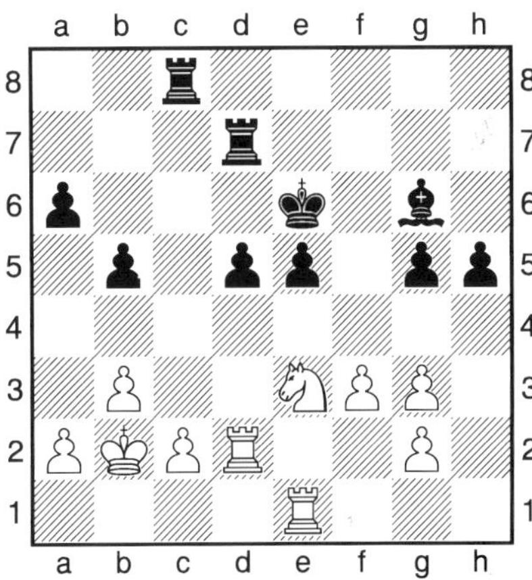

Wieder ein perfektes Timing: Schwarz verhindert Sg4 und ist bereit für den Vorstoß d4.

26.c3 d4!

Carlsen hat genau berechnet, dass Weiß von dem Abzugsschach nicht profitieren kann.

27.cxd4 Txd4 28.Txd4

Die Alternative wäre 28.Tee2!? Tcd8 29.Kc1.

28...exd4 29.Sc2+ Kd5 30.Sb4+ Kd6

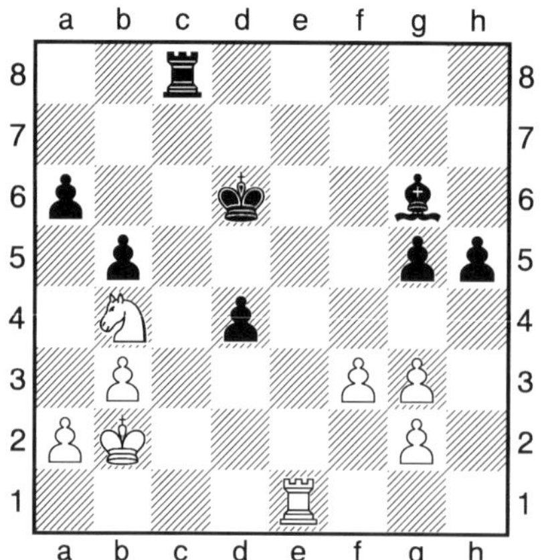

31.Tc1?

Streng genommen ist das der einzige klare Fehler von Vallejo. Aber er reicht schon, um die Partie zu verlieren. Carlsen hat sehr viel Druck ausgeübt und die falsche Antwort praktisch erzwungen. Noch könnte Weiß die Stellung halten, aber nur mit absolut besten Zügen! Die folgenden Varianten habe ich mit Computerhilfe entdeckt: 31.Td1! a5 32.Txd4+ Ke5 (Nicht 32...Kc5? wegen 33.Td5+ Kxb4 34.a3#.) 33.Td5+!? (33.Td8!? Txd8 34.Sc6+ Kd5 35.Sxd8 h4 36.Kc3! *(36.gxh4? gxh4 37.Kc3 Lh5 38.f4 Lf3)* 36...hxg3 37.Kd2 a4 38.bxa4 bxa4 39.a3 Kc4 40.Se6 Kb3 41.Sc5+ Kxa3 42.Ke3 Kb4 43.Sxa4 Kxa4 44.f4 g4 45.Kd4 *(45.Ke2 Le4 46.Kf1 Kb4 47.f5 Lxf5 48.Kg1 Le4 49.Kh1 Kc3 50.Kg1 Kd2 51.Kh1 Ke2 52.Kg1 Lf3 53.Kh1 Kf2)* 45...Kb3 *(45...Kb5 46.Ke5 Ld3 47.f5 Kc6 48.Kf4 Le2 49.Kxg3 Kd7 50.Kf4 Ke7 51.Kg5 Kf7 52.f6)* 46.Ke5 Kc3 47.f5=) 33...Ke6 34.Txg5 Kf6 35.Txb5 axb4 36.a4! *(36.Txb4 Tc2+ 37.Ka1 Txg2 38.a4 Txg3)* 36...Tc2+ *(36...bxa3+ 37.Kxa3 Tc2 38.g4 h4 39.g5+)* 37.Ka1 Txg2 38.a5 Txg3 39.a6 Txf3 40.a7 Le4 41.Txb4 Tf1+ 42.Kb2 Lg2 43.Tb8=.

31...Txc1 32.Kxc1

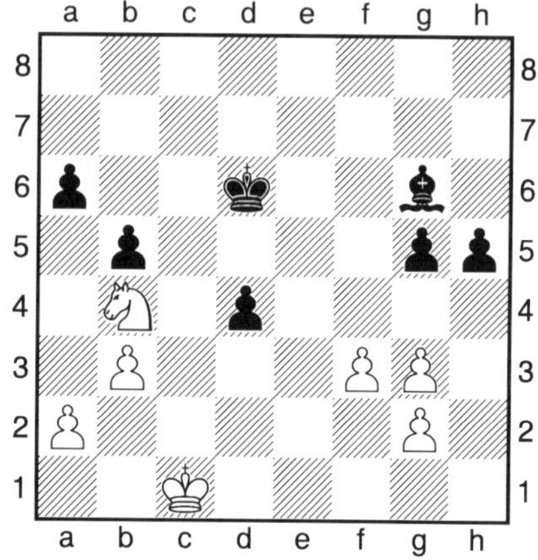

32...h4!

Eine lehrreiche Entscheidung. Auch 32...a5 33.Sc2 Kd5 sieht gut aus, aber der Norweger rechnete seine Variante schon bis zum Sieg. (33...Lxc2 34.Kxc2 h4? 35.f4)

33.gxh4

Falls 33.Sxa6, dann 33...Ld3! -+. Wenn 33.f4, so geschieht 33...hxg3 (oder 33...Le4-+) 34.fxg5 Le4 35.Sc2 Ke5 36.Se1 Kf5 37.Kd2 Kxg5, und Schwarz gewinnt.

33...gxh4 34.Sxa6

Hoffnungslos wäre 34.Sc2 Lxc2 35.Kxc2 Ke5 36.Kd3 Kf4 37.Kxd4

Kg3 38.Ke5 Kxg2 39.f4 h3 40.f5 h2 41.f6 h1D-+.

34...Ld3!

Nicht jedoch 34...Lh5? 35.Sb4 Lxf3?? 36.gxf3 h3 37.Sd3 h2 38.Sf2 Ke5 (38...Ke6 39.a4+-) 39.Sg4++-.

35.Sb4 Lf1 36.Kd2

Auf 36.Sc2 folgt 36...Lxg2 37.Sxd4 h3 38.Sf5+ Ke5 39.Se3 Lxf3 40.Sf1 Lg2-+.

36...Lxg2 37.Ke2 Lh3!

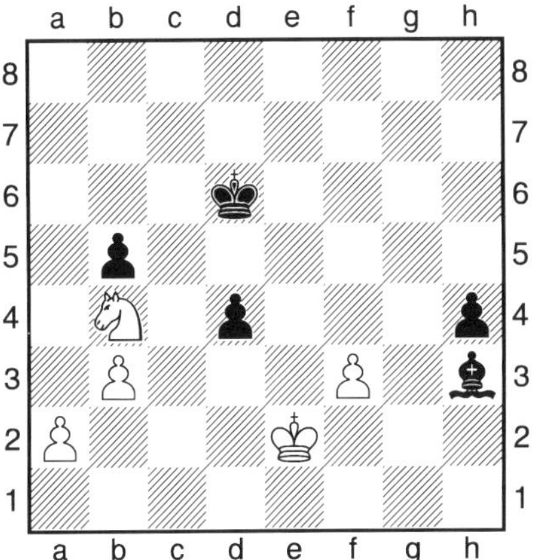

Ein schöner Schlüsselzug, der den Sieg garantiert. Jetzt geht der Läufer nach f5, um die beiden Bauern zu unterstützen. Gegen zwei Freibauern ist Weiß machtlos.

38.a4 Lf5 39.axb5 d3+ 40.Ke3 h3 41.Sxd3 Lxd3

0-1. Der Läufer kann den Bauern h3 von f5 aus decken und stoppt gleichzeitig den f- Bauern (Prinzip einer Diagonale). Eine technische Meisterleistung von Carlsen!

Carlsen – Anand

Sizilianisch B52

Bilbao 2012

Anmerkungen:
Jerzy Konikowski

In diesem Turnier kämpfte der Norweger nach verhaltenem Start mit dem Italiener Fabiano Caruana um den Gesamtsieg. Am Ende gewann er im Tiebreak. Die Partie gegen den Weltmeister zeigt Carlsens überlegene Spielführung.

1.e4 c5 2.Sf3 d6 3.Lb5+

Häufiger wird natürlich 3.d4 gespielt, aber Magnus experimentiert sehr gern in der Eröffnungsphase und prüft immer andere Möglichkeiten.

3...Ld7 4.Lxd7+ Dxd7 5.c4 Sf6 6.Sc3 g6 7.d4 cxd4 8.Sxd4 Lg7 9.f3 Dc7

Die Theorie empfiehlt hier die elastische Fortsetzung 9...0-0!?, um in diesem Moment seine weitere Absichten noch nicht zu verraten.

10.b3

Der Läufer wird auf der langen Diagonale a1-h8 entwickelt, wo er einen starken Druck gegen die feindliche Königsstellung ausüben kann. Eine andere Idee ist

10.Le3!? mit einem Bauernopfer. Nach weiterem 10...Dxc4 11.Tc1 erhält Weiß offensichtlich ein aktives Spiel auf der c-Linie. Doch

Carlsen wählt eine einfache und solidere Fortsetzung.

10...Da5

Der Sinn dieses Zuges ist nicht ganz verständlich. Logischer war hier eigentlich 10...0-0!?, um später zu entscheiden, wo die Dame endgültig platziert wird.

11.Lb2

Weiß spielt konsequent und stellt seinen Läufer nach b2. Er umgeht die Variante 11.Ld2 Sbd7 12.Sce2 Dc5 13.Le3 Da5+ 14.Dd2 Dxd2+ 15.Lxd2 Sc5 16.0-0 Sfd7 17.Tad1 0-0, wonach das Endspiel gleich steht.

11...Sc6 12.0-0 0-0 13.Sce2

Magnus verzichtet auf das typische Manöver 13.Sd5 Sxd5 14.exd5 Sxd4 15.Lxd4 Lxd4+ 16.Dxd4 b5! mit gleichen Aussichten und entscheidet sich mit Recht dafür, die Spannung zu halten.

13...Tfd8 14.Lc3 Db6 15.Kh1

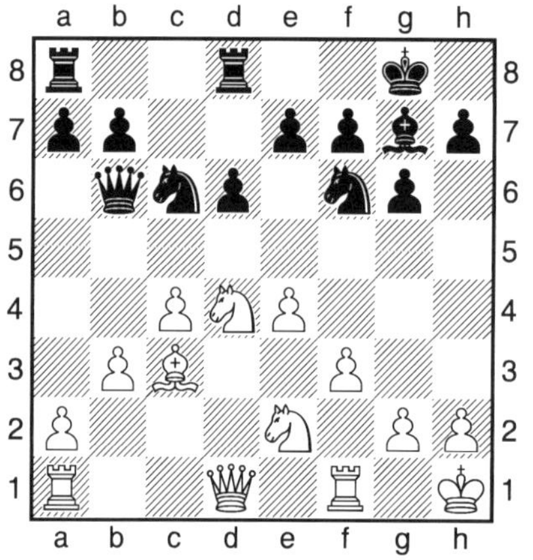

15...d5!

Das taktische Scharmützel im Zentrum führt zu einem aktiven schwarzen Spiel.

16.Sxc6

Andere Möglichkeiten sind 16.cxd5 Sxd5! 17.exd5 Txd5 18.De1 Sxd4 19.Lxd4 Lxd4 20.Sxd4 Dxd4 21.Dxe7 Td7 oder 16.exd5 Sxd5! 17.cxd5 Txd5. Sie brächten Schwarz ein kleines Plus. Deswegen ist der Tausch auf c6 die einzige spielbare Fortsetzung für Weiß, wenn er um Vorteil kämpfen will.

16...bxc6 17.De1

Es droht Lc3-a5 mit Qualitätsgewinn.

17...Tdc8

Ernsthaft in Frage kam 17...a5!?, z.B. 18.e5 Sd7 19.e6 d4 20.Ld2 Sc5 21.exf7+ Kxf7, und Schwarz hat alles unter Kontrolle.

18.e5 Se8

Auf 18...Sd7? würde Carlsen wohl auch mit 19.e6! reagieren.

19.e6!

Ein starker Zug. Das Bauernopfer schwächt die Königsstellung des Gegners.

19...fxe6 20.Sf4 Lxc3 21.Dxc3 d4

Anand versucht, die weiße Dame von seinem eigenen Königsflügel abzuschneiden. Wir werden jedoch sehen, dass Magnus einen anderen Weg findet, seine stärkste Figur näher an den schwarzen Monarchen zu bringen. Zu überlegen war deshalb die folgende Variante: 21...Sg7!? 22.De1 Dc7 23.Sxe6 Dd6 24.Sxg7 Kxg7 25.Tf2 e5 26.cxd5 cxd5 27.Te2 Te8 28.Tc1 Te7 mit gleichem Schwerfigurenendspiel.

22.Dd2 c5 23.Tae1 Sg7 24.g4!
Eine wichtige Fortsetzung, um die Felder f5 und h5 zu kontrollieren, so dass sie für den schwarzen Springer unzugänglich sind.

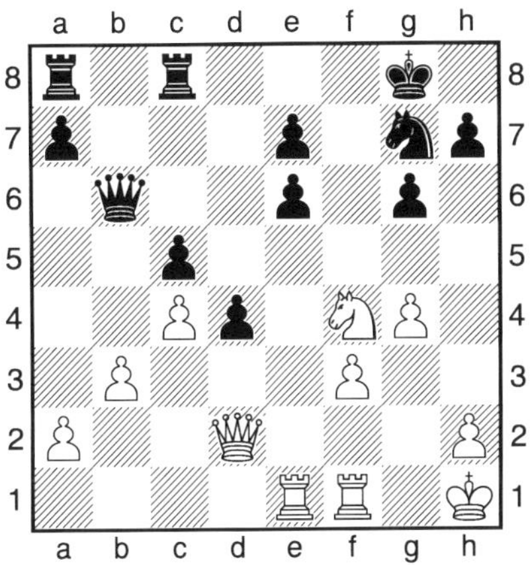

24...Tc6?

Der kritische Moment in der Partie. Bis jetzt hat sich der Weltmeister gut verteidigt, doch nun schätzt er die Lage falsch ein und macht einen schweren Fehler. Die Deckung des Bauern e6 bringt Schwarz nur in Schwierigkeiten. Besser war deswegen 24...Dd6! 25.Sh3 e5 26.Dg5 (26.Dh6 Se6!) 26...Tc7 27.Dxe5 Tf8, und die entstandene Stellung ist materiell gleich, weil Schwarz seine Kräfte erfolgreich konsolidiert hat. Also wäre die Partie ausgeglichen.

25.Sh3!

Mit dem klaren Ziel, die Dame nach h6 zu ziehen nebst Sh3-g5.

25...Se8 26.Dh6 Sf6 27.Sg5 d3

Schwarz hat keine guten Züge mehr. Nach 27...Da6 28.Te5 Dc8 29.Tfe1 Df8 30.Dh3 ist er auch verloren.

28.Te5 Kh8

Es gibt nichts Besseres. Auf 28...Td6 folgt 29.Sxh7! Sxh7 30.Dxg6+ Kf8 (oder 30...Kh8 31.Th5 nebst Matt) 31.Dxh7 d2 32.Dh8+ Kf7 33.Dh5+ Kf8 34.Tg5 e5 35.Tf5+ Tf6 36.Dh8+ Kf7 37.Dxa8, und Schwarz kann aufgeben.

29.Td1 Da6 30.a4

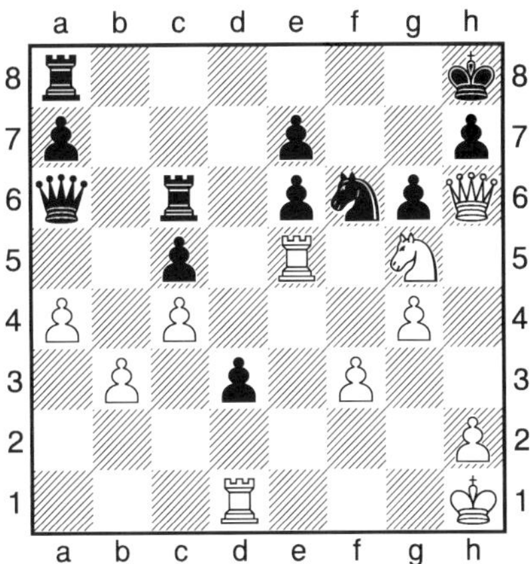

1-0. Warum kapitulierte Anand schon jetzt? Er wurde an die Wand gespielt. Aufschluss darüber geben die möglichen Varianten 30...Kg8 (30...Dc8 31.Txd3 Kg8 32.Kg2 Df8

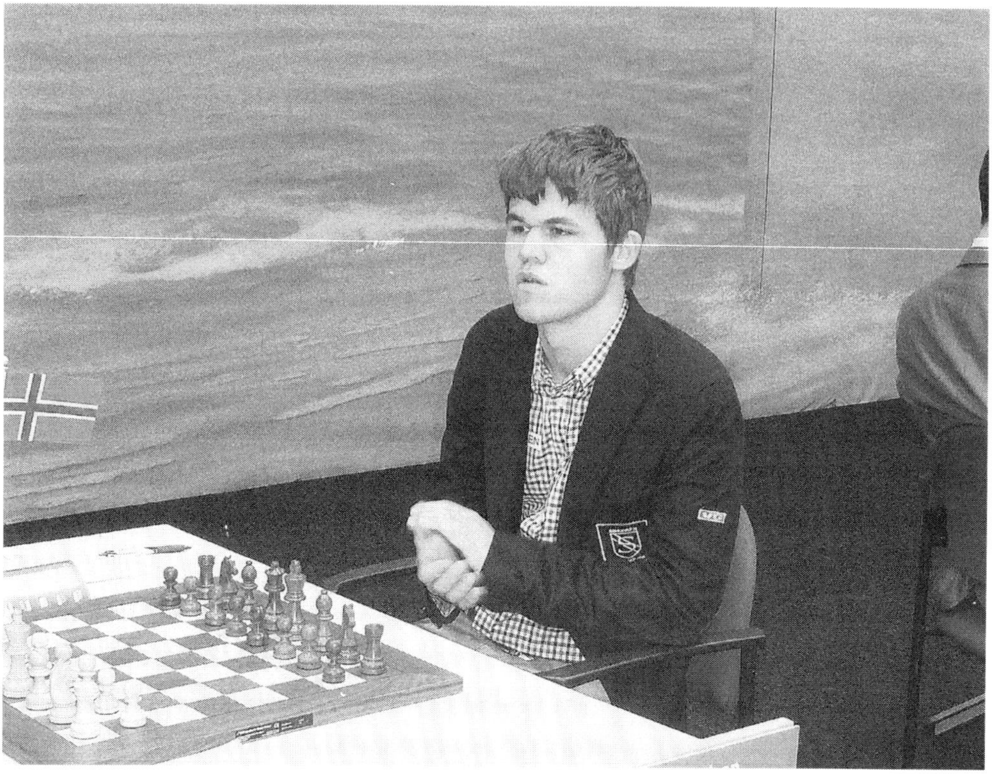

Wijk aan Zee 2013

33.Dxf8+ Txf8 34.Sxe6 mit gewonnenem Endspiel für Weiß) 31.Sxh7! Sxh7 32.Dxg6+ Kf8 33.Dxh7, und Schwarz verliert seinen Turm auf a8 oder bekommt ein Matt.

Was beide Spieler zu diesem Zeitpunkt noch nicht wussten, aber vielleicht ahnten, war die Tatsache, dass sie sich ein Jahr später im WM-Finale treffen würden. Im Januar 2013 gewann Magnus Carlsen das Turnier in Wijk aan Zee ganz überlegen mit 10,0 Punkten aus 13 Partien. Er distanzierte den Zweiten Levon Aronjan um 2,5 Punkte. So ein Traumergebnis hatte dort zuletzt Kasparow 1999 erzielt. Der Norweger schien nun tatsächlich für höchste Aufgaben gerüstet zu sein.

Alles oder nichts

In der zweiten Märzhälfte 2013 schaute die Schachwelt auf die britische Hauptstadt, wo acht Supergroßmeister den nächsten Herausforderer von Viswanathan Anand ermittelten. Der Spielort des WM-Kandidatenturniers hätte nicht besser gewählt werden können. In London wird seit über 160 Jahren Schachgeschichte geschrieben.

1851 fand dort das erste internationale Turnier von Rang statt. Der Deutsche Adolf Anderssen gewann und spielte am Rande des Wettbewerbs seine „Unsterbliche Partie" gegen Lionel Kieseritzky. Die Schachtradition der Stadt ist untrennbar mit großen Namen verbunden, beginnend mit Howard Staunton, Wilhelm Steinitz oder Emanuel Lasker. Sie alle feierten an der Themse große Erfolge. Darauf verwies auch FIDE-Präsident Kirsan Iljumschinow am Abend des 14. März in einer Rede zur feierlichen Eröffnung des Kandidatenturniers.

In jüngerer Zeit gab es in London ebenfalls herausragende Schachereignisse: 1986 eine Hälfte des WM-Finales Kasparow-Karpow, 1993 das Match Kasparow-Short und 2000 den Zweikampf, in dem Wladimir Kramnik seinem Landsmann Garri Kasparow die Schachkrone entriss. Und nicht zu vergessen die Chess-Classic-Turniere, wo sich die Weltelite seit ein paar Jahren immer im Herbst ein Stelldichein gibt.

Der jetzige Wettbewerb hatte ebenfalls besondere Bedeutung. Im wichtigsten Rundenturnier des Jahres 2013 ging es um nicht mehr und nicht weniger als um die Ermittlung des nächsten WM-Finalisten. Jeder der acht Teilnehmer wusste, das ist kein normaler Wettbewerb, sondern etwas ganz anderes. Diese Supergroßmeister stritten um das Recht, im Herbst gegen Viswanathan Anand antreten zu dürfen: Magnus Carlsen (Norwegen), Wladimir Kramnik (Russland), Levon Aronjan (Armenien), Teimur Radjabow (Aserbaidschan), Alexander Grischuk (Russland), Wassili Iwantschuk (Ukraine), Peter Swidler (Russland) und Boris Gelfand (Israel). Sieben der Teilnehmer wurden in der ehemaligen Sowjetunion geboren.

Als Topfavorit aber ging Magnus Carlsen an den Start, der seit 2010 die Weltrangliste anführt. Der 22-jährige Norweger galt, seit er als Teenager die Schachszene aufmischte, als Jahrhunderttalent. Doch wie würde er sich gegen die geballte Konkurrenz behaupten? Nach seinem überlegenen Sieg im Januar in Wijk aan Zee war Carlsens ELO-Zahl auf astronomische 2872 Punkte angewachsen, so dass er die Favoritenrolle schwerlich zurückweisen konnte. Er lag immerhin mehr als 60 Punkte vor Kramnik (2810), dann folgte Aronjan (2809). Im Londoner „Guardian“ verwies Magnus darauf, dass die Wertzahl nicht lügen kann. Trotzdem bedeutete sie noch keine Garantie, dass er das Kandidatenturnier auch gewinnt. Der Druck auf ihn war sehr groß. Aber wenn er in Bestform sei, könne er siegen, erklärte der Norweger zuversichtlich.

Mitfavorit Wladimir Kramnik meinte vor dem Start, dass dieses Turnier für alle Teilnehmer ein besonderes Ereignis sei, vor allem für die jüngeren Spieler. Carlsen, Radjabow und auch noch der 30-jährige Aronjan seien eine neue Generation, sehr motiviert und hätten mehr Energie als die Spieler seines Alters. Sie würden später - unabhängig vom Ausgang - noch lange an dieses Kandidatenturnier zurückdenken.

Die FIDE hatte die Rechte an diesem WM-Zyklus der Männer komplett an die Firma Agon verkauft. Das ist ein Unternehmen des in Russland mit Internet-Firmen erfolgreichen US-Amerikaners Andrew Paulson. Der umtriebige Geschäftsmann war zur Eröffnung in London ebenfalls anwesend. Paulsen möchte Schach im digitalen Zeitalter wieder mehr in die Schlagzeilen bringen, etwa so wie 1972, als Fischer und Spasski in Reykjavik um die Krone spielten und die ganze Welt gebannt zuschaute. Ob ihm das gelingt, muss sich erst zeigen. Die Zeiten haben sich doch sehr geändert. Auf jeden Fall hat der Weltschachbund mit diesem Deal seine Selbstständigkeit als alleiniger WM-Veranstalter aufgegeben. Nicht überall in der Schachszene fand dieser neue, überraschende Schritt Iljumschinows Beifall.

Als Hauptsponsor für das Kandidatenturnier wurde die Erdölfirma Socar aus Baku gewonnen, was zur Folge hatte, dass der Aserbaidschaner Teimur Radjabow einen Freiplatz in diesem Wettbewerb bekam. Der Preisfonds in Höhe von 510 000 Euro war angemessen, und mit dem IET Savoy Place in London fand man einen noblen, der Bedeutung des Ereignisses entsprechenden Austragungsort.

Alle schauten auf Carlsen, dessen Chancen auf die Schachkrone aufgrund seiner beeindruckenden Erfolge am höchsten eingeschätzt wurden. 2007 scheiterte er als 16-Jähriger bei den Kandidatenkämpfen noch knapp an Aronjan. Im nächsten Zyklus zog er zurück, weil der Weltverband FIDE die Termine nicht einhielt. Carlsen blieb dem WM-Ausscheid auch fern, weil er das lotterieähnliche K.-o.-System (Minimatches von vier Partien) ablehnte. Das trug dem Jungstar viel Kritik ein, aber es störte ihn nicht. Er hatte ja auch wenig Erfahrung in Zweikämpfen. Rundenturniere dagegen mag Carlsen, meist gewinnt er sie. Jetzt nahm der Norweger einen neuen Anlauf auf den Schachthron. Auch wenn die Konkurrenz bärenstark war, die Turnierform passte ihm, unter den Experten herrschte Konsens darüber, dass sie im Grunde maßgeschneidert für Carlsen ist. Nun gab es für den Skandinavier keine Ausreden mehr. Ganz Norwegen drückte ihm die Daumen.

Romanischins Erfahrungen

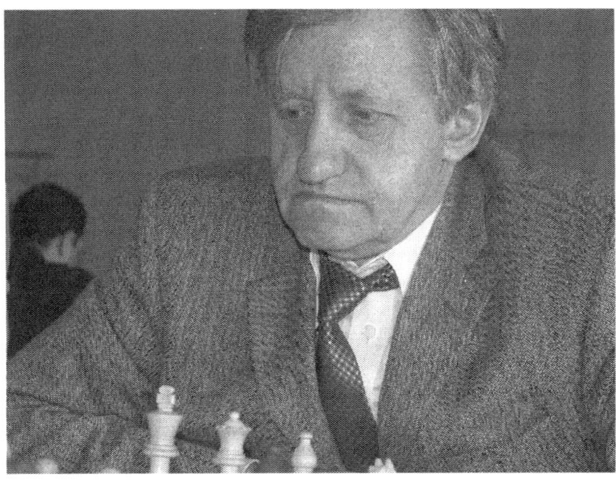

Die drei Russen im Teilnehmerfeld hatten ebenfalls viele Anhänger, die darauf hofften, dass der WM-Herausforderer nach etlichen Jahren (zum letzten Mal Kramnik 2008 in Bonn) wieder aus der Schachnation Nr. 1 kommt. Im Russischen Haus in der Berliner Friedrichstraße gibt es einen Schachklub, der sich „Präsident" nennt. Auch dessen Mitglieder drückten Kramnik, Swidler und Grischuk die Daumen. Die Großen der Zunft wie Anatoli Karpow oder Levon Aronjan schauen hin und wieder im Schachklub des Russischen Hauses vorbei. Der Autor ist dort Gastspieler, und erlebte kurz vor dem Beginn des Kandidatenturniers, wie Oleg Romanischin zu Besuch kam. Der ukrainische Großmeister war auf der Rückreise vom Open in Bad Wörishofen, wo er den 1. Platz geteilt hatte. Eine gute Gelegenheit, mit ihm über den Wettbewerb in London zu sprechen.

Auch für Romanischin galt Carlsen als Favorit, er hatte dessen imponierende Vorstellung im Januar in Wijk aan Zee live verfolgt und meinte: „Magnus spielt äußerst stark und relativ schnell. Merkwürdig ist manchmal, wie er seine Partien gewinnt. Gegen Nakamura war es sehr leicht für ihn, da sein Gegner schlecht agiert hat. Das Endspiel gegen Karjakin war schon beeindruckend. Carlsen hat sehr viel Energie und kämpft jede Partie aus."

Carlsen – Karjakin
Wijk aan Zee 2013

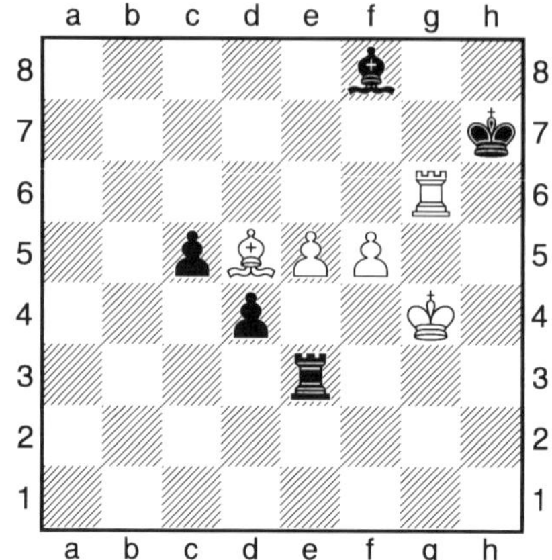

Wie gewinnt man eine Stellung mit gleichem Material? Magnus zeigt, dass es geht.

76.Lg8+! Kh8 77.Kf4 Tc3 78.f6 d3 79.Ke3 c4 80.Le6 Kh7 81.Lf5 Tc2 82.Tg2+

Carlsens kleine Armee arbeitet wunderbar zusammen.

82...Kh6 83.Txc2 dxc2 84.Lxc2 Kg5 85.Kd4 La3 86.Kxc4 Lb2

Trotz ungleichfarbiger Läufer kann Schwarz das Endspiel nicht halten.

87.Kd5 Kf4 88.f7 La3 89.e6 Kg5 90.Kc6 Kf6 91.Kd7 Kg7 92.e7

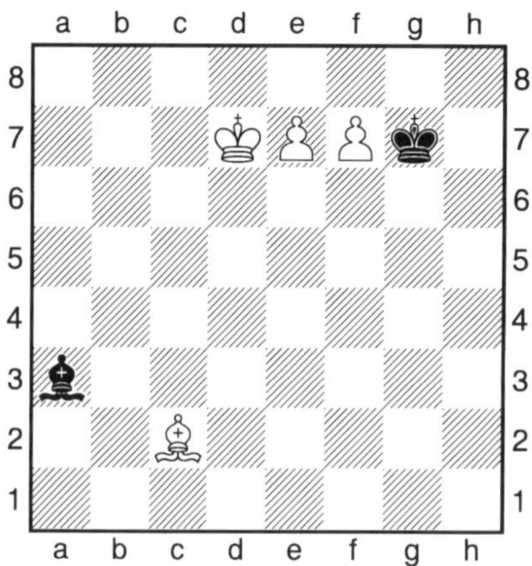

1-0

Die Turnierform in London war nach Romanischins Meinung akzeptabel, aber die davor praktizierten Formate wie das Knockout-System waren es nicht. Magnus Carlsen sei für ihn erklärter Favorit, weil er zum gegenwärtigen Zeitpunkt fast alles gewinnt. „Doch er ist nicht allein, es sollte kein Spaziergang für ihn werden", war sich der Großmeister aus Lviv sicher. „Was in so einem langen Turnier alles passieren wird, weiß man nicht." Kramniks Score im klassischen Schach gegen Carlsen war bis dato leicht positiv. Eine andere Frage lautete natürlich, ob der Russe auch so motiviert sein würde wie der Norweger, der noch keinen WM-Titel besaß. Romanischin: „Die Partien zwischen diesen beiden in London sind wichtig, aber zwei Spiele entscheiden noch kein Turnier. Als ich 1975 zum Beispiel bei der UdSSR-Meisterschaft in Jerewan gegen Petrosjan und Geller Neuerungen spielte und beide Partien gewann, hat Tigran Petrosjan zu mir gesagt: „Sie haben zwei Neuerungen gebracht und damit 100 Prozent erzielt. Großartig, aber das Turnier besteht nicht nur aus zwei Spielen, sondern aus insgesamt 15 Partien." (Petrosjan wurde am Ende Landesmeister, Romanischin Zweiter - D. Kohlmeyer).

Oleg verwies darauf, dass Kramnik in den letzten Turnieren sehr stabil gespielt hatte und wieder ganz oben mitmischt. Wir waren uns einig, dass Wladimirs Schachverständnis nicht geringer ist als das von Magnus. Und zu Aronjan sagte er: „Man sollte auch Levons Chancen nicht unterschätzen. Ich bewerte sie sehr hoch. Er kann brillant spielen." In der Tat ist Aronjan der Großmeister, vor dem Carlsen am meisten Respekt hat. Das bekannte der Norweger selbst kurz vor dem Turnier ganz offen gegenüber der englischen Presse. Die ersten Turniertage in London haben Carlsens Aussage vollauf bestätigt.

Wir sprachen bei Romanischins Berlin-Besuch mit ihm auch über Schachpolitik. FIDE-Chef Iljumschinow hat die Rechte an diesem WM-Zyklus, wie weiter vorn schon erwähnt, an die Firma Agon verkauft. Der ukrainische Großmeister und frühere WM-Kandidat vertritt eine klare Meinung dazu: „Mir gefällt das überhaupt nicht. Wir wissen doch nicht, welchen Einfluss diese Leute und die Sponsoren auf die Entscheidungen der FIDE haben. Die Föderation hat, so scheint es, wenig Einfluss auf die Geldgeber. Diese machen mitunter, was sie wollen."

Mit etwas Wehmut blickte Romanischin zurück und stellte fest: „Die Form des Kandidatenturniers war früher besser. 1959 in Jugoslawien und 1962 in Curacao spielten sie sogar noch vier Durchgänge. Nun gut, die Zeiten haben sich natürlich geändert. Man muss an die Organisationskosten denken und auch etwas modernisieren, das ist klar. Aber es sollte mit der nötigen Vorsicht geschehen. Nicht so wie es 1997 passierte, als die erste Weltmeisterschaft im K.-o.-System stattfand. Nach den letzten Zonenturnieren wurde das Interzonenturnier einfach von heute auf morgen abgeschafft. Man hat diese Knockout-WM eine Zeitlang gemacht. Jetzt wird gesagt, diese Weltmeisterschaft ist nicht mehr wichtig. Heute kann sich ein Spieler auch ohne K.-o.-System für das Kandidatenturnier qualifizieren. Warum erst diese vielen unvernünftigen Beschlüsse, die man dann wieder rückgängig macht? Man darf nicht ständig die Regeln und Bedenkzeiten ändern, vor allem nicht während eines WM-Zyklus'."

Soweit die Ansichten von Oleg Romanischin zum Thema WM-Ausscheidung. Ehe wir das Turniergeschehen von London schildern, noch ein Wort zum Modus des Kandidatenturniers. In dem knapp dreiwöchigen Wettbewerb spielte jeder gegen jeden zweimal mit vertauschten Farben. Laut Reglement kehrte man zur guten alten Bedenkzeit von zwei Stunden für die ersten 40 Züge plus eine Stunde für die nächsten 20 Züge zurück. Das war lobenswert und versprach mehr Qualität als bei den umstrittenen Knockout-Turnieren, wo die erste Zeitkontrolle schon nach 90 Minuten erfolgte. Würden die Supergroßmeister jetzt wieder hochklassigere Partien zeigen? Bei der Länge des Wettbewerbs waren sie auch nicht mehr gezwungen, so vorsichtig zu taktieren wie zuvor in den Minimatches, wo eine Verlustpartie schon das Aus bedeuten konnte.

Umkämpftes Turnier

Am Freitag, dem 15. März 2013, begann in London der Ernst des Lebens. Die Weißspieler eröffneten dreimal mit 1.d4 und einmal mit 1.Sf3. Wie es die Auslosung wollte, traf Magnus Carlsen gleich zu Beginn auf Levon Aronjan, der in London die Startnummer 1 hatte. Der Weltranglisten-Primus und sein Gegner starteten mit einem Remis ins Kandidatenturnier. Es war das erste beendete Spiel und dauerte weniger als zwei Stunden. Der Norweger führte die schwarzen Steine und einigte sich nach 31 Zügen mit dem Armenier auf das Unentschieden. In der Damenindischen Partie konnte keiner der beiden Turnierfavoriten einen entscheidenden Vorteil erzielen, die Stellung war am Ende vollkommen symmetrisch.

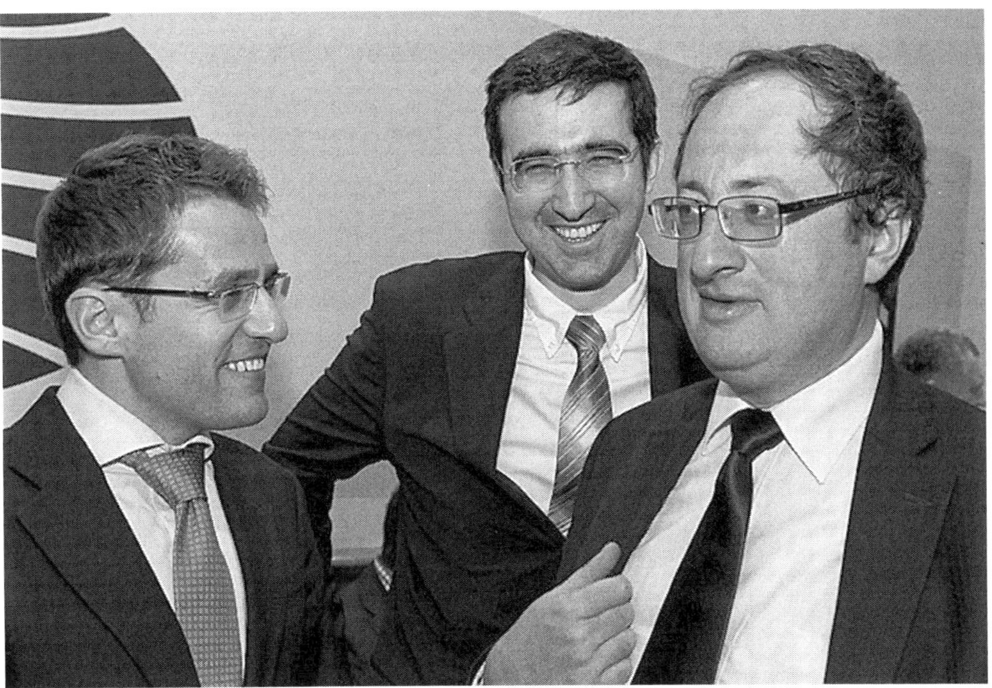

Gute Laune vor dem Start.

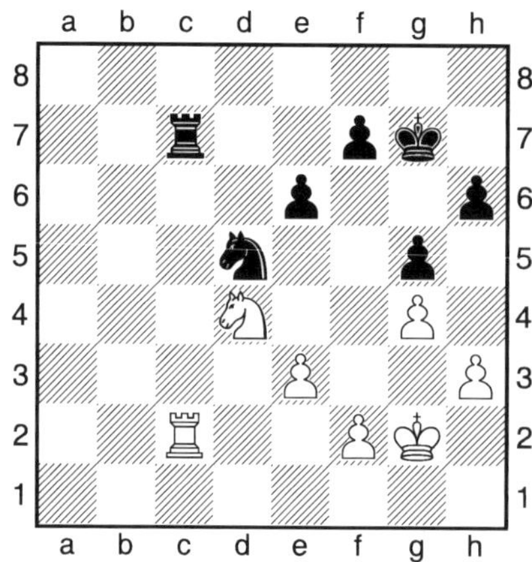

Totale Symmetrie

Auch in den anderen Partien war Abtasten angesagt. Exweltmeister Wladimir Kramnik teilte mit seinem Landsmann Peter Swidler in einem Damengambit ebenfalls den Punkt. Das Spiel ging nur über 23 Züge, aber es war an etlichen Stellen kompliziert und dauerte deshalb etwa eine Stunde länger als die Begegnung Aronjan-Carlsen. Auch wenn die Position auf den ersten Blick scheinbar übersichtlich aussah, erforderte sie doch eine genaue Variantenberechnung, weil es etliche Fallstricke gab. Zuletzt riskierte keiner mehr etwas, die Partie endete mit Zugwiederholung. Kramnik schien mit dem Ergebnis zufrieden zu sein, er hatte zu Beginn des Turniers zweimal Schwarz. Außerdem stand am nächsten Tag seine Partie gegen Carlsen an, darum war es ihm wichtig, Kräfte zu sparen und die Konzentration hochzuhalten.

In den restlichen zwei Spielen gab es auch keinen Sieger, wobei die Partie zwischen Boris Gelfand und Teimur Radjabow am lebhaftesten verlief. In der Eröffnung errichtete Weiß ein imposantes Bauernzentrum. Radjabow griff es von zwei Seiten an, tauschte drei Bauernpaare ab und hatte danach keine Stellungsprobleme. Mit einem ungenauen Zug stellte der Mann aus Baku dann aber seinen schwarzfeldrigen Läufer auf f8 kalt, so dass nur noch Gelfand aktives Spiel hatte. In Zeitnot wurde die Position jedoch so weit vereinfacht, dass der Friedensschluss nach 36 Zügen die logische Folge war. Zuletzt standen Wassili Iwantschuk und Alexander Grischuk vom Schachtisch auf, die als einzige mehr als 40 Züge absolviert hatten. Nach vier Stunden unternahm der Ukrainer im Damenendspiel noch einen Angriffsversuch, der aber nichts mehr einbrachte. Als auch die Königinnen vom Brett verschwunden waren, war das Bauernendspiel für keinen mehr zu gewinnen. Somit gab es am ersten Wettkampftag keine entschiedene Partie.

In der zweiten Runde passierte mehr, zwei Großmeister konnten ihre Spiele gewinnen. Den ersten Sieg des Turniers verbuchte Levon Aronjan, der Boris Gelfand in einer Englischen Partie mit feinen Manövern überspielte. In schwieriger Stellung übersah der Turniersenior aus Israel einen überraschenden Läuferzug. Danach war es schnell um ihn geschehen. Mit seinem Gewinn setzte der Mitfavorit Aronjan ein erstes Achtungszeichen. Es kam nicht ganz unerwartet, schließlich hatte der Armenier zu Beginn zwei Weißpartien. Teimur Radjabow gewann gegen Wassili Iwantschuk, der in schlechterer Position die Zeit überschritt. Der Sieg fiel dem Aserbaidschaner relativ leicht. Iwantschuk wollte als Schwarzer seinen jungen Gegner mit der Holländischen Verteidigung überraschen. Die Eröffnungswahl wurde aber zum Bumerang. Radjabow reagierte richtig und setzte den Ukrainer schon früh mit aktivem Figurenspiel unter Druck. Iwantschuk verlor den Spielfaden, musste Material geben und landete in einer Verluststellung. Im 34. Zug war alles vorbei und seine Uhr abgelaufen.

Highlight des Tages sollte von den Namen her die Begegnung zwischen Carlsen und Kramnik werden. Magnus zog 1.c4, worauf sich die Symmetrievariante der Englischen Eröffnung ergab. Nach frühen Vereinfachungen hatte Magnus zwar minimalen Vorteil und die Art von Stellung, die er gern zum Druckspiel und Gewinnversuchen nutzt, aber Wladimirs solide Verteidigung machte alle Ambitionen des Ranglisten-Ersten zunichte. Nachdem Schwarz die Stellung ausgeglichen hatte, erfolgte der Friedensschluss. Eine Remis-Partie ohne große Aufregungen. Kramnik zeigte sich zufrieden: „Ich bin froh, Energie für die nächsten wichtigen Runden gespart zu haben. Der Wettbewerb ist noch lang, und wer gewinnen will, muss ein Ergebnis von plus 3 oder plus 4 erzielen." Der Russe verwies darauf, dass Carlsen als Langsam-Starter bekannt sei und im Turnierverlauf sicher noch aufdrehen werde. Mit dieser Prognose lag er richtig.

Auch Kramniks Landsleute Alexander Grischuk und Peter Swidler trennten sich friedlich. Der Moskauer eröffnete als Erster in London ein Spiel mit dem Königsbauern. Es wurde eine Spanische Partie, in der Grischuk vorsorglich Swidlers Marshall-Angriff umging. Die befreundeten Großmeister taktierten zwar im Mittelspiel, aber die Stellung blieb im Gleichgewicht. Levon Aronjan und Teimur Radjabow führten nun die Tabelle mit je 1,5 Punkten an. Beide hatten am nächsten Tag Schwarz.

Dem einen sollte das nichts ausmachen, der andere musste darunter leiden.

Es wurde eine spannende Runde, die drei Siegpartien brachte. Die Veranstalter hatten übrigens vorher so ausgelost, dass die russischen Spieler jeweils an den ersten Spieltagen eines Durchgangs aufeinander trafen, um jegliche Manipulationen auszuschließen. Für die jüngeren Schachfreunde sei daran erinnert, dass beim Kandidatenturnier 1962 in Curacao die sowjetischen Teilnehmer Petrosjan, Keres und Geller alle Partien untereinander mit Kurzremisen beendeten, um Kräfte zu sparen. Leidtragender war damals vor allem der Amerikaner Bobby Fischer. In London gab es, wie man schnell feststellen konnte, keine derartigen Mauscheleien der Russen. Kramnik bemühte sich am dritten Wettkampftag nach Kräften, seine Partie gegen Grischuk zu gewinnen, auch wenn er es nicht schaffte. Man sah es aber an der Bedenkzeit, dass Grischuk im Mittelspiel lange damit zu tun hatte, die Position auszugleichen.

An den Nachbartischen gab es indessen drei Entscheidungen. Aronjan punktete erneut, indem er das wiederum riskante Spiel von Wassili Iwantschuk bestrafte. Levon glänzte mit taktischen Einfällen und setzte den Ukrainer unter Dauerdruck. Schließlich brach Iwantschuk, der erneut schreckliche Zeitnot hatte, unter den Angriffen zusammen, so dass Aronjan sich nach seinem Sieg mit 2,5 aus 3 allein an die Spitze des Feldes setzte.

Magnus Carlsen kämpfte Boris Gelfand in bekannter Manier nieder und verbuchte seinen ersten vollen Punkt. Es war eine typische Partie des Norwegers. Nach der Eröffnung hatte er Ausgleich, mehr nicht. Lange Zeit hielt Boris gut mit und hatte das Remis fast schon in der Tasche. Dann aber tauschte Gelfand voreilig die Damen und konnte das Endspiel nicht mehr halten, weil die Bauern von Magnus am Damenflügel nach über fünf Stunden Kampf das Rennen machten. Der Jüngste des Feldes hatte den Ältesten, wie es aussah, auch dank besserer Physis bezwungen. Nach seinen beiden Auftaktremis gegen Aronjan und Kramnik machte Carlsen jetzt ernst.

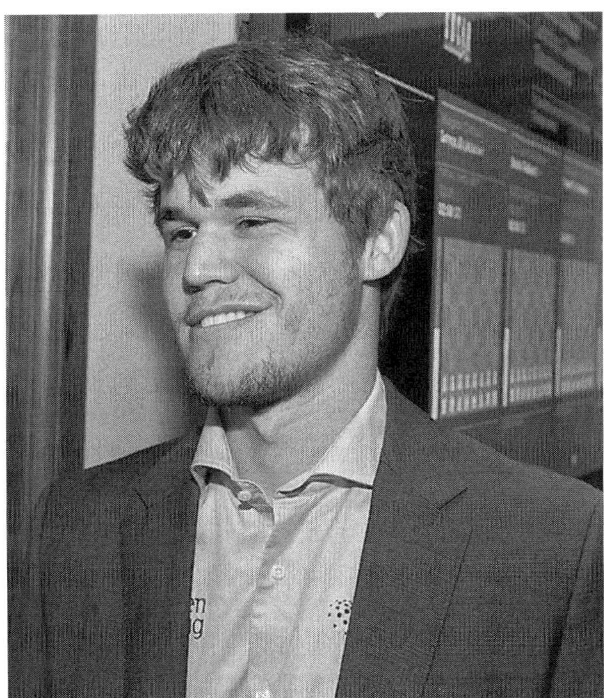

Magnus Carlsen wird erwachsen.

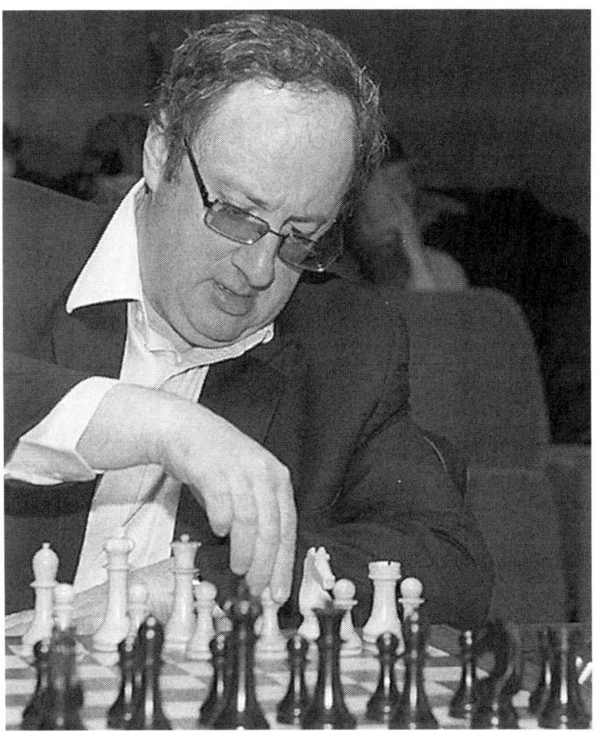

Boris Gelfand

Gelfand – Carlsen

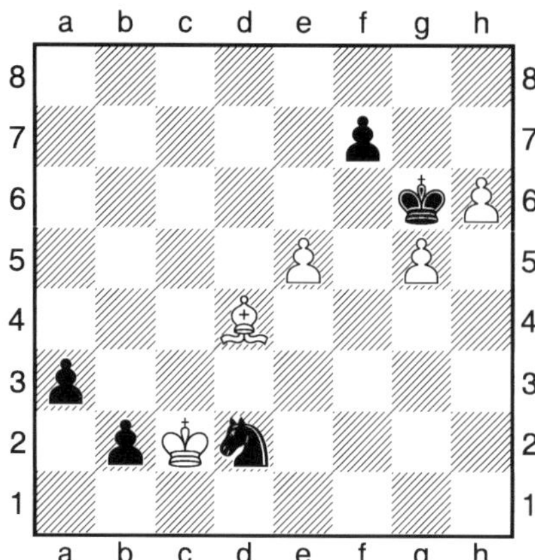

57...Sd2! 0-1. Weiß muss den Läufer für die schwarzen Freibauern hergeben.

Den dritten Gewinnpunkt des Tages holte Peter Swidler gegen Teimur Radjabow. Es war ein glänzend herausgespielter Sieg, der die Spielkunst des Großmeisters aus St. Petersburg zeigte. Fazit nach den ersten drei Tagen: Levon Aronjan hatte in London den besten Start. Mit seinem überzeugenden Spiel in den Auftaktrunden zeigte der Armenier mit Wohnsitz in Berlin, dass er mit Recht zu den Favoriten des Turniers zählte. Aber auch Magnus Carlsen und Wladimir Kramnik, die schon früh aufeinander trafen und umsichtig agierten, gaben sich bislang keine Blöße. Peter Swidler glänzte in Runde 3 mit seiner feinen Partie gegen Radjabow. Einen Fehlstart hatten die beiden ältesten Teilnehmer des Kandidatenturniers Boris Gelfand und Wassili Iwantschuk. Beide kassierten bereits am Beginn zwei Niederlagen und zierten danach das Tabellenende. Würde es nun endgültig einen Generationswechsel an der Spitze der internationalen Schachelite geben?

Nach der dritten Runde hatten die Großmeister spielfrei, insgesamt gab es in London vier Ruhetage. Laut Zeitplan fand die letzte Runde am 1. April statt. Falls ein Tiebreak notwendig sein sollte, würde der Sieger des Kandidatenturniers spätestens am 2. April feststehen. Wo er gegen Anand um die Krone spielen würde, stand noch in den Sternen. Wer würde der gesuchte WM-Finalist sein? Carlsen, Kramnik, Aronjan oder wieder einer, den wir gar nicht auf der Rechnung hatten. Vor zwei Jahren in Kasan hatte Boris Gelfand alle überrascht. Diesen Erfolg konnte er nach dem verkorksten Auftakt in London nicht wiederholen.

Nach dem ersten Ruhetag stellten sich diese Fragen: Kann Carlsen gegen Grischuk zu Aronjan aufschließen? Kommt Kramnik gegen Radjabow zu seinem ersten vollen Punkt? Geht der Spitzenreiter Aronjan gegen Swidler aufs Ganze, oder lässt er lieber Vorsicht walten? Und wie würde das Kellerduell der beiden Turniersenioren Gelfand und Iwantschuk ausgehen?

Aronjan und Swidler teilten an diesem Tag als Erste den Punkt. Der Russe hatte das Damengambit des Spitzenreiters angenommen. In einer Partie ohne große Höhepunkte kam es ausgangs des Mittelspiels zum Generalabtausch, wonach am Ende nur noch zwei Springerpaare und jeweils vier Bauern auf dem Brett waren. Swidler konnte zufrieden sein, er hatte mit Schwarz standgehalten und sein bisheriges Ergebnis von plus 1 behauptet. Auf Aronjans Konto standen weiterhin plus 2, aber es war schon seine dritte Weißpartie. Eine Runde zuvor hatte Levon jedoch gezeigt, dass man auch mit Schwarz glänzend gewinnen kann.

Magnus Carlsen hatte nun die Chance, mit einem Sieg über Grischuk den Armenier einzuholen. Und der Norweger nutzte sie. Zum ersten Mal im Turnier eröffnete er mit 1.e4, was zu einer Spanischen Partie führte. Sein Gegner aus Moskau wählte die Berliner Verteidigung, kam aber schon nach kurzer Zeit ins Grübeln. Magnus schob im 18. Zug seinen Bauern nach c5 und nahm damit den schwarzen Läufer f8 bis zum Ende der Partie aus dem Spiel. Grischuk fand nicht die besten Antworten und überlegte an vielen Stellen derart lange, dass er nach 20 Zügen nur noch fünf Minuten übrig hatte. Das konnte auf Dauer nicht gut gehen. Der Russe opferte später eine Qualität, aber das nützte ihm nichts mehr. Carlsen hielt seinen strukturellen Vorteil fest. Im 37. Zug kapitulierte Grischuk in hoffnungsloser Lage mit nur noch vier Sekunden auf seiner Uhr. Durch seinen zweiten Sieg holte Magnus den führenden Aronjan ein.

Am spielfreien Tag in London feierte Wassili Iwantschuk seinen 44. Geburtstag. Auf die Frage, was er in den freien Stunden tun werde, sagte der Ukrainer, er wolle mal einen Tag lang nicht an Schach denken. Wer Iwantschuk genauer kennt, weiß, dass ihm dies wohl nicht in Gänze gelungen ist. Ein Beleg dafür ist auch die Partie, welche er in der nächsten Runde spielte. Wassili hatte Schwarz und überraschte Boris mit der Tschigorin-Verteidigung des Damengambits (1.d4 d5 2.c4 Sc6). Diese wird auf so hoher Ebene äußerst selten gespielt. Live-Kommentator Klaus Bischoff erzählte dazu eine nette Geschichte von der Schacholympiade

2008 in Dresden. Dort packte Nigel Short im Duell England-Russland gegen Kramnik diese Eröffnung aus. Der Brite verlor chancenlos. Nach der Partie wurden beide Großmeister gefragt, welcher Zug von Schwarz ein Fehler gewesen sei. Sie erwiderten übereinstimmend: der zweite!

Gelfand und Iwantschuk investierten sehr viel Zeit in die Eröffnung. Für die ersten zehn Züge benötigten beide jeweils über eine Stunde. Es wurde eine Partie mit wilden Verwicklungen, in der sich beide Veteranen einen Kampf auf Biegen und Brechen lieferten. Iwantschuk riskierte viel, Gelfand hatte einen ‚eingemauerten' Läufer auf h2 und vermied es deshalb, mit Gewalt auf Gewinn spielen. Das Duell endete nach vierstündigem Ringen mit Remis durch Dauerschach.

Kramnik spielte gegen Radjabow Nimzoindisch. Es wurde eine strategische Partie, die sehr lange dauerte. Mit Schwarz bemühte sich der Exweltmeister schon früh um aktives Spiel. Radjabow hatte zwei hängende Bauern in der Mitte, verstand es jedoch, alle Attacken gegen sie zu vereiteln. Nach der ersten Zeitkontrolle überlegte Kramnik 20 Minuten an seinem nächsten Zug. Er realisierte wohl, das Endspiel nicht mehr gewinnen zu können. Fünfeinhalb Stunden waren vorbei, als beide im 50. Zug den Punkt teilten.

In Runde 5 erlebten die Zuschauer einen spannenden Spieltag, an dem das Führungsduo Aronjan und Carlsen seine Position hart verteidigen musste. Wladimir Kramnik war kämpferisch gestimmt und bereitete Levon Aronjan in der Spitzenpartie nicht wenige Probleme. Mit den weißen Figuren war der Russe die ganze Zeit am Drücker, und es sah so aus, als würde er seinen ersten Sieg in diesem Turnier verbuchen. Kramnik hatte ein starkes Läuferpaar und zwei Freibauern im Zentrum, Aronjan einen Freibauern am Damenflügel. Der Armenier rettete seine Stellung mit einzigen Zügen, und nach etlichen Vereinfachungen blieben ungleichfarbige Läufer übrig, so dass Kramnik seine beiden Mehrbauern nichts mehr nützten.

Wassili Iwantschuk spielte gegen Magnus Carlsen eine tolle Kampfpartie. In dem Grünfeld-Inder verlor der Weltranglistenerste schon früh einen Bauern. Diesem materiellen Nachteil lief er praktisch bis zum Ende der Partie hinterher. Zuletzt konnte der Norweger in ein Springerendspiel abwickeln und dort durch den Tausch seines Springers gegen alle weißen Bauern das Unentschieden erzwingen. Ein hart erkämpfter halber Punkt, der Magnus genügte, um mit Aronjan an der Spitze des Feldes zu bleiben.

Teimur Radjabow wählte gegen Alexander Grischuk mit dem abgelehnten Damengambit eine solide Verteidigung. Er opferte dann einen Läufer und erhielt dafür eine Bauernwalze mit drei verbundenen Freibauern. Nach dem Übergang ins Endspiel gab Grischuk die Figur gegen die drei Bauern zurück und wickelte in ein ausgeglichenes Turmendspiel ab.

Boris Gelfand spielte mit Schwarz gegen Peter Swidler dessen Spezialität, die Grünfeld-Verteidigung. Der St. Petersburger brachte schon im 7. Zug eine Neuerung und erhielt in der Folge einen aussichtsreichen Angriff. Inzwischen hatte er aber schon etwas Zeit investiert und vergab nach und nach seine schönen Möglichkeiten, bis das Spiel versandete. „So eine gute Stellung werde ich in diesem Turnier nicht mehr bekommen“, trauerte Swidler der vergebenen Chance nach.

Swidler – Carlsen

Spanisch C78

London 2013

In der sechsten Runde traf der vielfache russische Landesmeister aus St. Petersburg auf den Norweger. Diesem gelang ein beachtlicher Schwarz-Sieg. Das war ein wichtiger Schritt Magnus Carlsens auf dem Weg zum Turniergewinn.

1.e4 e5 2.Sf3 Sc6 3.Lb5 a6 4.La4 Sf6 5.0-0 Le7 6.d3

Der Zug ist heute sehr populär. Weiß möchte damit einige kritische Fortsetzungen vermeiden.

6...b5

Die andere Hauptfortsetzung lautet 6...d6.

7.Lb3 d6 8.a4 b4

Weitere Möglichkeiten sind 8...Tb8 und 8...Ld7.

9.Sbd2 0-0 10.a5 Le6 11.Sc4 Tb8

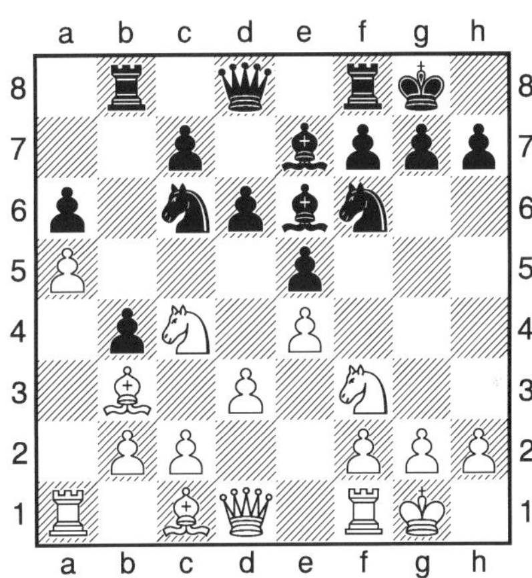

Beide Großmeister folgen der Theorie. Die sich ergebenden Stellungen sind für jede Seite spielbar. Alle Figuren befinden sich noch auf dem Brett, das verspricht einen komplizierten Kampf. Der Stärkere muss jetzt versuchen, seinen Gegner, unabhängig von der Farbe, zu überspielen.

12.c3

Swidler hat das schon in zwei Partien getestet. Er will im passenden Moment d3-d4 durchsetzen. Das verlangt aber eine längere Vorbereitung. Probiert wurden hier auch 12. Te1 und 12.h3.

12...bxc3 13.bxc3 h6 14.Te1 Dc8

Eine gebräuchliche Fortsetzung, der Td8 folgen soll.

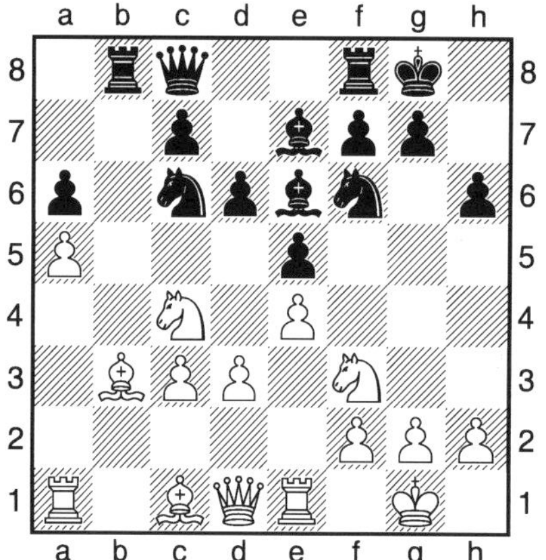

15.Lc2N

Der erste neue Zug in diesem Spiel. Weiß möchte mit seinem Springer zurück nach e3, wonach d4 endlich möglich ist. Am meisten wird 15.La3 gezogen.

15...Td8 16.De2 Lf8 17.Se3?!

Das sieht wie eine Ungenauigkeit aus. Es ist die letzte Vorbereitung für d4, aber sie erlaubt Schwarz eine starke Erwiderung.

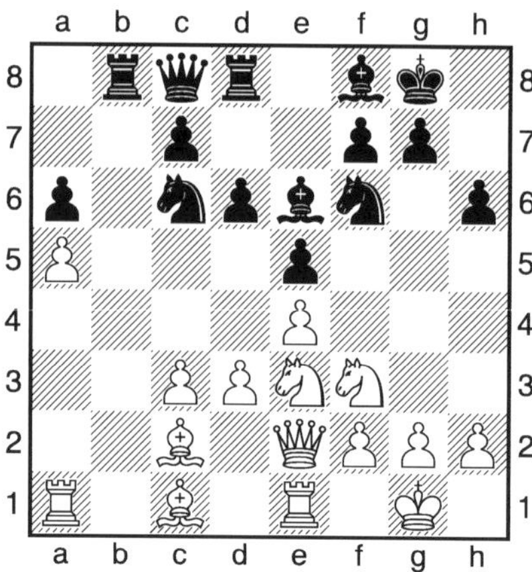

17...d5!

Exaktes Timing für Carlsens Gegenangriff. Der letzte weiße Springerzug hat den Druck vom Bauern e5 genommen, so dass Schwarz sofort seine Aktion beginnen kann.

18.exd5 Sxd5 19.Sxd5 Txd5

Magnus hält seinen Bauern e5 gedeckt und greift zugleich den feindlichen auf a5 an.

20.h3?

Dieser typische Zug ist ein Fehler. Weiß möchte die Grundreihe öffnen und auch die Fesselung durch Läufer g4 verhindern. Nun geht die Initiative auf Carlsen über, der sie nicht mehr hergibt.

20...Lf5!

Eine sehr starke Antwort. Schwarz verhindert d4 und übt Druck auf die Schwäche d3 aus. Bald wird auch der Bauer a5 hängen.

21.Td1 De6 22.Lb1

Weiß versucht, seinen Läufer über a2 zu aktivieren.

22...Dd7!

Hält den Druck gegen d3 aufrecht. 22...Txa5 würde Swidler nach 23.Txa5 Sxa5 das Gegenspiel 24.La2 einräumen, um den Bauern e5 zu bekommen.

23.Le3

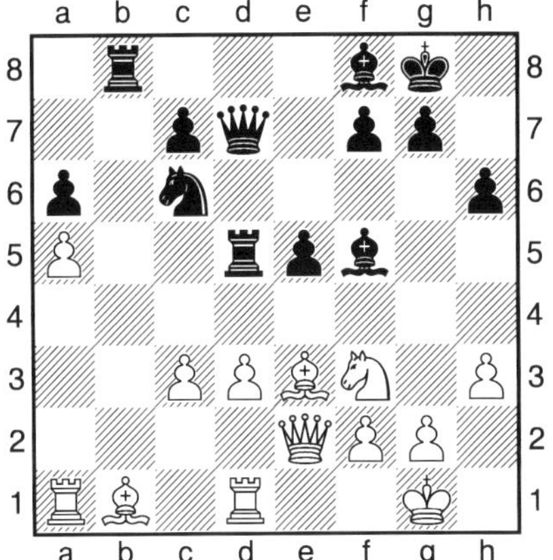

23...e4!

23...Txb1 wäre nicht das Beste wegen 24.Taxb1 Lxd3, und Weiß hat 25.Da2!, um den Turm d5 zu attackieren. 25...Txa5 26.Dxa5! Sxa5 27.Sxe5 Df5 28.Sxd3. Die beiden Türme würden dem Anziehenden unangenehme Konterchancen eröffnen.

24.Sd4 Sxd4 25.Lxd4?

Ein taktischer Versuch, den Carlsen als zu riskant einschätzte.

25...exd3

Der Computer findet sofort das starke 25...Lxh3! 26.dxe4 Tg5 27.g3. Das war ein kritischer Moment, in dem Magnus eine siegbringende Kombination übersah. Oder er wollte keinen Rechenfehler riskieren. Schwarz gewinnt nach einem fantastischen taktischen Schlag: 27...Lg4! 28.f3 Tb2!! 29.Dxb2 Lxf3, und er hat zu viele Drohungen: Txg3+, Dh3 und das einfache Lxd1.

26.Lxd3 Lxd3 27.Txd3 c5 28.Le5!

Das war Swidlers Plan, als er mit seinem Läufer auf d4 schlug. Aber der Zug beseitigt nicht seine Probleme.

28...Txd3 29.Lxb8

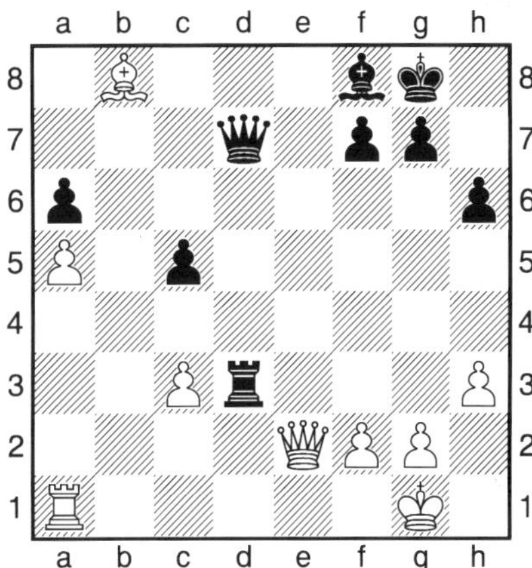

29...c4!

Eine feine positionelle Lösung. Schwarz schützt seinen Turm d3, fixiert c3 und macht c5 für seinen Läufer frei, der von dort starken Druck auf f2 ausübt. Die zusätzlichen Schwächen auf c3 und a5 sind zu viel, und Weiß kann seine Stellung nicht mehr halten.

30.Le5 Lc5 31.Tb1 Dd5! 32.Tb8+ Kh7

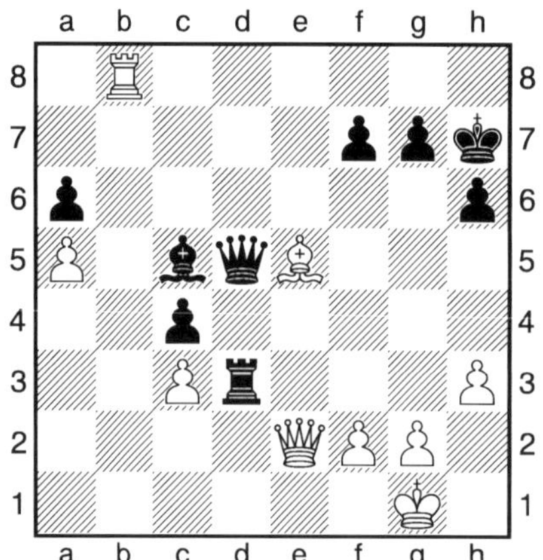

33.Dh5?

Bereits der entscheidende Fehler. Warum stellt ein Weltklasse-Großmeister wie Peter Swidler die Partie in einem Zug ein? Er wollte eine simple Falle stellen: 34.Th8+! Kxh8 35.Dxh6+ Kg8 36.Dxg7 matt. Das funktioniert auf diesem Niveau natürlich nicht. Carlsen präsentiert eine coole Verteidigung und kreiert gleichzeitig Gegendrohungen.

33...De4! 34.Tb2 Td5!

Weiß kann den Figurenverlust nicht mehr verhindern.

35.Te2 Db1+ 36.Kh2 f6

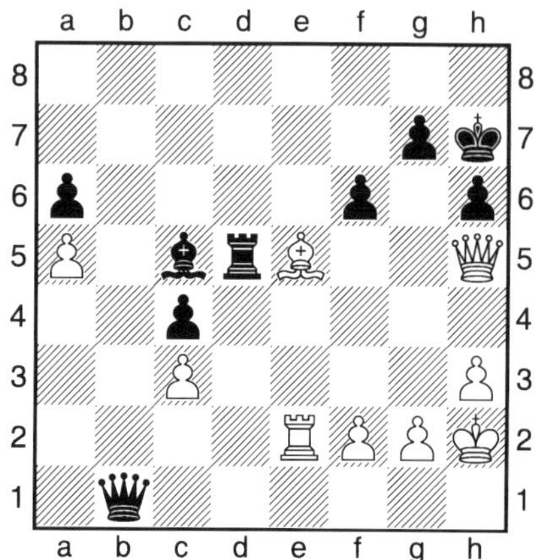

0-1

An diesem Tag konnten die beiden Spitzenreiter durch Siege ihre Tabellenführung ausbauen. Während Carlsen, wie eben gesehen, gegen Swidler gewann, schaffte Aronjan dies mit der gleichen Farbe gegen Radjabow. Der Aserbaidschaner hatte in dem Turnier einen schweren Stand. Doch einmal hätte er für einen Paukenschlag sorgen können. Es fehlte nicht viel, und Teimur hätte eine Runde später eine Sensation geschafft. Er musste mit Schwarz gegen Magnus Carlsen antreten und kam in einem Rossolimo-Sizilianer zu einer aussichtsreichen Stellung. Als Carlsen nicht die genaueste Fortsetzung fand, nutzte Radjabow die Möglichkeit zu einem starken Angriff. Um nicht mattgesetzt zu werden, musste Carlsen die Qualität geben, stand aber weiterhin gefährdet. Doch er verteidigte sich einfallsreich, und mit knapper Zeit fand Radjabow keinen entscheidenden Durchbruch. So konnte Magnus seine Stellung konsolidieren, und sein Gegner begnügte sich mit Zugwiederholung und Remis.

Auch in der 7. Runde zeigte Levon Aronjan große Entschlossenheit. Er spielte mit Weiß gegen Alexander Grischuk und ging von Beginn an energisch zu Werke. In einer zweischneidigen Stellung der Damenindischen Verteidigung opferte Aronjan einen Bauern, für den er mit Druck im Zentrum und am Damenflügel gute Kompensation erhielt. Doch Grischuk sicherte sich genügend Gegenspiel, indem er seine Bauernmehrheit am Königsflügel vorschob. Nach der Zeitkontrolle war aber die Luft aus der Stellung, und das Duell endete unentschieden.

Remis ging auch die Partie zwischen Boris Gelfand und Wladimir Kramnik aus, allerdings verpasste der Israeli eine große Chance. Wie Gelfand hinterher einräumte, habe er die Varianten falsch berechnet. Tatsächlich hätte ein aggressiver Springerzug Weiß starken Angriff beschert und Kramnik vor große Probleme gestellt. Doch nach langem Nachdenken entschied sich Gelfand gegen die Attacke und für einen anspruchslosen Rückzug. Das führte schnell zu Vereinfachungen und baldigem Friedensschluss.

Im Vergleich zu den Aufregungen in den vorherigen Runden verlief die Begegnung zwischen Iwantschuk und Swidler undramatisch. Der Ukrainer verzichtete nach 1.e4 e5 2.Sf3 Sc6 auf eine Diskussion über Vor- und Nachteile des Spaniers, sondern testete mit 3.d4 Swidlers Kenntnisse der Schottischen Partie. In einer typischen Variante spielte Schwarz bald mit zwei Figuren gegen Turm und zwei Bauern. Doch trotz der ungleichen Materialverteilung blieb die Stellung im Gleichgewicht, und so hatte keiner der beiden etwas gegen eine Zugwiederholung einzuwenden.

Am Tabellenstand hatte sich durch die vier Punkteteilungen nichts verändert. Zur Halbzeit lagen Magnus Carlsen und Levon Aronjan nach sieben von vierzehn Runden mit je 5,0 aus 7 und 1,5 Punkten Vorsprung auf Wladimir Kramnik und Peter Swidler gemeinsam an der Spitze. Am achten Spieltag trafen der Norweger und der Armenier noch einmal aufeinander. Die Spitzenpaarung zwischen Carlsen und Aronjan brachte keine Vorentscheidung über den Turniersieg, sondern endete unspektakulär mit Remis. Beide Seiten agierten vorsichtig und vermieden große Risiken. Zwar kam Carlsen in einem Katalanen zu ganz leichtem Druck, aber dieser war viel zu harmlos, um Aronjan zu gefährden. So verflachte die Stellung durch zahlreichen Abtausch und mündete in ein Endspiel, in dem keiner Gewinnchancen hatte.

Sieben Runden blieb Wladimir Kramnik in London trotz einer Reihe sehr guter Stellungen ohne Sieg. Zudem unterlief ihm gegen Boris Gelfand ein ziemlich schwerer und für ihn seltener Fehler, den sein Gegner jedoch ungestraft ließ. Vielleicht ein Zeichen für Kramnik, dass ihm das Glück von nun an hold sein könnte, mutmaßten einige Beobachter. Entsprechend beflügelt spielte er in Runde 8 gegen Peter Swidler und gewann in typischer Kramnik-Manier.

In einem Grünfeld-Inder kam Wladimir mit Weiß nach frühem Damentausch zu einer Stellung, die unspektakulär aussah, aber in der er einen aktiven König und Vorteile im Zentrum hatte. Tatsächlich geriet Swidler im weiteren Partieverlauf immer weiter in die Defensive, so dass Kramniks Möglichkeiten immer besser wurden. Durch den Vorstoß seiner Bauern am Königsflügel schuf er Bauernschwächen in der schwarzen Stellung und nutzte diese aus, um sein positionelles Plus zur Geltung zu bringen. Mit taktischen Tricks machte Kramnik aus der Mehrheit im Zentrum Freibauern, und diese sicherten ihm schließlich seinen ersten Sieg in London.

„Das war vor allem gute Vorbereitung“, kommentierte Boris Gelfand seinen vollen Punkt gegen Teimur Radjabow. In diesem Fall war es eine Neuerung in einer zweischneidigen Variante der Englischen Eröffnung. Radjabow fand keine gute Erwiderung und geriet bald ins Hintertreffen. Gelfand belagerte systematisch die weißen Bauernschwächen und kam zu einem mühelos wirkenden Sieg.

Von Zeitnot wurden in London vor allem zwei Spieler geplagt: Iwantschuk und Grischuk. Der Ukrainer überschritt an jenem Tag gegen Grischuk zum dritten Mal in diesem Turnier die Bedenkzeit. Bis dahin war die Partie, die mit einem Fianchetto-Sizilianer begann und in ein Abspiel der Drachenvariante mündete, inhaltsreich und ausgeglichen verlaufen. Doch mit knapper werdender Zeit bereitete sich Iwantschuk immer größere Probleme, und er musste die dritte Niederlage hinnehmen. Mit seinem ersten vollen Punkt schob sich Grischuk auf den vierten Tabellenplatz vor.

Kopf an Kopf

Bis zu diesem Zeitpunkt diktierten Magnus Carlsen und Levon Aronjan das Geschehen im Kandidatenturnier. Jeder von ihnen gewann drei Partien und spielte fünfmal remis. Im direkten Vergleich trennten sie sich zweimal unentschieden, zuletzt am Tag des Rückrundenstarts. Nach acht Durchgängen hatten beide 5,5 Punkte.

Mitfavorit Wladimir Kramnik lag zwischendurch schon 1,5 Zähler hinter dem Führungsduo. Dem russischen Exweltmeister gelang nach sieben Remis am achten Spieltag endlich der erste Sieg. Nach dem Gewinn gegen seinen Landsmann Peter Swidler machte Kramnik etwas Boden gut und wahrte die kleine Chance, Carlsen noch einzuholen. Dafür müsste er den Norweger am besten in Runde 9 schlagen. Auf Aronjan würde Kramnik noch einmal am 12. Spieltag treffen. Bislang aber machten Carlsen und Aronjan in London den stärksten Eindruck. Sie führten das Achterfeld schon seit der vierten Runde an. Hatten sie Vorteil in einer Partie, verwerteten sie ihn, standen sie weniger gut, schafften sie zumindest eine Punkteteilung.

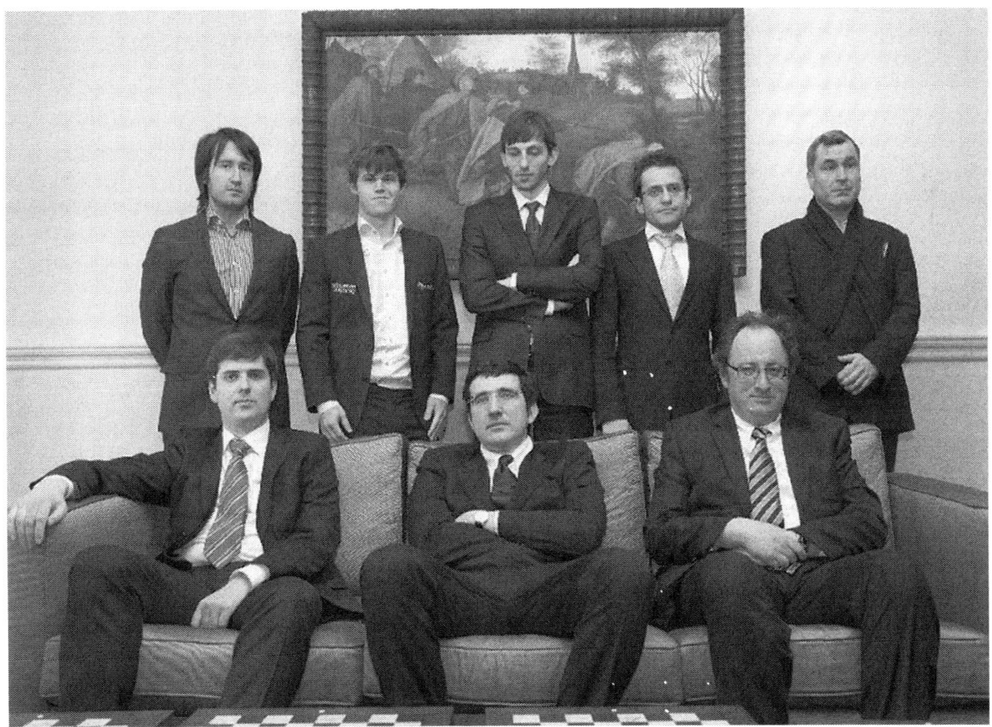

Die Acht von London

Besonders im Fokus der Medien stand Magnus Carlsen, er war eindeutig der Besuchermagnet. Fotoreporter, Fernsehanstalten und Radiosender rissen sich um das 22-jährige Schachgenie. Sie verwiesen darauf, dass Magnus trotz seiner Jugend schon seit 2010 die Weltrangliste anführte. Und sie konstatierten, dass seine Züge leicht aussehen, aber in der Regel tief durchdacht sind. Carlsen trete selbstbewusst auf, doch nicht überheblich. Seine Londoner Kontrahenten, die alle in der früheren Sowjetunion geboren wurden, kamen mehr und mehr ins Grübeln. Auch für sie ging es ums Prestige und natürlich um viel Geld.

In einem BBC-Interview am Ruhetag betonte der Norweger, dass Psychologie im Schach eine wichtige Rolle spielt. „Manchmal trifft man Entscheidungen, die man beim Spiel gegen einen Computer wohl nicht treffen würde, weil man denkt, dieser Zug ist für Menschen nicht leicht zu beantworten. Das ist der Teil, den ich am Schach besonders mag, die psychologische Kriegführung“, sagte Carlsen. Außerhalb des Turniersaals zeigte sich der junge Mann dann wieder umgänglich. Gegner und Zuschauer mochten ihn. Die Sponsoren standen inzwischen Schlange, denn seit dem Amerikaner Bobby Fischer gab es keinen so großen Schachhelden aus dem Westen mehr wie Carlsen.

Der neunte Spieltag war sehr spannend. Im Blickpunkt standen die beiden Partien Kramnik-Carlsen und Gelfand-Aronjan. Und nach diesen Duellen konnte man festhalten, dass die Runde vorentscheidend für den Ausgang des Kandidatenturniers war. Carlsen hielt seine nicht ganz einfache Partie gegen Kramnik remis, aber Aronjan geriet gegen Gelfand ins Hintertreffen und verlor. Nun lag der Armenier einen halben Punkt zurück und brauchte einen Sieg mehr, um wieder mit dem Topfavoriten gleichzuziehen. Kramnik musste noch zwei Partien mehr für sich entscheiden, um Carlsen einzuholen. Eine äußerst schwere Aufgabe.

Tags darauf änderte sich an der Spitze nichts, weil alle drei führenden Großmeister ihre Partien gewannen. Carlsen bezwang Gelfand in seiner typischen Art, brauchte dazu aber fast fünf Stunden. Boris verteidigte sich sizilianisch, es gab taktische Geplänkel, aus denen Magnus mit einem Mehrbauern am Damenflügel hervorging. Er verwertete den Vorteil auf originelle Weise, gab seinen Läufer für den feindlichen a-Bauern und war mit jetzt zwei verbundenen Freibauern auf der Siegerstraße. Es war seine zweite Gewinnpartie gegen Gelfand in London. Zuvor gab Aronjan Iwantschuk das Nachsehen, der das Budapester Gambit gewählt hatte, und Kramnik konnte seinen Landsmann Grischuk, der in Zeitnot fehlgriff, im Bauernendspiel überlisten. Die einzige Remispartie gab es zwischen Swidler und Radjabow, wo der Aseri am Ende durch Zugwiederholung das Unentschieden herbeiführte.

Die Spitzenleute Carlsen, Aronjan und Kramnik blieben weiter unter sich. Der Norweger besaß jetzt 7,0 Punkte, der Armenier 6,5 und der Russe 6,0. Noch waren vier Runden zu spielen, doch schon jetzt war klar, dass die übrigen Teilnehmer mit dem Ausgang des Turniers nichts mehr zu tun haben würden. In London gab es quasi eine Zwei-Klassen-Gesellschaft. Hinter Kramnik folgte nach einer Lücke von 1,5 Punkten das „Tabellen-Unterhaus".

In Runde 11 setzte Kramnik seine Aufholjagd fort. Nach dem Sieg über seinen Landsmann Grischuk bezwang der Exweltmeister nun auch Radjabow. Kramnik lag jetzt mit 7,0 Punkten nur noch knapp hinter dem Spitzenreiter Carlsen, der sich von Grischuk remis trennte und 7,5 Punkte hatte. Aronjan verlor überraschend gegen Swidler, blieb bei 6,5 Punkten stehen und rangierte jetzt auf Platz 3. Zum ersten Mal seit vielen Runden hatte sich damit das Tabellenbild an der Spitze geändert, weil Kramnik und Aronjan die Plätze tauschten. Der Armenier konnte seine blendende Form der Hinrunde nicht halten und musste nun schon die zweite Niederlage hinnehmen. Kramnik hingegen kam gegen Radjabow zu seinem dritten Sieg. Da Carlsen nur remis spielte, hatte der Exweltmeister plötzlich gute Chancen, den Norweger noch einzuholen. Auch für Aronjan war der Zug noch nicht gänzlich abgefahren. Er durfte sich jetzt allerdings keinen Ausrutscher mehr leisten.

Iwantschuk und Gelfand, die in dem Turnier nichts mehr bestellen konnten, machten schnell Remis und verschafften sich damit etwas Zeit zur Erholung. Einmal mehr war die Grünfeld-Verteidigung auf dem Brett. Auch wenn es in London einige Kurzremisen gab, war schon jetzt klar, dass dieses Kandidatenturnier von der Spannung und Qualität her als einer der besten Wettbewerbe in die Schachgeschichte eingehen würde.

Die Grünfeld-Partie zwischen Grischuk und Carlsen dauerte nur sechs Züge länger als das Duell Iwantschuk-Gelfand, jedoch dachten diese beiden Großmeister über ihre Züge viel mehr nach. Mit 5.h4 verlieh Grischuk dem Spiel eine originelle Note. Später kam er auch zur Öffnung der h-Linie, was einem Kommentator zufolge gegen Carlsen noch nicht vielen gelungen ist. Im 23. Zug produzierten beide Spieler aber eine Stellungswiederholung.

Für Radjabow, der am Tag zuvor mit einem Kurzremis gegen Swidler zufrieden war, ging die Negativserie weiter. Mit Schwarz verlor er gegen

Kramnik, der nur etwas Initiative besaß, doch die Partie kippte nach dem 28. Zug zugunsten des Russen. Radjabow hatte mit der Dame leichtsinnig einen Bauern geschnappt und geriet danach forciert in eine verlorene Stellung.

Swidler wählte gegen Aronjans Nimzoindisch die Sämischvariante, worauf eine komplizierte Situation entstand. Levon wurde am Königsflügel aktiv, doch dann erwies sich ein viel zu riskanter Bauernzug als entscheidende Schwäche. Am Ende entschied ein weißer Freibauer im Endspiel mit Türmen und Leichtfigur die Partie. War das schon das Aus für den Mitfavoriten? Der nächste Tag würde es zeigen, wenn der Armenier auf Kramnik traf. Nur ein voller Punkt würde Aronjan noch Chancen lassen.

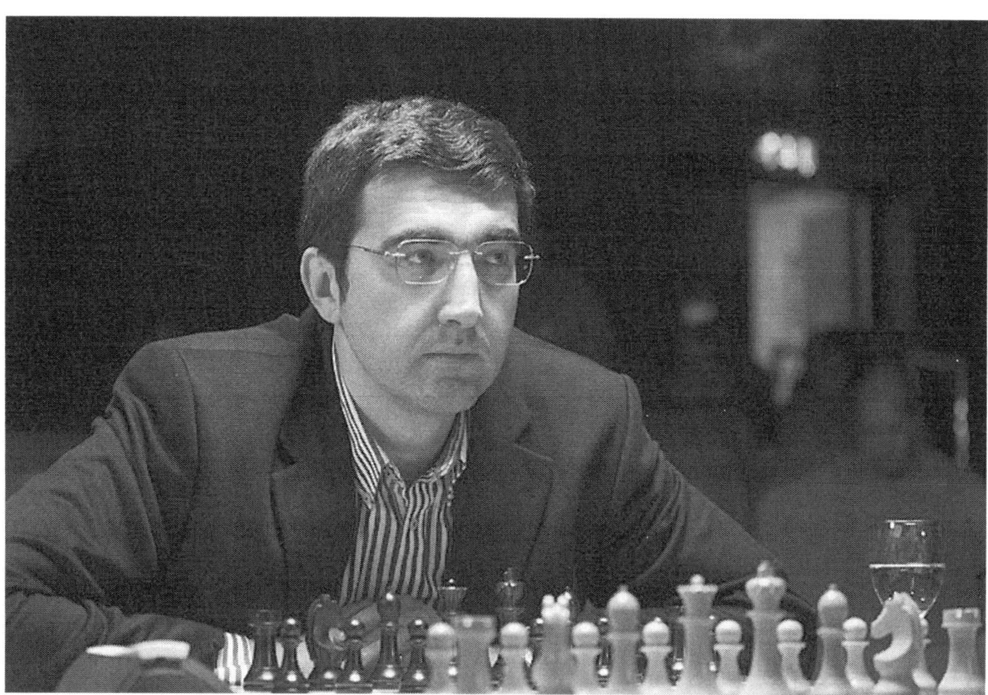

Großes Turnier von Kramnik

Herzschlagfinale

Am 12. Spieltag passierte Sensationelles in London. Magnus Carlsen verlor gegen Wassili Iwantschuk seine erste Partie, und Wladimir Kramnik besiegte im Duell der Verfolger mit Schwarz Levon Aronjan. Er übernahm dadurch zum ersten Mal die Tabellenführung – und das zwei Tage vor Schluss! Der Exweltmeister erwies sich als d e r Mann der Rückrunde. Nach sieben Remisen im ersten Durchgang und mageren 3,5 Punkten auf seinem Konto drehte Kramnik auf und holte in der 8. bis 12. Runde 4,5 aus 5. An der Spitze lag nun Kramnik mit 8,0 Punkten vor Carlsen (7,5) und Aronjan (6,5). Nach seiner zweiten Niederlage in Folge war der Armenier aus dem Rennen um den Gesamtsieg. Wer hätte das zwei Runden vorher gedacht!

Das Kandidatenturnier hatte bis dahin schon einige Tragödien erlebt – jetzt kamen zwei neue hinzu. Kramnik besaß auf einmal die besten Chancen auf den Gesamtsieg. Das würde ihm die Möglichkeit eröffnen, nach 2008 erneut gegen Anand um die Weltmeisterschaft zu spielen. Aber natürlich konnte es am Ende des Turniers auch wieder anders aussehen. Dennoch war schon bemerkenswert, dass der hohe Favorit Carlsen es zu diesem Zeitpunkt nicht aus eigener Kraft schaffen konnte, WM-Herausforderer zu werden. Der junge Mann war nun auf Schrittmacherdienste angewiesen.

Wassili Iwantschuk ist normalerweise ein guter „Kunde" für Magnus Carlsen, doch diesmal lief es schief für den Norweger. Carlsen spielte mit Weiß, holte aber aus der Eröffnung nichts heraus. Bald kam es zum Endspiel, also der Partiephase, in der er schon oft gezaubert hat. Doch seine Stellung war etwas schlechter. Carlsen spielte trotzdem auf Sieg und rannte dann einem Remis hinterher, von dem er wohl zu sicher war, es zu erreichen. Schließlich musste er eine unerwartete Niederlage quittieren.

Im anderen Drama dieser Runde verpasste Aronjan nach einer ambitionierten Partie einzügig ein mögliches Remis. Der Armenier hatte das Spiel mit Weiß ebenso ehrgeizig angelegt wie sein Gegner Kramnik. Nach einem Figurenopfer fand Levon eine gute Fortsetzung nicht, dann kämpfte er mit einer Figur weniger lange um das Remis. Als die Punkteteilung in Sicht kam, verschenkte er durch einen Fehler den halben Zähler. Aronjan war damit aus dem Rennen. Wir erinnern uns an Kasan 2010, wo der Armenier als Favorit der Kandidatenkämpfe schon in der ersten Runde ausschied. In London begann es so gut für ihn, aber die großartige Form reichte nur bis zur 10. Runde für einen Spitzenplatz. Nun lag er zwei Spieltage vor Schluss auf einmal 1,5 Punkte hinter Kramnik. Erneut war der Traum vom WM-Kampf für den sympathischen Wahlberliner ausgeträumt.

Aronjans Niederlage wirkte sich auch auf Carlsens Situation aus. Zwar hatte der Norweger den Armenier in der Turniermitte abgefangen und überholt; alles schien so, als würde der 22-Jährige „planmäßig" WM-Herausforderer. Doch nun lag der Weltranglisten-Primus auf einmal einen halben Punkt hinter Kramnik und hatte es nicht mehr in der Hand, das Turnier aus eigener Kraft zu gewinnen.

Die russischen Kommentatoren jubelten. Ihr bester Mann Kramnik hatte einen Mitkonkurrenten bezwungen, während der Spitzenreiter seine Partie unverhofft verlor. Alles sprach für den 14. Weltmeister. Kramnik hatte von Anfang an ein gutes Turnier gespielt, nur die Siege wollte sich lange Zeit nicht einstellen. Nun war er der einzige Teilnehmer ohne Niederlage. Aber noch standen zwei Spieltage bevor, und da konnte sehr viel passieren. Wie oft hatte Magnus Carlsen in der Vergangenheit Turniersiege im letzten Moment aus dem Feuer gerissen.

Nach dem Ruhetag kam die ominöse 13. Runde. Wieder ein Schicksalstag, der alles bot, was Schach so spannend macht. Kramnik drückte gegen Gelfand, kam aber nicht über ein Remis hinaus, Carlsen spielte gegen Radjabow in ausgeglichener Stellung so lange weiter, bis sein Gegner schließlich einbrach und zog in der Tabelle mit Kramnik gleich. Swidler gewann schön gegen Iwantschuk. Die Zuschauer erlebten eine typische Carlsen-Partie. Der Norweger wählte gegen Radjabow die Nimzoindische Verteidigung. Im 25. Zug wurden die Damen getauscht, und es ergab sich ein Endspiel mit Turm und Leichtfiguren, das sich etwa im Gleichgewicht befand. Nur hatte Radjabow mit zwei vereinzelten Bauern am Damenflügel eine kleine Schwäche. Er konnte diese zwar durch Tausch eines Bauernpaares beseitigen, aber trotzdem spielte Carlsen immer noch weiter auf Gewinn. Unter dem Druck machte Radjabow einige kleine Fehler und musste schließlich um das Remis kämpfen. Zum Schluss setzte sich Carlsen durch und gewann die Partie nach sieben Stunden im 89. Zug. Damit hatte er Kramnik eingeholt, der mit Weiß Gelfands Verteidigung nicht durchbrechen konnte.

Runde 14 - High Noon in London. Die Schachwelt schaute gespannt zu und fragte sich, wer am Ende die Nase vorn haben würde: der Kronprinz Carlsen oder Kramnik mit seiner vielleicht letzten Chance, nochmal Weltmeister zu werden. Und was würde sein, wenn beide Großmeister nach der letzten Runde die gleiche Anzahl von Punkten haben? Dann mussten die Tiebreak-Regeln der FIDE zum Tragen kommen, wonach die Vorteile bei Carlsen lagen. Denn laut Ausschreibung für das Kandidatenturnier entschied zunächst die direkte Begegnung, dann die Anzahl der Gewinnpartien im Turnier und danach die Sonneborn-Berger Wertung.

Da beide Londoner Spiele zwischen Carlsen und Kramnik remis endeten, gab bei Punktgleichheit die Zahl der Gewinnpartien den Ausschlag. Und dort lag Carlsen in Führung: er hatte fünfmal gewonnen, Kramnik hingegen nur viermal. Das heißt, Carlsen konnte aus eigener Kraft Turniersieger werden, wenn er gegen Swidler gewann, Kramnik aber brauchte Schützenhilfe. Der Russe musste darauf hoffen, dass Swidler dem Norweger mindestens einen halben Punkt abnimmt, während er gegen Iwantschuk gewinnt. Und wieder einmal kam alles anders, als man je vermuten konnte: beide Spitzenreiter verloren ihre Partien!!! Wer darauf gewettet hätte, konnte eine Menge Geld verdienen. Unglaublich, aber wahr.

Das Finale setzte dem Kandidatenturnier zur Schach-WM im wahrsten Sinne des Wortes die Krone auf. Top-Favorit Magnus Carlsen qualifizierte sich trotz einer Niederlage für das Duell gegen Weltmeister Vishy Anand. Auch sein ärgster Rivale Wladimir Kramnik zeigte in der 14. Runde Nerven und verlor. Der Ex-Champion beendete das Spektakel punktgleich mit Carlsen (beide 8,5) auf Rang zwei. Den Ausschlag gab der Passus im Reglement mit den Gewinnpartien, was nicht den einhelligen Beifall der Schachwelt fand. Nach „normaler" Zweitwertung hätte Kramnik vorn gelegen.

So viel Glück benötigt Norwegens Schach-König normalerweise nicht, doch der letzte Spieltag wurde zu einer einzigen Zitterpartie. Carlsen konnte am Ende nur deshalb jubeln, weil Kramnik seine große Chance nicht nutzte und gegen Iwantschuk unterlag. Der Norweger durfte nun als zweitjüngster WM-Herausforderer nach Garri Kasparow gegen den Champion Viswanathan Anand aus Indien antreten. Das Duell sollte im November 2013 stattfinden. Der genaue Termin und der Spielort mussten aber noch festgelegt werden.

„Ich habe meine Stellung eindeutig überschätzt", kommentierte Carlsen seinen unerwarteten Ausrutscher mit den weißen Figuren gegen Peter Swidler. „Zudem konnte ich meine Züge nicht gut berechnen und habe sehr viel Zeit verbraucht", fügte er hinzu. Für die Nummer 1 der Schachwelt war es die zweite Niederlage in London. Bereits zwei Tage davor hatte Magnus in einer Mammut-Partie gegen Wassili Iwantschuk nach 90 Zügen einen Dämpfer erlitten. „Bis zur elften Runde habe ich mein bestes Schach gespielt, danach bin ich etwas müde geworden“, analysierte Carlsen den spannenden Verlauf. „Kramniks Aufholjagd hat mich beeindruckt, dennoch glaube ich, dass ich den Sieg verdient habe“, stellte der WM-Herausforderer selbstsicher fest.

Was den Norweger neben dem tiefen Spielverständnis auszeichnet, ist seine große Kampfkraft. Nicht nur wegen seiner Jugend, sondern wegen seiner beherzten Einstellung interessierten sich die Medien in London vorrangig für ihn. Die Randsportart Schach braucht Helden, und da kam Carlsen in den letzten Jahren gerade recht. Wo andere Remis anbieten, fängt für Magnus das Spiel oft erst an. Auch in scheinbar gleichen Stellungen ringt er die Gegner nieder, vor allem wenn eine Partie über sechs oder sieben Stunden geht. Das dürfte auch im WM-Zweikampf mit Anand ein bedeutsamer Faktor sein. „Das Match wird ein großes Event“, kündigte Carlsen an. „Aber bis dahin ist es noch eine lange Zeit. Mal sehen, was noch alles passiert.“

Einer redet Klartext

Während des ganzen Turniers und auch nach dessen Ende gaben viele bekannte Schachstars Kommentare zu dem Londoner Großereignis ab. Interessant ist, was Garri Kasparow auf einem russischen Internet-Schachportal erklärte. Wir erinnern daran, dass der 13. Weltmeister Carlsen ein Jahr lang trainierte und dessen Stärken und wenigen Schwächen genau kennt. Wie gewohnt hielt der Schachzar mit seiner Meinung nicht hinter dem Berg: „London zeigte, dass das ganze Gerede vom Tod des klassischen Schachs nicht zutrifft. Das wunderbare Turnier hatte viele entschiedene Partien und ein hohes Niveau. Es war eines der stärksten in der Schachgeschichte“, meinte Kasparow.

Zugleich kritisierte er das Reglement und fragte: „Wer hat sich das ausgedacht?“ Wieso diese Zweitwertung mit den gewonnenen Partien und nicht Sonneborn-Berger? Bei Punktgleichheit wäre es nur gerecht, einen Stichkampf der beiden Besten mit normaler Zeitkontrolle durchzuführen, um den Sieger zu ermitteln.“ Kasparow verwies darauf, dass Wladimir Kramnik in London am überzeugendsten gespielt habe. „Ich bin beileibe kein großer Kramnik-Fan, aber er hat einfach brillant ge-

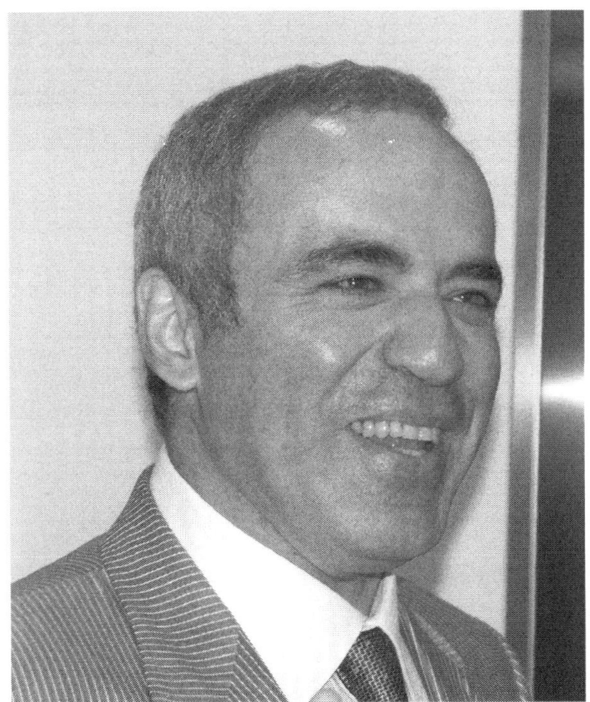

Garri Kasparow

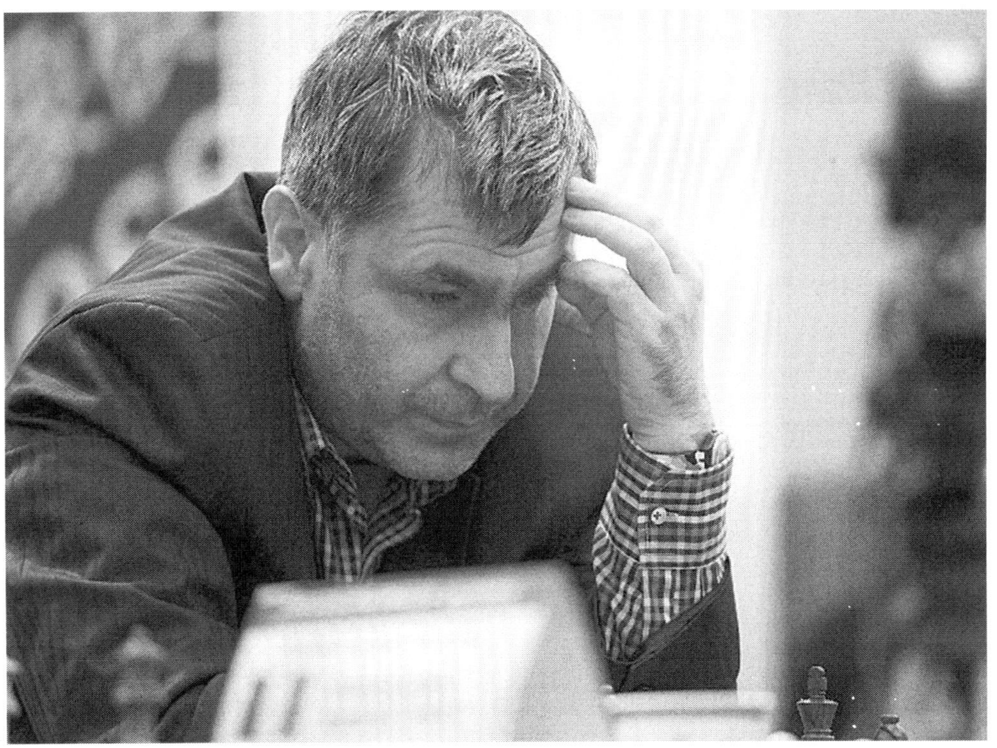

Wassili Iwantschuk

spielt. Es war eines der besten Turniere seiner Karriere überhaupt. Und Kramnik hat nur eine Partie verloren, Carlsen dagegen zwei."

Damit war Kasparow mit seiner Kritik noch nicht am Ende: „Carlsens Partie in der Schlussrunde war das Spiel seines Lebens, und er verlor es! Zu seinem Glück strauchelte auch Kramnik. Carlsen hat nur die Leute in der unteren Tabellenhälfte besiegt. Gegen seine stärksten Rivalen hingegen riss er keine Bäume aus."

Mit Blick auf die Zukunft räumte Garri Kasparow ein, dass Magnus Carlsens Sieg aber gut für das Schach sei. Der Norweger sei mit 22 Jahren zweitjüngster WM-Herausforderer aller Zeiten. Der jüngste war 1984 mit 21 Jahren kein anderer als Kasparow selbst. Das ist lange her. Inzwischen ist der charismatische Exweltmeister älter als 50.

Noch ein Wort zum Unglücksraben Wassili Iwantschuk. Der Ukrainer verlor in London sage und schreibe fünf Partien nach Zeit! Aber er schlug die beiden Spitzenreiter Carlsen und Kramnik. „Das gereicht ihm zur Ehre", lobte Kasparow und fügte hinzu: „Iwantschuk setzt die Linie der großen Schachspieler fort, die niemals Weltmeister wurden, so wie früher Paul Keres und Viktor Kortschnoi." Kasparow monierte die unverständliche Änderung des Zeit-Reglements durch die FIDE, was untragbar für einen offiziellen Wettbewerb sei. In London gab es erst nach dem 60. Zug einen Zeitbonus für jeden weiteren Zug. Das war fatal für Iwantschuk, ebenso für Alexander Grischuk, der auch mehrmals die Zeit überschritt. Sonst hätten beide nach Ansicht des 13. Weltmeisters ein besseres Ergebnis erzielt.

Wir haben dem Geschehen in London so viel Platz eingeräumt, um zu zeigen, wie hart umkämpft das Kandidatenturnier war. Mit Carlsen setze sich am Ende der Favorit durch, auch wenn er dabei das Glück des Tüchtigen hatte. Aber das gehört immer dazu, will man den ganz großen Erfolg haben.

Kurz nach seinem bis dahin größten Triumph wurde Magnus Carlsen neue Ehre zuteil. Das US-Nachrichtenmagazin „Time" erstellt jedes Jahr eine Liste mit den hundert berühmtesten Personen. Im April 2013 zählte es den Norweger trotz seiner Jugend zu den bekanntesten Menschen der Erde. Die Laudatio schrieb Schachlegende Garri Kasparow: „Ich hatte Gelegenheit, Carlsen zu trainieren. Sein intuitiver Stil bewahrt das Geheimnisvolle des Schachs. Magnus ist ebenso charismatisch und unabhängig wie talentiert. Wenn er die Faszination für das Schach wiedererweckt, dann werden wir bald in der Carlsen-Epoche leben". Was für eine Prophezeiung!

Der Deal mit Chennai

Schon wenige Tage nach Abschluss des Kandidatenturniers gab es erste Meldungen über Ort, Zeitpunkt und Preisfonds des Weltmeisterschaftskampfes zwischen Vishy Anand und Magnus Carlsen. Wie indische Medien meldeten, sollte das Ereignis im November in Chennai (dem früheren Madras) stattfinden. Die Tamil Nadu Regierung unterstützt den Kampf mit umgerechnet ca. 2,65 Millionen Euro, hieß es.

Chennai, die Geburtsstadt des Weltmeisters, wollte schon 2011 den WM-Kampf zwischen Anand und Gelfand ausrichten. Die südindische Metropole war damals jedoch von Moskau knapp überboten worden. Daraufhin zogen die Verantwortlichen in Chennai ihre Offerte zurück, erhielten aber von der FIDE zugesichert, den nächsten WM-Kampf veranstalten zu dürfen. Wie Regierungschefin Jayalalithaa erklärte, wolle man jetzt von diesem Vorrecht Gebrauch machen und auch die notwenigen Gelder zur Verfügung stellen. Darüber hinaus betonte sie, das Duell um die Krone würde mehr Jugendliche für das Schach begeistern sowie mehr Meister hervorbringen.

Norwegische Zeitungen äußerten indessen die Überzeugung, dass der Zweikampf auch in Tromsø stattfinden könne, wo im Sommer 2014 die nächste Schacholympiade sein wird. Von den äußeren Bedingungen her erschien die nördlich des Polarkreises liegende Stadt jedoch zu dem vorgesehenen WM-Termin weniger geeignet. Im November ist die Sonne dort auch am Tage kaum zu sehen.

Noch waren einige Monate Zeit bis zum Match, und diese wollte Magnus Carlsen sinnvoll nutzen. Da kam das Norway Chess Tournament in Stavanger Anfang Mai gerade recht. Die Schach-Öffentlichkeit hatte sich schon daran gewöhnt, dass der Ranglistenprimus fast jeden Wettbewerb gewann, an dem er teilnahm. Selten beendete er ein Turnier nicht als Sieger. Das kam nur dann vor, wenn ein anderer Großmeister im Feld einen Traumstart hatte und in den ersten Runden loslegte wie die Feuerwehr. Oder wenn der Topfavorit Carlsen neben dem sportlichen Geschehen noch andere Sorgen hatte. Beides traf bei dem Event in Stavanger zu.

Der Norweger musste zwei Tage vor dem Turnier einen Beschluss des Weltschachbundes FIDE verarbeiten, der nicht seinen Beifall fand. Im April hatte die Indische Schachföderation (AICF) wie gesagt kundgetan, dass sie Gastgeber des WM-Finals 2013 sein wird. Dies war möglich, weil FIDE-Präsident Kirsan Iljumschinow den Indern versprochen hatte, den Wettkampf durchzuführen, nachdem sie die Ausschreibung für das Anand-Gelfand-Match 2012 gegen Moskau verloren hatten. Zehn Tage später unterschrieb FIDE-Vizepräsident Israel Gelfer ein Memorandum of Understanding mit der AICF.

Carlsens Vater Henrik nahm dazu Stellung und erklärte: „Das kommende WM-Match ist von großem Interesse, es sollte ein wichtiger Schritt zur Förderung des Schachs in der ganzen Welt sein. Warum gibt es so eine Eile mit dem Memorandum?" Henrik Carlsen äußerte die Zuversicht, dass die FIDE noch eine Ausschreibung für die verschiedenen Bewerberstädte vornehmen werde. Da täuschte er sich. Gegenüber der Moskauer Zeitung „Sport Express", behauptete FIDE-Präsident Kirsan Iljumschinow, dass der Verband keinen „offiziellen Protest" gegen den Ort erhielt, und dass es bisher keine Gebote außer Chennai gebe.

Carlsens Manager Espen Agdestein konterte diese Äußerung: „Ich frage mich, was Herr Iljumschinow unter „offiziell" versteht. Wir schickten Briefe, und wir sprachen mit der FIDE. Ich war tatsächlich mit unserem Anwalt in Athen (dort befindet sich das FIDE-Büro), und wir haben sehr klar gesagt, dass wir mit dem Verfahren nicht zufrieden sind. Sehr überrascht waren wir, dass die FIDE eine Vereinbarung mit Chennai direkt nach dem Kandidatenturnier abgeschlossen hat. Sie hat noch kein anderes Gebot erhalten, weil es bisher kein Bieterverfahren gibt. Es sollte vorhanden sein." Agdestein monierte, dass die ganze Situation ein Ergebnis der Ausschreibung für das Anand-Gelfand-Match ist, wo Moskau den Zuschlag bekam und Chennai versprochen wurde, das nächste Match zu bekommen: „Das ist natürlich falsch. Jetzt scheint es, dass die FIDE versucht, einen Fehler durch einen weiteren Fehler zu beheben."

Obwohl das Carlsen-Team in den Medien äußerte, dass Chennai nicht ideal für Magnus ist, betonte sein Manager, es gehe nicht speziell um die indische Stadt, sondern um das Verfahren: „Wir wissen, dass auch andere Städte interessiert sind. Ein offenes Bieterverfahren wäre besser für die Spieler, für die FIDE und für Schach im Allgemeinen. Wenn Chennai eine solche Ausschreibung gewinnen würde, wäre es für uns viel einfacher, es zu akzeptieren."

Wenig später bot Paris dann eine höhere Summe als Chennai, aber die französische Hauptstadt wurde nicht mehr berücksichtigt. In einem Fernseh-Interview erklärte Vishy Anand indessen, dass er nicht gegen Chennai sei. „Ich habe nie in meiner Heimatstadt gespielt. Es wäre ganz nett, und ich hoffe, es gleicht den zusätzlichen Druck aus, der mit dem Spielen auf heimischem Boden einhergeht. Es wäre schön, einmal in meiner Karriere, ein so großes Match zu Hause zu haben."

Bei der FIDE-Präsidiumssitzung Anfang Mai in Baku zog der Weltverband seine Strategie durch: keine Diskussionen, keine Verhandlungen, kein Wettbewerb. Obwohl der Norwegische Schachverband gegen die Festlegung auf einen Ausrichter ohne Bieterverfahren protestiert und Paris signalisiert hatte, den Kampf organisieren zu wollen, bestätigte die FIDE Chennai als WM-Veranstalter. Das Duell um die Schachkrone sollte im November 2013 stattfinden. Am 5. Mai 2013, unterzeichneten der Vertreter des indischen Schachverbandes Bharat Singh und FIDE-Präsident Kirsan Iljumschinow in Baku die entsprechende Vereinbarung.

Magnus Carlsen reagierte mit einer Stellungnahme auf den Deal. Er sei tief enttäuscht, aber werde die Entscheidung nicht anfechten. „Die Qualifikation für die Weltmeisterschaft durch den Gewinn des Kandidatenturniers in London hat mich hoch motiviert, den Wettkampf gegen den amtierenden Champion Anand zu spielen, und ich habe mich darauf gefreut. Über den Beschluss der FIDE, einen Vertrag über das Match 2013 zu unterzeichnen, ohne das in den WM-Regularien festgelegte Bieterverfahren einzuhalten sowie über die Entscheidung, nicht auf neutralem Boden zu spielen, bin ich überrascht.

Das Angebot aus Paris zeigte eindeutig, dass mehr Optionen zur Auswahl standen. Der Mangel an Transparenz, Sicherheit und Fairness ist für Schachspieler und für Schach als Sport bedauerlich. Mein Team und ich werden nun mit der WM-Vorbereitung beginnen. Vordringlich ist jetzt, mit dem indischen Schachverband und der FIDE Einigung über die Bedingungen vor und während des Wettkampfs zu erzielen. Ich hoffe sehr, dass dieser Prozess schnell und reibungslos verläuft. Schließlich werde ich mir durch die Nachrichten aus Baku die Freude und die Begeisterung über meine Teilnahme am Norway Chess Tournament nicht nehmen lassen."

Wie weiter vorn erwähnt, hatte einer von Carlsens Gegnern in Stavanger einen Traumstart. Sergej Karjakin gewann die ersten vier Partien. Von diesem Vorsprung zehrte er bis zum Ende des Turniers. Zwar konnte Magnus den Moskauer im direkten Vergleich besiegen, aber er selbst ließ in der achten Runde überraschend Federn. Erinnerungen an das Kandidatenturnier wurden wach, als Carlsen am Ende ebenfalls verlor. Sein Bezwinger in Stavanger war Chinas Nr. 1, Wang Hao, der später auch beim Chess-Meeting in Dortmund antrat. Selten ist der Norweger am Ende einer langen Partie so überlistet worden.

Carlsen – Wang Hao

Stavanger 2013

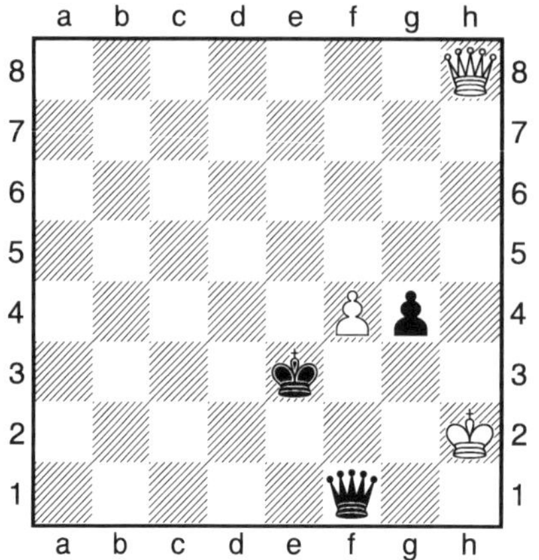

79...g3+!

0-1 wegen 80.Kxg3 Dg1+ 81.Kh4 Dh1+.

Auch Genies sind nicht unfehlbar. Deshalb beendete Magnus das Turnier als Zweiter mit einem halben Punkt Rückstand auf Karjakin. Dieses Ergebnis konnte er allerdings verschmerzen, denn der wichtigste Wettkampf seines Lebens stand erst noch bevor.

Die Generalprobe

Während Anand vor dem WM-Match keine Turniere mehr spielte, nutzte Carlsen im September 2013 den Sinquefield Cup im amerikanischen Saint Louis als Generalprobe. In dem hochkarätigen Wettbewerb traf er auf den Ranglisten-Zweiten Levon Aronjan sowie die beiden besten USA-Großmeister Hikaru Nakamura und Gata Kamsky.

Carlsen – Kamsky

Damengambit D15

Saint Louis 2013

In den Wochen vor Chennai war Magnus natürlich sehr beschäftigt, so dass sein Freund Jon Ludvig Hammer die folgende Partie kommentierte. Die Anmerkungen zeigen, wie gut er das feine Spiel seines Landsmannes versteht.

1.Sf3 Sf6 2.c4 c6 3.d4 d5 4.Sc3 a6 5.e3 Lf5 6.Ld3

Weiß tauscht die Läufer und überlässt Schwarz den „guten“. Dafür erhält er eine schnelle Entwicklung und ist bereit zu e3-e4, wonach das Spiel für den anderen Läufer geöffnet wird.

6...Lxd3 7.Dxd3 e6 8.0-0 Lb4

(siehe nächstes Diagramm)

Auch der schlechteste Läufer ist besser als ein Springer, sagt ein

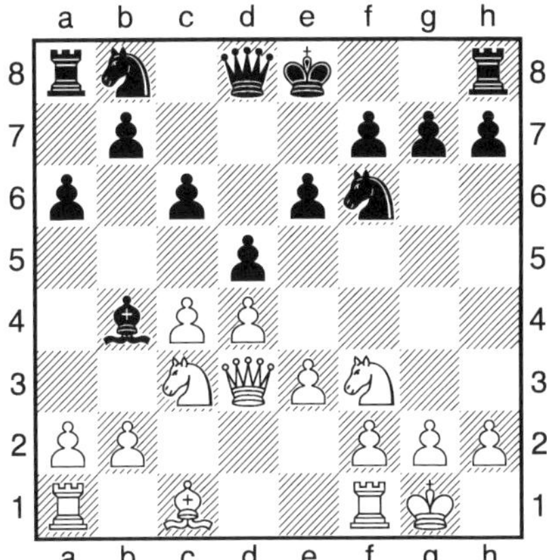

Sprichwort. Mit Läufer b4 macht Kamsky klar, dass er bereit ist, diesen aufzugeben. Er hofft, dass der Läufer des Anziehenden durch seine Bauern behindert wird.

9.Ld2 Lxc3 10.Lxc3 0-0 11.a4 Sbd7 12.a5 Se4 13.Lb4 Te8 14.Tac1 h5

Ein merkwürdiger Zug, keine Frage. Aber es bedeutet nicht unbedingt, dass er schlecht ist. So wie sich die Partie entwickelt, macht der Raumgewinn am Königsflügel wirklich Sinn.

15.Se5 Dc7 16.Sxd7 Dxd7 17.De2

Ich glaube, dass Magnus hier etwas zu driften beginnt. Kamsky kann den Springer vom gefährdeten Feld e4 zurückziehen, ohne dass f3 und e4 mit Tempogewinn erfolgen. Da der weiße Läufer die schwarzen Felder beherrscht, muss der Nachziehende diese kontrollieren. Zum Beispiel sieht 17.f3 Sf6 18.e4 Tac8 19.Lc3 für Weiß sehr bequem aus.

17...Sf6 18.Tfd1 Dc7 19.h3 Tad8 20.b3

Kamsky steht im Zentrum gut koordiniert. Jeder Versuch, f3 und e4 zu ziehen, wird mit dem Gegenschlag 20.f3 e5 pariert.

20...Td7 21.Tc2 Dd8 22.Tcc1

Die genaue Definition von driften lautet hier: ziellos vor- und zurückgehen. Nach der Partie witzelte Carlsen, dass dies eine exzellente Strategie war. So wurde Kamsky sehr optimistisch bezüglich seiner Stellung und spielte voll auf Gewinn.

22...h4 23.Le1 Se4 24.Dg4

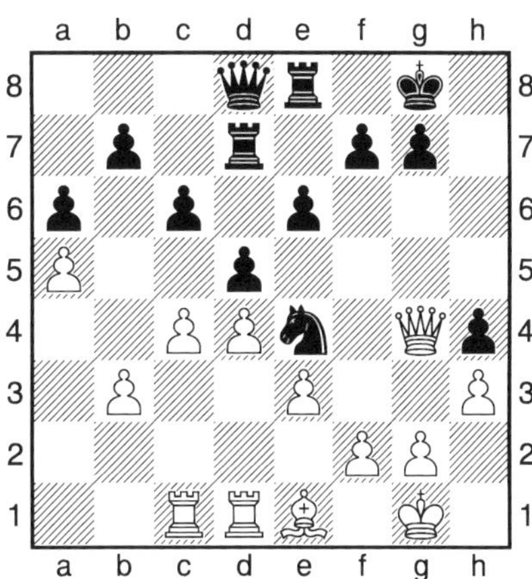

24...g5!?

Schwarz entfaltet eine starke Initiative am Königsflügel. Hätte ich Weiß gehabt, wäre ich sicherlich nervös geworden. Magnus aber bleibt cool.

25.cxd5 f5 26.Df3 cxd5 27.Tc2 Tg7 28.Tdc1 Sf6

28...g4 scheint besser zu sein, doch Weiß behält nach 29.Df4 gxh3 30.f3 die Oberhand.

29.Dd1 g4 30.f3

Plötzlich spielt der Turm auf c2 eine Doppelrolle: als Verteidiger auf der zweiten Reihe und Angreifer auf der c-Linie.

30...gxh3 31.Lxh4

Der Angreifer wird attackiert. Nun öffnet der Läufer zusammen mit der Dame eine zweite Front am Königsflügel, während die Türme einschüchternd die c-Linie beherrschen. Schwarz steht schon viel schlechter.

31...Kf7?

31...hxg2 32.De1 De7 33.Tc7 Df8 34.Txg7+ Dxg7 35.Dg3 sieht nicht so gefährlich für Schwarz aus. Folgt man aber dem ersten Computervorschlag, sieht man, dass der starke weiße Läufer gemeinsam mit der Dame große Probleme schaffen wird: 35...Dxg3 36.Lxg3 Te7 37.Kxg2 Td7 38.Le5 Sh7 39.Dg3 Sf8 40.Dh4 Sg6+ 41.Dg5 Sxe5 42.dxe5 Kg7 43.Tc8.

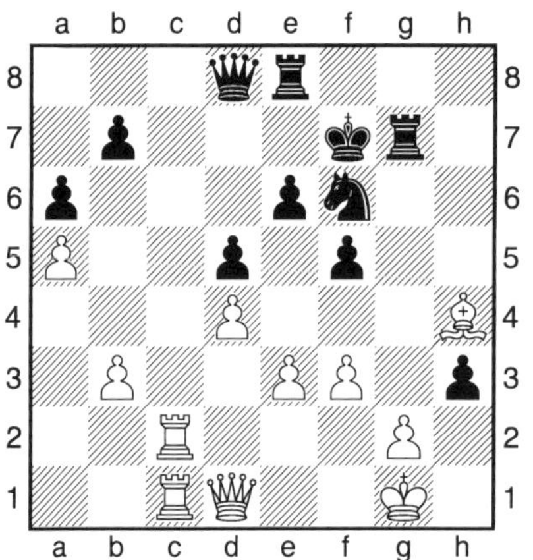

32.De1!

Dieses schlaue Manöver bringt Weiß endgültig auf die Siegerstraße. Die Dame strebt zum Königsflügel.

32...hxg2 33.Tc7+ Te7 34.Lxf6 Kxf6 35.Tc8 Dd6 36.Dh4+ Kf7 37.Dh5+ Tg6

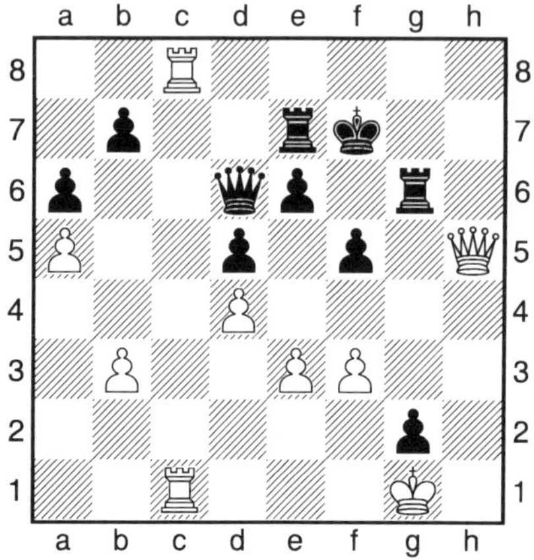

38.f4!

Bei der Liveübertragung war ich mir sicher, dass es irgendwo ein Matt gibt, aber dies ist nicht leicht zu erkennen. Magnus sah all die genauen Züge und schaffte es, seinen König durch das Minenfeld zu führen, um ihn auf f3 in Sicherheit zu bringen.

38...Da3 39.Dh8 Tg7 40.Dh5+ Tg6 41.Dh8

Nach dieser professionellen Zugwiederholung war ich überzeugt, dass Weiß gewinnen wird. Er hat die Zeitkontrolle geschafft und nun genügend Ruhe, die korrekte Fortsetzung zu finden.

41...Tg7 42.Df8+ Kg6 43.Kxg2

Der einzige Weg zum Erfolg. Seelenruhig verspeist Carlsen den feindlichen Bauern. Schwarz kann jetzt mit seinem König zwar ein Abzugsschach geben, aber sobald der weiße König nach f3 zieht, ist er gerettet.

43...Tgf7 44.Dd8

Es ist wichtig zu gewährleisten, dass der schwarze Turm auf f7 bleibt, wie die folgende Variante zeigt: 44.Dg8+ Tg7 45.Dd8 Db2+ 46.Tbc2 Dxb3 47.Kf3 Kf7 48.Tc8 Tg3+ 49.Kxg3 Dxe3+, und plötzlich startet Schwarz rechtzeitig seinen Gegenangriff.

44...Th7

Oder 44...Db2+ 45.T8c2 Dxb3 46.Df3, und Weiß gewinnt mit einem Schach auf der g-Linie.

45.Tg1 Da2+ 46.Kf3+ Kf6 47.Dg8 Th3+ 48.Tg3 Txg3+ 49.Dxg3

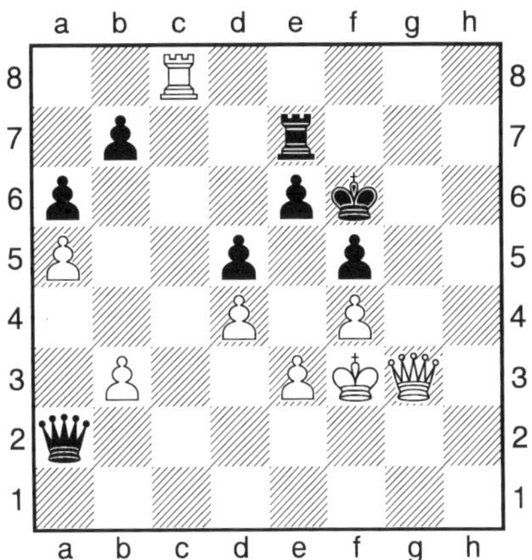

1-0. Der weiße König steht sicher, der schwarze ist dem Tod geweiht: 49...Tg7 50.Tf8+ Tf7 51.Dg5 matt.

Nach über zweimonatiger Spielpause zeigte Carlsen in diesem doppelrundigen Turnier, dass er voll auf der Höhe ist und Varianten exzellent berechnen kann. Er gewann ungeschlagen mit 4,5 aus 6 vor Nakamura (3,5), die beiden anderen Spieler landeten im Minusbereich. Chennai konnte kommen!

Duell der Generationen

In der Millionenstadt Chennai, dem früheren Madras, begann am 9. November 2013 die mit Spannung erwartete Schachweltmeisterschaft zwischen Titelverteidiger Viswanathan Anand und Herausforderer Magnus Carlsen. Angesetzt waren wie bei den vergangenen WM-Kämpfen zwölf Partien, es ging um einen Preisfonds von 2,5 Millionen Dollar und um viel Prestige.

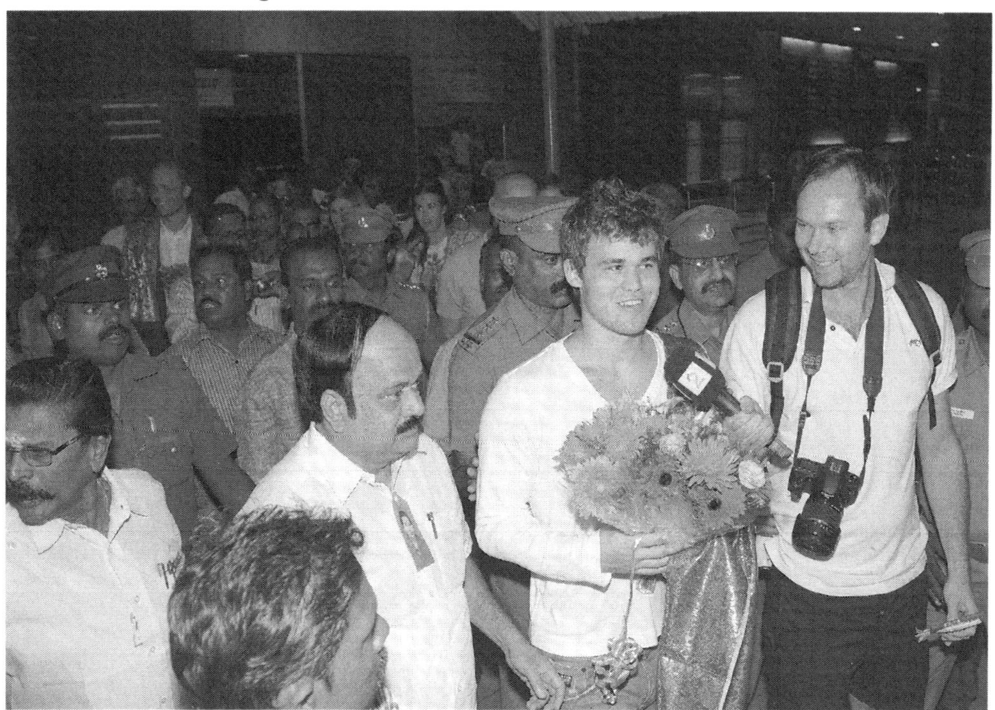

Großer Bahnhof

Bei seiner Ankunft auf dem Airport badete Magnus in einer riesigen Menschenmenge. Umlagert von vielen Foto-Objektiven und Mikrofonen musste sich der Schachstar seinen Weg durch das Getümmel bahnen. Carlsen war mit der Familie angereist. Wie er erhielten auch seine Eltern und Schwestern große bunte Schals zur Begrüßung umgehängt. Magnus beantwortete noch einige Reporterfragen, ehe er und seine Begleiter, von einer großen Polizeieskorte begleitet, in die Autos zum Hotel stiegen. Andere Mitglieder des Carlsen-Teams, darunter auch ein Arzt und ein Koch, waren schon vorher in Chennai eingetroffen, um die Bedingungen vor Ort abzuchecken.

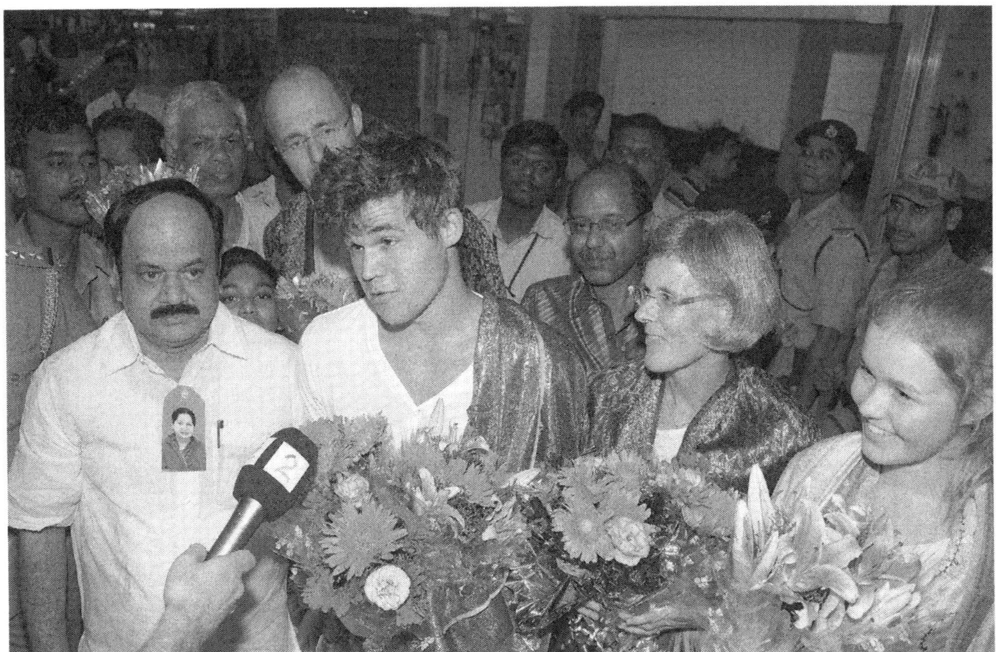

Umringte Familie Carlsen

Das Duell um die Krone in Südindien war ohne Zweifel das Schach-Ereignis des Jahres. Den vorigen WM-Kampf in Moskau bestritten mit Anand und Gelfand zwei gleichaltrige Kontrahenten. Der Inder setzte sich dabei nur knapp in der Verlängerung durch. Diesmal wurde das prestigeträchtige Match zur Auseinandersetzung der Generationen. Der fünffache Weltmeister Anand war mit 43 Jahren fast doppelt so alt wie der 22-jährige Carlsen.

Vieles sprach für den Norweger, der seit mehr als drei Jahren die Schach-Weltrangliste anführte und von Erfolg zu Erfolg eilte. Seine überragenden Turnierergebnisse stempelten ihn nach Ansicht der meisten Experten zum Favoriten. Der amtierende Champion konnte Carlsen aber seinen großen Erfahrungsschatz entgegensetzen. Anand wollte versuchen, die „Schachmaschine“ aus Skandinavien mit taktischen Mitteln aufzuhalten und dem jungen, kraftvollen Gegner sein Kombinationsspiel aufzuzwingen.

Indien gilt als Mutterland des Schachs. Von dort nahm das ehrwürdige Spiel seinen Weg über den Globus, bis es im Mittelalter auch nach Europa kam. Längst gehört es zum Weltkulturerbe und ist zugleich ein angesehener Sport. Schachweltmeister gehören zu den prominentesten Persönlichkeiten und werden hochverehrt. Vishy Anand spielte erstmalig in seiner Heimatstadt um die Schachkrone. Der Druck war ungeheuer hoch. Ganz Indien erwartete von ihm den sechsten WM-Titel. Der Nationalheld Anand ist berühmtester Sohn seiner Stadt. Forscht man nach weiteren bekannten Namen, stößt man auch auf Pete Best, den ersten Schlagzeuger der Beatles. Dieser erblickte 1941 in Madras das Licht der Welt, weil sein Vater damals als Angehöriger der britischen Armee in Indien diente.

Magnus Carlsen kam im norwegischen Tonsberg zur Welt. Ein Ort, den nicht unbedingt jeder kennt. Doch sollte der junge Großmeister auf Anhieb den WM-Titel gewinnen, würde die kleine Stadt im Süden des skandinavischen Landes mit einem Schlag in den Fokus der internationalen Öffentlichkeit rücken.

Zwei Schachstile

In der Schachszene wurden die Chancen der beiden WM-Finalisten monatelang heiß diskutiert. „Behält die Erfahrung nochmal die Oberhand über die Jugend?“, fragten sich viele. Die meisten Anhänger des Spiels setzten auf den Herausforderer, der sich dank seiner großen Turniererfolge in die Herzen der Fans spielte.

Was macht Carlsen so stark? Er ist ein Schachkönner mit großartigem Positionsverständnis, dessen Talent früh sichtbar war. Das Wunderkind wurde von vielen Seiten gefördert. Den entscheidenden Schub erhielt der „Mozart des Schachs“, als er ein ganzes Jahr mit Garri Kasparow trainieren durfte. Danach erfolgte eine wahre Leistungsexplosion, Carlsen spielte alle Gegner in Grund und Boden und setzte sich an die erste Stelle der internationalen Rangliste. Dort führte der Norweger seither mit großem Vorsprung. Kasparow bescheinigte seinem Schüler ein feines Gespür für die Harmonie einer Stellung. Besagte Fähigkeit erlaubt dem Figurenkünstler, schlechtere Positionen zu halten und gleiche Stellungen häufig noch zu gewinnen. Besonders gelobt werden die Intuition Carlsens und sein natürliches Talent, das optimale Zusammenspiel der Figuren weit im Voraus zu erkennen. Schwache Züge kommen beim Herausforderer äußerst selten vor, sein Spiel befindet sich konstant auf einem hohen Niveau.

Anand hingegen pflegt einen ganz anderen Schachstil. Er ist der geborene Taktiker, der seine Kontrahenten gern mit Kombinationen verwirrt, so dass sie am Brett oft keine richtige Verteidigung finden. Carlsen hatte sich vorgenommen, dieses Ansinnen im Keim zu ersticken. Der Ranglisten-Primus mag wie früher der Amerikaner Bobby Fischer übersichtliche Strukturen auf dem Brett, am wohlsten fühlt er sich im Endspiel. Dort knetet er seine Gegner so lange, bis sie dem Druck nicht mehr standhalten können. Anand musste sich also auf lange, kräftezehrende Spiele einstellen. Denn, wo andere in ausgeglichenen Stellungen ein Remis anbieten, fängt beim Strategen Carlsen die Partie erst an. Das könnte zum wichtigsten Faktor im Kräftemessen dieser beiden Superstars werden.

Anand spielte in früheren Jahren mit großer Leichtigkeit und führte seine Züge viel schneller als andere Großmeister aus. Seine Rechenfähigkeit war unglaublich, davon büßte der „Tiger von Madras“ aber im Laufe der Zeit viel ein. Seine Krallen waren stumpfer geworden, die Erfolge nicht mehr so überzeugend wie früher. Ein weiterer Punkt, der bei einem WM-Duell sehr ins Gewicht fällt, ist die Motivation. Wenn man wie der Inder schon fünfmal die Schachkrone erobert hatte, war man dann noch ausreichend bereit zu einem großen Kampf? Das ultimative Match auf den 64 Feldern würde es zeigen.

Geheime Vorbereitungen

Der Weltmeister bereitete sich mit seinem Team einige Wochen in Deutschland auf den Zweikampf vor. In Bad Soden (Taunus) besitzt Anand seit Jahren eine Wohnung, dort wird er von den Leuten eher in Ruhe gelassen als zu Hause in Indien. Ein spezielles Fitness-Programm mit Joggen und Schwimmen absolvierte der Champion ebenfalls. Und Carlsen reiste schon zwei Wochen vor dem Match mit seiner Mannschaft in südliche Gefilde. Er bezog ein Trainingscamp in Oman, auch um sich auf das warme Klima einzustellen. Der Hobby-Fußballer erschien körperlich topfit zum Match.

Welche Sekundanten die beiden Schachstars bei ihrem Zweikampf unterstützen, wurde vorher beinahe wie ein Staatsgeheimnis gehütet. Denn man könnte daraus unter anderem auf die Eröffnungswahl des Gegners schließen. Bekannt war aber, dass mit Rustam Kasimdschanow und Peter Heine Nielsen zwei frühere Trainer das Anand-Team verlassen haben. Der dänische Großmeister Nielsen hatte seinem

Freund Carlsen im Frühjahr geholfen, das WM-Kandidatenturnier in London zu gewinnen, wollte sich jedoch während des Duells in Chennai neutral verhalten und keinem der beiden zur Seite stehen.

Bei der ersten Pressekonferenz in Chennai lüftete Anand dann aber auf Anfrage der dortigen Medien das Geheimnis und teilte mit, dass die indischen Großmeister Krishnan Sasikiran, Sandipan Chanda sowie Peter Leko (Ungarn) und Radoslaw Wojtaszek (Polen) seine Trainer sind. Letztere unterstützten Anand schon früher: Wojtaszek seit 2008 beim überzeugenden WM-Sieg über Kramnik in Bonn, und Leko half als junger Bursche Anand schon einmal 1998 beim WM-Finale in Lausanne gegen Karpow. Carlsen hingegen wollte den Journalisten nichts über seine Trainer verraten. Er dankte für Anands Offenheit, meinte aber, dass er diesen Gefallen nicht erwidern werde.

Ob Garri Kasparow seinem Musterschüler Carlsen jetzt noch half, darüber konnte nur spekuliert werden. Der frühere Weltmeister lebte inzwischen in New York, weil er sich in Russland nicht mehr sicher fühlte. Außerdem war er mit anderen Dingen beschäftigt. Nachdem Kasparow lange Zeit in Russland gegen Putin opponiert hatte, galt nun sein verstärktes Interesse der Schachpolitik. Sein Ziel war es, den FIDE-Präsidenten Kirsan Iljumschinow zu stürzen. Drei Jahre zuvor mit Anatoli Karpow als Kandidaten klappte das nicht, jetzt unternahm Kasparow einen neuen Anlauf und stellte sich für den FIDE-Kongress 2014 selbst zur Wahl.

Noch eine pikante Nachricht: Kurz vor dem Match in Chennai beantragte der Exweltmeister bei der Regierung in Riga einen lettischen Pass. In seinem russischen Dokument gab es keine leeren Seiten für Visastempel mehr. Kasparow befürchtete Repressalien, wenn er den Pass zu Hause in Moskau erneuern lassen würde. Warum er in Lettland anklopfte, erklärte Kasparow damit, dass er mit einer lettischen Frau verheiratet war und sein Sohn Wadim ebenfalls Bürger des baltischen Landes ist. Im Februar 2014 wandte sich Kasparow mit gleicher Bitte an Kroatien. Er hatte schließlich Erfolg und ist jetzt Kroate.

Millionen Schachfans aus der ganzen Welt fieberten indessen dem Auftakt des WM-Spektakels in Chennai mit Spannung entgegen. Die Züge der Partien gab es wie gewohnt via Internet, Video-Streams zeigten die Akteure die ganze Zeit am Brett und bei ihren Pressekonferenzen. Verlöre Vishy Anand den Titel, würde dies das Ende einer ganzen Ära bedeuten. Der Generationswechsel würde eine neue Zeitrechnung im Schach einläuten. Aber vor den Erfolg hatten die Götter nun mal das Match gesetzt. Und der Wikinger Magnus Carlsen musste im subtropischen Chennai nicht nur mit den hohen Temperaturen fertig werden, sondern vor allem mit seinem schlauen Gegner. Dieser wollte seine Regentschaft natürlich noch einmal verlängern, zumal er vor heimischem Publikum spielte. Doch der selbstbewusste Carlsen beurteilte seine Gewinnchancen als sehr gut und betonte: „Ich halte mich für den Favoriten, wann immer ich an einem Turnier teilnehme. Das gilt auch für diesen Zweikampf." Zugleich glaubte der Herausforderer aber auch, dass Anand in einer besseren Verfassung sein würde als bei seinen letzten Auftritten: „Er wird fokussiert und bestens präpariert sein und nicht einfach zu Boden gehen."

Lebhafte Eröffnung

Als Spielort wurde das 5-Sterne-Hotel Hyatt Regency in Chennai ausgewählt, als Hauptschiedsrichter Ashot Wardapetjan aus Armenien bestimmt. Er leitete bereits das WM-Match zwischen Anand und Gelfand in Moskau. Die Eröffnungsfeier im Nehru Indoor Stadion von Chennai war stimmungsvoll und begann ganz im Stile indischer Folklore. Auf einem überdimensionalen Schachbrett nahmen 64 Musiker im Schneidersitz Platz und spielten ein Stück, bei dem nur Trommeln und Schalmeien zum Einsatz kamen.

Die für Europäer ungewohnten Klänge trafen wohl nicht ganz Carlsens Geschmack, denn der Norweger blätterte während der Aufführung im Programmheft, das ihm, Anand und FIDE-Präsident Kirsan Iljumschinow vorher gereicht worden war. Dann machten die Musiker Platz für ein Ensemble, das auf dem gleichen Brett einen Schachtanz aufführte. In traditionellen indischen Gewändern bewegten sich die Künstler anmutig zu den Klängen alter Musik.

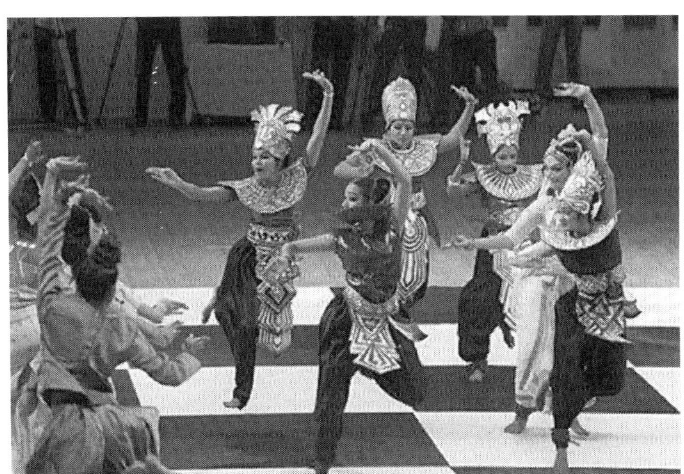

Indische Tänzer

Als die einheimischen Tänzer ihren Auftritt beendet hatten, kamen auch norwegische Künstler zum Einsatz. Eine Band spielte nordische Melodien auf poppige Art, und Brake Dancer wirbelten über das Parkett, bis sich auch ein indisch aussehendes Tanzpaar zu ihnen gesellte. Damit war die kulturelle Verbindung zwischen beiden Nationen hergestellt. Es folgten weitere indische Tänze unter Trommelwirbeln und Klängen im Disco-Sound sowie ein Auftritt von Sitar-Künstlern. Die Auslosung der Farben ergab für Magnus Carlsen in der ersten Partie die weißen Steine. Was für eine Eröffnung würde der Herausforderer zwei Tage später präsentieren?

Die WM-Partien

Carlsen – Anand

1. WM-Partie

Grünfeld-Indisch D78

Chennai 09.11.2013

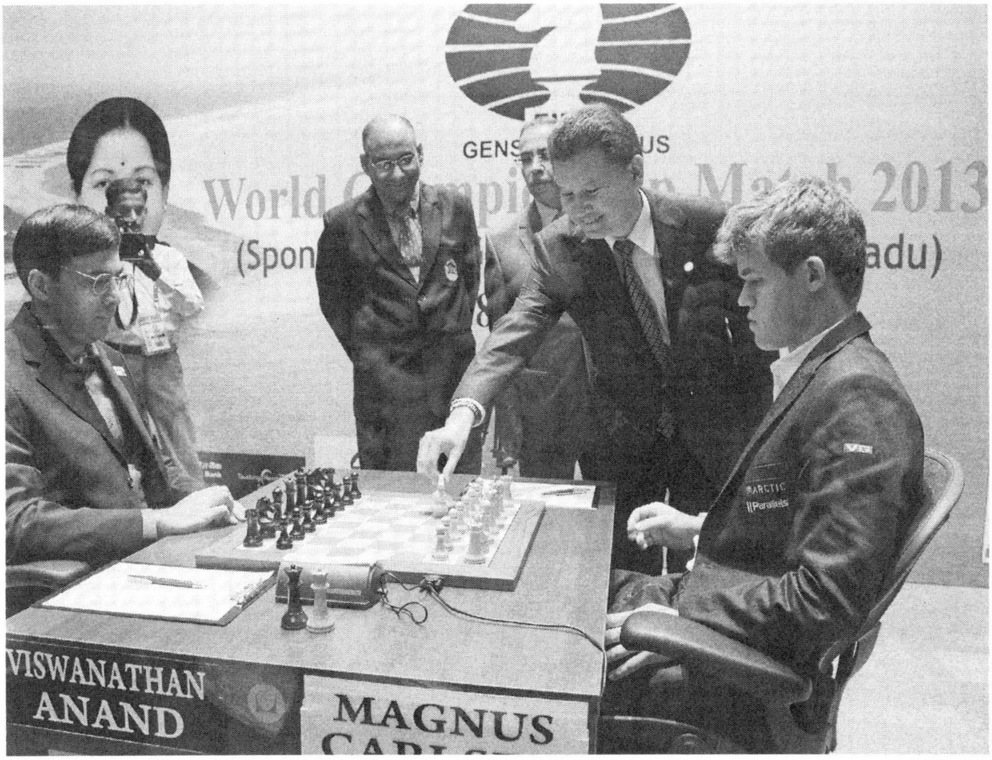

Start frei zum Duell um die Schachkrone! FIDE-Präsident Kirsan Iljumschinow führt symbolisch den ersten Zug aus.

1.Sf3

Überraschend eröffnet Magnus Carlsen das Match mit seinem Königsspringer. Häufiger beginnt er seine Partien mit 1.e4 oder 1.d4.

1...d5 2.g3

So hat der Norweger im klassischen Schach noch nicht gespielt.

2...g6 3.Lg2 Lg7 4.d4

Weiß verhindert damit 4...e5. Die populäre Alternative ist 4.c4, wonach das Spiel einen ganz anderen Charakter erhält.

4...c6 5.0-0 Sf6

Was wie die Reti-Eröffnung begann, ist durch Zugumstellung ein Grünfeld-Inder geworden.

6.b3

Schon in der Auftaktpartie verzichtet Carlsen darauf, unbedingt das Maximum aus der Eröffnung herausholen zu wollen. Die Variante gilt als harmlos für Schwarz. Der

Schwerpunkt der Handlungen liegt im Mittel- bzw. Endspiel.

6...0-0 7.Lb2 Lf5 8.c4 Sbd7 9.Sc3

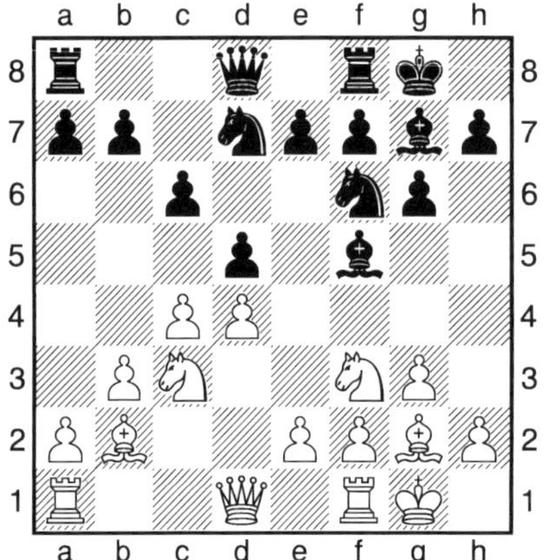

Weiß umgeht mit dem schlichten Zug die bekannten Fortsetzungen 9.Sbd2 oder 9.cxd5 cxd5. Der Herausforderer möchte vom ersten Treffen an eigene Wege beschreiten. Anand ist um eine Antwort nicht verlegen.

9...dxc4!

Als beliebteste Fortsetzung gilt hier 9...Se4, um evtl. einen Springer abzutauschen, weil die schwarze Kavallerie nicht so viel Raum hat. Aber der Textzug des Inders ist natürlich berechtigt, wie der weitere Verlauf zeigt.

10.bxc4 Sb6

Die erste Finesse im Spiel. Jetzt muss der weiße c-Bauer nach vorn, da er sonst nicht gut verteidigt werden kann. Die Variante 11.Db3 Le6 12.d5 cxd5 13.cxd5 Sfxd5 wäre günstiger für Schwarz.

11.c5 Sc4

Ein lästiger Springer.

12.Lc1 Sd5

Anand hat keinerlei Probleme. Im Gegenteil, nach 13.Da4 Lxd4! (laut Vishy eine Falle) 16.Sxd4 Sxc3 17.Dxc4 Dxd4 gewinnt er Material, und auf 13.De1 folgt 13...Sb4!

13.Db3

Über diesen notwendigen Zug grübelt Magnus länger nach. Er rutscht auf seinem Drehsessel hin und her, wippt vor und zurück und vergräbt den Kopf in den Händen. Dann schaut er in die mitlaufende TV-Kamera und schneidet eine Grimasse. Es gibt nichts Besseres als 13.Db3. Carlsen musste hier nach eigenem Bekunden schon die Notbremse betätigen. Anand hat den Aufbau von Weiß in dieser Partie mit energischem Spiel widerlegt.

13...Sa5 14.Da3 Sc4 15.Db3

Jetzt forciert Schwarz eine Punkteteilung durch Zugwiederholung.

15...Sa5 16.Da3 Sc4

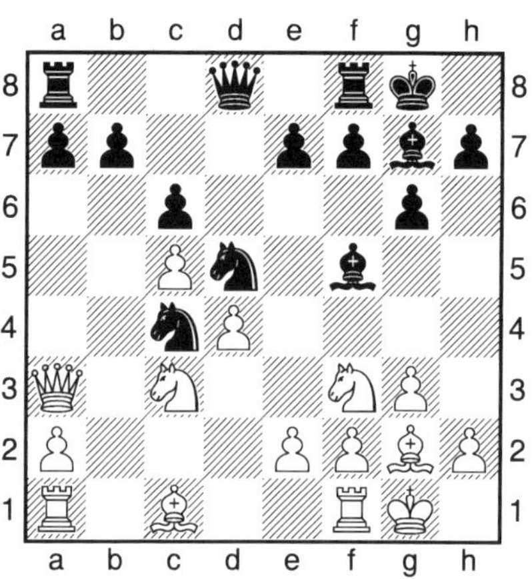

Remis.

Ein psychologischer Erfolg für den Titelverteidiger. Warum gab er sich aber so zeitig mit dem Unentschieden zufrieden, wo er doch praktische Chancen besaß? Sein Gegner hätte dies hier als Nachziehender ganz sicher nicht getan. Carlsen spielte die Eröffnung ohne jeden Ehrgeiz, so dass Anand schon im 9. Zug die Initiative übernehmen konnte. „Das Auftaktremis mit Schwarz ist definitiv ein gutes Ergebnis", lautete Vishys Erklärung hinterher. Aber sehr kurz war die Partie schon. Viel zu kurz. Kein Ruhmesblatt vor allem für den als Kämpfer bekannten Carlsen, der Aufschlag hatte, aber zu verhalten begann. Seine Anhänger erwarteten natürlich mehr von ihm. Nun, es war die erste WM-Partie seines Lebens. Wir wissen, dass der Norweger bei manchen Wettbewerben schwer in die Gänge kommt, ehe er dann richtig aufdreht. Und ein Match gegen einen so erfahrenen Kontrahenten war Neuland für Magnus sowie etwas anderes als ein Rundenturnier.

Stand: 0,5:0,5

Anand – Carlsen

2. WM-Partie

Caro-Kann B19

Chennai 10.11.2013

Man durfte gespannt sein, ob Anand seinem jungen Widersacher am nächsten Tag auch mit Weiß Probleme in der Eröffnung bereiten würde. Nachdem er Carlsen zu Beginn des Wettkampfs jede Chance genommen hatte, besaß er nun die Möglichkeit, als Erster zu attackieren. Vishy zog am Anfang seinen Königsbauern, und Magnus überraschte ihn mit der Caro-Kann-Verteidigung. Diese hatte er noch nie gegen den Champion auf dem Brett. Als die Damen getauscht waren, entstand ein völlig ausgeglichenes Endspiel, sicher nach Carlsens Geschmack.

1.e4 c6 2.d4 d5 3.Sc3 dxe4 4.Sxe4 Lf5 5.Sg3 Lg6 6.h4 h6 7.Sf3 e6

Üblich ist hier auch 7...Sd7.

8.Se5 Lh7 9.Ld3 Lxd3 10.Dxd3 Sd7 11.f4 Lb4+ 12.c3 Le7 13.Ld2 Sgf6

Nach 13...Lxh4 würde 14.Sxd7 Schwarz die Rochade kosten.

14.0-0-0

Beim Aljechin-Memorial 2013 spielte Anand gegen den Chinesen Ding Liren 14.De2 und gewann. Weil Magnus die Partie natürlich kennt, verzichtet der Champion jetzt darauf.

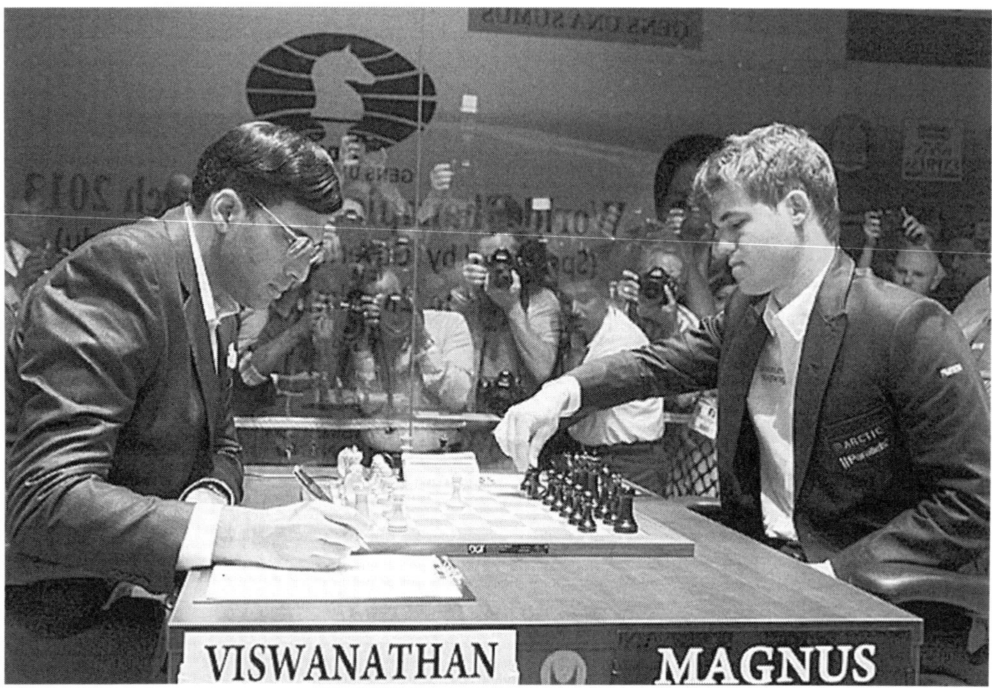

Caro-Kann

14...0-0 15.Se4 Sxe4 16.Dxe4 Sxe5 17.fxe5 Dd5

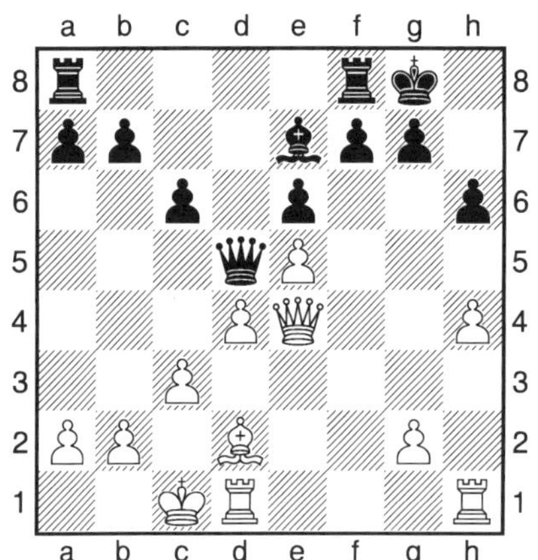

18.Dxd5

Laut Carlsen der kritische Moment in dieser Partie. Anand vereinfacht das Spiel und greift leider nicht mit 18.Dg4 am Königsflügel an. Bei den heterogenen Rochaden hätte das sicher mehr Spannung versprochen. Es drohte dann schon der Läufereinschlag auf h6. Jetzt wäre 18...f5 nicht gut wegen 19.Dg6. Auf 18.Dg4 wollte Carlsen 18...Kh7 ziehen und verwies auf die mögliche Variante 19.Kb1 f5 20.exf6 Txf6, wonach Weiß nichts habe. Immerhin konnte Anand in diesem Fall mit 21.Lg5! weiter ziemlichen Druck machen.

18...cxd5 19.h5 b5

„Er versperrt den Königsflügel, ich den Damenflügel, und es ist nichts mehr los", so der lakonische Kommentar von Magnus.

20.Th3 a5 21.Tf1 Tac8 22.Tg3 Kh7 23.Tgf3 Kg8

Schwarz hat keine andere Wahl. 23...f6?! 24.exf6 Lxf6 25.Kc2 b4 26.Kd3 oder 23...f5?! 24.Tg3 wären günstige Fortsetzungen für Weiß.

24.Tg3 Kh7 25.Tgf3 Kg8

Wieder führte Anand eine Zugwiederholung herbei.

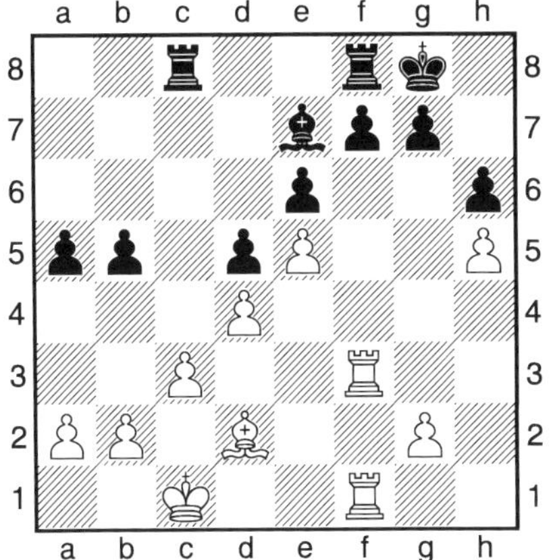

Remis.

Stand: 1:1

Nach Ansicht der meisten Beobachter hat diesmal Carlsen das Eröffnungsduell gewonnen. Hinterher wurde der Weltmeister gefragt, warum er keine schärfere Variante gewählt und dem Herausforderer nicht mehr zugesetzt habe. „Ich wollte keinen Blindflug antreten", erwiderte der Inder in der Pressekonferenz humorvoll und versprach, dass die nächsten Partien besser und interessanter werden. Carlsen stimmte ihm zu. Bislang agierten beide Figurenkünstler ganz vorsichtig wie zwei Boxer, die sich in den ersten Runden noch abtasten. Jeder wollte gut ins Match hineinfinden und keiner in einen frühen Rückstand geraten. Der gegenseitige Respekt war groß, und der Druck, der auf beiden Spielern lastete, dürfte sicher noch höher gewesen sein.

Für den Abend plante Anand, sich zur Entspannung ein Fußballspiel von Manchester United anzusehen. Carlsen fand das auch eine gute Idee. Beide Teams wohnten im gleichen Hotel, dem Hyatt Regency, aber auf verschiedenen Etagen. In der spielfreien Zeit kreuzten sich ihre Wege nicht. In der Nobelherberge wurden auch die Partien ausgetragen. Man hatte dafür den Ballsaal des Hotels freigemacht. Es folgte der erste Ruhetag im Match. Diesen nutzten beide WM-Finalisten sicher auch, um gemeinsam mit ihren Sekundanten-Teams neue Züge und Varianten auszubrüten, mit denen man den Gegner überraschen konnte.

Am Nachmittag des spielfreien Tages tauchte auf einmal Garri Kasparow in Chennai auf. Nicht als Ehrengast der Weltmeisterschaft oder in offizieller Mission; er checkte in Begleitung seiner Ehefrau Daria im Hyatt Regency ein. Niemand außer ein paar Hotelangestellten empfing ihn. Es sei nur ein Privatbesuch, erklärte der 13. Weltmeister bei seiner Ankunft und fügte hinzu: „Ich bin hier als Schachtourist, es ist ein freies Land.“ Schnell verbreitete sich die Nachricht, dass Kasparow nicht ins Pressezentrum vorgelassen wurde. „Ich habe vom indischen Schachverband die Weisung erhalten, dass er das Medienzentrum (wo FIDE-Angestellte und die beiden Spieler Pressekonferenzen durchführten) nicht betreten darf“, sagte der Pressechef des WM-Matchs 2013 Arvind Aaron.

Ein Affront gegen einen Weltstar des Sports und den (neben Bobby Fischer) wohl größten Schachspieler aller Zeiten. Einer der einheimischen Großmeister, er wollte nicht genannt werden, bezeichnete die peinliche Angelegenheit als „PR-Katastrophe für den indischen Schachbund“. Es sei keine Art, einen Schachspieler von Kasparows Format so zu behandeln. Nun, es ist kein Geheimnis, dass der Exweltmeister bei den gegenwärtig herrschenden FIDE-Oberen nicht willkommen ist. Der Chef des Weltverbandes Kirsan Iljumschinow, den Kasparow seit langem bekämpft und 2014 gern als FIDE-Präsident beerben will, war zu diesem Zeitpunkt schon aus Chennai abgereist. Aber der indische Schachbund ist ein treuer Verbündeter des Weltverbandes. Sicher nahm man Kasparow auch noch seine despektierliche Aussage zum WM-Match Anand-Gelfand in Moskau übel, wo er erklärt hatte, dass dort nicht die beiden besten Schachmeister der Welt spielten.

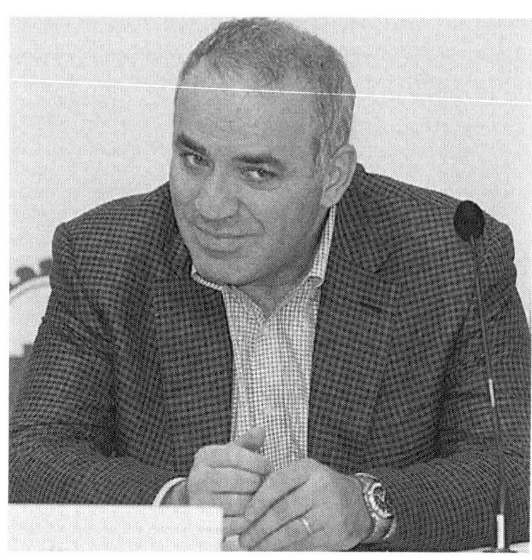

Garri Kasparow

Am nächsten Tag lenkten die Veranstalter allerdings ein, und Kasparow wurde von einem Offiziellen in den Spielsaal geführt. Als die Zuschauer den berühmten Besucher erkannten, entstand einige Unruhe, so dass die Schiedsrichter das Publikum ermahnen mussten. Später analysierte Kasparow mit einigen Großmeistern in der Lobby des Hotels die gerade verfolgte Partie. Es gab in Chennai aber keinen Kontakt zwischen ihm und seinem früheren Schüler Carlsen. Nachdem der ungebetene Gast die dritte Partie live vor Ort verfolgt hatte, reiste er tags darauf nach Indonesien weiter. Sicher wollte er dort Wahlkampf machen. Kasparow, der seit einiger Zeit in

New York lebt, weil er sich in Russland nicht sicher fühlt, hat sich als Oppositionsführer gegen Putin verabschiedet. Sein Hauptinteresse gilt jetzt vorwiegend der Schachpolitik. Ob er dabei Erfolg haben wird, muss man abwarten. Beim FIDE-Kongress 2010 hatte Garri Kimowitsch seinen früheren Erzrivalen Anatoli Karpow in dessen Wahlkampf um das Amt des FIDE-Präsidenten unterstützt. Beide Schachtitanen erlitten damals eine krachende Niederlage. Jetzt will Kasparow im Sommer 2014 selbst gegen Iljumschinow in den Ring steigen, weil der Weltverband seiner Meinung nach dringend reformiert werden muss. Doch Schachzüge außerhalb des Bretts interessierten die Freunde unseres Spiels während des Matchs in Chennai weniger. Sie fieberten der nächsten Partie entgegen und hofften, dass in ihr mehr als bisher passieren würde.

Carlsen – Anand

3. WM-Partie

Reti-Eröffnung A07

Chennai 12.11.2013

Zum ersten Mal zeigten sich die Protagonisten unternehmungslustig. Der prominenteste Augenzeuge im Saal, Garri Kasparow, wird es mit Freude registriert haben.

1.Sf3 d5 2.g3 g6 3.c4

Man kann den Partieanfang auch der Englischen Eröffnung zuordnen. Hier sind Übergänge in andere Systeme jederzeit möglich.

3...dxc4

Schwarz hat an dieser Stelle viele Möglichkeiten: 3...d4, 3...c6, 3...Sf6 oder 3...e6, doch Anand will die Lage im Zentrum sofort klären.

4.Da4+ Sc6 5.Lg2 Lg7 6.Sc3 e5 7.Dxc4 Sge7 8.0-0 0-0 9.d3 h6 10.Ld2

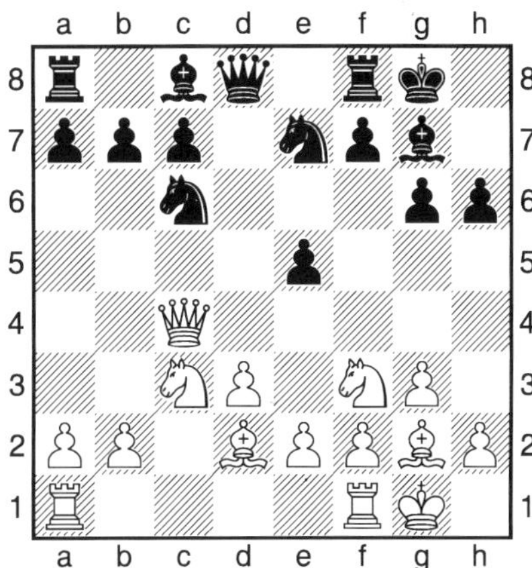

10...Sd4!?

Ein neuer Zug. Der Weltmeister wartet noch damit, seinen Damenläufer ins Spiel zu bringen.

11.Sxd4 exd4 12.Se4 c6 13.Lb4

Aufmerksamkeit verdient 13.Dc1 Kh7 14.Lb4, wodurch Weiß ein Tempo gewinnt.

13...Le6 14.Dc1 Ld5 15.a4 b6 16.Lxe7 Dxe7 17.a5!

Carlsen will die a-Linie öffnen.

17...Tab8 18.Te1 Tfc8 19.axb6 axb6 20.Df4?!

Steht die Dame hier richtig? 20.Ta6!? war die natürliche Alternative. (K. Müller)

20...Td8

Anand verhindert, dass die weiße Dame auf d6 eindringt.

21.h4 Kh7 22.Sd2 Le5 23.Dg4 h5 24.Dh3 Le6 25.Dh1

Hier wird Carlsens Dame eine ganze Weile bleiben. Wann jemals war die Königin des Spiels bei einem WM-Match so in der Ecke eingeklemmt?

25...c5 26.Se4 Kg7 27.Sg5 b5

Schwarz hat keine Angst, das Läuferpaar zu verlieren. Er möchte einen Freibauern am Damenflügel bilden.

28.e3?! dxe3 29.Txe3

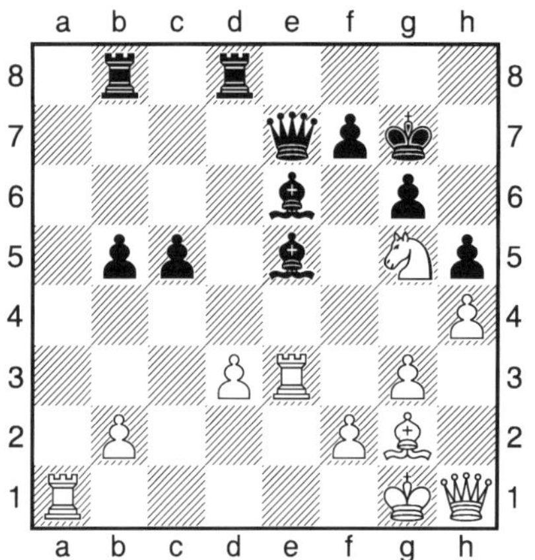

29...Ld4?!

Keine optimale Entscheidung. Warum kassiert Anand nicht den Bauern b2? Die Variante 29...Lxb2 30.Tae1 Tb6 31.Lh3 gefiel ihm nicht, sagte er später. Danach habe Weiß zu viel Kompensation. Eifrige Kommentatoren, die immer ein Schachprogramm zur Verfügung haben, empfahlen diesen erfolgversprechenden Weg für Schwarz: 29...Lxb2 30.Tae1 Tb6 31.Ld5 Ld4 32.Txe6 fxe6 33.Txe6 Df8! -+. Den starken Damenzug hatte der Weltmeister vermutlich übersehen.

30.Te2 c4 31.Sxe6+ fxe6

Magnus schüttelt leicht den Kopf und runzelt die Stirn. Die Stellung behagt ihm nicht. Über seinen nächsten Zug denkt er sieben Minuten nach.

32.Le4 cxd3 33.Td2

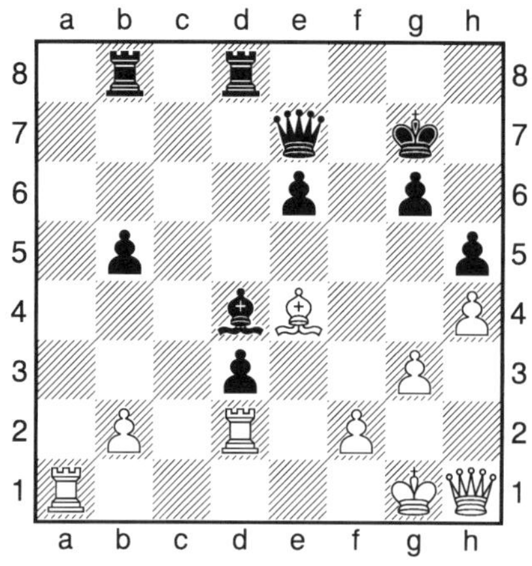

33...Db4?

Richtig war 33...Tf8! 34.Lxd3 Dd6, und die Dame schaut nicht nur begehrlich nach g3, sondern ist auch am Läufer d3 interessiert.

Nach 35.Dg2 Txf2! 36.Txf2 Tf8 37.Taf1 Txf2 38.Txf2 Lxf2 39.Dxf2 Dxd3 hat Schwarz reale Gewinnchancen im Damenendspiel. Diese Variante wurde auch von Kasparow am Rande des Matchs in Chennai gezeigt.

34.Tad1 Lxb2 35.Df3

Nun, wo seine Dame wieder ins Freie gelangte, sieht Carlsen zufriedener aus.

35...Lf6 36.Txd3 Txd3 37.Txd3 Td8

Jetzt ist die Remisbreite erreicht. Zu versuchen war noch 37... Ld4!?, aber nach 38.De2 Tf8 39.Tf3 geht es für Schwarz auch nicht wirklich voran. Es scheint, als ob sich der Weltmeister bereits mit einem Unentschieden abgefunden hat.

38.Txd8 Lxd8 39.Ld3 Dd4 40.Lxb5 Df6

Anand bietet hier Remis an, doch Carlsen spielt nach einigem Überlegen weiter.

41.Db7+ Le7 42.Kg2 g5!? 43.hxg5 Dxg5 44.Lc4 h4 45.Dc7

Oder 45.Lxe6 hxg3 46.fxg3 Dd2+=.

45...hxg3 46.Dxg3 e5 47.Kf3 Dxg3+ 48.fxg3 Lc5 49.Ke4 Ld4 50.Kf5 Lf2 51.Kxe5 Lxg3+

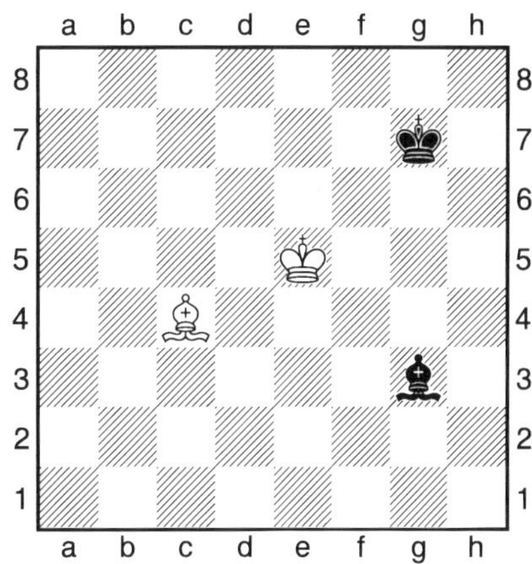

Remis.

Eine großartige Kampfpartie, die beiden Seiten zur Ehre gereicht. Zum ersten Mal wurde in diesem Match richtig gefightet. Der Weltmeister spielte ideenreich, ließ jedoch gute Chancen aus, die Begegnung für sich zu entscheiden. Gegen Carlsen bekommt man solche Gelegenheiten nur sehr selten.

Stand: 1,5:1,5

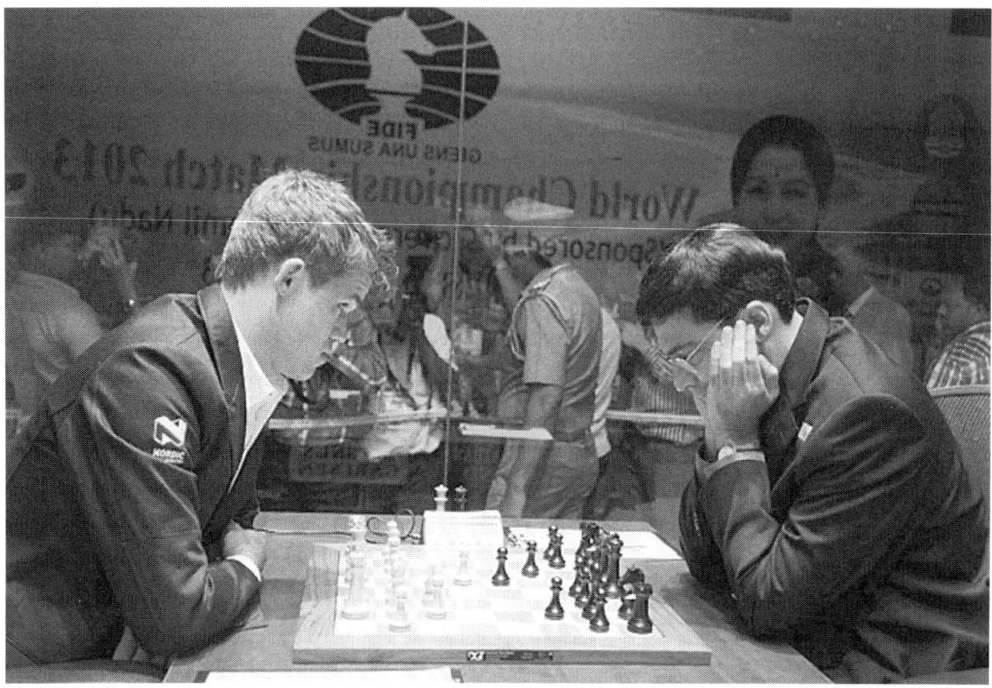

Carlsens prüfender Blick

Vor den Medienvertretern im Presseraum bekannte Magnus ganz offen, dass er während der Partie sehr nervös war. „Ich habe die Stellung im Mittelspiel falsch beurteilt und ein paar schlechte Entscheidungen getroffen. Den Vormarsch seiner Bauern am Damenflügel habe ich unterschätzt", sagte der Herausforderer. Zum Glück für Carlsen reizte Anand die vorteilhafte schwarze Position nicht völlig aus. „Zeitweise schien es so, als ob ich dem Gewinn nahe war. Aber ich denke, dass Weiß immer genug Kompensation für den Minusbauern hatte", versuchte der Inder seine Zurückhaltung in der kritischen Partiephase zu erklären.

Der Norweger wurde dann zu Kasparows Besuch in Chennai befragt und ob dieser ihm vielleicht helfe. Carlsen verneinte das und versicherte den Reportern, seinen früheren Lehrer auch nicht privat im Hotel getroffen zu haben. Aber er freue sich, dass die Schachlegende das Match besucht. Man sollte jedem Weltmeister mit Respekt begegnen. Anand stimmte den Worten von Magnus auf Nachfrage zu.

Anand – Carlsen

4. WM-Partie

Spanisch C67

Chennai 13.11.2013

1.e4 e5 2.Sf3 Sc6 3.Lb5 Sf6

Die Berliner Verteidigung. Sie war vor über hundert Jahren sehr populär, ehe ihr Wladimir Kramnik in seinem erfolgreichen WM-Match 2000 in London gegen Garri Kasparow neues Leben einhauchte. Etwas Solideres für Schwarz gibt es seither im modernen Schach kaum.

4.0-0 Sxe4 5.d4!

Weiß denkt schon jetzt an das Endspiel und strebt Vereinfachungen an.

5...Sd6 6.Lxc6 dxc6 7.dxe5 Sf5 8.Dxd8+ Kxd8 9.h3

Der Zug ist in Mode gekommen. In der Partie Anand-Carlsen (Sao Paulo 2011) folgte hier 9.Sc3 h6 10.h3 Se7 11.Le3 Ke8 12.Tad1 Ld7.

9...Ld7 10.Td1 Le7

Ein Patent von Carlsens norwegischem Freund und Helfer Jon Ludvig Hammer.

11.Sc3 Kc8 12.Lg5 h6 13.Lxe7 Sxe7

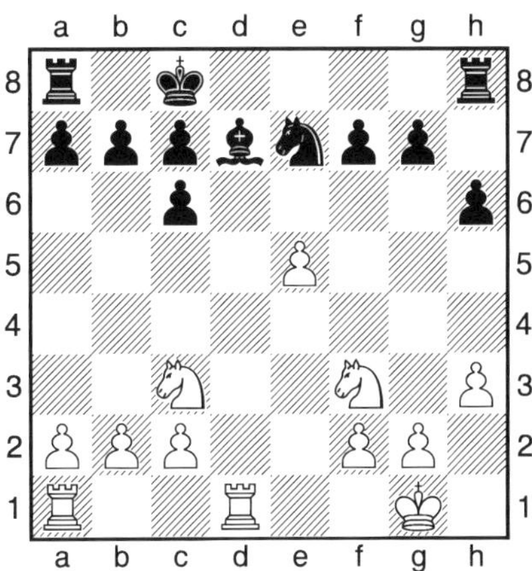

14.Td2 c5 15.Tad1 Le6 16.Se1 Sg6 17.Sd3 b6 18.Se2

Anand plant den Vorstoß f2-f4. Jetzt aber passiert etwas nicht Alltägliches.

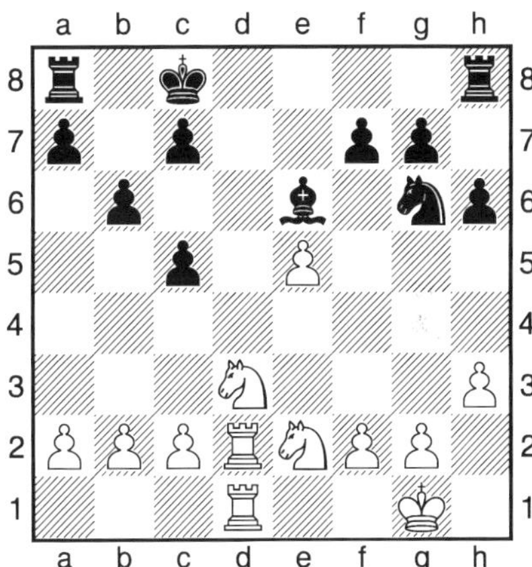

18...Lxa2!?

Der bisher spektakulärste Moment des WM-Duells. Man denkt natürlich sofort an die 1. Partie 1972 zwischen Spasski und Fischer in Reykjavik, als der Amerikaner auf h2 einen vergifteten Bauern schlug und dann seinen Läufer verlor. Hier liegen die Dinge jedoch etwas

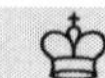

anders, weil Carlsen die Leichtfigur wieder befreien kann.

19.b3 c4 20.Sdc1 cxb3 21.cxb3 Lb1!

Schwarz hat alles ganz cool kalkuliert, der Läufer kommt ohne Probleme heraus. Weiß muss nun versuchen, den materiellen Nachteil durch seine aktiveren Figuren sowie den großen Raumvorteil auszugleichen.

22.f4 Kb7 23.Sc3 Lf5 24.g4 Lc8 25.Sd3

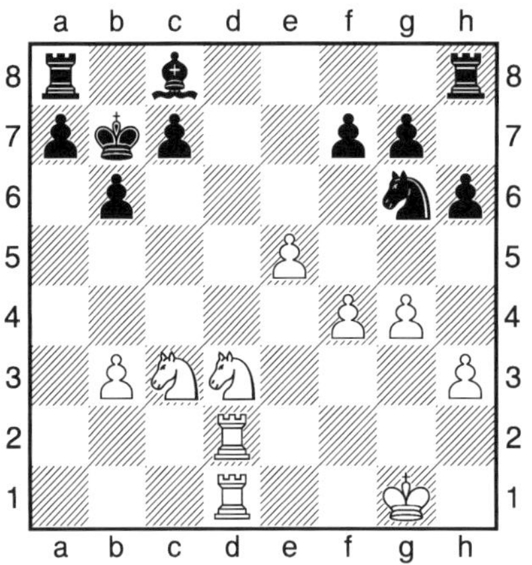

Schauen wir uns die stark veränderte Position an. Schwarz steht jetzt sehr passiv, aber er besitzt einen Mehrbauern und einen sicheren König. Seine Stellung spielt sich nach Ansicht der meisten Fachleute leichter. Die Figuren finden von allein gute Felder, Carlsen kann hier vorläufig auf „Autopilot" schalten, lautete ein Kommentar von Mihai Marin.

25...h5 26.f5 Se7 27.Sb5

Anand sollte besser mit 27.Tc1 auf der c-Linie Druck aufbauen und mit dem Springerzug noch warten. Wichtig ist außerdem, dass der König nach g3 geht, um seine Stellung weiter zu verbessern.

27...hxg4 28.hxg4? Th4

Schwarz hatte hier auch die Möglichkeit 28...a6 29.Sd4 a5!

29.Sf2 Sc6 30.Tc2 a5 31.Tc4!

Vishy verhindert 31...a4. Zu diesem Schritt kommt Carlsens a-Bauer erst 29 Züge später.

31...g6 32.Tdc1 Ld7 33.e6 fxe6 34.fxe6 Le8

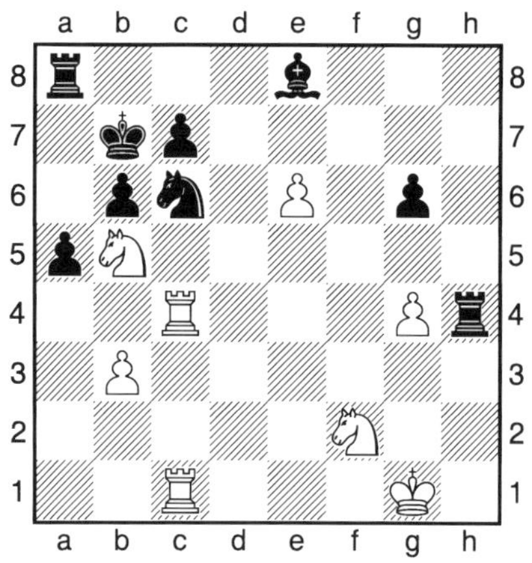

35.Se4!

Anand findet eine Finesse, aktiv im Spiel zu bleiben.

34...Txg4+ 36.Kf2 Tf4+

In beiderseitiger Zeitnot lässt Magnus den Gegner vom Haken. Viel subtiler war 36...Td8!, wonach Vishy 37.Ke3! ziehen musste, um die Drohung Sc5+ aufrecht zu erhalten. (Giri)

37.Ke3 Tf8?!

Gewinnversuche konnte Schwarz nur noch mit 37...g5! unternehmen.

38.Sd4! Sxd4 39.Txc7+ Ka6 40.Kxd4 Td8+ 41.Kc3 Tf3+ 42.Kb2 Te3 43.Tc8

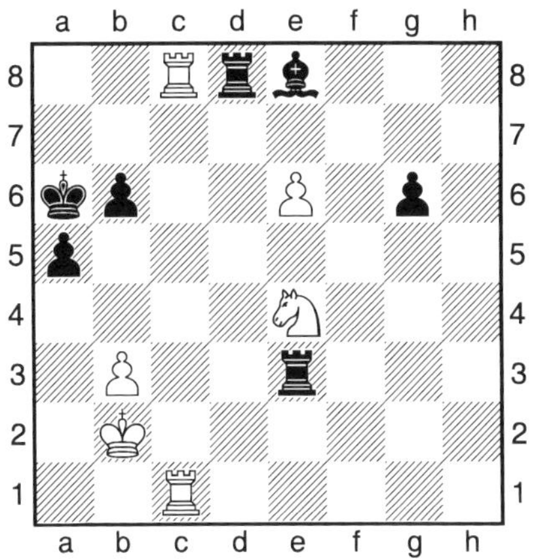

43...Tdd3

Dieser Zug illustriert sehr gut Carlsens Fähigkeit, die Spannung hochzuhalten. Der Übergang ins einfache Turmendspiel erleichtert hingegen die Aufgabe von Weiß: 43...Txc8 44.Txc8 Txe4 45.Txe8 Kb5 46.e7 g5 47.Tg8 Txe7 48.Txg5+ Kb4 49.Tg4+= (Marin). In der neunten Partie wird Anand anders als sein Gegner verfahren und als Angreifer einen Turmtausch zulassen. Die Folgen sind dramatisch.

44.Ta8+ Kb7 45.Txe8 Txe4 46.e7 Tg3 47.Tc3 Te2+ 48.Tc2 Tee3 49.Ka2 g5 50.Td2 Te5 51.Td7+ Kc6 52.Ted8 Tge3 53.Td6+ Kb7

Oder 53...Kc5 54.e8D Txe8 55.Td5+ Kb4 56.Td4+ Kb5 57.T4d5+ Ka6 58.Txe8 Txe8 59.Txg5=.

54.T8d7+ Ka6 55.Td5 Te2+ 56.Ka3 Te6!

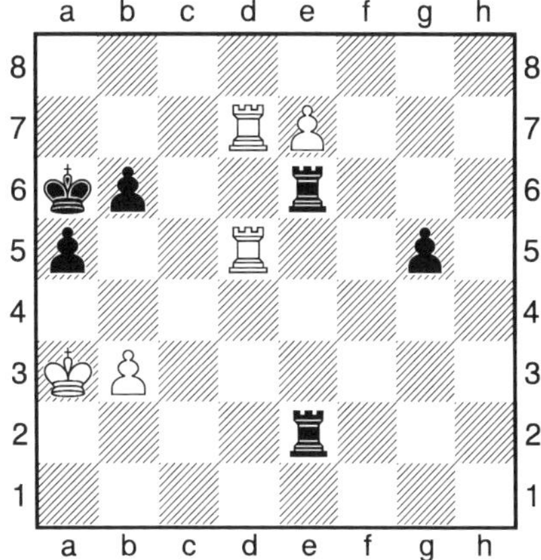

Mit Unschuldsmiene sitzt Magnus am Tisch. Dabei hat er dem Champion gerade eine letzte Falle gestellt. Nach 57.Txg5?? b5! und 58...b4+ gibt es keine vernünftige Verteidigung von Weiß gegen das Matt.

57.Td8

Anand hat nur noch eine Minute Bedenkzeit, aber sie genügt ihm, den Remishafen zu erreichen.

57...g4 58.Tg5 Txe7 59.Ta8+ Kb7 60.Tag8 a4 61.Txg4 axb3 62.T8g7 Ka6 63.Txe7 Txe7 64.Kxb3

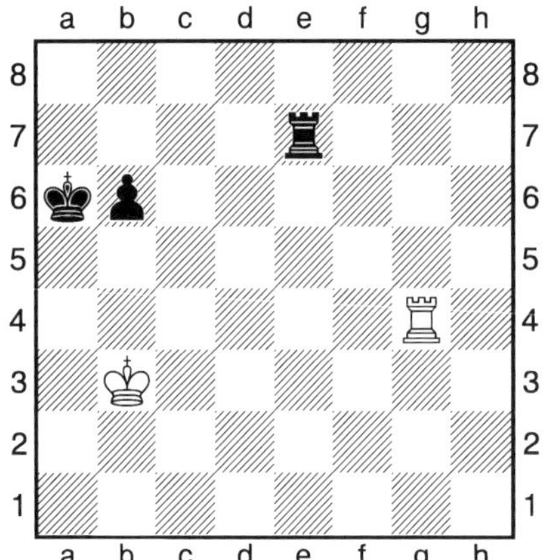

Remis.

Stand: 2:2

Wir sahen erneut ein packendes Duell. Anand hatte bedeutend mehr Raum, aber einen Minusbauern. Carlsen fand immer genaue Züge, um seinen Materialvorteil zu verteidigen. Je weniger Figuren auf dem Brett waren, umso mehr stiegen die Chancen des Norwegers. In dem Turmendspiel konnte Magnus gefahrlos auf Gewinn spielen, was er auch noch eine Zeitlang probierte. Aber Vishy verteidigte sich clever. Nach sechs Stunden sah Carlsen ein, dass der volle Punkt nicht zu holen war und bot das Unentschieden an.

Wieder gab es keinen Sieger. Remis-Serien zu Beginn einer Weltmeisterschaft sind aber nichts Ungewöhnliches. Wenn die Partien ausgekämpft werden, kann man den Akteuren keinen Vorwurf machen. Ich erinnere mich an New York 1995, als Kasparow und Anand ihr WM-Match in der obersten Etage des World Trade Centers spielten. Die ersten acht Begegnungen endeten jeweils mit einer Punkteteilung, ehe der indische Herausforderer die neunte Partie gewinnen konnte. Dann war der Bann gebrochen. Garri Kasparow schlug umgehend zurück und verteidigte in der Folge souverän seinen Titel. Es war klar, auch in Chennai würde früher oder später das erste Tor fallen.

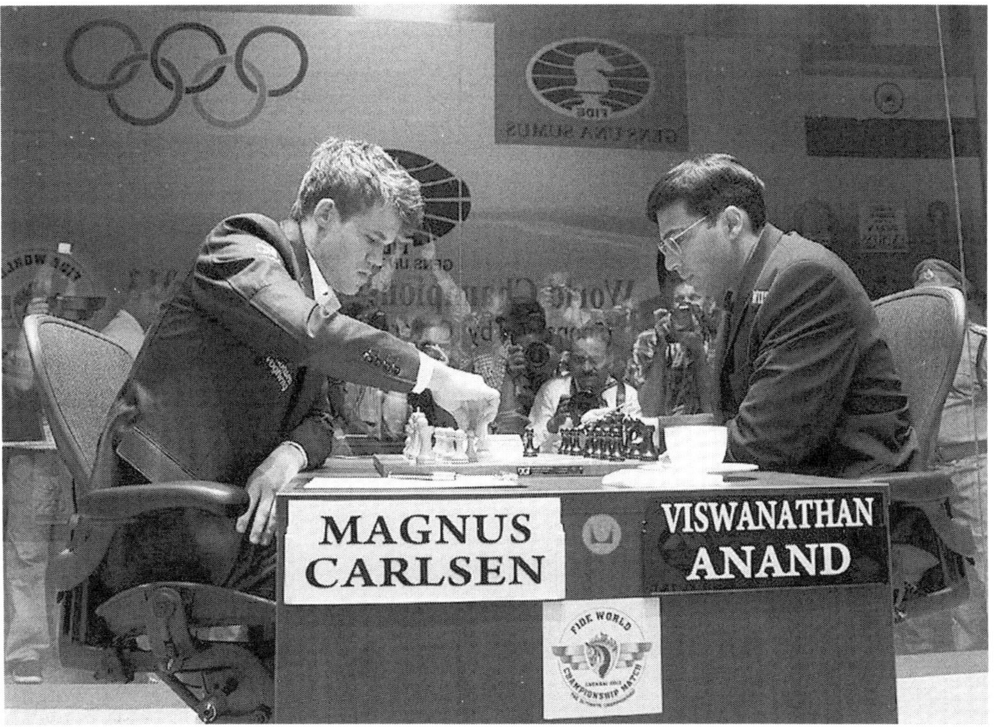

Carlsen – Anand
5. WM-Partie
Damengambit D31
Chennai 15.11.2013

Der Herausforderer verzichtet ab diesem Tag auf den Zug 1.Sf3, den er in seinen ersten beiden Weißpartien spielte. Er will dem Titelverteidiger in keinem Treffen Gelegenheit geben, eine verbesserte Eröffnungsvorbereitung zu zeigen.

1.c4 e6 2.d4 d5 3.Sc3 c6

Ein heute sehr beliebtes System. Nun ergibt 4.cxd5 exd5 für Schwarz eine schöne Variante im abgelehnten Damengambit, weil der Läuferausfall nach f5 kaum verhindert werden kann. Nach 4.Sf3 könnte Anand dagegen zwischen der Halbslawischen Verteidigung (4...Sf6) und dem scharfen 4...dxc4 wählen. Carlsen entscheidet sich jedoch für die wohl kritischste Fortsetzung.

4.e4 dxe4 5.Sxe4 Lb4+ 6.Sc3

Der Norweger bleibt sich treu und weicht einer theoretischen Diskussion aus. Vielleicht fürchtete er Anands häusliche Vorarbeit. Ganz sicher verspürte Magnus vor dem Match auch keine Lust, die langen Varianten nach dem üblichen 6.Ld2 Dxd4 7.Lxb4 Dxe4+ 8.Le2 zu studieren. Der Textzug führt zu einem Spiel mit beiderseitigen Chancen.

6...c5 7.a3 La5

Nichts spricht gegen 7...Lxc3+ 8.bxc3 Sf6, zum Beispiel 9.Sf3 Da5 10.Ld2 Se4 11.Ld3 Sxd2 12.Dxd2 0-0 13.Ke2 Sd7 14.Thd1 Td8 (Hertneck-Portisch, Berlin 1997).

8.Sf3 Sf6 9.Le3 Sc6

Die folgende Partie illustriert die Gefahren, mit denen Schwarz nach 9...Se4 konfrontiert werden kann: 10.Dc2 Sxc3 11.bxc3 cxd4 12.Lxd4 0-0 13.Ld3 h6 *(13...f5!?)* 14.0-0 Sc6 15.Tab1 Lc7 16.Le4 De7 17.Tfe1 Ld6 18.Da4 Lxa3 19.Lxc6 bxc6 20.Se5± (Jermolinsky - Shulman, Philadelphia 2008).

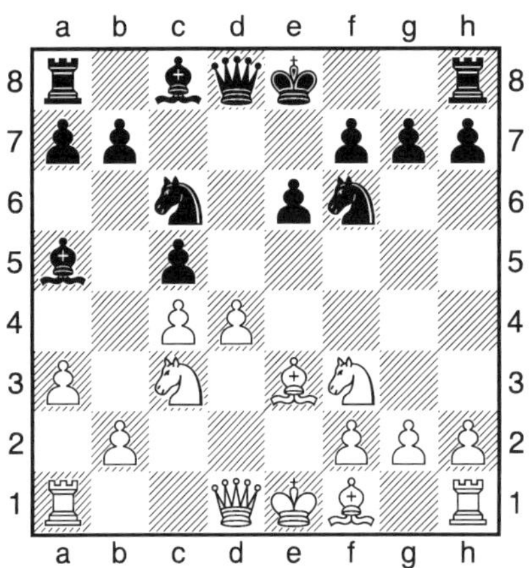

10.Dd3!?

Dieser interessante Zug wurde bis dahin nur ganz selten gespielt. Carlsen hat ihn offensichtlich für Chennai vorbereitet. Anand zeigt sich von der weißen Idee überrascht und überlegt lange.

10...cxd4 11.Sxd4 Sg4

11...Se5 12.Dc2 Seg4 13.Dc1? Sxe3 14.fxe3 0-0 geschah in der Partie Martins - Quintiliano Pinto (Maringa 2013).

12.0-0-0 Sxe3 13.fxe3 Lc7?!

Zu vorsichtig gespielt und ein kritischer Augenblick. Hier sollte Schwarz besser rochieren oder 13...De7 ziehen, wie von Großmeister Alexei Korotylow empfohlen wurde. Garri Kasparow bezeichnete nach der Partie 13... Sxd4 14.exd4 0-0 als mögliche Variante für den Nachziehenden. Auf jeden Fall war es besser für ihn, die Damen auf dem Brett zu lassen.

14.Sxc6!

Einfach und gut! Carlsen vereinfacht die Stellung, was charakteristisch für seine Spielweise ist. Er sichert sich damit einen minimalen Vorteil. Die Alternative war 14.Sdb5!? 0-0 15.Dc2 De7 16.Sxc7 Dxc7 17.Sb5 De5 18.Df2.

14...bxc6 15.Dxd8+ Lxd8 16.Le2 Ke7?!

Klüger wäre 16...Lg5 17.Td3 f5 18.Lf3 Ld7 19.Thd1 0-0-0 (Korotylow) oder das aktive 16...Lb6 17.Td3 Ke7 18.Lf3 La6 19.b3.

17.Lf3 Ld7 18.Se4!

Wieder präzise und gut. Schwarz muss sich jetzt schon genau verteidigen.

18... Lb6 19.c5 f5 20.cxb6 fxe4 21.b7!

Stark gespielt. Der kleine Schritt mit dem Bauern zeigt Carlsens intuitives Positionsgefühl.

21...Tab8 22.Lxe4 Txb7

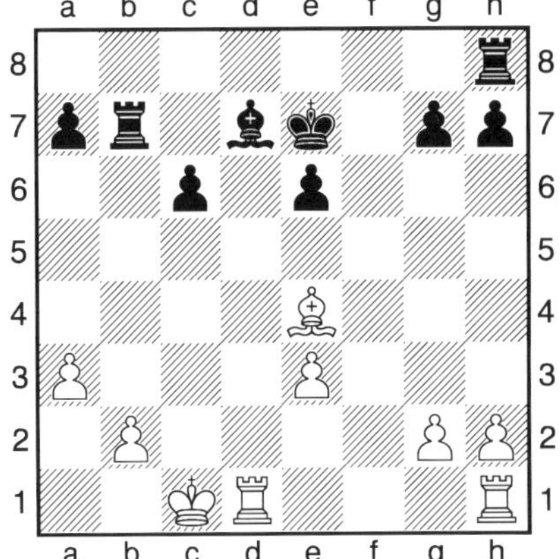

Weiß besitzt die bessere Bauernstellung und die beweglichere Leichtfigur. Solche praktischen Endspiele sind Carlsens Domäne. Es beginnt ein längerer Manövrierkampf.

23.Thf1 Tb5 24.Tf4

Zu überlegen war auch 24.Td4!?

24...g5 25.Tf3 h5 26.Tdf1 Le8 27.Lc2 Tc5 28.Tf6 h4 29.e4 a5 30.Kd2 Tb5 31.b3 Lh5 32.Kc3 Tc5+ 33.Kb2 Td8 34.T1f2 Td4

Sehr optimistisch. Schwarz musste der nächsten Drohung unbedingt begegnen.

Carlsen opferte die Hälfte seiner restlichen Bedenkzeit, um diesen aktiven Zug zu finden.

35.Th6 Ld1 36.Lb1! Tb5 37.Kc3 c5 38.Tb2 e5 39.Tg6 a4

Beachtung verdiente 39...g4. Magnus hat die Schwachpunkte der schwarzen Stellung geduldig belagert und seinen Gegner zur präzisen Defensive gezwungen. Mit einiger Mühe schafft Anand es bis zur Zeitkontrolle.

40.Txg5 Txb3+ 41.Txb3 Lxb3 42.Txe5+ Kd6 43.Th5 Td1 44.e5+ Kd5 45.Lh7

Auf dem Brett scheint nicht mehr viel los zu sein. Jetzt aber passiert in der Diagrammstellung Folgendes...

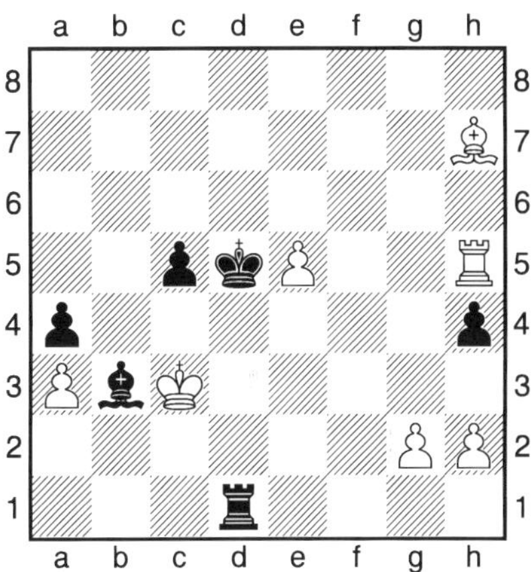

45...Tc1+?!

Ein nutzloses Schach. Die Situation ist zugegeben chaotisch, aber das Remis war schon in Sichtweite. In dem Moment unterläuft Anand dieses ärgerliche Versehen. Gefragt war ein aktives Gegenspiel, um den gefährlichen a-Bauern von Weiß zu beseitigen: 45...Ta1! 46.Lg8+ Kc6 47.Lxb3 Txa3 48.Txh4 Txb3+ 49.Kc2 Tb4 mit gleicher Stellung. Mit dem Textzug hat Schwarz das klare Remis ausgelassen. Jetzt wird es eng für ihn; er darf sich keine Ungenauigkeiten mehr leisten.

46.Kb2 Tg1 47.Lg8+ Kc6?

Anand verliert völlig den Faden. Rettungsaussichten bestehen wohl nur noch, wenn 46...Kd4 48.Txh4+ Kd3 geschieht.

48.Th6+ Kd7

Eine bessere Fortsetzung ist vielleicht 48...Kb5!? 49.Lxb3 axb3 50.Kxb3 c4+ 51.Kc3 Txg2 52.a4+ Kc5 53.Txh4 Kd5 54.e6 Kxe6 55.Kxc4 Kd6. Laut Endspiel-Datenbank steht Weiß auch dann ausgezeichnet, aber es gibt viel Raum für Fehlgriffe.

49.Lxb3 axb3 50.Kxb3 Txg2 51.Txh4

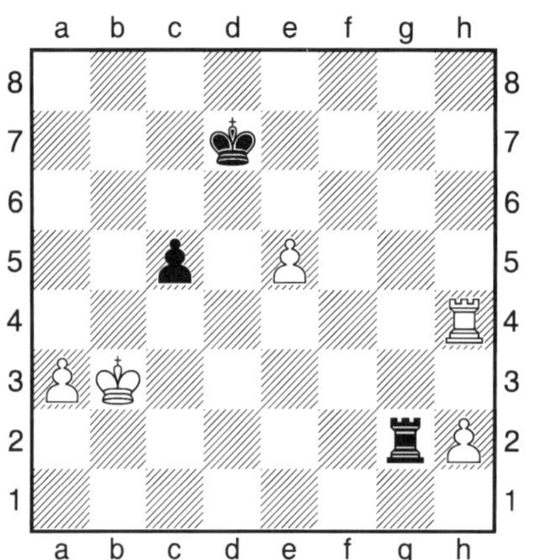

51...Ke6?

Dieser Zug besiegelt die Niederlage von Schwarz endgültig. (Carlsen)

Nur 51...Kc6 konnte noch etwas Widerstand leisten. Der a-Bauer marschiert jetzt los.

52.a4! Kxe5 53.a5 Kd6 54.Th7!

Wie Capablanca in Reinkultur! Der König wird horizontal vom a-Bauern abgeschnitten. Wenn das Schicksal einer Partie von solcher Genauigkeit abhängt, ist Magnus unversöhnlich. (Barlov)

54...Kd5 55.a6 c4+ 56.Kc3 Ta2 57.a7 Kc5 58.h4

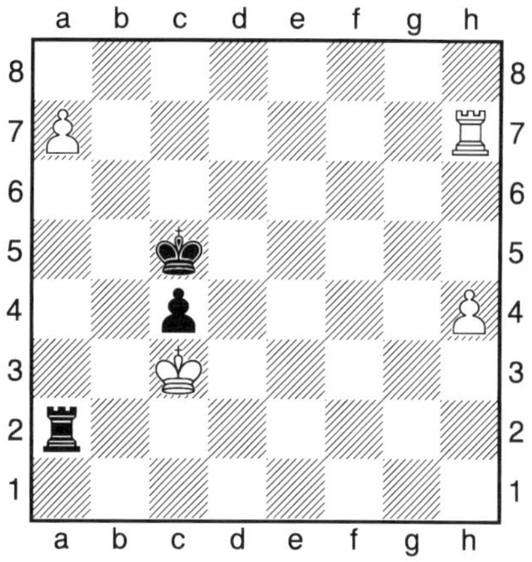

1-0

Zwei Freibauern auf einmal sind nicht zu stoppen. Nach dem ersten Sieg im Match geht der Herausforderer in Führung.

Stand: 3:2 für Carlsen

Eine unnötige Niederlage des Weltmeisters. Magnus umging in dieser Partie erneut die Theorievarianten und brachte einen interessanten Damenzug. Lange Zeit verteidigte Anand sich gut, doch in dem spannenden Endspiel suchte Weiß permanent die Initiative. Das zahlte sich aus. Vom Kampf zermürbt, hielt der Inder nach mehr als fünf Stunden in einer Remis-Stellung schließlich dem Druck des Herausforderers nicht mehr stand. Es war ein unangenehmer Tiefschlag für den Lokalmatador, der seine Enttäuschung auch vor den versammelten Medienleuten nicht verbergen konnte. „Carlsen hat seine Chancen gut genutzt", zeigte sich Anand jedoch als fairer Verlierer. Der Sieger gab sich bescheiden und erwiderte: „Es ist nicht wichtig, wer die erste Partie, sondern wer das Match gewinnt." Aber es sei ein guter Kampf gewesen, und in Führung zu liegen fühle sich prima an.

Schon am nächsten Tag hatte der Champion Gelegenheit zur Revanche. Dass er Rückstände aufholen kann, bewies Anand eindrucksvoll in seinen WM-Duellen 2010 in Sofia gegen Weselin Topalow und 2012 in Moskau gegen Boris Gelfand. Dort gelang es ihm stets, das Match zu drehen. Diesmal saß dem Titelverteidiger jedoch ein Kontrahent von anderem Kaliber gegenüber; nur halb so alt wie er und mit unglaublich viel Energie. Das zeigte sich auch in der folgenden Begegnung.

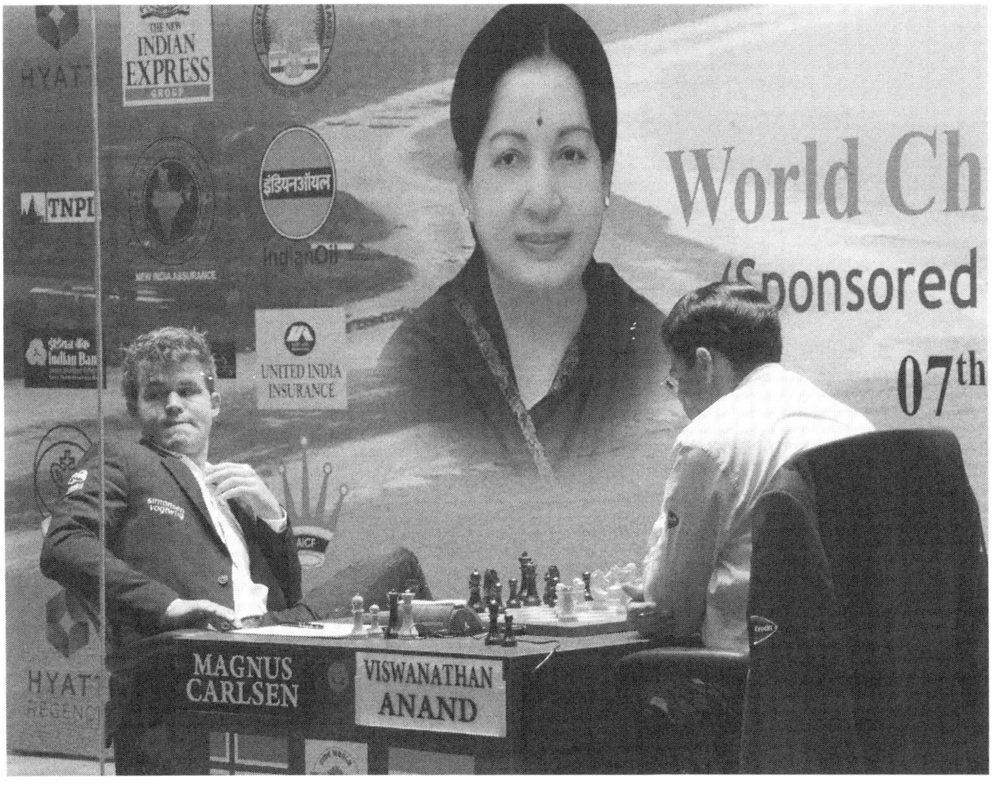

Anand – Carlsen

6. WM-Partie

Spanisch C65

Chennai 16.11.2013

Der Ballsaal im Hyatt Regency Hotel ist bis auf den letzten Platz gefüllt, als Indiens Schachidol die Bühne betritt. Anand konnte in der Nacht zuvor kaum schlafen, so sehr hat ihn die erste Niederlage gewurmt und beschäftigt. Was vermag er dem jungen Herausforderer in dieser Verfassung entgegenzusetzen?

1.e4 e5 2.Sf3 Sc6 3.Lb5 Sf6 4.d3 Lc5 5.c3

Gebräuchlicher ist hier die Rochade.

5...0-0 6.0-0 Te8

Schwarz kann auch 6...d6 oder 6...d5 spielen.

7.Te1 a6 8.La4 b5 9.Lb3 d6 10.Lg5!

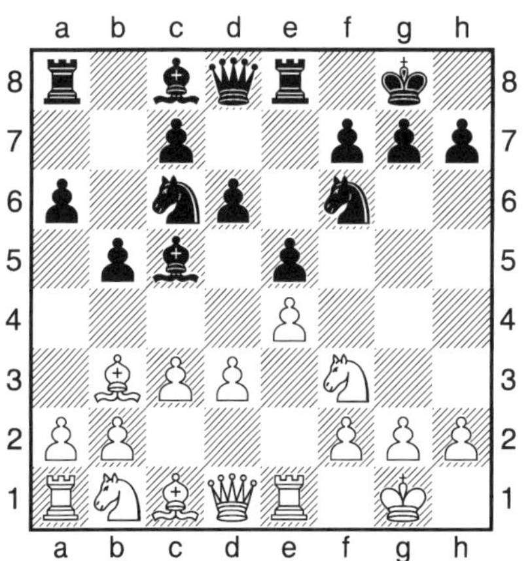

Der logische Läuferausfall ist an dieser Stelle neu, aber mit Zugumstellung mündet die Partie dann wieder in bekannte Bahnen.

10...Le6 11.Sbd2 h6 12.Lh4 Lxb3 13.axb3 Sb8

Dieses Springermanöver kennen wir aus dem Breyer-System. Magnus sucht ein besseres Feld für die Figur.

14.h3 Sbd7 15.Sh2

Anand probiert sein Glück am Königsflügel.

15...De7 16.Sdf1 Lb6 17.Se3 De6

Hier steht die Dame prima, Schwarz hat keinerlei Probleme.

18.b4 a5! 19.bxa5 Lxa5 20.Shg4 Lb6 21.Lxf6

Der Läufer ist ohne Perspektive und wird abgetauscht.

21...Sxf6 22.Sxf6+ Dxf6 23.Dg4 Lxe3 24.fxe3 De7 25.Tf1 c5 26.Kh2 c4

Weiß hat nichts aus der Eröffnung herausgeholt, er spielte zu zaghaft. Mit seinem Bauernzug verpasst Carlsen dem Gegner eine Schwäche und macht damit klar, dass er auf Gewinn spielt.

27.d4 Txa1 28.Txa1 Db7 29.Td1 Dc6 30.Df5

Die Alternative war 30.d5 Db7 31.Ta1.

30...exd4 31.Txd4 Te5

Magnus behandelt das Endspiel ruhig und sicher. Die weißen Figuren stehen tatenlos herum und sind an die Verteidigung des Bauern e4 gebunden. Wie soll Vishy Aktivität entfalten?

32.Df3 Dc7 33.Kh1 De7 34.Dg4 Kh7 35.Df4 g6 36.Kh2 Kg7 37.Df3 Te6

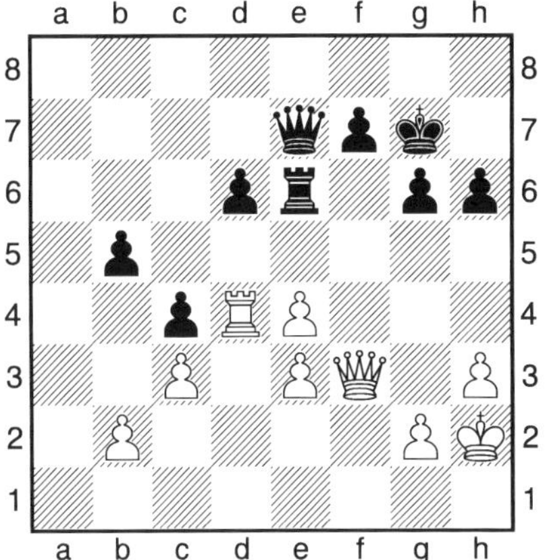

38.Dg3?

Warum gibt Anand freiwillig diesen Bauern her? Er muss einfach 37.Df4 ziehen, und Schwarz kommt überhaupt nicht voran.

38...Txe4 39.Dxd6 Txe3 40.Dxe7 Txe7 41.Td5 Tb7 42.Td6 f6 43.h4 Kf7?!

Hier war 43... h5 genauer, um später mit dem Turm nach e5 zu gehen, räumte Carlsen nach der Partie ein.

44.h5

Anand opfert noch seinen Randbauern, damit die Stellung von Schwarz geschwächt wird. Zwingend nötig war das nicht, er konnte auch 44.Kg3 spielen. Aber der Titelverteidiger geht davon aus, dass die Partie unentschieden endet. Objektiv ist es noch möglich.

44...gxh5 45.Td5 Kg6 46.Kg3 Tb6 47.Tc5 f5 48.Kh4

Auch die Kommentatoren tippten hier schon auf ein baldiges Remis, weil die weißen Figuren sehr gut zusammenwirken und Schwarz sich in einer Art Zugzwang befindet.

48...Te6!?

Mit Carlsen aber ist kein leichter Frieden zu machen. Er findet tatsächlich noch eine Möglichkeit, seinen Gegner weiter zu plagen.

49.Txb5 Te4+ 50.Kh3?!

Eine bedenkliche Fortsetzung, weil der weiße König als Zuschauer in der h-Linie bleibt. Nach 50.Kg3! Kg5 51.Kf2 könnte Vishy das Gleichgewicht der Stellung eher wahren.

50... Kg5 51.Tb8 h4 52.Tg8+ Kh5 53.Tf8 Tf4 54.Tc8 Tg4 55.Tf8 Tg3+ 56.Kh2 Kg5

Mit dem Königszug stellt der Norweger eine letzte kleine Falle.

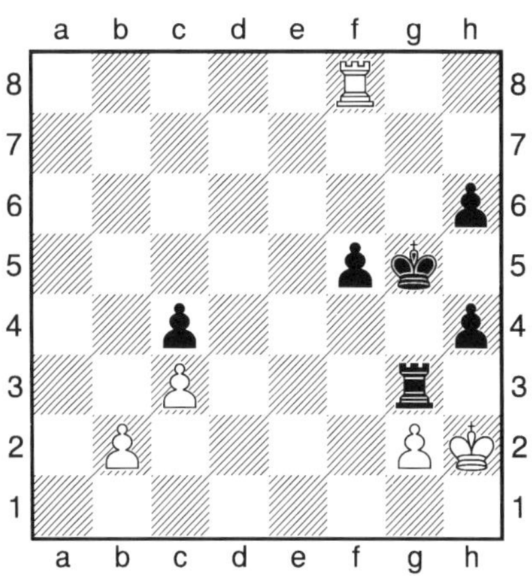

57.Tg8+?

Anand tappt hinein und gibt wieder ein überflüssiges Turmschach. Notwendig war 57.Tc8, wonach Schwarz nicht weiter kommt und die Partie remis ausgehen muss. Mit dem Textzug verliert Anand wie schon tags zuvor im fünften Spiel ein wichtiges Tempo. Nach 57.Tc8 Tg4 hingegen funktioniert das Schachgebot: 58.Tg8+ Kf4 59.Th8 Ke3 60.Txh6 f4 61.Tf6 Tg5 62.Tf7! =.

57...Kf4 58.Tc8 Ke3 59.Txc4 f4

Die weiße Position ist mehr als schwierig, aber es gab hier noch einen studienartigen Weg zum Remis: 60.b4!! h3 61.gxh3 Tg6 62.Tc8! f3 63.Te8+ Kf2 64.b5 Tg2+ 65.Kh1 Tg1+ 66.Kh2 Te1 67.Txe1 Kxe1 68.b6, und Anand erhält ebenfalls eine Dame.

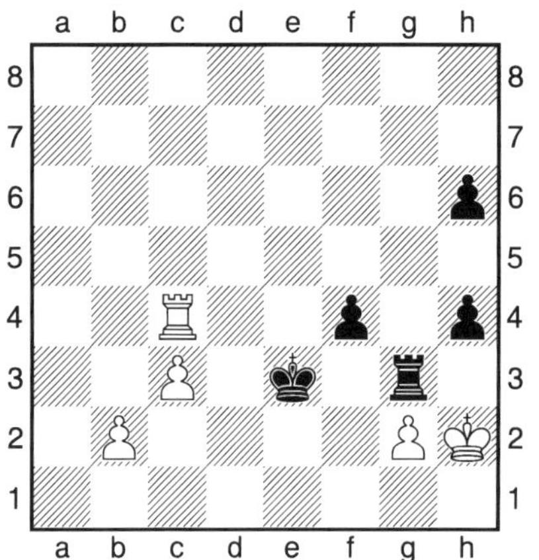

60.Ta4?

Der Verlustzug. In der Diagrammstellung konnten nur noch Computerprogramme den Anziehenden retten. Wir haben 60.b4!! schon erwähnt, wobei es nach 60...h3 61.gxh3 Tg6 noch andere mögliche Abspiele gibt: 62.b5 f3 63.Tc8 Tg2+ (wenn 63...f2, so 64.Te8+=) 64.Kh1 Tb2 65.Te8+ Kf4 66.Tf8+ Kg3 67.Tg8+ Kf2 68.c4=. Keiner der beiden Spieler vermochte diese komplizierten Varianten während der Partie vollständig durchzurechnen.

60...h3!

Dass Carlsen es schafft, mit diesem Zug einen gefährlichen f-Bauern zu kreieren, der wertvoller ist als die ganze weiße Bauernschaft, ist schlichtweg genial. (Knaak)

61.gxh3 Tg6!

Jetzt stellen Anands Bauern keine Gefahr mehr dar, sie können leicht einkassiert werden. Das Unglück begann im 57. Zug, als Vishy ein entscheidendes Tempo verlor. Seit 60...h3! ist Schwarz endgültig auf der Siegerstraße.

62.c4 f3 63.Ta3+ Ke2 64.b4 f2 65.Ta2+ Kf3 66.Ta3+ Kf4

Carlsens König nutzt die beiden Unglücksraben von Weiß als Schutzschild. Stünden die Bauern auf b5 und c5, wäre die Stellung remis. Befänden sie sich gar nicht auf dem Brett, würde das ebenfalls zur Punkteteilung für Anand reichen. Ist das bitter!

67.Ta8

Oder 67.Ta1 Te6 und 68.Te1.

67...Tg1

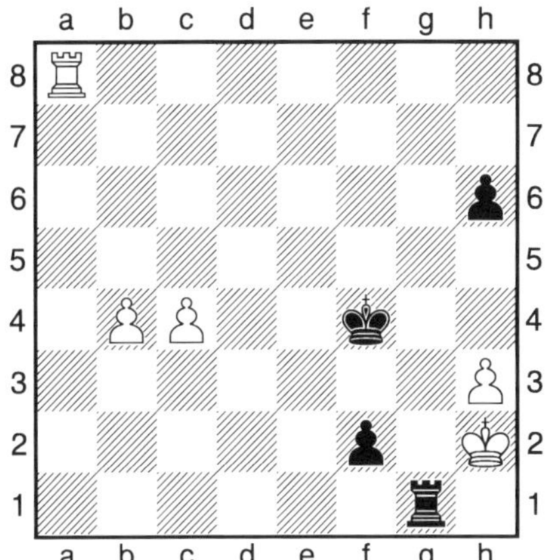

0-1

Der schwarze König kann sich leicht verstecken: 68.Tf8+ Ke3 69.Te8+ Kd3 usw.

Konsterniert verlässt Anand den Schachtisch im Spielsaal. Der Bengel aus dem Norden hat ihn auch heute wieder richtig geärgert. Die Rechner zeigten hier, dass Carlsen am Ende sogar noch frecher spielen und mit 67...f1S+!? 68.Kh1 Sd2 ein Mattnetz knüpfen konnte. Aber so weit wollte der Sieger wohl nicht gehen. Sein angeschlagener Gegner hat in dieser längsten Partie des gesamten Wettkampfes Partie genügend durchgemacht.

Stand: 4:2 für Carlsen

Demütigend für Vishy war an diesem Tag nicht nur, durch Carlsens listige Züge im Turmendspiel wieder unter die Räder gekommen zu sein. Auch manche Journalistenfragen danach wurden für ihn zu einer Tortur. Der Inder sollte erklären, weshalb er in diesem WM-Kampf binnen zweier Tage zwei Partien so kläglich verloren hat. Seine Antwort: „Ein Fehler passiert nach dem anderen, und dann fliegt alles auseinander.“ Ob er nun bei diesem Rückstand überhaupt noch eine Chance auf die Titelverteidigung habe? Anand blieb einsilbig: „Ich werde mein Bestes geben.“ Was dies bedeute, hakte jemand nach. Er verstehe die Frage nicht, erwiderte der sonst so freundliche Anand genervt: „Mein Bestes bedeutet mein Bestes.“

Carlsen, der es in dieser Partie erneut geschafft hatte, die Chancen auszugleichen, bot trotz der vereinfachten Stellung kein Remis an. „Ich dachte, dass ich ihn nach dem Sieg am Vortage etwas unter Druck setzen sollte. Es gab nicht viel zu riskieren.“ Diese Haltung zeigte ihre Wirkung. Ohne Not opferte Vishy im 38. Zug einen Bauern, um in ein ausgeglichenes Turmendspiel überzugehen. Doch Magnus schuf in seiner typischen, sehr erfinderischen Art wieder neue Probleme. Ja, es sei immer noch remis gewesen, sagte der Weltranglisten-Erste, aber „ich hatte noch eine kleine Falle.“ Und in diese lief Anand hinein.

Durch den überraschenden Doppelschlag verfügte der Norweger

schon zur Halbzeit des 12-Partien-Duells über einen komfortablen Vorsprung. Noch aber standen sechs Spiele aus, in denen viel passieren konnte. Würde Anand zu Beginn des zweiten Durchgangs die Streitaxt auspacken oder erst einmal um Schadensbegrenzung bemüht sein?

Der Champion hatte noch einmal Weiß, weil laut Reglement nach dem nächsten Ruhetag zu Beginn der zweiten Matchhälfte die Farbverteilung wechselte.

Anand – Carlsen

7. WM-Partie

Spanisch C65

Chennai 18.11.2013

Nach den beiden schmerzhaften Niederlagen ging es dem deprimierten Titelverteidiger hauptsächlich darum, dieses Treffen ohne größere Blessuren zu überstehen. Entsprechend vorsichtig agierte Vishy, obwohl er Aufschlag hatte. Ein gehaltloses Spiel war die Folge. In keiner Partiephase konnte Anand die Berliner Mauer von Carlsen zum Einsturz bringen. Seinen Handlungen fehlten die nötige Schärfe und Aggressivität.

1.e4 e5 2.Sf3 Sc6 3.Lb5 Sf6 4.d3 Lc5 5.Lxc6

Eine Änderung gegenüber der 6. WM-Partie, wo 5.c3 geschah und Weiß keinen Stellungsvorteil erzielte.

5...dxc6 6.Sbd2 Lg4

Populärer ist hier 6...0-0 7.0-0 Te8 8.Sc4 Sd7 9.Kh1 a5 (Anand-Kramnik, Zürich 2013) oder 6...Le6 7.0-0 Ld6, was Aronjan 2012 in Sao Paulo/Bilbao gegen Carlsen spielte.

7.h3 Lh5!?

Dieser Rückzug wurde vorher noch nicht auf höchster Ebene gesichtet. In der Regel schlägt der Läufer gleich auf f3. Carlsen wartet noch damit.

8.Sf1 Sd7 9.Sg3 Lxf3 10.Dxf3 g6

Schwarz verhindert damit die Springerzüge nach f5 oder h5.

11.Le3 De7 12.0-0-0 0-0-0 13.Se2 The8 14.Kb1 b6 15.h4 Kb7

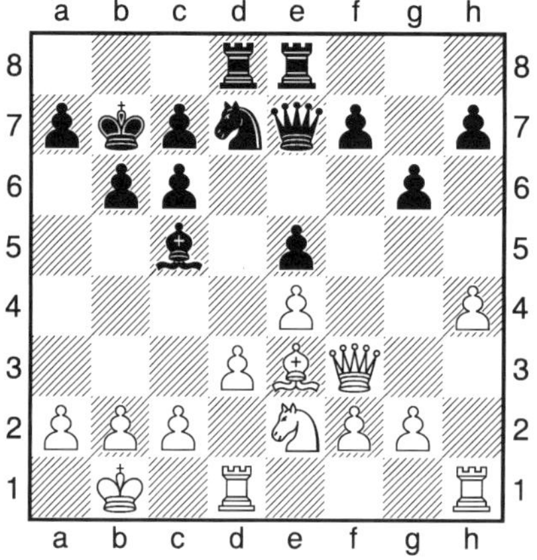

16.h5 Lxe3 17.Dxe3

Ernsthaft in Betracht kam hier auch 17.fxe3, doch nach seinen traurigen Erfahrungen in der vorhergehenden Partie war es für Vishy psychologisch sicher schwer, erneut diesen Doppelbauern in Kauf zu nehmen.

17...Sc5 18.hxg6 hxg6

„Mir gefällt Anands Vorwärts-Strategie mit dem Tausch der h-Bauern nicht. Mit jedem Bauern weniger steigen die Remischancen von Schwarz." (Daniel King)

19.g3 a5 20.Th7 Th8 21.Tdh1 Txh7 22.Txh7 Df6 23.f4 Th8 24.Txh8 Dxh8

Carlsen hat das Spiel weiter vereinfacht und so viele Figuren wie möglich abgeholzt. Die Partie mündet jetzt schnell in ein ausgeglichenes Endspiel.

25.fxe5 Dxe5 26.Df3

Nicht jedoch 26.d4? Dxe4.

26...f5

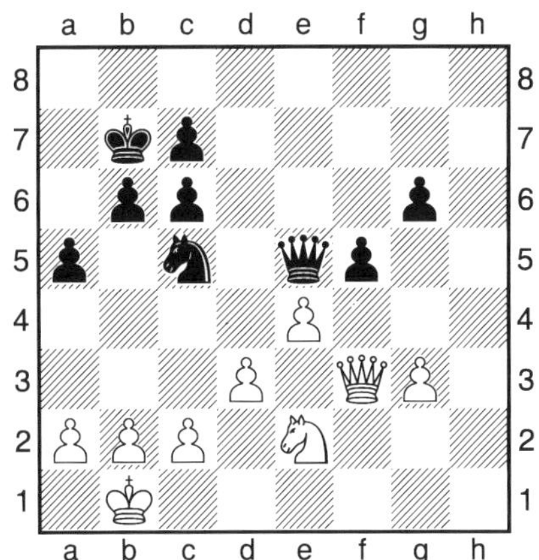

27.exf5

Genauigkeit ist immer noch nötig. Die Fortsetzung 27.Df4 Dxf4 28.Sxf4 scheitert an 28... g5! (auf 28...fxe4 folgt 29.d4!?) 29.Sh3 fxe4, und wenn jemand besser steht, dann ist es Schwarz. Die restlichen Züge sind leicht verständlich.

27...gxf5 28.c3 Se6 29.Kc2 Sg5 30.Df2 Se6 31.Df3 Sg5 32.Df2 Se6

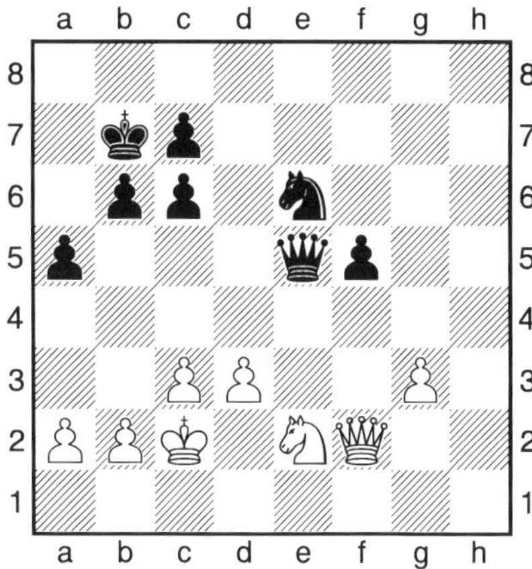

Remis.

Der Herausforderer sieht keinen Grund, dieser Zugwiederholung auszuweichen. Sein Vorsprung ist beruhigend, mit jedem halben Punkt kommt Carlsen dem großen Ziel näher. „Anand spielte heute, als hätte er sich schon mit seiner Niederlage abgefunden. Ich hoffe, er ist noch imstande zu kämpfen und zeigt das im letzten Teil des Matchs". Diese Sätze twitterte am Abend der russische Großmeister Jan Nepomniachtschi, einer der mutmaßlichen Helfer des Norwegers in diesem WM-Match.

Stand: 4,5:2,5 für Carlsen

Carlsen – Anand

8. WM-Partie

Spanisch C67

Chennai 19.11.2013

1.e4

Zum ersten Mal eröffnet der Favorit in diesem Wettkampf mit dem Königsbauern. Anand wirkt überrascht und überlegt knapp zwei Minuten, was er darauf erwidern soll.

1...e5

Der Champion greift nicht - wie allgemein erwartet - zu Sizilianisch. Vielleicht befürchtet er Carlsens humorloses 3.Lb5. Danach ist es schwierig für Schwarz, große Initiative zu entfalten.

2.Sf3 Sc6 3.Lb5 Sf6

Nicht zu fassen, auch Anand versucht es mit der Berliner Verteidigung! Wie will er mit dieser Eröffnung aussichtsreiche Gewinnchancen kreieren? Immerhin wird es zwei Züge später einen historischen Moment geben.

4.0-0 Sxe4 5.Te1

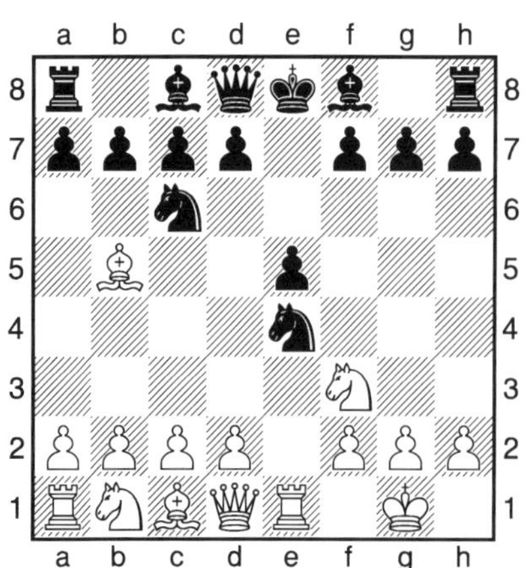

Ein Diagrammbild für Nostalgiker. Kundige Schachhistoriker wissen, dass diese Stellung bereits im ersten WM-Kampf 1886 zwischen Steinitz und Zukertort vorkam. Seither hat es sie aber nie wieder in einem Duell um die Krone gegeben! Heute wird vorwiegend 5.Sc3 gespielt, was auch Kasparow im Herbst 2000 in seinem Londoner Match gegen Kramnik tat. Er hatte allerdings wenig Erfolg damit und gewann keine einzige Partie. Was Magnus Carlsen angeht, so gräbt er eben gern alte Züge aus.

Nach diesem Schlenker in die Schachgeschichte nun wieder zum aktuellen, leider faden Geschehen im vorliegenden Spiel.

5...Sd6 6.Sxe5 Le7 7.Lf1

Wilhelm Steinitz zog seinerzeit auch gern 7.Ld3.

7...Sxe5 8.Txe5 0-0 9.d4 Lf6 10.Te1 Te8 11.c3

In der Partie Nakamura-Kramnik (Genf 2013) geschah 11.Txe8+ Sxe8 12.c3 d5 13.Ld3 c6 14.Lf4 g6 15.Sd2 Sg7 16.Dc2 Lf5.

11...Txe1 12.Dxe1 Se8 13.Lf4 d5 14.Ld3 g6 15.Sd2 Sg7 16.De2 c6 17.Te1 Lf5 18.Lxf5

Carlsen will die weißfeldrigen Läufer vom Brett haben. In der Folge strebt er weitere Vereinfachungen an.

18...Sxf5 19.Sf3 Sg7 20.Le5 Se6 21.Lxf6 Dxf6 22.Se5 Te8 23.Sg4 Dd8

Nicht jedoch 23...Dg5? 24.f4! Dxf4 25.Tf1, und Schwarz verliert nach dem Springerschach auf f6 die Qualität.

24.De5

Jetzt löst sich das Ganze schnell in Wohlgefallen auf.

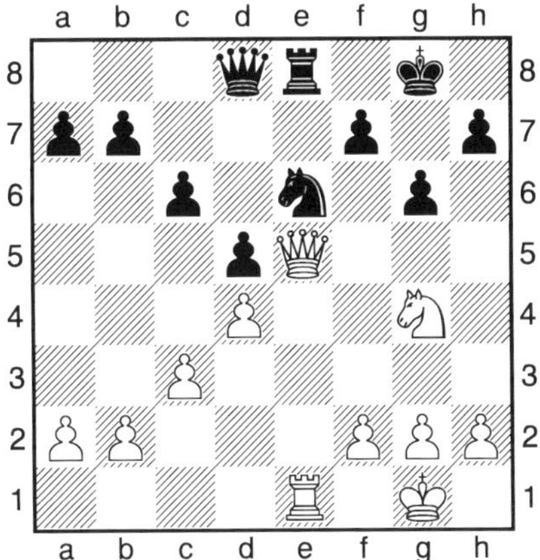

24...Sg7 25.Dxe8+!

Natürlich verbietet sich 25.Sf6+?? wegen 25...Dxf6! 26.Dxf6 Txe1 matt. Nun ist es nicht mehr weit bis zum Bauernendspiel.

25...Sxe8 26.Txe8+ Dxe8 27.Sf6+ Kf8 28.Sxe8 Kxe8 29.f4 f5 30.Kf2 b5 31.b4 Kf7 32.h3 h6 33.h4 h5

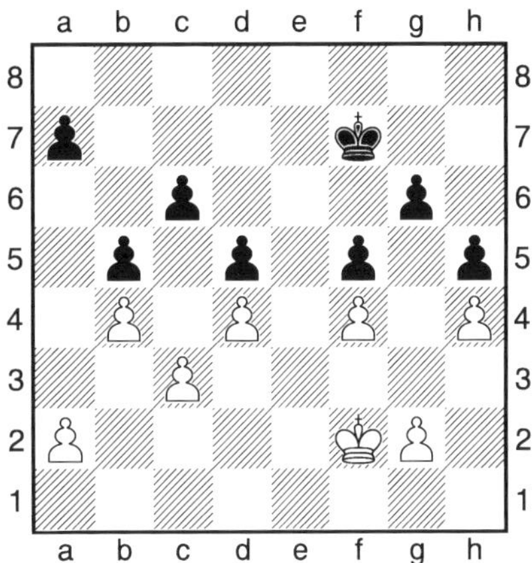

Remis.

Stand: 5:3 für Carlsen

Der Herausforderer hat seinen Vorsprung verteidigt, es geht jetzt schon ins Schluss-Drittel des Zweikampfes. Immer mehr Journalisten treffen inzwischen in Chennai ein, um die letzten WM-Partien live mitzuerleben. Unglücklicherweise kommen sie zu einem Zeitpunkt, an dem nicht viel passiert und die Vorentscheidung im Gesamtklassement längst gefallen ist. Heute müssen die Medienleute nach dem Spiel auch noch zwanzig Minuten auf die beiden Protagonisten warten. Vor der Pressekonferenz wurden Anand und Carlsen von der Turnierleitung erst einmal zum Dopingtest gebeten. Die FIDE führt solche Kontrollen bei wichtigen Wettbewerben seit 2002 durch.

Viel haben die beiden Akteure an diesem Tag nicht zu sagen, die ereignisarme Partie gab einfach zu wenig her. Nicht wenige Beobachter und Fans befürchten nun, dass sich Carlsen vielleicht zum Weltmeistertitel durchremisieren könnte. Mitnichten! Das neunte Spiel wird zum schachlichen und emotionalen Höhepunkt des ungleichen Zweikampfs. Vor allem deshalb, weil sich Anand endlich aufbäumt und alles auf eine Karte setzt. Die ganze Welt erlebt ein kompromissloses Ringen, das den Ausgang des Matchs faktisch entscheiden wird.

Anand – Carlsen

9. WM-Partie

Nimzowitsch-Indisch E25

Chennai 21.11.2013

Fotografen und Kameraleute drängen sich vor der Glasscheibe, hinter der die Spieler sitzen. Denn heute muss etwas passieren. Viswanathan Anand macht einen entschlossenen Eindruck. Er will nicht kampflos die Segel streichen. Das kann er sich und seinen Landsleuten, die für ihn gebetet haben, auch nicht antun.

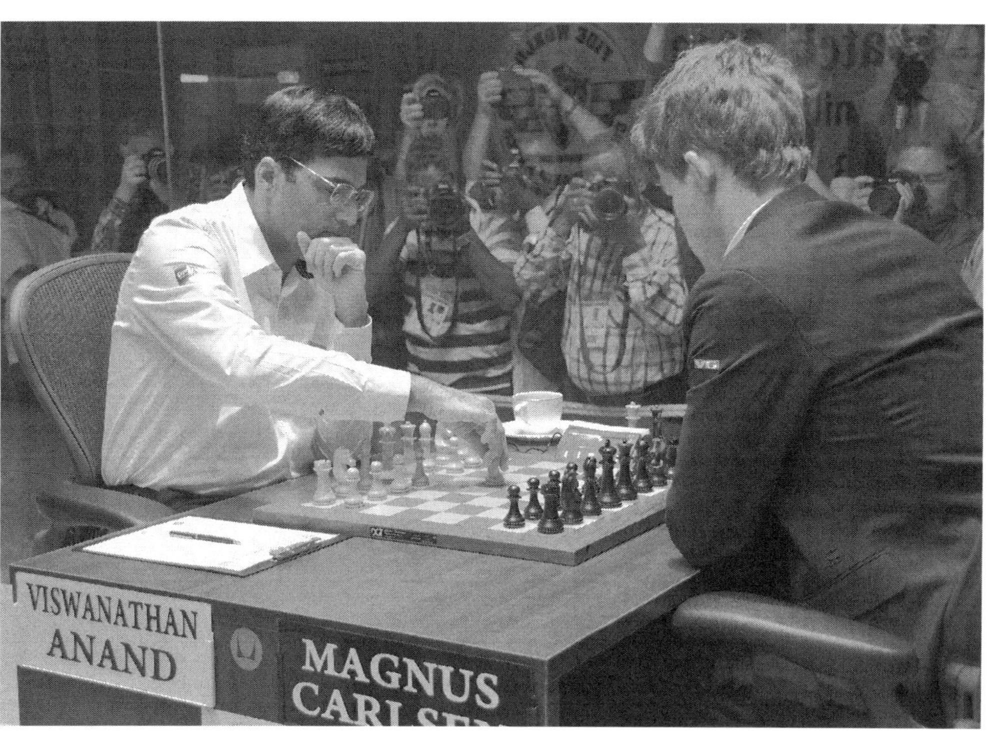

1.d4

Das Publikum im Saal applaudiert. Der Wechsel in der Eröffnung war überfällig. Höchste Zeit für den Weltmeister, mit der Faust auf den Tisch zu schlagen und zu versuchen, das Ruder doch noch herumzureißen. Es ist seine letzte Chance.

2...Sf6 2.c4 e6 3.Sc3 Lb4 4.f3

Das scharfe Sämisch-System gegen Nimzoindisch. Schwarz hat jetzt etliche Möglichkeiten, zum Beispiel 4...0-0 oder 4...c5. Er wählt die Hauptfortsetzung.

4...d5 5.a3 Lxc3+ 6.bxc3 c5 7.cxd5 exd5!?

Frühere Koryphäen, darunter Anatoli Karpow, nahmen hier mit dem Springer. Auch in der 10. WM-Partie Kramnik-Anand (Bonn 2008) wurde Sxd5 gespielt. Mit seiner Antwort demonstriert Carlsen, dass er einem offenen Kampf nicht aus dem Weg geht.

8.e3 c4

Wieder eine Nebenvariante. Die seltenere Fortsetzung verhindert den Läuferzug nach d3. Gewöhnlich hat Schwarz keine Eile mit diesem Bauernschritt. Er rochiert erst, ehe er sich am Damenflügel festlegt.

9.Se2 Sc6 10.g4

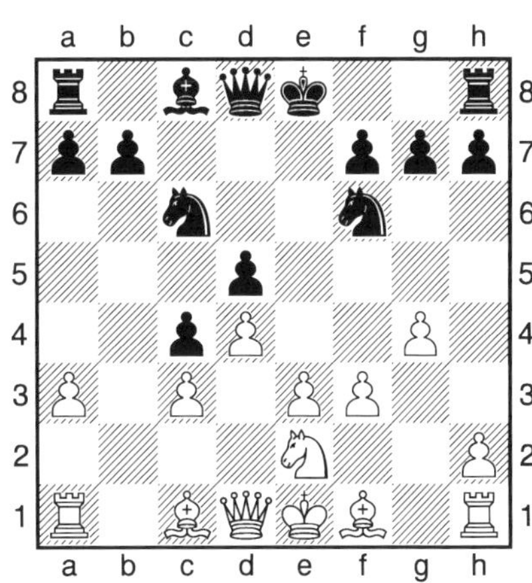

Anand schickt den ersten Bauern am Königsflügel nach vorn. Carlsen hat diesen Zug schon mit dem norwegischen Nationalteam analysiert, teilt Großmeister Simen Agdestein später mit. Generell besteht der weiße Plan in diesem Stellungstyp darin, den Zentrumsvorstoß e3-e4 mit 10.Sg3 vorzubereiten. Doch Schwarz hat in diesem Fall die Möglichkeit, 10...h5 zu spielen, um den Springer zu vertreiben. Wenn Weiß daraufhin 11.h4 zieht, kann er nicht mehr rochieren, weil dann sein h-Bauer ohne Schutz ist. Magnus grübelt etwas. Er hat die Wahl zwischen der Rochade und 10...Sa5, damit sich sein Springer auf b3 einnisten kann.

10...0-0

Die Antwort von Schwarz beweist, dass er vor dem Angriff keine Angst hat.

11.Lg2 Sa5 12.0-0 Sb3 13.Ta2 b5 14.Sg3 a5 15.g5 Se8 16.e4 Sxc1

Magnus vereinfacht das Spiel. Er trennt sich von seinem schönen Springer, weil der gefährliche weiße Läufer vernichtet werden soll. Ein logischer Schritt.

17.Dxc1 Ta6 18.e5 Sc7! 19.f4 b4 20.axb4 axb4 21.Txa6 Sxa6 22.f5

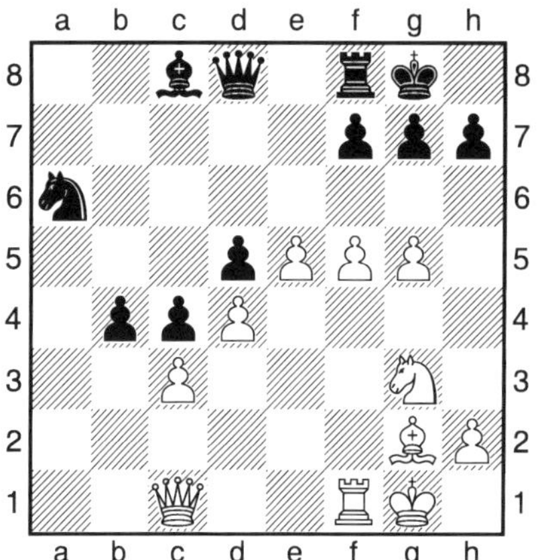

22...b3!

Was für ein Stellungsbild! Carlsens Zug erscheint wie eine Provokation. Nach dem Motto: „Was ich will, das tue ich auch!" Bei vollem Brett und passiven schwarzen Figuren kommt dieses Bäuerchen niemals durch, denkt sich der einfach gestrickte Schachspieler. Zudem ist der Bauer d5 schwach, wodurch ein Gegenspiel des Nachziehenden erschwert wird. Aber der Führer der schwarzen Steine heißt Magnus Carlsen! Er entscheidet sich für eine aktive Verteidigung, und die anbrechenden turbulenten Ereignisse geben ihm am Ende recht.

Weiß setzt indessen weiter voll auf seinen Königsangriff. Der Weltmeister denkt jetzt allerdings 45 Minuten über den nächsten Zug nach. Die indischen Zuschauer im Saal werden nervös. Ist ihr Landsmann seiner Sache nicht sicher? Wie wird das Wettrennen an den verschiedenen Flügeln ausgehen?

23.Df4

Anand wirft seine Dame als erste Figur in den Kampf. Es kommt in dieser Situation auf jedes Tempo an. Sehr stark war freilich auch 23.h4!?, was nach der Partie analysiert wurde, z.B. 23...Lb7! 24.h5 Sc7 25.f6 Lc8 26.g6 fxg6 27.hxg6 hxg6 (Schlecht wäre 27...gxf6? 28.Dh6 Dd7 29.Sh5 hxg6 30.Txf6, und Weiß gewinnt.) 28.Dg5 Dd7 29.Dxg6 Dg4 30.f7+ Kh8 31.Dd6 Se6 32.De7 Dxg3 33.Tf3 De1+ 34.Kh2 Kh7 35.Th3+ Kg6 36.Tg3+ Dxg3+ 37.Kxg3 Txf7 38.Dd6 b2 39.Dxd5 Sf4 40.Le4+ Lf5 41.Dc6+ Kg5 42.Lxf5 Txf5 43.Db7 Se2+ 44.Kg2 Sf4+, und Schwarz rettet sich durch ewiges Schach. (Konikowski)

23...Sc7 24.f6 g6

Nach 24...gxf6 muss Weiß 25.Sh5! ziehen (25.gxf6? Kh8! ist besser für Schwarz.) 25...Se8 26.exf6 Kh8 27.De5 Sd6 28.g6! hxg6 29.Dg5 Kh7 30.Sg3 b2 31.Lxd5 Th8 32.Dh4+ Kg8 33.Dg5 Kh7 34.Dh4+ Kg8 35.Dg5 mit Zugwiederholung.

25.Dh4 Se8

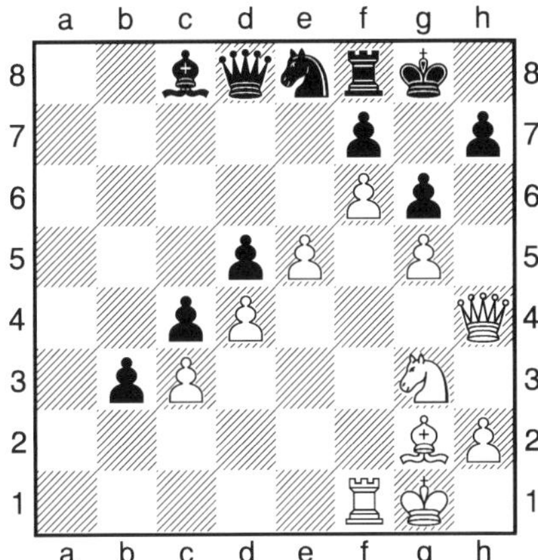

Eine bizarre Situation. Alle schwarzen Steine stehen auf der achten Reihe. Wird der Weltmeister heute seine erste Partie gewinnen und den frechen Herausforderer vielleicht sogar mattsetzen? Ganz Indien hofft auf dieses Wunder. Doch mit dem einzig richtigen Zug verhindert Magnus das Matt auf g7. Verlieren würde dagegen 25...Se6? 26.Dh6 b2 27.Tf4 b1D+ 28.Lf1 Dc1 29.Th4 De3+ 30.Kg2 Dd2+ 31.Le2 usw.

26.Dh6

Zu überlegen war auch 26.Se2!? Le6 27.Sf4 Da8 (Nach 27...b2 28.Df2 Db6 29.Tb1 hat Weiß alles unter Kontrolle.) 28.Lh3 Lxh3 29.Dxh3 b2 30.e6 Sd6 31.Sxg6 hxg6 (31...fxg6? verbietet sich wegen 32.e7 Tf7 33.Dd7 Se8 34.h4, und Schwarz bekommt Probleme.) 32.Dh6 Sf5 33.Txf5 b1D+ 34.Tf1 Dxf1+ 35.Kxf1 Da1+ mit Dauerschach.

(Konikowski). Carlsens nächster Zug erfolgt augenblicklich.

26...b2 27.Tf4

Kasparow verweist hier auf die interessante Variante 27.Se2!? Da5 28.Sf4 Le6 29.Sxe6 fxe6 30.Lh3 Da6, wonach Schwarz seine Position hält.

27...b1D+

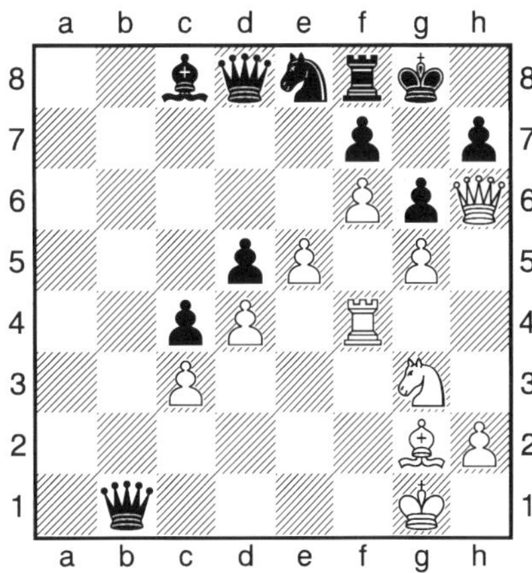

Drei Damen auf dem Brett sieht man nicht oft in einer WM-Partie. Obwohl Anand noch elf Minuten Bedenkzeit hat, zieht er ganz schnell.

28.Sf1??

Oh nein! Der größte Einsteller des Weltmeisters im Match und wohl der verhängnisvollste Zug seiner Schachkarriere. Welche Dämonen haben ihn heimgesucht?

28...De1!

Danach streckt Weiß sofort die Waffen. 0-1

Stand: 6:3 für Carlsen

Ein Blackout, wie er tragischer nicht sein kann. Vishy realisiert augenblicklich, dass die schwarze Dame nun das Feld h4 überdeckt und den weißen Turm nach seinem Schwenk dorthin einfach schlagen kann. Carlsen behält einen ganzen Turm mehr. Hätte Weiß seinen Läufer dazwischen gezogen, wäre der spannende Kampf weiter gegangen: 28.Lf1! Nach der Partie zeigte Magnus im Pressezentrum folgende Varianten: 28...Dd1 29.Th4 Dh5 30.Sxh5 gxh5 31.Txh5 Lf5 32.Lh3 (oder 32.g6 Lxg6 33.Tg5 Db6 34.h4 Sxf6 35.exf6 Dxf6 36.h5 Df3 37.hxg6 fxg6 38.Lh3 De3+ mit ewigem Schach) 32...Lg6 33.e6 Sxf6 (Nicht aber 33...fxe6?? 34.Lxe6+ Tf7 35.Th3 mit Gewinn für Weiß.) 34.gxf6 Dxf6 35.e7 Dxe7 36.Te5, und Weiß sollte das Gleichgewicht halten.

Der Partiezug 28.Sf1?? verliert, weil der Springer nicht mehr auf g3 steht: 29.Th4 Dxh4 30.Dxh4 Da5-+. Anand hatte nur mit 28...Dd1? gerechnet. Dann gewinnt Weiß nach 29.Th4 Dh5 30.Txh5 gxh5 31.Se3 Le6 32.Lxd5 Lxd5 33.Sf5, denn der Springer kommt tödlich nach e7. Leider konnte der Tiger von Madras seine teuflisch schöne Gewinnidee nicht verwirklichen.

Kurios ist, dass Carlsens Dame während der gesamten Partie auf ihrem Ausgangsfeld d8 blieb. Sie konnte es sich leisten, die Arbeit übernahm ihre taufrische Kollegin, die nur einen Zug brauchte, um den Sieg zu vollenden. Dieses aufregende Duell, in dem Magnus auch seine großen taktischen Fähigkeiten zeigte, war das Highlight von Chennai. Es entschädigte die Schachöffentlichkeit für die faden Spiele 7 und 8 und wird lange im kollektiven Gedächtnis bleiben.

Die WM-Geschichte ist reich an solchen dramatischen Momenten. Auch bei früheren Weltmeisterschaften passierten schon wahre Tragödien, so 1892 in Havanna dem Russen Michail Tschigorin gegen den Österreicher Wilhelm Steinitz oder 1910 in Berlin dessen Landsmann Karl Schlechter gegen den Deutschen Emanuel Lasker. Der große Michail Botwinnik profitierte 1951 in Moskau davon, dass sein führender Herausforderer David Bronstein im vorletzten Spiel die Nerven verlor. Nach solchen fatalen Fehlern im entscheidenden Moment fühlen sich Schachspieler genauso wie Fußballer, die im WM-Finale einen Elfmeter verschießen. Sie sind die einsamsten Menschen auf der Erde. Die Neunte von Chennai fügte an diesem Tag dem Thema Schachtragödien ein neues Kapitel hinzu.

Beide Spieler sprachen am Tisch noch eine Zeitlang über ihre gerade beendete Schlacht, ehe sie sich der Presse stellten. Anand saß dann mit leerem Blick auf dem Podium, Carlsen fasste seine Eindrücke so zusammen: „Es war eine wirklich harte Partie. Nach der Eröffnung ergab sich eine unausgewogene Stellung, und ich geriet in ernsthafte Gefahr, mattgesetzt zu werden. Ein Gefühl, dass ich aus den vorigen Spielen nicht kannte. Mit dieser Situation musste ich fertig werden.“

Carlsen – Anand

10. WM-Partie

Sizilianisch B51

Chennai 22.11.2013

Schaulaufen für Magnus Carlsen. Nach der verrückten Partie des Vortages mit dem glücklichen Ausgang für den Norweger braucht dieser heute nur noch ein Remis zum vorzeitigen Gewinn der Schachkrone. Gibt sich der junge Schachheld damit zufrieden oder hat er vielleicht noch größere Ambitionen? Das Spiel wird alles andere als eine formelle Angelegenheit.

1.e4 c5

Endlich Sizilianisch! Besser spät als nie.

2.Sf3 d6 3.Lb5+

Carlsen wählt den solidesten Zug. Kurz vor dem Ziel muss er nichts mehr riskieren.

3...Sd7

Die alternative Fortsetzung ist 3... Ld7.

4.d4 cxd4 5.Dxd4 a6 6.Lxd7+ Lxd7 7.c4 Sf6

In der Partie Carlsen-Anand (Stavanger 2013) spielte Schwarz an dieser Stelle 7...e5.

8.Lg5 e6 9.Sc3 Le7 10.0-0 Lc6

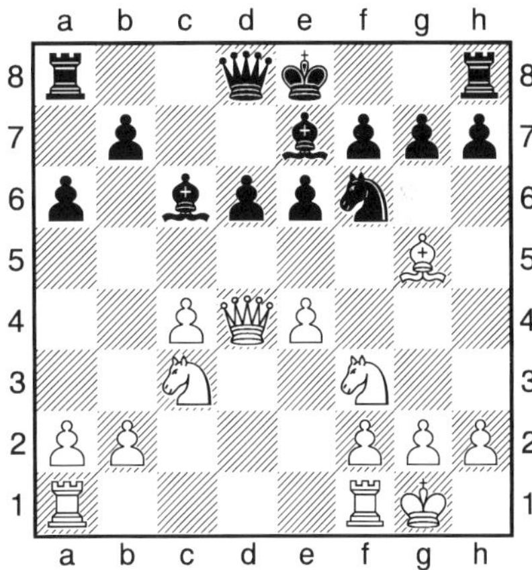

11.Dd3

Wieder einmal stellt Magnus seine Dame nach d3. Er bereitet damit Sd4 vor und verstärkt die Kontrolle über den Punkt b5. Wenn der Bauernvorstoß b7-b5 verhindert wird, hat Schwarz kein aktives Spiel.

11...0-0 12.Sd4 Tc8 13.b3 Dc7 14.Sxc6

Es überrascht nicht, dass Carlsen jetzt den Läufer vom Brett nimmt.

14...Dxc6 15.Tac1 h6 16.Le3

Hier erwarteten die Kommentatoren 16.Lh4, aber Magnus zeigt, dass er die Stellung besser versteht. Der Läufer soll nach d4, wo er schwarze Aktivitäten unterbindet.

16...Sd7 17.Ld4 Tfd8 18.h3 Dc7 19.Tfd1 Da5 20.Dd2

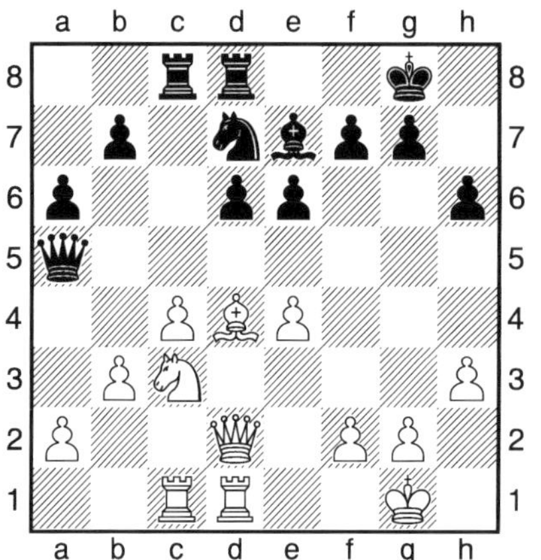

Der Norweger prüft auch im letzten Spiel Anands taktischen Blick. Natürlich durchschaut der Inder die bekannte Abzugs-Idee 21.Sd5! Nach 21...Dxd2 würde ein Zwischenschach auf e7 folgen.

20...Kf8

Schwarz konnte den lästigen Rösselsprung auch mit 20...Lg5! abwehren.

21.Db2 Kg8 22.a4 Dh5 23.Se2 Lf6

Wenn 23...Dg6, so 24.Tc3!? Dxe4 25.Lxg7! mit heftigem weißen Angriff.

24.Tc3 Lxd4 25.Txd4 De5 26.Dd2 Sf6 27.Te3 Td7 28.a5

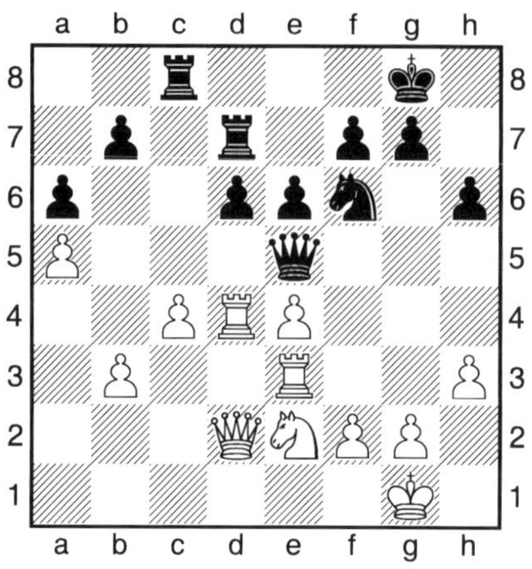

28...Dg5?

Erneut leistet sich der Weltmeister einen Lapsus, es ist sein letzter „Einsteller" in Chennai. Die Schachprogramme blinken rot, doch Anand hat Glück, weil sein Gegner ihn für den verfehlten Damenzug nicht konsequent genug bestraft.

29.e5! Se8

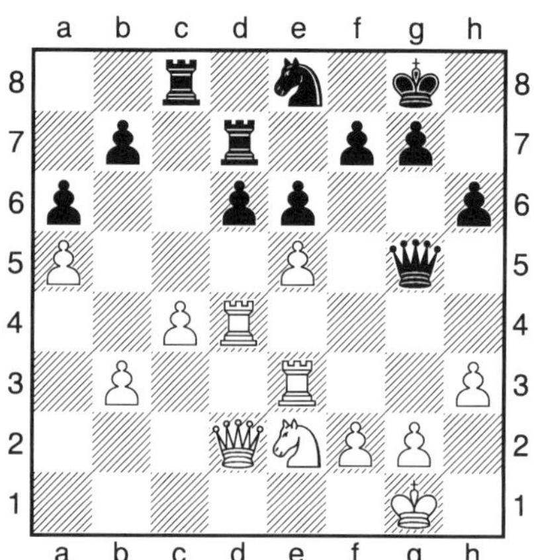

30.exd6?

Der Bauernvorstoß nach e5 war goldrichtig, aber jetzt greift auch Carlsen einmal fehl. Statt den Bauern hastig zu schlagen, musste er das ruhige 30.Sc3 spielen, wonach der Druck auf d6 bestehen bleibt. Der Springer kann über a4 nach b6, und dann setzen sich die weißen Bauern am Damenflügel in Bewegung. Ebenfalls möglich war gleich 30.b4 nebst 31.c5. In allen Varianten steht der Anziehende großartig. Zu seinem Fehler sagte Carlsen später, wenn er geahnt hätte, dass dieser Zug nichts wert ist, hätte er mehr Zeit investiert, um etwas Stärkeres zu finden und den Gegner noch mehr unter Druck zu setzen. Nach Magnus' Versehen erobert Anand den Bauern ohne Mühe zurück.

30...Tc6 31.f4 Dd8 32.Ted3 Tcxd6 33.Txd6 Txd6 34.Txd6 Dxd6 35.Dxd6 Sxd6

Alle Schwerfiguren sind vom Brett und mehr als 30 Züge gespielt, also stünde jetzt einem Remis nichts im Wege. Wer aber soll es anbieten? Anand wäre augenblicklich seinen Titel los. Und Carlsen, der etwas besser steht, will ja die Partien immer bis zu Ende spielen. Die Schlussphase ist in der Tat noch sehenswert.

36.Kf2 Kf8 37.Ke3 Ke7 38.Kd4 Kd7 39.Kc5 Kc7 40.Sc3 Sf5 41.Se4 Se3 42.g3 f5! 43.Sd6 g5!

Vishy verteidigt sich ausgezeichnet. Im Fall von 43...g6? 44.Se8+ Kd7 45.Sg7 würde der weiße König sofort auf b6 eindringen.

44.Se8+ Kd7 45.Sf6+

Magnus könnte mit 45.Sd6 Kc7 Remis haben. Noch nicht, sagt er. Wie immer hat der Endspielkünstler noch eine Idee.

45...Ke7 46.Sg8+ Kf8 47.Sxh6 gxf4 48.gxf4 Kg7

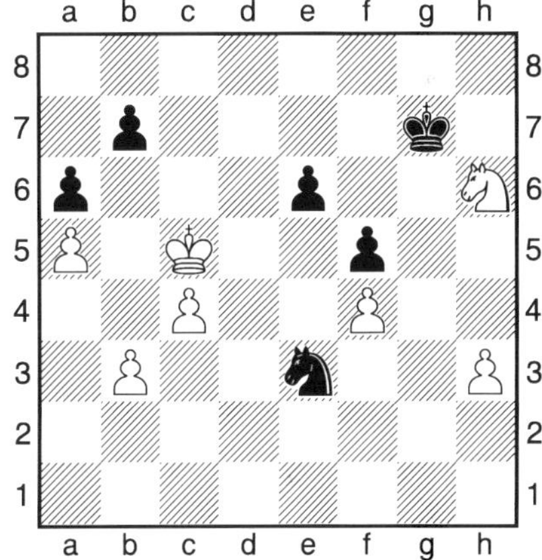

49.Sxf5+!

Carlsen hat alles sorgfältig berechnet. Er gibt den Springer und vernichtet einen wichtigen Bauern. Verfrüht wäre 49.Kb6? Kxh6 50.Kxb7 e5!, wonach Schwarz die Oberhand behält.

49...exf5 50.Kb6 Sg2 51.Kxb7 Sxf4 52.Kxa6 Se6!

Der Springer eilt zurück. Er muss sich um das weiße Fußvolk kümmern. Das Wettrennen der Bauern beginnt.

53.Kb6 f4 54.a6 f3 55.a7 f2 56.a8D f1D

Die Stellung ist auf wundersame Weise remis, aber beide Seiten wollen dem Publikum offensichtlich noch ein ansprechendes Finale bieten.

57.Dd5 De1 58.Dd6 De3+ 59.Ka6 Sc5+ 60.Kb5 Sxb3 61.Dc7+ Kh6 62.Db6+ Dxb6+ 63.Kxb6 Kh5 64.h4 Kxh4 65.c5 Sxc5

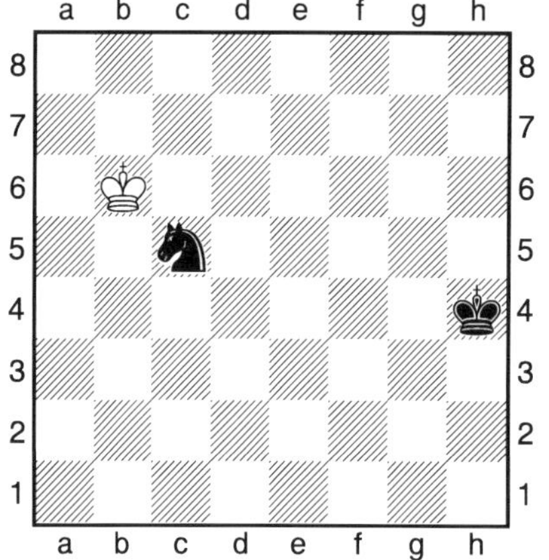

Remis.

Ein würdiger Abschluss des WM-Matchs. Anand und Carlsen haben am Ende noch einmal ihre Spielkunst gezeigt.

Endstand: 6,5:3,5 für Carlsen

Der entthronte Weltmeister reicht seinem Nachfolger die Hand und gratuliert ihm als Erster zum Titelgewinn. Auch in ihrer letzten Partie boten beide Schachstars einen beherzten Kampf. Carlsen setzte Anand in gewohnter Manier unter Druck, aber realisierte seinen Stellungsvorteil diesmal nicht. Dennoch wurde solange gespielt, bis das Brett leer war. Das Schlussbild hat Symbolcharakter. Der schwarze Springer kann geschlagen werden, es bleiben dann nur noch zwei blanke Könige übrig: der alte und der neue Weltmeister.

Der Zweikampf um das globale Reich des Schachs ist vorüber. Wir erlebten eine seit längerem erwartete Wachablösung. Diese hier besitzt eine historische Dimension. Mit Magnus Carlsen gewann zum ersten Mal ein Nordeuropäer den begehrten Weltmeistertitel. Anands ruhmreiche Ära ist vorbei, eine neue Zeitrechnung beginnt. Es lebe der junge Schachkönig!

WM-Statistik

In ihrem Duell um die Krone führten Anand und Carlsen insgesamt 439 Züge aus, das sind im Schnitt 44 pro Partie. Das kürzeste Spiel war das erste mit nur 16 Zügen, die längste Partie war die sechste mit 67 Zügen. In mehr als der Hälfte dieser Begegnungen wurde hart bis zur Entscheidung gekämpft.

1. Partie: Carlsen - Anand	Grünfeld-Indisch	16 Züge	Remis
2. Partie: Anand - Carlsen	Caro-Kann	25 Züge	Remis
3. Partie: Carlsen - Anand	Reti-Eröffnung	51 Züge	Remis
4. Partie: Anand - Carlsen	Spanisch	64 Züge	Remis
5. Partie: Carlsen - Anand	Damengambit	58 Züge	1-0
6. Partie: Anand - Carlsen	Spanisch	67 Züge	0-1
7. Partie: Anand - Carlsen	Spanisch	32 Züge	Remis
8. Partie: Carlsen - Anand	Spanisch	33 Züge	Remis
9. Partie: Anand - Carlsen	Nimzoindisch	28 Züge	0-1
10. Partie: Carlsen - Anand	Sizilianisch	65 Züge	Remis

Favorit unter den Eröffnungen in diesem WM-Match war Spanisch, das viermal gespielt wurde. Je einmal kamen Grünfeld-Indisch, Caro-Kann, Reti-Eröffnung, Damengambit, Nimzoindisch und Sizilianisch aufs Brett.

Die Akteure über das Match

Zur abschließenden Pressekonferenz kam Anand als Erster. Er äußerte seine Meinung über die letzte Partie sowie den gesamten Wettkampf und beantwortete einige Fragen. Dann wurde er mit Applaus verabschiedet. Über das 10. Spiel sagte der entthronte Champion: „Ich denke, das war heute eine Art Mikrokosmos des Matchs. Ich versuchte, weiter zu spielen, und an einem Punkt begann ich, Fehler zu machen. Mit Dg5 habe ich gepatzt."

Dann fasste der Inder das Duell um die Krone und die Ursachen seiner Niederlage zusammen: „Es ist klar, dass Magnus dominiert hat. Zu Beginn dachte ich, viel hängt davon ab, ob es mir gelingen würde, lange Partien ohne Fehler durchzustehen. Dieses Jahr haben sich eine Menge Fehler in mein Spiel eingeschlichen. Ich habe versucht, dagegen anzugehen. Doch am Ende ohne Erfolg. Ich durfte die fünfte Partie einfach nicht so verlieren, wie ich sie verloren habe. In der Eröffnung hatte ich eine gute Stellung, dann passierte ein Versehen. Dieses Spiel war ein schwerer Schlag. Danach wurden die Dinge schlimmer und schlimmer. Doch meine Fehler kamen nicht von allein. Ihm ist es eindeutig gelungen, sie zu provozieren. Es ist ganz sein Verdienst. Gestern war es zumindest eine schöne Partie, heute auch."

Sportsgeist zeigte Anand mit den Worten: „Wie auch immer, ich denke, es ist fair, ihm einfach nur zu gratulieren. Am Ende bleibt zu sagen, mein Spiel im Match war eine große Enttäuschung. Ich habe ich es nicht geschafft, eines der angestrebten Ziele zu erreichen." Für sein untadliges Auftreten hat Anand Respekt verdient. Diesen zollte ihm auch Carlsen, als er vor den Medienleuten Platz nahm. „Es war eine Ehre für mich, gegen einen der größten Schachmeister aller Zeiten zu spielen. Ich bin glücklich, das Match gewonnen zu haben."

In seiner ersten Pressekonferenz als Weltmeister bedankte sich der Norweger bei den Organisatoren und betonte, wie gut er sich in Chennai gefühlt hat: „Ich war sehr froh darüber, wie man mich hier behandelt hat. Alles war Spitze. Man hat sich um jeden meiner Wünsche gekümmert. Das gilt auch für mein Team. Unsere Erwartungen wurden weit übertroffen."

Was das Match betrifft, bezeichnete Carlsen die Partien drei und vier als die entscheidenden Wendepunkte: „Im ersten und dritten Spiel war ich etwas nervös und vielleicht noch nicht ganz bereit für diesen wichtigen Wettkampf." Partie drei sei für ihn ein heikler Moment gewesen.

Aber dann habe er gespürt, dass Anand ebenfalls verwundbar ist und in den Wettkampf gefunden. „Ich machte mir keine Gedanken mehr über das Drumherum und fing an, ganz normal Schach zu spielen. Das hat ziemlich gut funktioniert."

Wie Anand war auch Magnus der Meinung, dass er die scheinbar leichten Fehler des Weltmeisters durch sein Spiel provoziert hätte: „Ich würde gern einen Teil der Verantwortung für seine Fehler übernehmen. Denn sicher bin ich mit dafür verantwortlich. Das ist bei mir schon eine ganze Zeit so. Ich spiele einfach, und die Leute brechen unter dem Druck zusammen. Auch bei einer Weltmeisterschaft. Natürlich ist jeder einzelne Fehler, den er gemacht hat, für sich genommen ungewöhnlich. Aber so etwas geschieht, wenn man unter Druck gerät. Das ist genau das, was ich in diesem Wettkampf vorhatte, ihn ans Brett zwingen und lange Partien spielen."

Carlsen zeigte sich erfreut über den Titelgewinn, doch seine Antworten waren wie immer sehr kurz. Es schien, als könne er alles noch nicht richtig fassen. Was er jetzt gern tun werde, wisse er noch nicht, sagte Magnus. Das norwegische Team aber hatte eine Idee. Man warf den frischgebackenen Champion, so wie er war, in den hoteleigenen Swimmingpool.

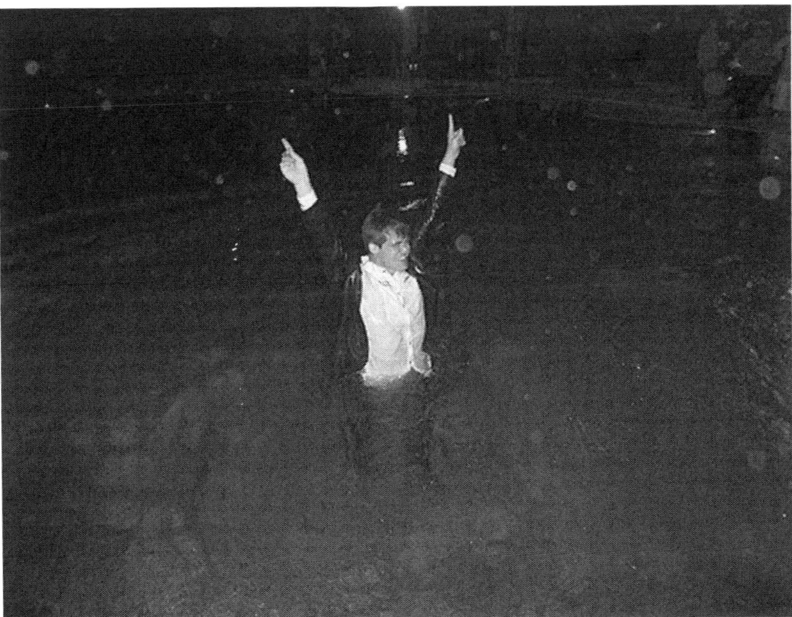

Carlsen geht baden

Nachdem der WM-Kampf vorzeitig geendet hatte, gab es noch eine Zwangspause von drei Tagen bis zur Siegerehrung, weil man auf FIDE-Präsident Iljumschinow warten musste. Carlsen vertrieb sich die Zeit, indem er mit Freunden und norwegischen Journalisten Fußball spielte. Magnus' Begeisterung für Sport ist bekannt. Sehr gern fährt er Ski, was in Chennai natürlich nicht möglich war. Immerhin gab es aber Gelegenheit zum Ballsport mit Angehörigen, Freunden und Medienleuten. Wo immer Carlsen auf Turnieren mitspielt, nimmt er die Einladung zum Fußball oder Basketball mit Freude an.

Die Abschluss-Zeremonie im Hyatt Regency Hotel war sehr kurz, es gab keine Reden. Der neue Champion wurde mit einer Trophäe und einem Lorbeerkranz geehrt, Anand bekam einen Silberteller. Danach entstand ein großes Gerangel der Fotografen um die besten Bilder. Der durchtrainierte Carlsen ergriff einfach die Flucht.

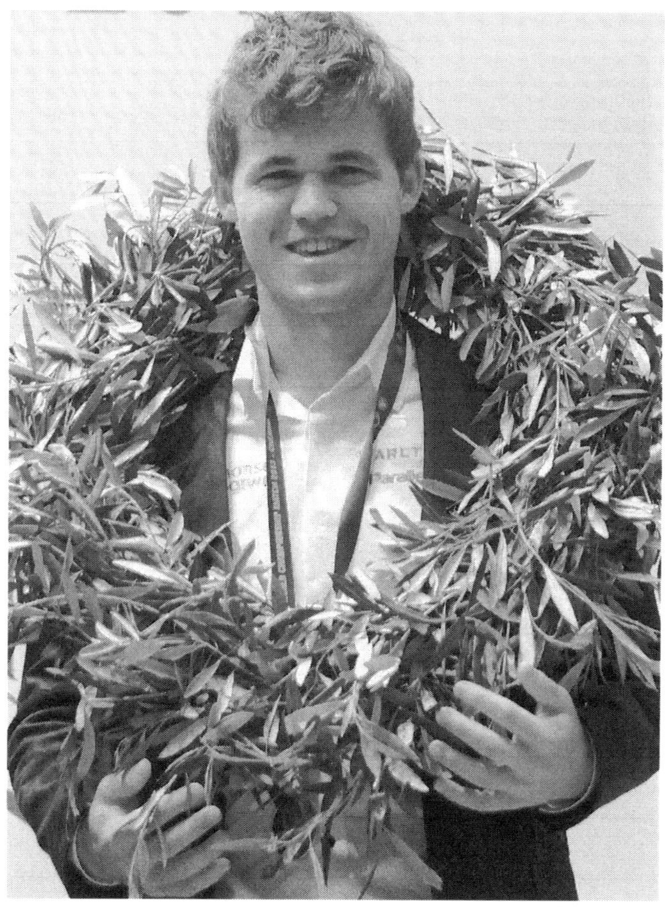

Mit dem Lorbeerkranz.

Das große Interesse

Die Schach-WM sorgte weltweit für Schlagzeilen. Im Internet konnten die Partien wie gewohnt live verfolgt werden, jede Zeitung, die etwas auf sich hielt, berichtete ausführlich. Für die komplizierte Denksportart, sonst kein großer Publikumsmagnet, interessierten sich während des Duells in Chennai auf einmal auch viele Nicht-Schachspieler.

Warum aber taugt Schach nicht zum Massensport? Seine Faszination liegt im Verborgenen. Lauter Jubel ist selten, der Kampf spielt sich in den Köpfen zweier Kontrahenten ab. Ihre Figurenmanöver sorgen bisweilen für echte Dramen auf dem Brett. Doch selbst diese stellen nur einen Bruchteil des magischen Spiels dar. Der größte Teil des Eisbergs bleibt unter Wasser. Aufs Schach bezogen, bleiben viele Züge hinter den Kulissen bzw. in den Superhirnen der Großmeister. Jeder von ihnen versucht, die kommenden Ereignisse weiter und genauer vorauszusehen als der andere. Was Carlsen und Anand an gedanklicher Arbeit leisteten, können Normalbürger kaum nachvollziehen. Und dennoch – oder vielleicht gerade deshalb – schauten so viele Menschen aller Erdteile gebannt auf das Spektakel in der südindischen Millionenstadt. Chennai war in jenem Herbst Nabel der Schachwelt.

In Norwegen brach eine regelrechte Carlsen-Manie aus. Die WM-Partien wurden live im Fernsehen übertragen. Der Verkauf von Schachspielen in dem skandinavischen Land stieg um das Dreifache. Am Ende des Matchs gab es keine Schachsets mehr. Carlsens Manager Espen Agdestein berichtete während des Duells euphorisch: „Die Angestellten arbeiten nicht mehr. Die Studenten studieren nicht mehr, in den Schulen lassen die Lehrer den Fernseher laufen." Auch Magnus freute sich: „Es ist schön, dass so viele Menschen sich für das Match interessieren und die Partien verfolgen. Ich will weiter mein Bestes geben."

Trotz aller Rivalität zwischen Anand und Carlsen ging es bei dieser Schach-WM friedlich zu: „Norwegen und Indien richten keine Atomraketen aufeinander", erklärte der amtierende Weltmeister schon vorher. 1972 in Reykjavik zwischen dem Amerikaner Bobby Fischer und dem Russen Boris Spasski ging es anders zur Sache, die Welt befand sich damals mitten in kalten Krieg. In Chennai standen die Partien und die Akteure selbst im Vordergrund.

Die Schachkenner erlebten nicht nur ein Treffen der Generationen, sondern zwei völlig unterschiedliche Spielstile. Auf der einen Seite des Schachtischs saß mit Anand einer der letzten Romantiker des Spiels.

Aber dessen Kombinationsversuche kamen viel zu spät und wurden dann gar zum Bumerang (Partie 9). Auf der anderen Seite des Bretts saß der kühle Rechner Carlsen, der meist einen Zug weiter denkt als seine Gegner.

Ist Schach jetzt langweiliger geworden? Ich sage „Nein!“. Nach wie vor bietet es unendliche Möglichkeiten; es gibt immer noch Innovationen. Auch wenn heute nicht mehr so viele neue Eröffnungszüge gefunden werden wie früher. Gelungene Mattattacken auf höchster Ebene sind deshalb seltener geworden, die Schachromantiker und Freunde des Husarenritts bedauern das. Heute herrschen eher die kalten Strategen und Filigrantechniker, von denen Carlsen eben der Beste ist. Aus unzähligen Varianten kann er die richtige aus dem Gedächtnis abrufen und im Kampf einsetzen. Im Endspiel hilft ihm seine einmalige Intuition, die Figuren auf die besten Felder zu stellen. Der Norweger macht die wenigsten Fehler, sein Spiel befindet sich permanent auf einem hohen Level.

Der einstige Wunderknabe ist erwachsen geworden. Magnus Carlsen wurde vom Sparringspartner zum Herausforderer. Im Sommer 2008 spielte er Trainingspartien mit Anand vor dessen WM-Duell in Bonn gegen Kramnik. Bei dieser Gelegenheit konnte er sich eine Menge vom amtierenden Weltmeister abschauen. Wladimir Kramnik hat so etwas früher auch praktiziert. Er half Garri Kasparow 1995 in New York bei dessen Titelverteidigung gegen Anand. Fünf Jahre später in London besiegte der Russe seinen Landsmann und Lehrer. Nun ereilte Anand das gleiche Schicksal wie Kasparow. Der indische Figurenzauberer wurde von seinem jungen Lehrling bezwungen.

Der andere Champion

Magnus Carlsen unterscheidet sich erheblich von seinem Vorgänger auf dem Schachthron. Er kommt lässig daher, gibt sich aber nicht immer so freundlich wie Anand. Mit seinen dunklen Augen und der kleinen Boxernase schaut der Figurenkünstler aus dem Norden manchmal etwas finster drein. In einer Talkshow sagte Carlsen: „Ich glaube, es hilft mir, wenn ich schlechte Laune habe. Weil ich dann diese Energie ins Spiel einbringen kann. Das darf natürlich nicht zu weit gehen, wir müssen ja immer noch Schach spielen.“ Privat ist Magnus ein netter Kerl. Seine Freunde sagen, er sei nicht abgehoben. Am Schachtisch legt er aber jede Zurückhaltung ab. Dort schüttelt er großartige Züge aus dem Ärmel wie Mozart früher seine Noten. „Magnus ist das größte Schachgenie“, finden seine Bewunderer. „Er ist eine Riesenschlange, die dir am Brett die Luft raubt“, klagen seine Kontrahenten. In dem einseitigen Match mit Anand hat Carlsen das eindrucksvoll gezeigt.

Eine Freundin haben die ihn stets beobachtenden norwegischen Boulevardblätter bislang nicht ausmachen können. Dabei war Carlsen schon mit Filmstars wie Gemma Arterton und Liv Tyler zu sehen. Das hatte jedoch geschäftliche Gründe: Zusammen mit ihnen warb er für eine holländische Jeansfirma. Er tut es jetzt auch weiter. Deshalb trägt der Schlacks bei öffentlichen Auftritten nur Markenkleidung. Das Werbegeld und seine Antrittshonorare bei Schachturnieren haben ihn zum Millionär gemacht. Mit dem Gewinn der Weltmeisterschaft kam noch ein dicker Batzen dazu. In Chennai ging es immerhin um 2,5 Millionen Dollar, von denen der Sieger 60 Prozent erhielt.

Bis vor der Weltmeisterschaft lebte Carlsen in einem Haus mit seinen Eltern. Um Alltagsprobleme musste er sich nicht kümmern. Die Familie und sein Manager Espen Agdestein hielten dem jungen Mann den Rücken frei. Carlsen wirkt in der Öffentlichkeit fast schüchtern, etwas nachlässig, nicht zu ehrgeizig. Er ist zwar sauer, wenn er verliert, gibt sich aber insgesamt gelassen und selbstsicher. Schach spielen wolle er nur so lange, wie er Freude daran habe, sagt er. „Schach macht einfach Spaß. Das ist das Wichtigste für mich.“

Bisher war Norwegen vor allem als Heimat großer Wintersportler bekannt. Seine Biathleten, Langläufer und Skispringer gehören zu den besten der Welt. Carlsen hat durch seine Erfolge auch das Schachbrett in die Herzen seiner Landsleute gerückt. Im Sommer 2014 richtet Tromsø die Schacholympiade aus. „Millionen Menschen haben über mehrere

Tausend Jahre Schach gespielt. Von all diesen ist Magnus der Beste“, sagte Schachexperte Torstein Baer vom norwegischen Rundfunk NRK. Viele Norweger verfolgten das WM-Turnier am Bildschirm. Sie sahen, wie ihr Landsmann dem Heimvorteil und der Erfahrung des Titelverteidigers seine erfolgreiche Strategie, sein großes Selbstvertrauen und seinen unbedingten Siegeswillen entgegensetzte.

Carlsens bisherige Schach-Karriere verlief mehr als beeindruckend. Seit seinem achten Lebensjahr beschäftigt er sich fast täglich mit dem Brettspiel. Schon mit 13 Jahren war Magnus Großmeister, mit 19 die jüngste Nummer eins der Welt. Im Februar 2013 erreichte der Norweger eine ELO-Zahl, welche die Spielstärke angibt, von 2872 Punkten. Es ist der höchste Wert, den je ein Schachspieler erreichte.

Echo nach dem Match

Der neue Weltmeister war nun natürlich ein gefragter Gesprächspartner. Aber nur einen Bruchteil der zahllosen Interview-Wünsche erfüllte das Carlsen-Team in Chennai. Das sorgte für Verärgerung bei etlichen Schach-Journalisten aus Europa, die den langen Weg nach Indien auf sich genommen hatten. Kurz nach dem Titelgewinn gab es noch eine Pressekonferenz der FIDE. Der Ansturm der Medienvertreter war so groß, dass Carlsen zwischendurch Panik bekam. Mit vereinten Kräften konnte man schließlich die aufdringlichsten Medienvertreter auf Distanz halten.

In einem Interview mit der Pressesprecherin Anastasia Karlowitsch antwortete Magnus auf die Frage, ob er lieber Weltranglistenerster wäre oder Weltmeister: „Beides!“ Als beste Partie des Wettkampfes gegen Anand sieht Carlsen die vierte Partie an. Nach dem WM-Finale fühle er sich weniger müde als nach dem Kandidatenturnier. Besonders die zweite Hälfte des Wettkampfes hätte ihn nicht so viele Nerven gekostet. Ob sich sein Leben nun als Weltmeister ändern werde, könne er nicht sagen. Er versuche einfach, sein Leben weiterzuführen. Generell, sagte Carlsen, hätte er keine Probleme damit, wenn er auf der Straße angesprochen würde und die Leute nette Dinge sagen.

Die Namen seiner Sekundanten gab Carlsen immer noch nicht preis. Bei der Eröffnungsvorbereitung sei es vor allem darum gegangen, Anands sicher umfangreicher Präparation aus dem Weg zu gehen. Im

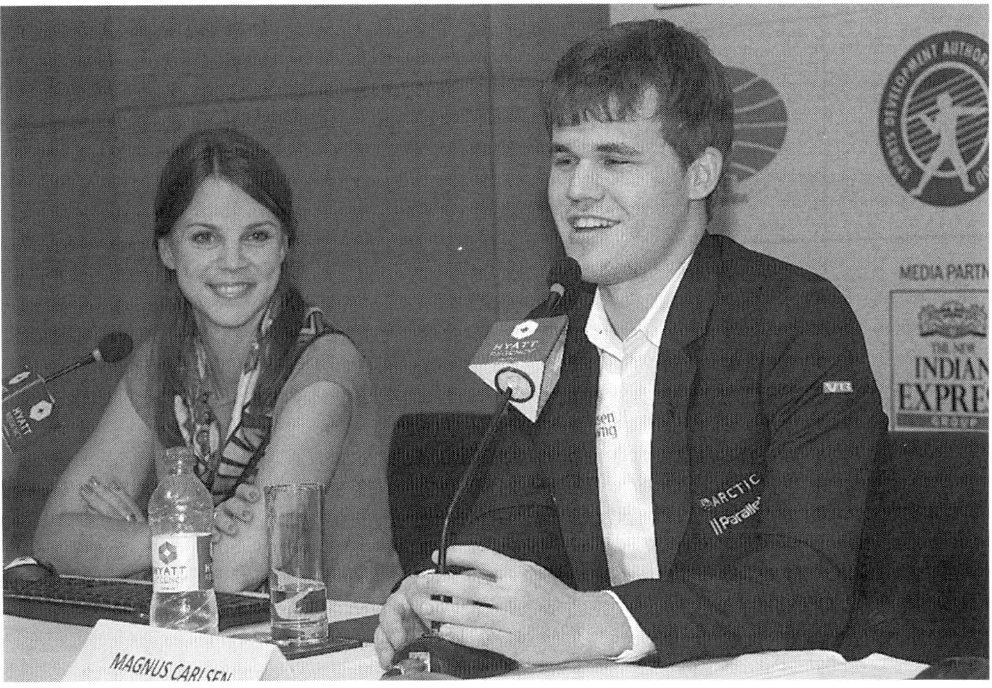

Anastasia Karlowitsch und Carlsen

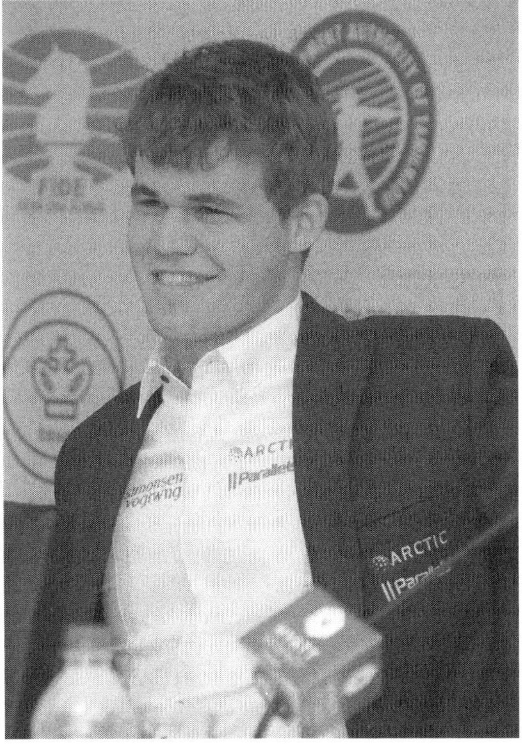

Die Freude des Siegers

Dezember werde er Urlaub machen. Die Turniere in London und Wijk aan Zee wollte er diesmal nicht mitspielen. Sein nächster Start werde Ende Januar/Anfang Februar 2014 in Zürich sein. Aber im Urlaub werde er das Schachgeschehen über das Internet verfolgen.

In einem anderen Interview bekannte der neue Weltmeister, dass er am Anfang des Matches Nervenflattern hatte. Nach der dritten Partie sei er besser ins Spiel gekommen. Im Übrigen würde er seine Partien auskämpfen und Stellungen so lange weiterspielen, bis sie wirklich remis seien und nicht vorher ein Unentschieden vereinbaren. Indem er den Kampf von der Computervorbereitung zurück aufs Brett führe, sei er ein bisschen ein Revolutionär. Wenige Tage nach dem Match gab Anand dem indischen Zweig von CNN ein längeres Interview, in dem er wiederum Sportsgeist zeigte. Der entthronte Champion bekannte, dass Carlsen den WM-Kampf verdient gewonnen hätte. „Daran gibt es überhaupt nichts zu deuteln." Der Inder erklärte auch noch einmal, warum seine Matchstrategie nicht aufgegangen ist. Jetzt freue er sich auf sein Familienleben. Gerüchte, dass er sich vom Schach zurückziehen will, wies Anand jedoch energisch zurück. Er wollte sich Zeit nehmen, um die Lage in Ruhe zu analysieren, um dann Pläne und Ziele für die Zukunft festzulegen.

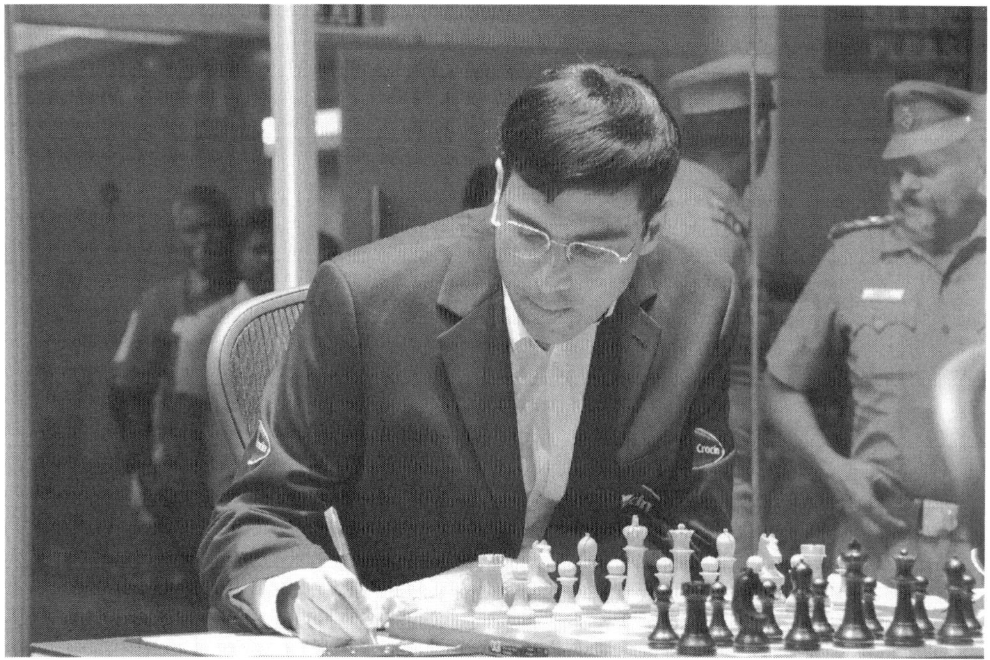

Vishy Anand

Anands Regentschaft ist zu Ende. Er war ein würdiger Champion, von jedermann geachtet. Einen Platz in der Schachgeschichte hat der Inder für alle Zeiten sicher. Nun begann die Ära Carlsens. Ob dem Schachpublikum immer gefällt, wie der Norweger spielt, ist eine andere Frage. Sein Stil wirkt äußerst pragmatisch. In Chennai ging es ja nicht um einen Schönheitspreis, dort tat Carlsen das Notwendige, um den Titel zu gewinnen. Bei einem WM-Match zählt in erster Linie der Sieg. Für Zaubereien allein auf dem Brett gibt es keine Punkte. Obwohl das natürlich schön wäre. Und noch etwas: Als aufmerksamer Beobachter der Szene konnte man sich des Eindrucks nicht erwehren, dass die meisten Medien, vor allem außerhalb des Schachs, mehr Interesse an Carlsens Person als an seinem Spiel hatten.

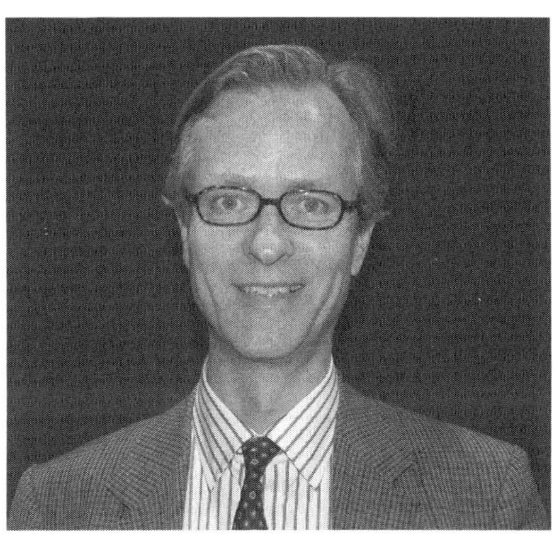

Robert von Weizsäcker

Kaum war das Duell um die Krone vorüber, entbrannte eine heiße Diskussion über den Spielverlauf und die Qualität der Partien. Der Ehrenpräsident des Deutschen Schachbundes, Robert von Weizsäcker, bezeichnete das Match in einem Radio-Interview als enttäuschend. Ich habe das Gespräch des Münchner Professors mit dem Deutschlandfunk beim Abendbrot in der Küche gehört und staunte, wie viele andere Schachfreunde auch, über die harte Kritik des Fernschach-Großmeisters. Sie gipfelte in den Worten, dass Carlsens Spiel „computerähnlich, blutleer und seelenlos“ gewesen sei. Starker Tobak.

Man könnte von Weizsäcker höchstens in einem Punkt Recht geben: In Chennai hat vor allem der bessere Sportler gewonnen. Carlsens enorme Fitness trug ohne Zweifel erheblich dazu bei, dass er Anand den Titel abnehmen konnte. Im Schachverständnis stehe der Inder seinem Nachfolger Carlsen nicht nach, sagte von Weizsäcker und nannte in diesem Zusammenhang auch die Namen von Wladimir Kramnik und Levon Aronjan. Das Spiel dieser beiden Schachkoryphäen würde sich seiner Meinung nach durch noch größere Gedankentiefe auszeichnen. Auf jeden Fall hat Robert von Weizsäcker mit seinen provokanten Thesen die Debatte belebt, in der sich viele Schachexperten zu Wort meldeten.

Der Sportdirektor des Deutschen Schachbundes Uwe Bönsch räumte ein, dass sich die meisten Partien in Chennai in ruhigem Fahrwasser bewegten, aber auch ruhige Endspiele müsse man sehr genau und richtig spielen. „Genau da hat Anand Fehler gemacht und den Wettkampf verloren. Carlsen versucht, möglichst lange auf höchstem Niveau keine Fehler zu machen. Das ist nicht so spektakulär wie, wenn man eine Partie in 25 Zügen gewinnt, indem man viele eigene Figuren opfert, um den gegnerischen König matt zu setzen.“ Bönsch hält Carlsen für einen würdigen Nachfolger von Bobby Fischer und Garri Kasparow. „Er ist ein Weltmeister, der über viele Jahre hinweg seinen Titel verteidigen kann.“

Interessant ist Nigel Shorts WM-Analyse. Der englische Großmeister erklärte in einem Beitrag für „The Indian Express“: „Es war eine unlösbare Aufgabe für Anand - mit fast 44 Jahren der älteste Champion seit einem halben Jahrhundert -, seine Krone gegen jemand zu verteidigen, der halb so alt und der am höchsten gewertete Spieler aller Zeiten ist. Die Zeit und die Natur kann keiner überlisten.“ Short verwies darauf, dass es im Match sehr wenige Neuerungen gab, weil Carlsen auf vorherige Computeranalysen verzichtete. „Der junge Norweger versuchte permanent, Anands Vorbereitung auszuweichen und beschritt weniger bekannte Wege. Seine einfache Philosophie war: Gib mir eine gleiche Stellung, die du noch nicht mit dem Computer analysiert hast, und ich werde dich überspielen. Man kann es raffiniert nennen, aber er hatte recht. In den Partien 5 und 6 besiegte er Anand in einem Endspiel fast ohne Vorteil und übertraf damit die Erwartungen der besten Experten. Es wird Carlsen nicht gerecht, zu erklären, dass Anand Fehler unterlaufen sind. Ja, er griff fehl, aber nur, weil er ständig unter bissigen Druck gesetzt wurde.“

Artur Jussupow
Carlsens starke Vorhand

Der frühere WM-Kandidat ist ein großer Carlsen-Fan, und er war vor vielen Jahren Sekundant des entthronten Weltmeisters Anand. Im folgenden Abschnitt schildert Artur Jussupow seine gewonnenen Eindrücke vom ungleichen WM-Duell in Chennai exklusiv für dieses Buch.

Das Match war ja sehr kurz. So wie ein Sprint. Deswegen agierten beide Spieler zu Beginn äußerst vorsichtig, weil keiner einen Fehler machen und in Rückstand geraten wollte. Man kann es nicht mit früheren epischen WM-Kämpfen wie zum Beispiel denen zwischen Anatoli Karpow und Garri Kasparow vergleichen, wo 24 Partien oder mehr gespielt wurden. In einem längeren Wettbewerb ist es eher möglich, die eine oder andere Niederlage zu korrigieren.

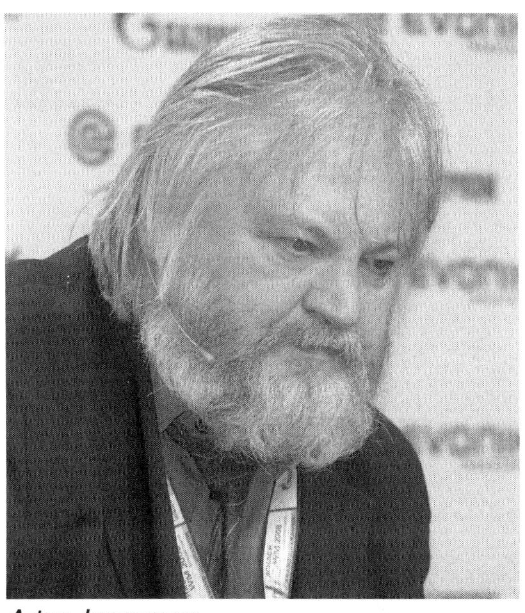

Artur Jussupow

Ein großes Problem war, dass Anand in Chennai nicht seine optimale Leistung gebracht hat. Wenn man diese nicht abrufen kann, hat man gegen Carlsen keine Chance. Magnus spielt sehr stark und macht praktisch keine Fehler. Sein Stil hat sich in den letzten Jahren geändert. Während er früher auch gern kombinierte und mitunter auf dem Brett gezaubert hat, ist sein Spiel jetzt viel pragmatischer geworden und vorwiegend strategisch ausgerichtet. Ich möchte einen Vergleich zum Tennis ziehen. Wenn du so eine Super-Vorhand hast, kannst du alle damit besiegen. Warum brauchst du dann unbedingt eine starke Rückhand?

Dass Carlsen es auch anders kann, demonstrierte er in der neunten WM-Partie. Dort zeigte er gegen Anands Angriffe eine wunderbare Verteidigung. Er rechnet in der Regel weiter als seine Gegner und verfügt, wenn es nötig ist, auch noch über andere Fähigkeiten als das feine strategische Spiel. Diese Qualitäten von Magnus konnte Vishy in dem

Match leider nicht genügend herausfordern. Also brauchte Carlsen sie nicht so sehr einzubringen.

Der Norweger wollte diesen Zweikampf gewinnen und keinen Schönheitspreis. Er wählte eine gute Taktik, die zum Erfolg führte. Die technische Phase der Partien hat Magnus grandios gespielt. Es war darum schwierig für Anand, ohne Fehler zu bleiben. Im Endspiel hat Carlsen ihn mit teilweise sehr starken Zügen gehörig unter Druck gesetzt. Vielleicht waren diese Figurenmanöver nicht so spektakulär, wie sich manche Schachfreunde erhofft hatten. Aber so ein WM-Finale ist kein Wunschkonzert. Magnus strebte günstige Stellungen an und kämpfte dann mit seinen besten Mitteln. Er setzte sich nicht ans Brett, um das Publikum zu unterhalten, sondern um Weltmeister zu werden.

Was Anand betrifft, so scheint mir, dass er in der Mitte des Kampfes seinen Glauben an die eigene Stärke verloren hat. Und so etwas ist dann fatal. Wenn man keine Zuversicht mehr besitzt und nicht an seine Chance glaubt, hat man schon verloren. Leider konnte Vishy in diesem Duell sein großes Können nicht genügend zeigen. Carlsen war der unangenehmste Gegner für ihn. Erst am Ende des Matchs, als es praktisch zu spät war, hat Anand sein Herz in die Hände genommen.

Von Carlsen bin ich begeistert. Er hat mich bei diesem Zweikampf in Chennai nicht enttäuscht. Auch seine Partie-Kommentare gefallen mir außerordentlich. Er ist dort sehr ehrlich und immer objektiv. Die Kommentare von Magnus sind Gold wert. Wenn er etwas übersieht, sagt er ganz offen: „Ich habe das nicht gesehen und einen dummen Fehler gemacht.“ Carlsens kritische Haltung zu seinem eigenen Spiel finde ich sehr sympathisch. Diese Schach-Ehrlichkeit gefällt mir.

Jewgeni Wasjukow

Warum Anand verlor

Seit über sechs Jahrzehnten beobachtet der russische Großmeister WM-Kämpfe. Der 81-jährige Moskauer wunderte sich nicht, dass Anand gegen Carlsen so klar verloren hat. Wasjukow nannte unter anderem diese Ursachen:

Ich habe den Eindruck, dass Vishy in letzter Zeit seine Spielfreude eingebüßt hat. Er versprüht längst nicht mehr dieses Feuer wie früher. Nach dem Match dachte Anand ernsthaft darüber nach, ob er weiter Schach spielen soll oder nicht. Das ist ganz charakteristisch. Weil er sich selbst verloren hat und auch das Interesse an harten Wettkämpfen.

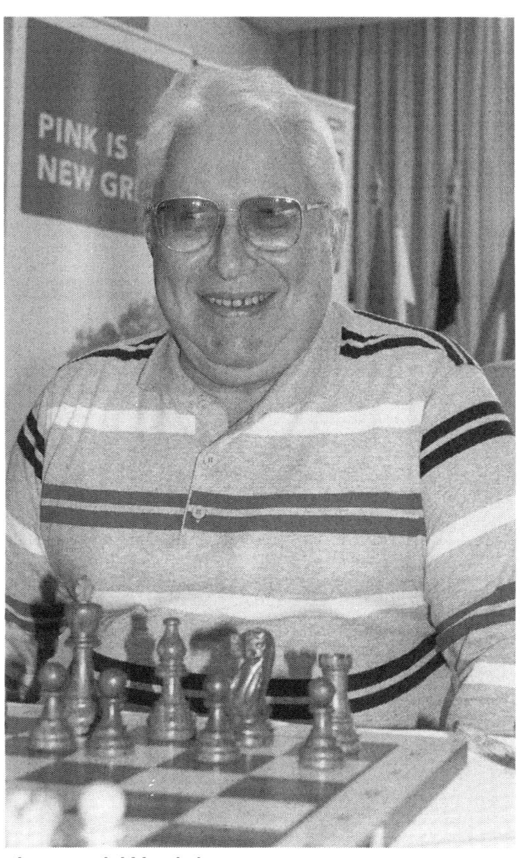

Jewgeni Wasjukow

Ich erinnere mich, wie großartig der Inder das WM-Match 2008 in Bonn gegen Wladimir Kramnik spielte. Das war ein vollkommen anderer Anand. Danach haben sich irgendwelche inneren Prozesse in ihm abgespielt. Wenn du als Schachmeister erfolgreich sein willst, brauchst du einen totalen Kampfeswillen. Besitzt du ihn, dann musst du dich nicht zur Arbeit zwingen, sondern leistest sie mit Freude. Fehlt dir aber die Entschlossenheit dazu, dann hast du von vornherein sehr schlechte Karten. Diese unbedingte Bereitschaft zum Kampf habe ich bei Anand schon 2012 in Moskau gegen Gelfand vermisst. Dort hatte er bereits mächtige Probleme, seine Krone zu verteidigen. Boris konnte das WM-Duell durchaus gewinnen. Es fehlte nicht viel, dann hätte er es geschafft.

Was Magnus Carlsen betrifft, so waren Jugend, Talent und Siegeswille in Chennai natürlich auf seiner Seite. Ein Herausforderer ist in der Regel immer heißer auf den Erfolg als der Titelverteidiger. Er will unbedingt gewinnen und kämpft deshalb viel mehr. Das hat der Norweger eindrucksvoll demonstriert, und deshalb erfolgte der Wechsel auf dem Schachthron nicht überraschend.

Noch ein Moment erscheint mir wichtig. Die heutigen WM-Matches sind zu kurz. Ich war seit dem WM-Kampf Botwinnik-Bronstein 1951 bei allen Schach-Weltmeisterschaften in Moskau als Beobachter hautnah dabei. Dort fanden gigantische Schlachten über 24 Partien statt. Heute sollten mindestens 16 Spiele ausgetragen werden. Sonst kann ein WM-Finalist nach zwei Niederlagen schon einpacken.

Boris Gelfand
Qualität des Endspiels

Boris Gelfand gehört seit vielen Jahren zur Weltelite des Schachs. Der Vizechampion von 2012 zog aus dem Duell in Chennai ebenfalls interessante Schlüsse.

Jeder Weltmeister gibt dem Schach etwas Neues. Was Carlsen betrifft, kann man von einer höheren Qualität im Verständnis des Endspiels sprechen. Das hat er ins moderne Schach eingebracht. Magnus gewann schon so oft gleiche Stellungen am Partieende, dass man damit ein ganzes Buch füllen könnte. In diesem WM-Match demonstrierte Carlsen zweimal seine Fähigkeit, Wasser aus Steinen zu pressen. In leicht besseren Endspielen, vor allem statisch erscheinenden, kann es keiner mit ihm aufnehmen. Er spielt in solchen Positionen besser als ein Computer.

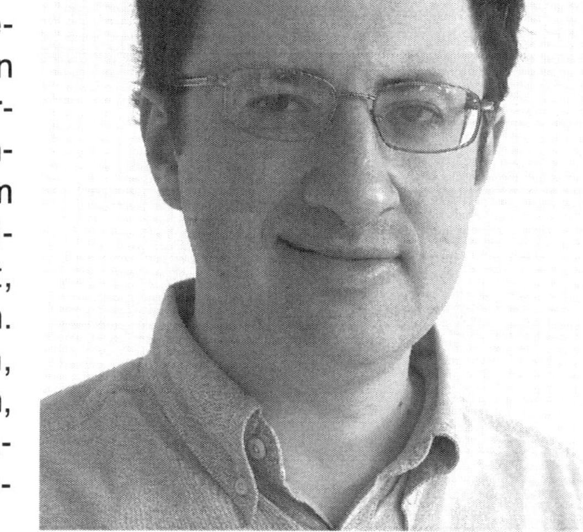

Boris Gelfand

Anands Chance bestand nur darin, einen scharfen taktischen Kampf zu inszenieren. Wenn er schon zu Beginn des Wettkampfes so eine Stellung bekommen hätte wie in der 9.

Partie... Aber nach zwei Niederlagen finden die eigenen Figuren schon nicht mehr so überzeugend in den Angriff. Mit der Eröffnungsvorbereitung, die nicht Carlsens Stärke ist, konnte Vishy ihn auch nicht überraschen. Wer künftig Erfolg gegen Magnus haben will, muss zum harten Kampf bereit sein und ihm Partieanfänge präsentieren, in denen er nicht so leicht einfache Stellungen bekommt.

Das WM-Duell von Chennai bietet viel Lehrstoff, nicht nur für Weltklassespieler. Es war auch ein Highlight für alle Schachfreunde, die das Spiel selbst lieben, und für diejenigen, die seine große Spannung mögen. Ich gratuliere Magnus zum verdienten Sieg und wünsche mir, dass er die Schachfans auch weiter mit seinem starken Spiel begeistert. Zu Anand möchte ich noch sagen, er ist ein großer Champion. Viele Jahre war er der Beste und hat eine Menge für die Entwicklung des Schachs getan.

Sergej Schipow

Wen die Götter lieben

Der russische Großmeister Sergej Schipow genießt als launiger Kommentator auch international einen besonderen Ruf. Im Magazin „New In Chess" zog er eine originelle Bilanz des WM-Kampfes, der viel Denkstoff geliefert habe.

„Carlsen gewann den Titel auf routinierte Weise und ließ nicht den geringsten Zweifel an seinem Erfolg. Er strahlte Überlegenheit aus und spielte ruhig sein Schach. Magnus nahm sich die Krone, die ihm schon lange zusteht. Carlsen selbst hält sich für den besten Spieler der Welt. Er musste nur noch die letzten Formalitäten erledigen. Das klingt recht schmerzhaft für Anand. Aber nach seinem farblosen Match gegen Gelfand und seinen Turnierleistungen, die für einen Champion zu wenig waren, erfolgen solche Bewertungen mit Recht. Der Kontrast zwischen beiden Spielern war zu groß."

Schipow kritisierte in seinem Beitrag auch die Arbeit von Anands Team in der Eröffnungsvorbereitung. Er verwies darauf, dass die Schachbrigade des Inders in den früheren drei Matches, die erfolgreich waren, exzellent arbeitete. In Chennai sei sie seiner Meinung nach gescheitert. „Der Champion scheint keinen gleichwertigen Ersatz für jene gefunden zu haben, die ihn verlassen hatten. Er vermisste Kasimdschanows östliche Schlauheit und Nielsens Solidität. Ich kann mir nicht vorstellen, dass es das frühere Team Vishy gestattet hätte, seinen Kopf dreimal erfolglos gegen die Berliner Mauer zu stoßen.“

Ganz wichtig waren in Schipows Augen die psychologischen Aspekte des Duells.

„Obwohl Magnus in einem Interview sagte, dass er in einem anderen Leben ein Krokodil sein möchte, scheint er eher einer Boa zu gleichen, die ihren Gegner hypnotisiert und dann erstickt, erstickt, erstickt. Allem Anschein nach war der Weltmeister nicht in der Lage, seine psychologischen Probleme zu lösen und sich angemessen auf den Kampf einzustellen. Anand hatte offensichtlich Angst vor seinem Gegner und vor Rechenfehlern. Nur das erklärt nach meiner Meinung Vishys schüchternes Spiel am Beginn des Matchs. Danach hatte er immer noch viel Energie und hätte den Stier bei den Hörnern oder die Boa bei Kehle packen können. Das geschah nicht, obwohl er verstanden hatte, dass ihm nur ein aktiver, dynamischer Kampf Gewinnchancen einräumen würde. Aber Anand war unfähig, so eine Entscheidung zu treffen und entsprechend zu handeln. Er hat das auf später verschoben und damit seinen Untergang besiegelt.“

Als Beispiel nannte Schipow die erste Partie, wo sich der Champion mit Schwarz in vielversprechender Stellung schnell auf Remis durch Zugwiederholung einließ. Carlsen hätte das nicht getan, er hat die Mentalität eines Siegers. „Ich habe oft darüber gesprochen und wiederhole: Das Gehirn des Schachspielers ist ein Muskel. Es braucht ständiges Training wie bei einem Athleten. Nach dem WM-Match 2008 hat Anand sein Regime auf totale Ökonomie umgeschaltet: Einsparungen und siegen mit geringsten Anstrengungen. Als er seine Motivation verloren hatte, konnte er nicht mehr mit voller Kraft kämpfen, und seine Ergebnisse ließen nach. Das Traurigste ist, dass Vishys Trumpf, die schnelle Variantenberechnung, so sehr nachgelassen hat.

Die Götter mischen sich auch ein. Von oben sehen sie alles und ergreifen ihre Maßnahmen. Der große Champion hat aufgehört, dem Schach alles zu geben. Im Ergebnis hat er die frühere Dosis des Glücks nicht mehr erhalten. Zum letzten Mal bekam er im Tiebreak gegen Gelfand ein Geschenk der Götter. Danach haben sie sich von ihm abgewandt. Und sie taten recht daran. Ein Verdienst des Matchs in Chennai ist, dass der stärkste Spieler des Planeten und der Weltmeister die gleiche Person sind. Das ist so wie zu Kasparows Ära und wie es wahrscheinlich für lange Zeit sein wird.“

Bill Gates und Ronaldo

Nach dem Duell um die Schachkrone hatte Carlsen eigentlich eine längere Erholungspause eingeplant, doch der junge Champion wurde sofort von der Öffentlichkeit in Besitz genommen. Neue Verpflichtungen erforderten von Magnus nicht weniger Flugkilometer als seine Reisen zu Schachturnieren. Mit einem Mal war der Schachheld nicht nur beliebtester Norweger, er gehörte auch zu den prominentesten Persönlichkeiten auf dem Globus. Seit seinem Sieg in Chennai wird Carlsen ähnlich bewundert wie die Weltmeister im Schwergewichtsboxen oder in der Formel 1. Alle Türen stehen ihm offen, Sponsoren klopfen verstärkt an. So hat er bereits seinen dritten Werbevertrag mit der bekannten holländischen Jeansmarke in der Tasche.

Als Fußballfan freute sich Magnus besonders über eine Einladung von Real Madrid. Dort durfte er am 30. November 2013, nur eine Woche nach dem Sieg über Anand, den symbolischen Anstoß in einem Spiel der Primera División ausführen. Es war genau an seinem 23. Geburtstag. So ein Angebot seines Lieblingsklubs konnte Carlsen einfach nicht ausschlagen. 70 000 Fans applaudierten dem Schachkönig von den Rängen. Bei seinem Besuch in der spanischen Hauptstadt traf er sich

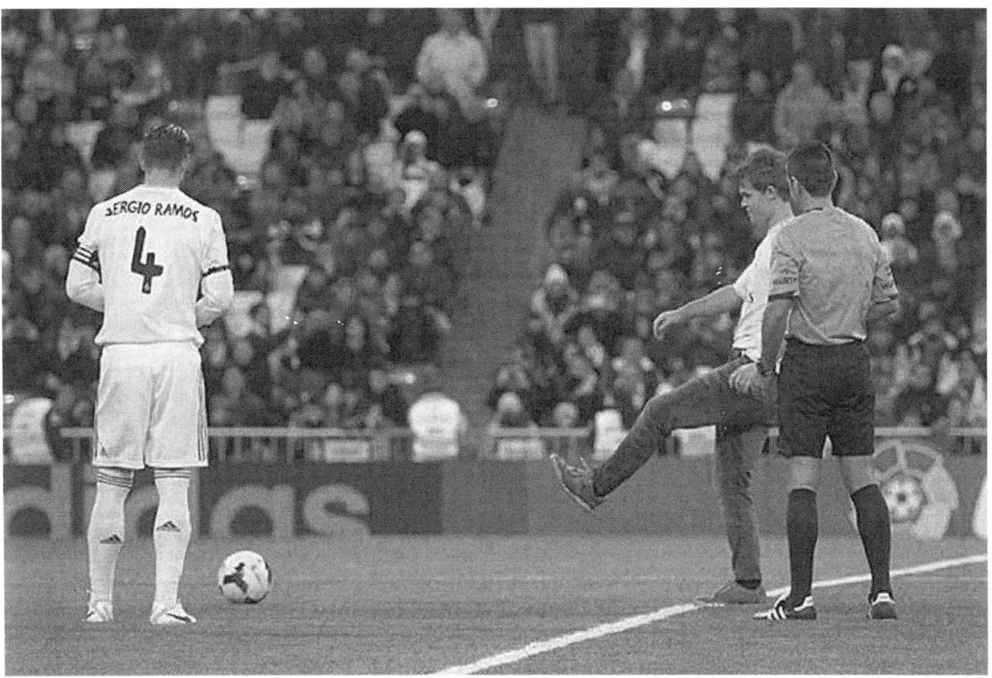

Anstoß im Bernabéu Stadion

auch mit Weltfußballer Christiano Ronaldo sowie mit dem legendären Zinédine Zidane. Der Franzose spielte früher auch bei Real Madrid und wurde dreimal als weltbester Kicker des Jahres ausgezeichnet.

Abseits der Turniersäle begegnete der Figurenkünstler Carlsen jetzt mehr und mehr den Großen dieser Welt. Im amerikanischen Silikon Valley traf er Anfang 2014 Facebook-Gründer Mark Zuckerberg und spielte mit ihm Schach. Mitte Januar besuchte Magnus die Google-Zentrale in Mountain View (Kalifornien), stellte sich einer Podiumsdiskussion und gab eine Simultanvorstellung an zehn Brettern. Google hatte seine Mitarbeiter vorher in einem Rundbrief befragt, wer mitspielen möchte. Die ersten Bewerber durften teilnehmen. Der junge Weltmeister fegte sie glatt mit 10:0 vom Tisch.

Carlsen beantwortete bei dieser Gelegenheit auch Fragen der Schachfreunde und Zuschauer. In der lebhaften Diskussion zeigte er sich entspannt und geistreich. So witzelte Magnus über seine Spielstärke, die er mit 2750 ELO beim Blindspiel einschätzte, mit 2500 in Simultanpartien und mit 2700 nach ein paar Drinks. Das Fehlen von Frauen in der Schach-Weltspitze erklärte der Norweger mit ihrem mangelnden Killerinstinkt. Auf die Frage, welche ELO-Zahl wohl der liebe Gott hätte, meinte Carlsen schlagfertig, dieser habe sicher Besseres zu tun, als Schach zu spielen.

Eine Woche später war Magnus Carlsen dann zu Gast in der bekannten Skavlan Talk Show. Sie ist eine der erfolgreichsten Sendungen ihrer Art in Nordeuropa und wird in der Regel in Stockholm und Oslo produziert. Diesmal wurde sie in London aufgezeichnet, wo der amtierende Weltmeister auch eine Blitz-Partie gegen Microsoft-Gründer Bill Gates spielte. Carlsen erhielt 30 Sekunden Bedenkzeit, sein Partner zwei Minuten. Ohne jeglichen Respekt setzte er den reichsten Amerikaner in nur neun Zügen matt. Magnus brauchte lediglich 12 Sekunden dafür, das ganze Spiel dauerte etwas mehr als eine Minute. „Er ist auf meine Taktik reingefallen, aber bis dahin waren seine Züge ganz vernünftig", kommentierte Magnus die Miniatur-Partie. Sein berühmter Gegner habe Mut beweisen, erklärte Carlsen freundlich und fügte hinzu: „Bill Gates spielt besser als Mark Zuckerberg, wobei dieser jedoch großes Talent für Schach hat."

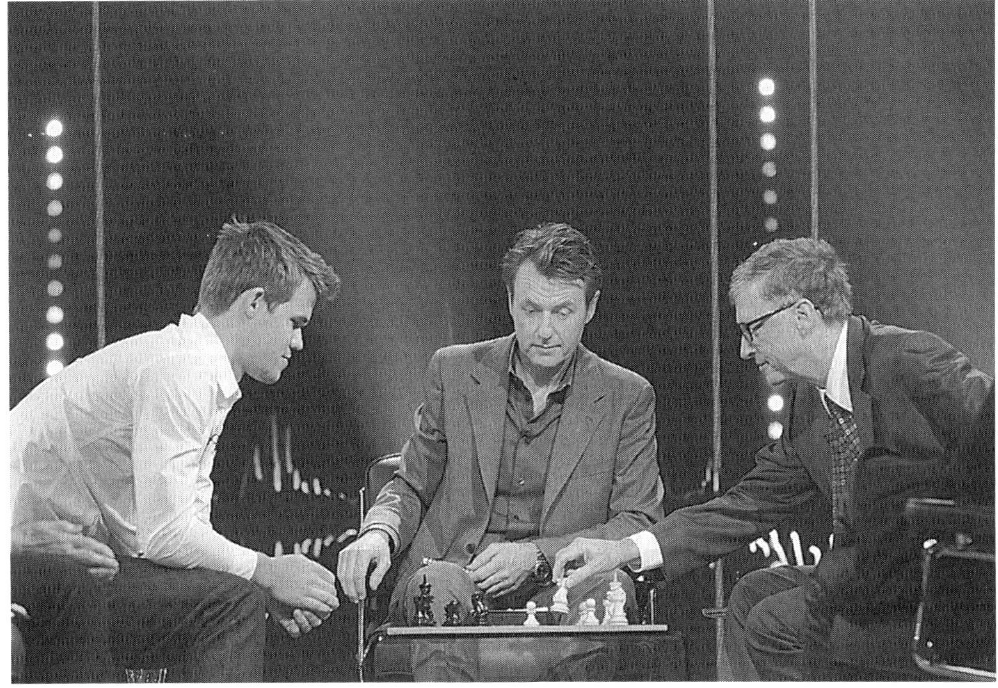

Showpartie mit Bill Gates

Gates – Carlsen

Nimzowitsch-Verteidigung B00

London 2014

1.e4 Sc6 2.Sf3 d5 3.Ld3

Ein mehr als seltener Zug, der von Großmeistern kaum gespielt würde.

3...Sf6 4.exd5 Dxd5

Laut Datenbank kam diese Stellung immerhin schon zweimal vor.

5.Sc3 Dh5 6.0-0 Lg4 7.h3 Se5 8.hxg4?

Nach 8.Lb5+ c6 9.hxg4 Sfxg4 10.Te1 cxb5 11.d4 hat Weiß keine Probleme.

8...Sfxg4

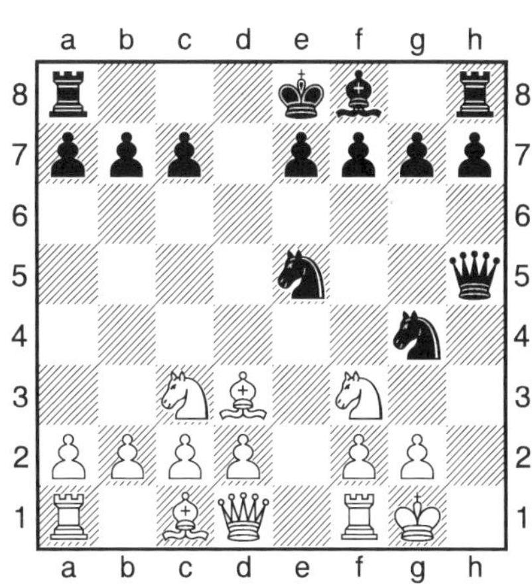

9.Sxe5??

Auf der Jagd nach Material übersieht Bill Gates das drohende Unheil.

9...Dh2 matt.

Neustart in Zürich

Zwei Monate nach seinem größten Erfolg kehrte Magnus Carlsen in die Schacharena zurück. In der Schweiz griff der neue Weltmeister beim stärksten Turnier aller Zeiten wieder ernsthaft zu den Figuren, die ihm so gut gehorchen. Mit einem ELO-Durchschnitt aller Teilnehmer von 2801 hatte der Wettbewerb die in der Schachgeschichte noch nie erreichte Kategorie 23.

Der Norweger traf im Savoy Hotel von Zürich auch auf seinen Vorgänger Vishy Anand, der damit die Möglichkeit einer kleinen Revanche hatte. Die anderen Gegner hießen Levon Aronjan, Hikaru Nakamura, Fabiano Caruana und Boris Gelfand. Diese vier Rivalen kamen aus Wijk aan Zee und würden sicher besser vorbereitet sein als Zuckerberg oder Gates. Das galt vor allem für den Weltranglistenzweiten Aronjan, der in Holland gewonnen hatte.

Gespielt wurden fünf Runden mit klassischer Bedenkzeit. Danach gab es noch ein Schnellturnier, dessen Ergebnis in die Gesamtwertung einfloss. Die klare Favoritenrolle gehörte Magnus Carlsen, und er wurde ihr einmal mehr gerecht. Für den Eröffnungsabend setzten die Organisatoren ein Blitzturnier an, nach dessen Ergebnis die Startnummern ermittelt wurden. Carlsen gewann mit 3,0 aus 5 dank besserer Feinwertung vor Aronjan und erhielt die ihm zustehende Nr. 1. Im Blitzspiel gegen Anand zeigte Magnus, dass er nichts von seiner Freude am Schach eingebüßt hatte.

Carlsen – Anand

Zukertort-Eröffnung A06

Zürich 2014

1.Sf3 d5 2.b3

Es sieht nach einer ruhigen Partie aus, aber...

2...c5 3.e4!?

Eine Art Budapester Gambit im Anzug mit dem Extratempo b2-b3.

3...dxe4 4.Sg5

Das ist eine Neuerung. Man sollte sie Carlsen-Gambit nennen.

Wilde Verwicklungen entstehen nach 4.Se5 Dd4 5.Lb2 Dxb2 6.Sc3 Le6 7.Lb5+ Sc6 8.Sxc6 a6 9.La4 b5 10.Lxb5 axb5 11.Tb1 Da3 12.Sxb5 Dxa2 13.0-0 Tc8 14.Ta1 Db2 15.Sca7 Tb8 16.Sc7+ Kd7 17.Sa6 Ta8 18.Sxc5+ Ke8 19.De2 Sf6 20.Db5+ Ld7 21.Db7 Td8 22.Sc6 e6 23.Sxd7.

4...Sf6 5.Sc3 Sc6

Beachtung verdient 5...Lf5.

6.Lc4 e6 7.Lb2 Le7 8.0-0 0-0

Bisher passierte noch nichts Spek-

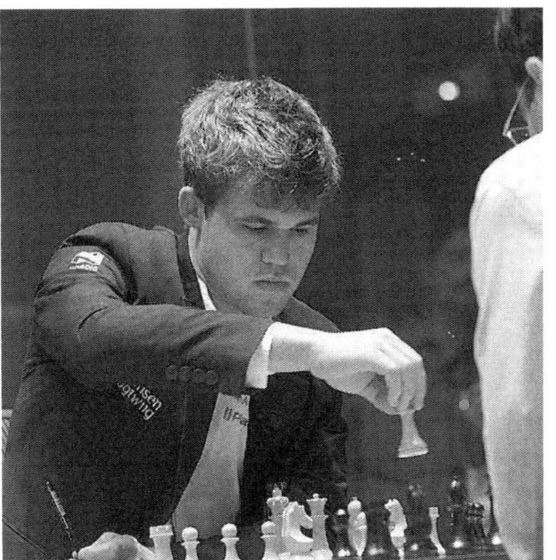

Wieder ein Sieg über Anand

takuläres, wir sahen normale Entwicklungszüge.

9.Scxe4 Sxe4 10.Sxe4

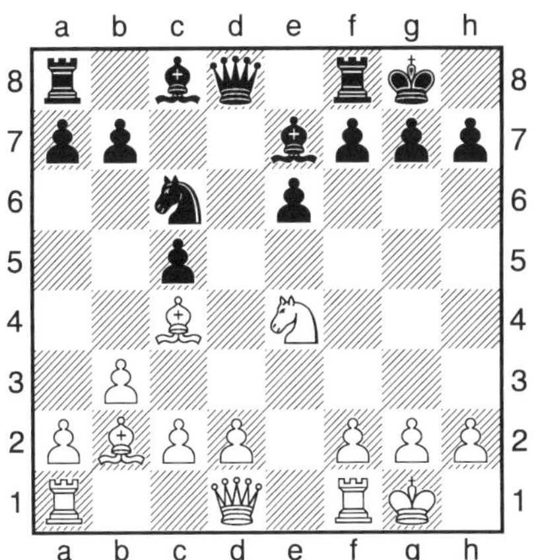

10...e5?

Ein lehrreicher Fehler. Anand wollte die lange Diagonale schließen. Doch jetzt wird sein Bauer f7 zur großen Schwäche, denn der weiße Läufer entwickelt mächtige Angriffskraft. Nach 10...b6 hätte Schwarz Ausgleich.

11.f4 exf4 12.Dh5

Houdini empfiehlt hier 12.Txf4±, doch Carlsen braucht kein Schachprogramm.

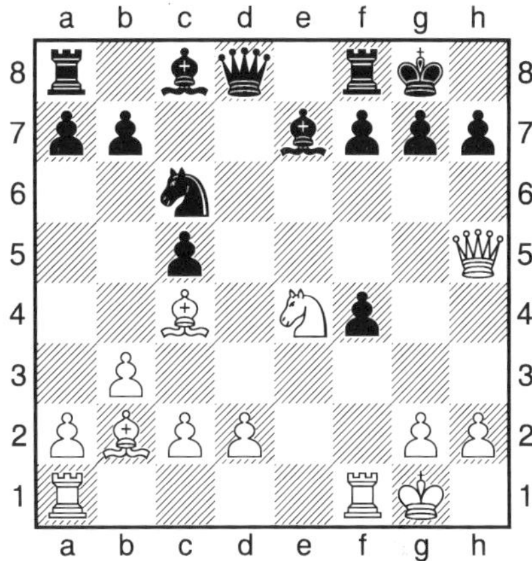

12...Sd4?

Notwendig war 12...Le6=.

13.Txf4 g6 14.De5 b6

Oder 14...Le6 15.Sxc5 Lxc4 16.Txd4 f6 17.Txd8 fxe5 18.Txf8+ Txf8 19.Sd7 Td8 20.Sxe5±.

15.Taf1

Einfach und effektiv. Weiß droht Txf7 nebst Matt. Die schwarze Stellung ist kaum noch zu verteidigen.

15...Lf5 16.g4 Le6 17.Lxe6 fxe6 18.Txf8+ Lxf8 19.Sf6+ Kh8

Oder 19...Kf7 20.Sd5++-.

20.c3

Noch schneller gewinnt eine feine Kombination mit Damenopfer: 20.Se8+ Kg8 21.Dh8+! Kxh8 22.Txf8 matt. Aber es ist eine Blitzpartie. Magnus hat die finalen Bilder schon im Kopf.

20...Sc6 21.Se8+!

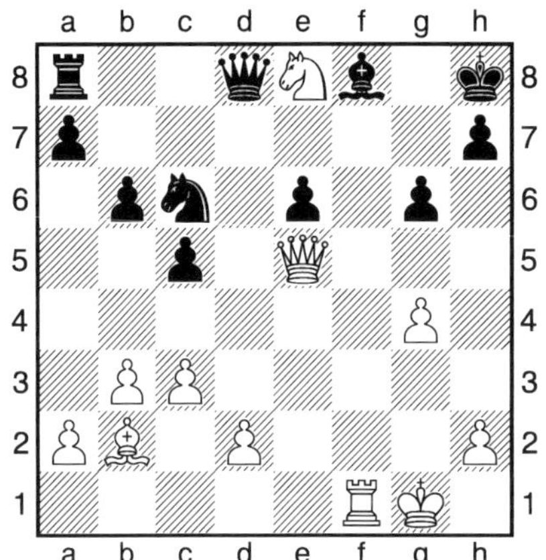

1-0. Auf 21...Sxe5 folgt 22.Txf8 matt. Nach 21...Kg8 geht wieder das schöne 22.Dh8+! nebst Matt.

Carlsen – Gelfand

Grünfeld-Indisch D78

Zürich 2014

Zu Beginn der Turnierpartien mit klassischer Bedenkzeit setzte der frischgebackene Champion ein weiteres Achtungszeichen. In der ersten Runde machte er kurzen Prozess mit Boris Gelfand.

1.c4 g6 2.d4 Sf6 3.Sf3 Lg7 4.g3 c6 5.Lg2 d5 6.Da4 0-0 7.0-0 Sfd7 8.Dc2

Nach 8.cxd5 Sb6 9.Dd1 cxd5 10.Sc3 Sc6 11.h3 Lf5 12.Lf4 Tc8 13.Tc1 Dd7 14.g4 Le4 15.e3 f5 16.gxf5 Lxf5 17.Kh2 e6 hat Schwarz ein gutes Spiel (Sedlak-Rodshtein, Valjevo 2012).

8...Sf6

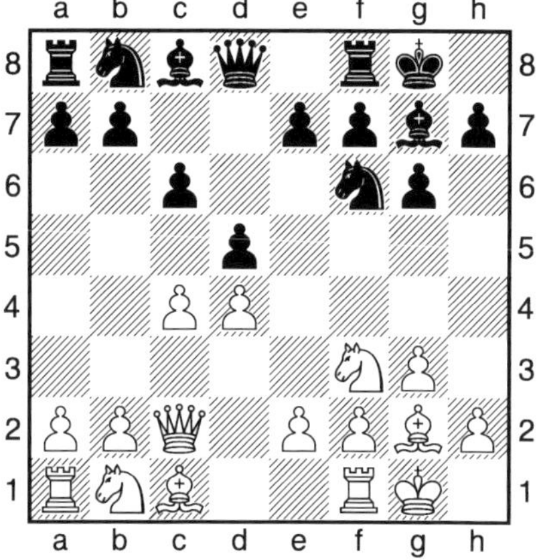

Weiß fand Zeit für den Zug Dc2, doch er muss das Feld wieder abtreten, wenn Schwarz Lf5 spielt. Möglich ist hier auch 8...dxc4 9.Dxc4 Sa6 10.h3 e5 11.dxe5 Sxe5 12.Sxe5 Lxe5 13.Sc3 Le6 14.Da4 Dd4 15.Dxd4 Lxd4 16.Lh6 Tfd8 mit Ausgleich. (Barlov-Seirawan, Cetinje 1992)

9.Lf4 Lf5 10.Db3 Db6 11.Sbd2 Se4 12.e3 Dxb3 13.axb3 Sa6 14.cxd5 cxd5

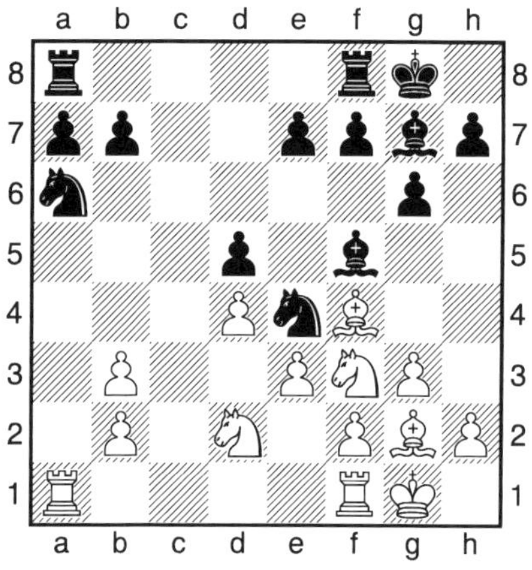

15.g4!?

Die Computer verweisen auf die Fortsetzung 15.Ta5 e6 16.Tfa1 f6, aber Carlsens Idee ist interessanter.

15...Lxg4

Oder 15...Sxd2 16.Sxd2 Le6 17.Sb1 Sb4 18.Sc3.

16.Sxe4 dxe4 17.Sd2 f5 18.f3 e5

Gelfand möchte den zentralen Punkt e5 blockieren, weil dieser sonst schnell vom weißen Springer besetzt werden könnte. Besser ist wahrscheinlich 18...exf3 19.Sxf3 Sb4 20.Se5 Lxe5 21.Lxe5, aber der Anziehende hat gute Kompensation für den Bauern.

19.dxe5 exf3 20.Sxf3 Tae8

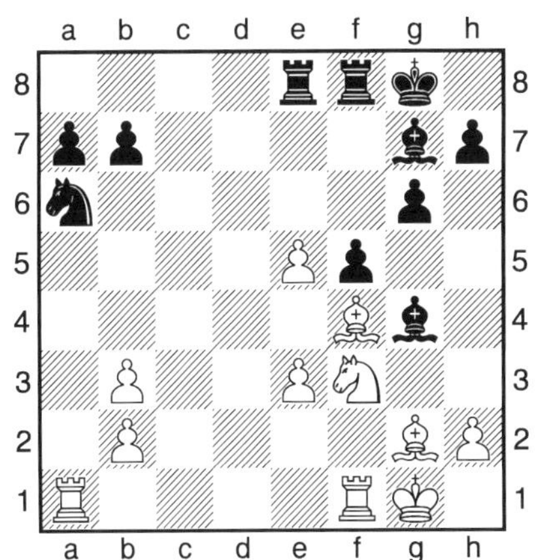

21.Ta5

Beachtung verdiente auch 21.Sg5!?

21...Sb4 22.Sd4 b6 23.Txa7 Lxe5 24.Lh6 Tf6 25.h3 Lh5

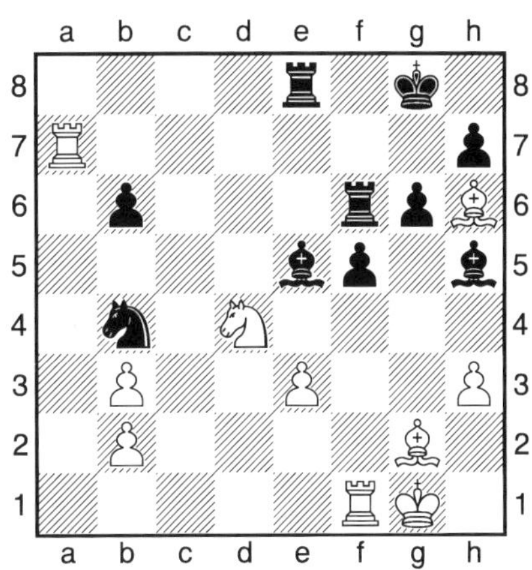

26.Sc2!

Eine feine taktische Lösung, die Magnus zwei Bauern einbringt.

26...g5

Nicht 26...Sxc2? wegen 27.Ld5+, und Weiß gewinnt.

27.Lxg5 Tg6 28.Txf5 h6 29.Lxh6 Txh6

Auf 29...Lf3 folgt 30.Tg5 Txg5 31.Lxg5 Lxg2 32.Sxb4 Lxh3 33.Sd5+-.

30.Sxb4 Lxb2 31.Sd5 Kh8

Carlsen verwertet jetzt seinen materiellen Vorteil ohne Mühe.

32.Tb7 Ld1 33.b4 Tg8 34.Se7 Td8 35.Le4 Lf6 36.Txb6 Kg7 37.Tf2

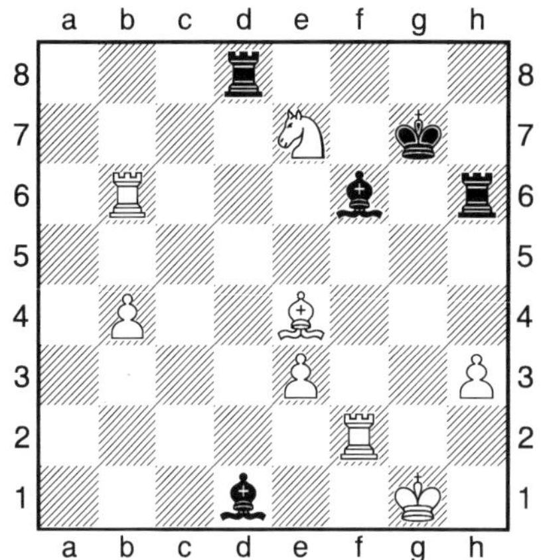

1-0

Nakamura – Carlsen

Zürich 2014

In diesem wahren Thriller überlebte der Weltmeister nicht nur, er drehte den Spieß auch noch um. Magnus Carlsen war in dem Nimzoinder durch das fehlerhafte 17...g6? schwer ins Hintertreffen geraten. Hikaru Nakamura startete daraufhin einen mächtigen Angriff am Königsflügel und drohte nach 26.Tdh1 mit seiner tödlichen Batterie auf der h-Linie.

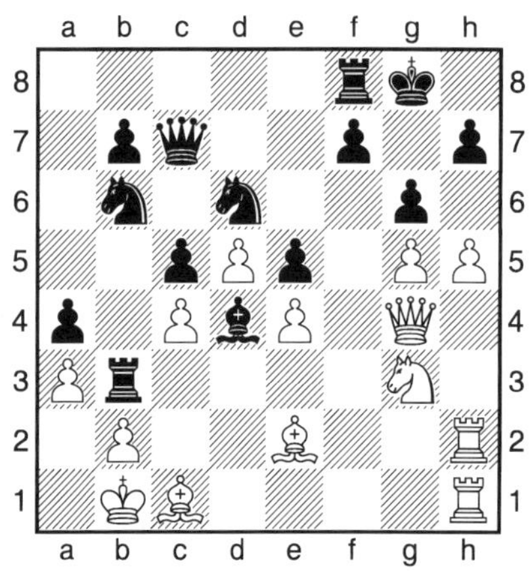

26...Lxb2

Carlsen erklärte nach der Partie, dass er seine Stellung hier als verloren einschätzte und dieser Zug ein verzweifelter Versuch war, dem Gegner noch Probleme zu bereiten. **27.Lxb2 Sbxc4 28.Lxc4 Sxc4 29.hxg6 Db6 30.g7 Td8 31.Dh4 Txb2+ 32.Ka1 Txh2 33.Txh2 Dg6 34.Sf5 Te8 35.Dg4 Db6 36.Dh3 Dg6**

Weiß steht haushoch auf Gewinn, aber er muss den Sack noch zumachen.

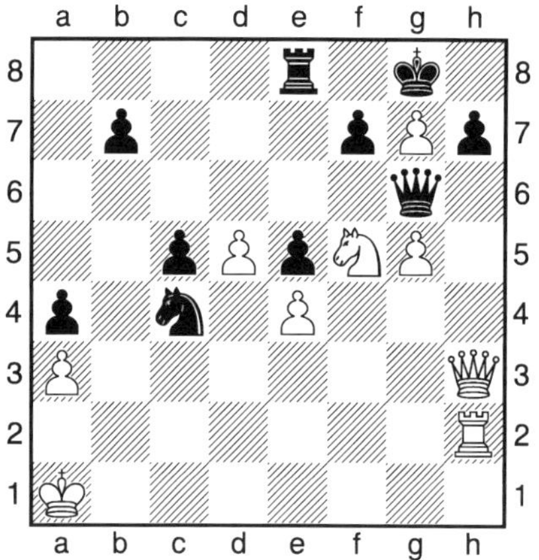

37.d6?

Der Knackpunkt in diesem Spiel. Als Drohung ist der Bauernvorstoß prima geeignet, aber in der Realität erweist er sich als Fehler. Die Kommentatoren begeisterten sich hier für den vom Rechner gezeigten Gewinnzug 37.Df1!, zum Beispiel 37...b5 38.Txh7! Dxh7 (38...Kxh7 39.Dh3+ führt zum Matt) 39.Sh6+ Kxg7 40.Dxf7+.

37...Sxd6 38.Sxd6 Td8

Auf einmal steht auch der weiße König sehr exponiert. So scheitert 39.Sf5 an 39...Td1+ 40.Kb2 (40.Ka2 De6+) 40...Db6+, und Schwarz setzt als Erster matt.

39.Sc4 Dxe4

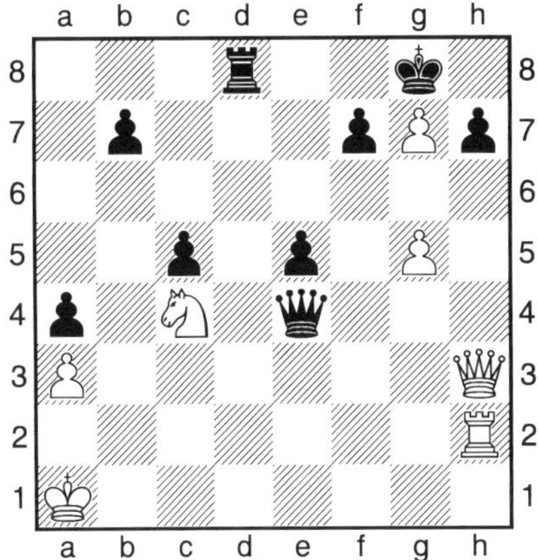

40.Dh5?

Nach diesem zweiten Fehlgriff dreht sich die verrückte Partie total. Mit 40.Se3 hätte Nakamura die Stellung noch halten und zumindest ein Remis erreichen können: 40...Dd3 41.Sf5 Dd1+ 42.Kb2 Td2+ 43.Txd2 Dxd2+ und Dauerschach. Carlsen, der einen kühlen Kopf bewahrte, nutzt jetzt die Chance zum Gewinn.

40...Td3 41.Th4 Df5 42.De2 b5 43.Sd2 Dxg5 44.Dxd3 Dxh4 45.Se4 Kxg7 46.Df3 Df4 47.Dg2+ Kf8 48.Kb2 h5 49.Sd2 h4 50.Kc2 b4

Die schwarze Bauernlawine rollt. Nichts kann sie aufhalten.

51.axb4 cxb4 52.Da8+ Kg7 53.Dxa4 h3 54.Db3 h2 55.Dd5 e4 56.Dh5 e3 57.Sf3 e2 58.Kb3 f6 59.Se1 Dg3+ 60.Ka4 Dg1 61.Dxe2 Da7+

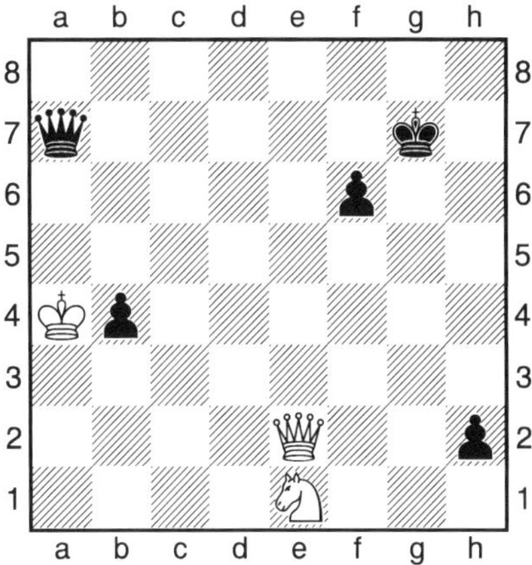

0-1

Unglaublich und ein wahrer Houdini-Akt von Magnus Carlsen.

Wir meinen damit nicht das Monster-Schachprogramm, sondern den legendären amerikanischen Entfesselungskünstler Harry Houdini. Wer gegen Carlsen gewinnen will, darf sich eben keinerlei Schwächen erlauben und braucht einen perfekten Tag. Dieses dramatische Duell wird lange in Erinnerung bleiben.

Carlsen – Caruana

Spanisch C65

Zürich 2014

Kommentar:
Artur Jussupow

Erneut bestätigte Magnus hier seinen Ruf als Endspielgott. Artur Jussupow gehörte zu den begeisterten Augenzeugen des Turniers im Savoy Hotel.

1.e4 e5 2.Sf3 Sc6 3.Lb5 Sf6 4.d3 Lc5 5.Lxc6 dxc6 6.h3

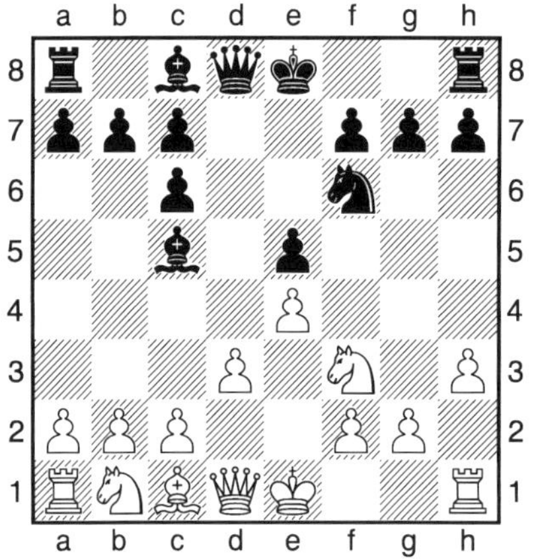

6...Sd7

Zwei Tage vorher geschah in der Partie Anand-Nakamura 6...Le6 7.Sc3 Dd6 8.0-0 0-0-0 9.a3 Sh5 10.Sa4 Lb6 11.Sxb6+ axb6 12.a4 f6 13.Le3 Sf4 14.a5 b5 15.d4 Sxh3+ 16.gxh3 Lxh3 mit schwarzer Initiative.

7.Le3 Ld6 8.Sc3 c5 9.0-0 Sf8 10.Sd2 Sg6 11.Sc4 Le6 12.Se2 Dd7 13.Sxd6+ cxd6 14.f4 exf4 15.Sxf4 Sxf4 16.Txf4 b6 17.Dh5 d5 18.d4 c4

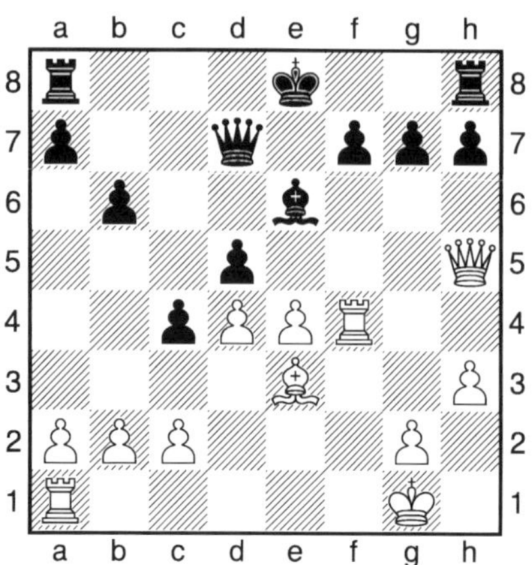

19.b3!

Eine starke Idee. Carlsen will die lange Rochade verhindern oder zumindest erschweren. Das sofortige 19.Taf1 0-0-0 20.Txf7 ist nicht gut wegen 20...De8!, und die weißen Figuren sind gefesselt.

19...Dc6

19...Tc8 würde bedeuten, dass der schwarze König die Gefahrzone nicht verlassen kann. Caruana bereitet die lange Rochade vor, dieser Plan wird aber in der Folge von Carlsen widerlegt. (19...0-0-0? 20.bxc4+-; 19...cxb3? 20.axb3±.)

20.Taf1 0-0-0 21.bxc4 Dxc4

Nun ist die Dame abgelenkt, und Weiß kann ein Qualitätsopfer auf f7 anbringen.

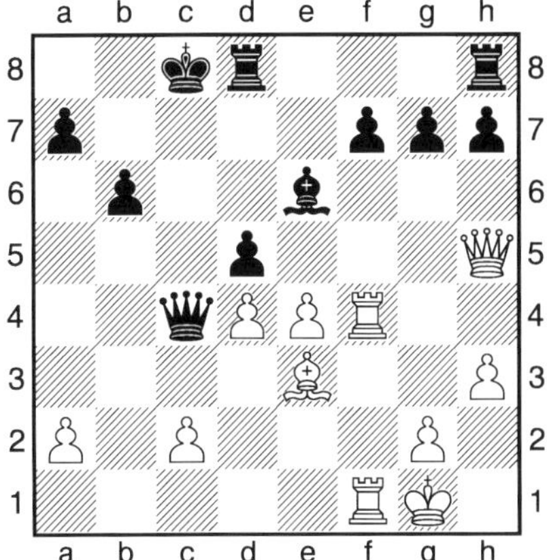

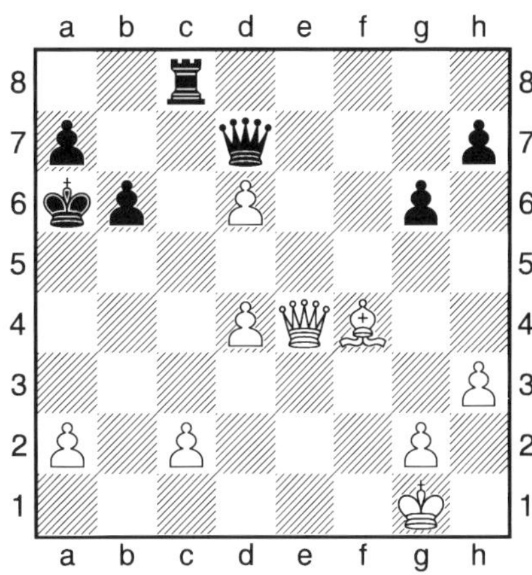

22.Txf7! Lxf7

Das Abspiel 22...g6 23.Dh6 Lxf7 24.Txf7 dxe4 25.Dg7 ist ebenfalls gefährlich für Schwarz.

23.Txf7 Td7 24.Txd7 Kxd7 25.exd5±

Weiß hat für die Qualität schon zwei Bauern. Zudem profitiert er natürlich von der exponierten Stellung des schwarzen Königs. Auf jeden Fall kann er ohne Risiko auf Sieg spielen.

25...g6 26.Dg4+ Kc7 27.De6

Es droht De5+ mit Turmgewinn.

27...Kb7 28.De7+

Noch besser war 28.Df6!?, weil der Turm dann kein gutes Feld hat. Auf 28...Tc8 folgt 29.d6 nebst d7.

28...Dc7 29.De4

Natürlich darf Magnus die Dame nicht tauschen, dann stellt die Position des schwarzen Königs kein Problem mehr dar.

29...Dd7 30.d6+ Ka6 31.Lf4 Tc8

32.Kh2!?

Weiß hat noch keinen zwingenden Gewinn. Er wartet deshalb ab und verbessert geringfügig seine Stellung in der Hoffnung, dass der Gegner ihm die Arbeit abnimmt und selbst die eigene Position schwächt. Nicht so gut ist 32.Dd3+?! Kb7 33.c4 Df5.

32...Tc4 33.Lg3!? Tc8?!

Auch für einen Klassespieler wie Caruana erweist sich die Verteidigung hier als zu schwer. Solche Minifehler sind praktisch vorprogrammiert, und Carlsen nutzt sie gnadenlos. Aufmerksamkeit verdiente 33...b5!?

34.Dd3+ Kb7 35.c4

Ein wichtiger Schritt nach vorn.

35...Dc6

Oder 35...Df5 36.De2±.

36.Db3

Eine kleine Falle schadet nicht. Nach 36...Dxc4? gewinnt Weiß sofort mit 37.d7!

36...Ka8

Der König steht hier schlecht. Zäher ist 36...De4.

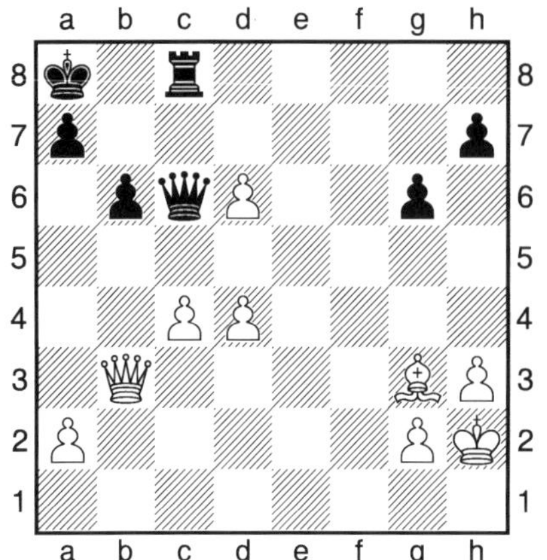

37.a4!?

Auch 37.c5! wäre möglich, aber Carlsen spielt ganz einfach und bringt auch seinen a-Bauern in den Angriff, um die feindliche Stellung noch weiter zu schwächen.

37...Te8 38.a5 Kb7

Falls 38...bxa5, dann 39.c5 a4 40.Df7 Tb8 41.De7 nebst d7.

39.c5 Kc8 40.axb6 axb6

Nach der Zeitkontrolle findet Magnus einen forcierten Weg zum Sieg.

41.d5! Dxc5 42.Da4 Te3

Auf 42...Kd8 entscheidet 43.Lh4+.

43.Da8+ Kd7 44.Db7+ Ke8 45.d7+ Kd8 46.Lh4+ Te7 47.Dc8+

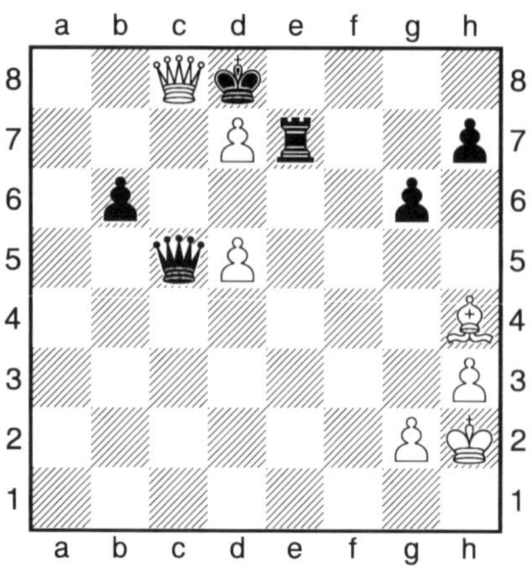

1-0. Eine neue Demonstration der großen technischen Fähigkeiten von Magnus Carlsen. Besonders gefiel mir, wie er zuerst jedes Gegenspiel beseitigte und dann seine Stellung nach dem Prinzip „nichts übereilen“ verstärkt hat.

Der Favorit holte aus den fünf klassischen Partien in Zürich 4,0 Punkte. Einen Tag später spielten die sechs Supergroßmeister noch ein Schnellturnier mit vertauschten Farben. Da die Ergebnisse der langen Partien doppelt gewertet wurden, konnte sich Carlsen Ausrutscher gegen Aronjan und Caruana leisten. Sein Vorsprung reichte, um mit 10 Punkten den ersten Platz vor dem Armenier sowie dem Italiener (je 9) zu belegen. Der Norweger machte bei seinem ersten Turnier nach dem WM-Match einfach so weiter, wie er in Chennai aufgehört hatte: er gewann. Wer wird Magnus Carlsen in der nächsten Zeit Paroli bieten können?

Schon im März 2014 fand in Chanty-Mansisk das nächste Kandidatenturnier statt. Anand war dafür als Verlierer des WM-Finales qualifiziert. Nach einigem Überlegen entschied er sich zur Teilnahme. Die weiteren Favoriten in dem Achterfeld hießen Wladimir Kramnik, Levon Aronjan und Sergej Karjakin. Gesucht wurde der Herausforderer für Magnus Carlsen. Der Name des Siegers kann in diesem Buch nicht genannt werden, es ging während des Turniers in Druck.

Fest steht aber, dass Magnus Carlsen seinen Titel bereits im November 2014 verteidigen soll. Es liegt ganz an ihm, ob seine Regentschaft dann weiter geht oder nicht. Derzeit spricht sehr viel mehr dafür als dagegen. Carlsen hat im Schach alles erreicht: Als bester Spieler auf dem Globus ist er mit nunmehr 23 Jahren auch Weltmeister. Doch der Mensch hinter dem ehrgeizigen Figurenkünstler bleibt so geheimnisvoll wie seine Spielweise.

Ähnlicher Meinung ist auch Christian Hesse, Autor des Bestsellers „Expeditionen in die Schachwelt“. Interessant sind die Gedanken des renommierten Mathematikprofessors über das Match in Chennai sowie Hesses Vision von einer möglichen Zukunft des Schachs. Sie bilden den Epilog des Buchs.

Christian Hesse

Wenn die Welt schachverrückt wird

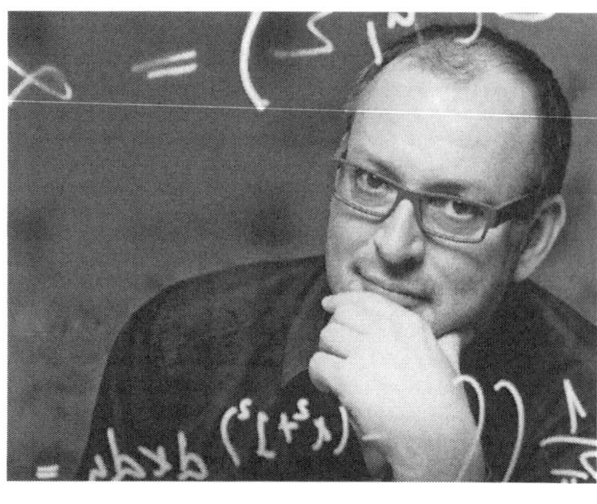

Wer schon etwas älter ist, erinnert sich an das Schach-Match des Jahrhunderts, das Bobby Fischer 1972 auf Island gegen Boris Spasski spielte. Es war die heiße Zeit des kalten Krieges. Und die beiden Protagonisten fochten einen Stellvertreterkrieg am Schachbrett aus. Es war eine wahre Titanenschlacht, bei der ein einzelner Amerikaner sich anschickte, die jahrzehntelange sowjetische Schachhegemonie eigenhändig aus den Angeln zu heben.

Und die Welt wurde vom Schachfieber ergriffen. Zeitungen rund um den Globus berichteten im Sommer 1972 auf ihren Titelseiten über die gespielten Partien: von der ägyptischen Al-Ahram über den britischen Telegraph bis zur New York Times, bei der die Vorkommnisse auf einer kleinen Insel nicht weit vom Polarkreis sogar die Berichterstattung über den zeitgleich stattfindenden US-Präsidentschaftswahlkampf auf Seite 2 verwiesen. Auch Menschen, die sonst dem Schach ferner standen, sprachen darüber mit ihrem Friseur oder beim Warten an der Bushaltestelle. Nie zuvor war Schach in den Medien auf ein derart großes Interesse gestoßen.

Beim Match Anand-Carlsen erlebte das Schach weltweit etwas in Ansätzen Vergleichbares. Deutschland ist zwar traditionell stark fußballlastig, doch selbst bei uns genoss der in Chennai ausgetragene WM-Kampf ungeahnte mediale Aufmerksamkeit. Das Duell hatte für den indischen Weltmeister gar nicht so schlecht begonnen. Zwar endeten die ersten vier Partien allesamt mit Remis, doch ging Anand mit psychologischen Vorteilen aus diesen Spielen hervor. Der Wendepunkt aber kam in der nächsten Partie.

Carlsens Fünfte

Zunächst schien Carlsen, der mit Weiß spielte, seinen Anzugsvorteil wieder nicht nutzen zu können. Die Live-Kommentatoren sprachen gar von „spektakulär unbeeindruckender Eröffnungsvorbereitung“. Relativ früh wurden zudem die Damen abgetauscht, und die Partie drohte zu verflachen. Um den 20. Zug war ein Turmendspiel auf dem Brett, das nach allgemeiner Expertenmeinung als Remis eingestuft werden musste. Doch es war ein Stellungstyp, der Carlsen liegt. Das Turmpaar, ein weißfeldriger Läufer auf beiden Seiten, eine unbalancierte Bauernstruktur. Carlsen hatte Kramnik beim Tal Memorial 2013 genau aus einer solchen Position heraus besiegt. Die Frage war: Würde er dasselbe auch mit Anand machen können.

Es sind Positionen, in denen Magnus Carlsen eine bisher nicht gekannte Feineinstellung bei der Ausschöpfung winzigster Stellungsvorteile erreicht hat. Für den jungen Norweger sind sie noch ergiebig genug, um Komplikationen herbeizuführen, tiefliegende Fallen zu stellen und seinen Gegner so ständig unter Anspannung zu halten. Und vor allem: Die unsymmetrische Bauernstellung garantiert, dass man diese Positionen lange spielen kann. Carlsen weiß dabei sehr genau, wie verschwindend wenig das ist, was er braucht, um einen Sieg herauszuarbeiten.

So gingen Spieler und Partie in die fünfte Stunde, in der Anand, vom Kampf erschöpft, immer öfter den einzigen noch guten Zug finden musste. Und dann im 51. Zug nicht mehr fand. Sieben Züge später gab er die Partie auf. Das brachte die Wende im Wettkampf. Carlsen schaute nicht mehr zurück. Es ist nicht berechtigt, seinen Stil als „blutleer“ oder gar „seelenlos“ zu bezeichnen, wie es ein renommierter Schachkenner nach dem WM-Kampf tat. Er kritisierte, dass die Siege des Norwegers oft darauf beruhen, seine Gegner in Remis-Positionen auszusitzen, bis diese einen Fehler machen.

Drahtseilakt ohne Seil

Das trifft es nicht. Nein, Carlsen verhält sich sogar ausgesprochen aktiv, er arbeitet mit immenser Energie daran, des Gegners vierspurige Autobahn zum Remis erst auf eine zweispurige zu verkleinern, dann auf eine Landstraße, einen Feldweg und plötzlich ist es nur mehr ein Drahtseil. Also müssen seine Gegner in diesem Stadium schon einen Drahtseilakt ausführen, um das Remis-Territorium zu erreichen. Und noch später gibt es dann nicht mal mehr das Seil.

Ferner ist es oftmals ein gravierender Unterschied, ob eine Stellung theoretisch remis ist oder praktisch. Auch das, was eigentlich ein Remis sein müsste, können selbst die weltbesten menschlichen Spieler in der

Praxis, am Brett, bei Zeitbeschränkung nicht immer finden. Und darauf kommt es an: Die Wahrheit ist auf dem Brett. Nicht in der Theorie.

Vielleicht weiß derzeit nur ein Spieler auf der Welt, wie man am besten gegen Magnus Carlsen spielt: Hikaru Nakamura. Als diese Zeilen geschrieben werden, liegt die Partie der beiden bei der „Zürich Chess Challenge", dem bislang stärksten Turnier aller Zeiten, erst ein paar Tage zurück. Ich konnte diese Partie live im Spielsaal miterleben. Sie war von Nakamura hochaggressiv angelegt. Um den 25. Zug herum betrachtete Carlsen seine Stellung nach eigener Aussage als verloren.

Danach hatte sich Nakamura sogar eine Gewinnkombination erarbeitet. Der Schlüsselzug war aber sehr schwer zu finden. Es war ein kontra-intuitiver, rückschreitender Angriffszug mit der Dame. Doch Nakamura spielte ihn nicht, wählte den scheinbar intuitiveren, direkten Angriffszug mit einem Bauernvorstoß, nur um kurz darauf festzustellen, dass dieser Carlsen eine defensive Ressource ermöglichte, mit der er die Stellung erst in Richtung Ausgewogenheit und dann mit der ihm eigenen Kunstfertigkeit in Richtung Sieg lenkte.

Nakamura sagte kürzlich zu einem gemeinsamen Freund, er habe den Code zum Spiel von Carlsen gefunden, er wisse, was man tun müsse, um ihn in Schwierigkeiten zu bringen. In Zürich hat er gezeigt, dass das nicht nur leere Worte waren. Man darf auf die künftigen Partien dieser beiden gespannt sein.

Und die Zukunft?

Rund 200 Millionen Menschen weltweit verfolgten die Partien des WM-Kampfes. In Norwegen und Indien wurden sie im Fernsehen live übertragen, im Internet konnte man sie zeitgleich verfolgen. Die Zeitschrift Gentleman's Quarterly berichtete über mehr Interesse an ihrem Schach-Report als an einer Bildreportage über 100 leicht bekleidete weibliche Top-Models. Ein guter Anfang für den neuen Weltmeister.

Auch der alte Weltmeister war ein großartiger Botschafter des Schachs. Brillant im Schach und außerhalb des Schachs, vielseitig interessiert und mit gewinnender Persönlichkeit. Das ist der Eindruck, den ich bekam, als ich 2010 in Zürich im Anschluss an eine Partie im kleinen Kreis mit Anand zu Abend aß. Das Medien-Spektakel war nicht sein Ding. Eher war er, der inzwischen Vater wurde, Familienmensch und dadurch gut geerdet, global-medial dezent.

Ganz anders der neue Weltmeister, der ständig von Fernsehteams verfolgt wird und auch schon als Model für eine Modemarke eine gute Figur machte und vom Time Magazin zu den 100 attraktivsten Männern der Welt gezählt wurde. Er ist sichtbarer, auffälliger, telegener als sein Vorgänger. Und das ist gut so. Schach muss sichtbarer, auffälliger, telegener werden. Auch wenn dabei zunächst einmal Widerstände überwunden werden müssen.

Denn Schach ist von Natur aus ein fast unsichtbares Spiel. Es stehen nur einige Figuren auf einem Brett, vor dem Spieler sitzen, deren physische Aktivitäten nicht der Rede wert sind: hier ein Zug, da ein Gang in den Ruheraum. Aber all das ist nur die Oberfläche. Der Rest liegt verborgen in der Tiefe. Es ist das, was meist ein Dutzend oder mehr Züge tief unter der sichtbaren Brettstellung an Möglichkeiten des Kombinierens schlummert. Es ist das, was sich in den Köpfen der Spieler abspielt.

Selbst deren Emotionalität bleibt völlig kontrolliert und unsichtbar. Im Gegensatz etwa zum Fußball, bei dem fast alles sichtbar, leicht erkennbar und noch leichter verstehbar ist. Auch die Emotionen. Kaum sieht man intensivere Gefühle als bei einem entscheidenden Tor in einem wichtigen Spiel kurz vor Schluss. Vielleicht noch bei Rock-Konzerten. Im Schach reichen sich die Spieler einfach nur die Hand, selbst wenn der eine gerade die Weltmeisterschaft gewann und der andere sie verloren hat.

Mein Tipp für die Schachszene ist deshalb, sich besser zu inszenieren. Man kann da durchaus zum Beispiel vom Boxen lernen. Wie Gladiatoren laufen die Kämpfer dort aus ihren Kabinen ein, bei musikalischer Untermalung. Jeder wird ausführlich vorgestellt.

Auch Schach ist ein Kampfsport. Es ist sogar noch mehr als das, es ist nicht nur Sport, Spiel, Spannung. Darüber hinaus ist es auch ein Resonanzboden für intellektuell erfahrbare Schönheit, ein ganzer Kosmos voller Ideen, links- und rechts-hemisphärischer Denkaktivitäten, reichhaltiger Kreativität und wunderbarer Harmonie zwischen logischen und paradoxen Elementen.

All das verkörpert der neue Weltmeister. In seinem Heimatland hat er bereits einen ungeheuren Schach-Boom herbeigeführt. Vielleicht schafft Magnus Carlsen es, Schach eine ganz neue Dimension der Sichtbarkeit, Auffälligkeit, Telegenität zu geben. Das würde ich mir wünschen.

Danksagung

Bei der Arbeit an diesem Buch erhielt der Autor vielfältige Anregungen sowie große Unterstützung. Kernstück der Publikation sind Magnus Carlsens geniale Partien sowie seine originellen Gedanken über das Schachspiel. Neben den Kommentaren des Weltmeisters trugen besonders Artur Jussupows fachkundige Anmerkungen dazu bei, die großartige Schachkunst des jungen Champions anschaulich zu erklären. Dafür mein herzlicher Dank. Er gilt auch allen anderen Großmeistern und Experten, die interessante Erläuterungen zu den hier ausgewählten Spielen beisteuerten.

Darüber hinaus danke ich den Schachkoryphäen Boris Gelfand, Artur Jussupow, Jewgeni Wasjukow und Sergej Schipow für ihre aufschlussreichen Betrachtungen zum WM-Match in Chennai sowie Professor Christian Hesse für seinen launigen Schluss-Essay. Wertvolle praktische Hilfe zum Gelingen dieses Buchprojekts leisteten der Joachim Beyer Verlag sowie meine Berliner Schachfreunde Dr. Klaus Kapr und Dr. Joachim Eichler.

Partienverzeichnis

Eikeland – Carlsen	Oslo 2000
Carlsen – Kusubow	Heraklion 2002
Carlsen – E. Pähtz	Gausdal 2003
Carlsen – Ward	Kopenhagen 2003
Hammer – Carlsen	Chalkidiki 2003
Carlsen – Ernst	Wijk aan Zee 2004
Carlsen – Dolmatow	Moskau 2004
Carlsen – Ibrajew	Calvia 2004
Carlsen – Nikolic	Wijk aan Zee 2005
Nielsen – Carlsen	Berlin 2005
Carlsen – Beljawski	Wijk aan Zee 2006
Carlsen – Vescovi	Wijk aan Zee 2006
Morosewitsch – Carlsen	Biel 2006
Carlsen – Radjabow	Biel 2007
Carlsen – Adams	Chanty-Mansisk 2007
Jakowenko – Carlsen	Moskau 2007
Kramnik – Carlsen	Wijk aan Zee 2008
Carlsen – Aronjan	Bilbao 2008
Carlsen – Anand	Linares 2009
Carlsen – Grischuk	Linares 2009
Carlsen – Topalow	Sofia 2009
Carlsen – Topalow	Nanking 2009
Carlsen - Wang Yue	Nanking 2009
Carlsen – Ponomarjow	Moskau 2009
Nisipeanu – Carlsen	Bazna 2010
Carlsen – Bacrot	Nanking 2010
Carlsen – Nakamura	Wijk aan Zee 2011
Carlsen – Iwantschuk	Bilbao 2011

Carlsen – Gelfand	Moskau 2011
Carlsen – Gashimow	Wijk aan Zee 2012
Vallejo – Carlsen	Sao Paulo 2012
Carlsen – Anand	Bilbao 2012
Carlsen – Karjakin	Wijk aan Zee 2013
Swidler – Carlsen	London 2013
Carlsen – Kamsky	St. Louis 2013
Carlsen – Anand	Chennai 2013
Anand – Carlsen	Chennai 2013
Carlsen – Anand	Chennai 2013
Anand – Carlsen	Chennai 2013
Carlsen – Anand	Chennai 2013
Anand – Carlsen	Chennai 2013
Anand – Carlsen	Chennai 2013
Carlsen – Anand	Chennai 2013
Anand – Carlsen	Chennai 2013
Carlsen – Anand	Chennai 2013
Gates – Carlsen	London 2014
Carlsen – Anand	Zürich 2014
Carlsen – Gelfand	Zürich 2014
Nakamura – Carlsen	Zürich 2014
Carlsen – Caruana	Zürich 2014

Literatur

Bücher

S. Agdestein, Wunderjunge, Alkmaar 2004

J. Gik, Schach-Wunderkinder, Moskau 2006

D. Kohlmeyer, J. Konikowski, Von Schachgiganten lernen, Hollfeld 2011

A. Michaltschischin, O. Stetsko, Magnus Carlsen, 60 Partien, Moskau 2012

Periodika

Rochade Europa

Schach

Schach-Magazin 64

New In Chess

KARL

ChessBase Magazin